CATARINA KATZER

CYBER PSYCHO LOGIE

Leben im Netz: Wie das Internet uns ver@ndert

dtv

Ausführliche Informationen
über unsere Autoren und Bücher
www.dtv.de

Originalausgabe 2016
© 2016 dtv Verlagsgesellschaft mbH & Co. KG, München
Das Werk ist urheberrechtlich geschützt.
Sämtliche, auch auszugsweise Verwertungen bleiben vorbehalten.
Umschlaggestaltung: buxdesign, München
Gesetzt aus der Stone Serif 9,5/12˙
Satz: Greiner & Reichel, Köln
Druck und Bindung: CPI Ebner & Spiegel, Ulm
Gedruckt auf säurefreiem, chlorfrei gebleichtem Papier
Printed in Germany · ISBN 978-3-423-26092-3

Inhaltsverzeichnis

Einleitung

Das Internet, so wie wir es heute kennen und nutzen, ist längst nicht mehr das, was es in seinen Anfängen war. Es lässt sich von unserem Alltagshandeln mittlerweile fast nicht mehr trennen. Ob wir noch vor dem Frühstück E-Mails checken, auf YouTube Kochanleitungen für das neueste vegane Gericht anschauen, über WhatsApp noch eben unserer Freundin antworten, die aktuellen Twitternachrichten oder den Newsticker der Bildzeitung überfliegen. Und vieles passiert sogar ohne unser Zutun, quasi ganz automatisch: Wir hören einfach am Klingelton, bei welcher App sich gerade etwas tut! Das Internet ist in unsere Handlungsabläufe sozusagen vollkommen integriert. Was der US-Amerikaner Tim Berners-Lee 1990 am CERN, dem europäischen Kernforschungszentrum in Genf, als Medium für einen schnelleren Datenaustausch zwischen Forschern entwickelte und was als reine internationale Datenautobahn und Informationsmedium gedacht war, ist in den letzten zehn Jahren immer stärker zu einem echten Lebensraum für mittlerweile fast 2,5 Milliarden Menschen geworden.

Immer mehr Menschen können sich gar nicht mehr von ihrer Internetverbindung trennen – Flatrate sei Dank. In Deutschland sind es 2013 bereits 20 Mio. Dauer-User über 14 Jahre[1]! Die Konsequenz ist eine ständige Verbindung zwischen unserem Leben im Hier und Jetzt, zwischen Elternsein, Partnerschaft, Beruf und Karriere, Haushaltspflichten und unseren virtuellen Beschäftigungsfeldern.

Wir alle bewegen uns nahezu tagtäglich in diesem Spannungsfeld und erleben uns selbst immer mehr in einem vollkommen neuen Koordinatensystem, gestaltet aus unserer physisch erlebbaren Welt, in die wir hineingeboren werden, und den virtuellen Erlebnisräumen. Diese neuen digitalen Welten haben sich in den letzten Jahren stark verändert: Sie sind zu sozialen Lebensräumen geworden.

Doch was bedeutet es für uns, wenn sich unser ursprüngliches Koordinatensystem verändert und zur realen, physisch erlebbaren Welt neue Erlebniswelten hinzukommen? Die aber nicht direkt körperlich und räumlich erfassbar oder erfahrbar sind, sondern rein über die visuelle Sinneswahrnehmung durch den Blick auf den Bildschirm?

Wir müssen uns heutzutage mit weit mehr Wahrnehmungsquellen auseinandersetzen als frühere Generationen. Wir sind heute bereits weit entfernt von den 80er-Jahren, als das Privatfernsehen als Innovation gefeiert wurde und noch gelbe Telefonhäuschen an den Straßen standen. Wir leben nicht mehr nur in einer, sondern in vielen Erlebenswelten oder, sagen wir, auf verschiedenen Wahrnehmungsgleisen und Bewusstseinsschienen. Und unser Handeln richtet sich nicht nur an unserer physisch erlebbaren Umgebung aus. Es orientiert sich immer stärker an virtuellen Handlungsräumen, ob sozialen Netzwerken, Online-Spielen, Beratungsplattformen, digitalen Freunden und Bekanntschaften.

Das bedeutet: Wir müssen diese verschiedenen Welten und Wahrnehmungsebenen informationstechnisch verarbeiten, den ständigen Perspektivwechsel zwischen den virtuellen Räumen und unserer physisch erlebbaren Welt sowie die Tatsache, dass wir online anonym, entkörperlicht, ohne echte physische Anwesenheit handeln.

Doch was heißt es für uns, wenn wir kaum mehr bewusst Online-Pausen einlegen, ständig on sind und den ganzen Tag zwischen den verschiedenen Erlebnisräumen hin und her switchen? Je mehr wir den Cyberspace nutzen, umso wichtiger wird die Frage nach den Konsequenzen dieser virtuellen, medialen Veränderungen für die eigene Selbstwahrnehmung, die Gestaltung von Privatleben und Partnerschaft, die Erziehung unserer Kinder, aber auch den beruflichen Alltag und die gesamtgesellschaftliche Verortung.

Können wir noch klar zwischen den verschiedenen Tätigkeitsfeldern in der Online- und Offline-Welt unterscheiden? Warum fällt uns z. B. die Trennung von Privatheit und Öffentlichkeit im Netz so schwer? Wiegen wir uns in trügerischer Sicherheit, weil wir glauben, Intimität gar nicht mit der Allgemeinheit zu teilen, sondern »nur« mit unseren selbst gewählten Facebook-Freunden? Und wie kommt es, dass uns die

Zeitwahrnehmung online einen Streich spielt und der Rhythmus des Internets sogar zur Droge werden kann? Gewöhnen wir uns zudem an Gewalt und Tod? Weil die ganze Welt der Kriege, Konflikte und Gewalttaten so gut auf unseren kleinen Bildschirm passt? Oder kann uns das Internet in Lebenskrisen sogar helfen? Lassen sich online womöglich unsere Kommunikationsprobleme mit anderen Personen besser lösen als face to face? Und können wir über das Netz sogar mehr Selbstsicherheit und soziale Kompetenz erlangen?

Das Internet ist zu einem neuen Koordinatensystem für unser Handeln geworden, das sich wie selbstverständlich neben unser reales Alltagsleben schiebt. Dies kann zu einer regelrechten Wahrnehmungsdiffusion führen, wenn wir ständig zwischen Real Life und Cyberspace hin und her switchen. Hier nicht die Übersicht zu verlieren, ist nicht so einfach.

Dabei beeinflusst gerade das psychologisch Besondere an der Internetwelt, der Aspekt der Anonymität und der physischen Abwesenheit, unsere Wahrnehmung, aber auch unser Verhalten ganz entscheidend. Dadurch, dass wir uns auf einer virtuellen Bühne bewegen, ohne physisch real agieren zu müssen, entsteht ein völlig neues Verhältnis zum eigenen Handeln. Um zu verhindern, dass wir zu oft in Netzfallen geraten, müssen wir uns selbst bewusst machen, wie sich der ständige Perspektivwechsel zwischen realem Alltag und virtuellem Lebensraum auf Identität, Emotionen und Verhalten auswirkt.

Die immer stärker voranschreitende Wahrnehmungsdiffusion durch wachsende Vielfalt und Masse, Multiplizität und Grad der Interaktivität, Schnelligkeit des Perspektivwechsels, Entkörperlichung und die physische Netz-Anonymität führt dazu, dass wir immer häufiger digitalen Wahrnehmungsfehlern unterliegen. Raumwahrnehmung und Zeitempfinden verändern sich, und wenn wir nicht aufpassen, besteht die Gefahr einer Vermischung der verschiedenen realen und digitalen Erlebnisräume. Anhand netzpsychologischer Überlegungen möchte ich aufzeigen, was unser Gehirn online auf eine falsche Fährte führen, uns schaden und sogar krank machen kann; gleichzeitig aber auch Wege andenken, die uns zu kompetenten Cybernauten werden lassen.

1 Das Internet als neues Koordinatensystem für unser Handeln

Wenn wir darüber nachdenken, welche mobilen Endgeräte und Kommunikationstools uns zur Jahrtausendwende überhaupt zur Verfügung standen, dann wird uns sehr schnell bewusst, dass es nahezu alles, was die sogenannten digital natives, die Eingeborenen, die mit der digitalen Welt aufgewachsen sind, heutzutage als total normal empfinden, noch gar nicht gegeben hat.

Machen Sie sich heute noch darüber Gedanken, welche Technologien Sie in den letzten Jahren in Ihren persönlichen Alltag, Ihre Arbeitswelt oder Ihr Familienleben integriert haben? Ist Ihnen der Netscape Navigator noch ein Begriff, der bis 1996 der führende Webbrowser weltweit war? Können Sie sich noch daran erinnern, wann Sie ihre erste E-Mail verschickt haben?

Soziale Netzwerke wie Facebook, Twitter, WhatsApp, Fotoverteiler wie Instagram, Snapchat, Slingshot sowie Smartphones wie I-Phone oder Tablet-PCs gehören mittlerweile zu den alltäglichen Begleitern. Und in rasender Geschwindigkeit kommen immer wieder neue Kommunikationstechnologien auf den Markt, die heute mehr sind als reine Hardware. So gibt es insgesamt heute schon über 3 Milliarden Smartphones weltweit. Statistisch hat also bereits die Hälfte der Weltbevölkerung eines zur Hand. Und damit auch die Möglichkeit des mobilen Erlebens des WorldWideWebs – von der Hosentasche aus!

Wie sich der Einfluss von Internet und Co auf unser Leben weiter verstärken wird, sieht man im Geburtsland von Microsoft, Apple und Google. Hier sind uns schon die Kinder unter 8 Jahren weit voraus: Bereits im Jahr 2013 hatten 75 % der 0-(!) bis 8-Jährigen in den USA einen mobilen Internetzugang zur Verfügung, 63 % hatten ein eigenes Smartphone, und 38 % der unter 2-Jährigen nutzten mobile Endgeräte! Zum Vergleich: Bei uns in Deutschland waren 2014 erst 12 % der unter 9-Jährigen im Besitz eines Smartphones (KIM 2014).

Das Internet ist zu einer realen Lebenswelt geworden, in der Menschen agieren, reagieren und selber neue Inhalte produzieren. Und niemand bleibt von dieser Entwicklung unberührt, ob als Individuum oder Unternehmen, ob jung oder alt. Dabei ist es völlig gleichgültig, ob wir das Internet selbst nutzen oder nicht. Man kann sich dem nicht entziehen. Denn wir werden jeden Tag aufs Neue mit den Auswirkungen konfrontiert, wir begegnen überall Menschen, die virtuell handeln, ob in der Schule, im Beruf, im Urlaub, in Bus und Bahnen, beim Einkaufen, beim Arzt, an der Tankstelle.

Eines haben allerdings alle Internet-User gemeinsam: Sie leben nicht nur in ihren verschiedenen Online-Welten, sondern gleichzeitig auch in ihrem Real Life – in Partnerschaft, Familie, Nachbarschaft und Beruf.

Das Internet gibt uns einen vollkommen neuen Zeitrhythmus vor, der weitreichende Folgen hat: eine quasi 24-stündige Erreichbarkeit, die nur selten eine vollkommene Abstinenz gestattet. Für viele ist es mittlerweile selbstverständlich, den Facebook- oder WhatsApp-Account neben dem beruflichen Outlook geöffnet zu haben und zwischendurch noch auf das Handy zu schauen. Zwar deaktivieren manche Unternehmen wie z.B. VW bereits die E-Mail-Flut und erlauben den Mitarbeitern ein E-Mail-freies Wochenende – zumindest was den Job betrifft. Allerdings gehört auch in vielen deutschen Schlafzimmern das Smartphone auf dem Nachtisch zur Normalität: Auch im Bett sind viele on.

In Diskussionen höre ich nicht selten ein Stöhnen: Ja, das Internet hat viele Vorteile, aber das ständige Erreichbar-Sein und Antworten-Müssen geht mir auf die Nerven. Es ist einfach jeden Tag so viel, da kann ich einfach vieles gar nicht mehr lesen – ich scanne nur noch ab, aber dabei geht auch vieles verloren, und man überliest schon mal wichtige Details. Auch Jugendliche finden das ständige Online-Sein nicht immer nur positiv, vielen ist das Facebook-Getwittere mittlerweile zu viel. Auf der anderen Seite fühlen sich manche geradezu dazu gezwungen, Facebook zu nutzen – aus Angst, etwas zu verpassen und von der Welt abgeschnitten zu sein.

Durch diese Verschmelzung von Realität und digitalen Lebensräumen entsteht eine neue virtualisierte Wirklichkeit, die neue Betrachtungen und psychologische Ansätze benötigt.

Es ist evident, dass wir heute auf mehreren Bewusstseins- und Wahrnehmungsebenen leben: Zum physischen Erleben unserer Umwelt, wie Familie und Freunde, Wohnumgebung oder dem beruflichen Umfeld mit Kollegen, Vorgesetzten und Kunden, kommen durch die Internetnutzung unzählige neue virtuelle Wahrnehmungsquellen hinzu. Ob bei der Suche in Google, der Kontaktaufnahme und Selbstdarstellung über Facebook oder Xing, dem Austausch von Fotos über Snapchat, Instagram und Co, dem Einkauf bei Amazon oder Zalando, beim Lesen der FAZ, beim Kommunizieren über WhatsApp oder dem Nutzen von »SmartHome«, um z. B. Heizung oder Lichtsysteme in unserer Wohnung einzustellen: Ständig öffnen sich neue visuelle Fenster auf unseren Bildschirmen, Smartphones oder Tablets.

Wir bewegen uns also einmal in unserer ersten Welt, die wir über die unmittelbare Nähe materiell fassen können, und machen hier unsere Erfahrungen. Neben diese ursprüngliche Welterfahrung treten aber inzwischen unzählige weitere Bewusstseins- oder Wahrnehmungsebenen, die durch die vielfältigen Online- und Smartphone-Anwendungen entstehen. Auch mit diesen muss sich unser Bewusstsein auseinandersetzen. Man kann sich diese verschiedenen Bewusstseinsebenen wie ein System von Bahngleisen vorstellen: Heute befahren wir aber anders als noch vor wenigen Jahren nicht nur eine Strecke des Schienennetzes und bewegen uns damit in eine bestimmte Richtung. Wir stellen vielmehr die Weichen für unsere digitale Fahrt immer wieder um: Die Bewegungsrichtung unserer Wahrnehmung ändert sich ständig, nämlich immer dann, wenn wir von einem Online-Fenster zum anderen wechseln – das alles geschieht auch noch in ICE-Geschwindigkeit.

Durch diese Vervielfältigung der Menge an neuen Informationen, Inhalten sowie die Schnelligkeit sind die Anforderungen an unser Gehirn extrem hoch. Wir müssen ja all diese Wahrnehmungsquellen nicht nur gleichzeitig verarbeiten, sondern auch ständig zwischen ihnen hin und her wandern, und das in einem immer höheren Tempo – denn das Internet agiert in Millisekunden.

Wir befinden uns quasi in einem ständigen Cybertwist – mit einem Teil unseres Bewusstseins im Hier und Jetzt, mit dem anderen in unseren virtuellen Wirkungsräumen. Was passiert dadurch mit uns, mit unserer Aufmerksamkeit, mit unseren Gefühlen und unserem Handeln?

Dadurch, dass wir ständig zwischen realem Umfeld und virtuellem Raum hin und her switchen, ergeben sich zahlreiche Wechselwirkungen für unsere Wahrnehmungsprozesse, für Rezeption und Erinnerung. Auch unsere Raum- und Zeitwahrnehmung verändert sich. Und Kontrollverlust, Überforderung, Abschweifen und Unkonzentriertheit, Ablenkung vom Wesentlichen, das Gefühl, sich im virtuellen Irrgarten zu verlieren, oder die Angst, etwas zu verpassen – sind Folgen des Hypes, ständig vernetzt zu sein.

Bewusstsein
Was der ständige Perspektivwechsel zwischen Real Life und Cyberspace für uns bedeutet

Haben Sie bei sich selbst schon einmal bemerkt, dass Sie in einem Gespräch abwesend waren, weil Sie darauf geachtet haben, ob Ihr Smartphone vibriert und eine Nachricht ankommt? Und wenn es vibriert, dass Sie dann nur noch unaufmerksamer geworden sind?

40 % der Amerikaner nutzen ihr Smartphone mittlerweile, während sie mit anderen Menschen zusammen sind, also mit Freunden im Café oder beim Abendessen zu Hause mit der Familie – das mobile Internet ist also immer dabei[2]. Wir kennen das alle: Freunde, die abends in der Kneipe immer wieder auf ihr Smartphone blinzeln und bei denen man das Gefühl hat, sie wären gar nicht richtig anwesend, oder Pärchen, die zwar zusammen an einem Tisch sitzen, aber nur online beschäftigt sind und kein einziges Wort miteinander sprechen.

Wenn wir unser Smartphone ständig auf on geschaltet haben, wird es deutlich schwieriger für uns, sich auf andere Dinge zu konzentrieren. Auch weil man immer die Gefahr sieht, etwas zu verpassen. Unsere Aufmerksamkeit verlagert sich, wir haben Probleme, den ständigen Perspektivwechsel vom Online-Leben in die Offline-Welt bewusst zu steuern. Unsere gesamte alltägliche Umgebung, unsere Tätigkeiten oder Aktivitäten, auch gemeinsam mit anderen, werden davon beeinflusst, ob wir online sind oder nicht.

Warum ist das so?

Normal für unsere reale Wahrnehmung ist eine Situation, in der wir uns mit einer Sache, einem Objekt oder einer Tätigkeit befassen und darauf konzentrieren. Diese Wahrnehmungsebene gilt für die Welt, in der wir uns physisch bewegen. Wenn Sie in den Supermarkt gehen, haben Sie wahrscheinlich eine Einkaufsliste, auf Papier oder auch im Kopf (oder auf Ihrem Smartphone?), und arbeiten die Liste ab, bevor Sie zur Kasse gehen. Während Sie an den Regalwänden vorbeiwandern, befinden Sie sich also auf einer ganz bestimmten Wahrnehmungsebene in der Einkaufssituation.

Doch was geschieht, wenn sich plötzlich Ihr Smartphone meldet? Denken Sie da sofort vorrangig an das, was online gerade passiert, bei Instagram, bei Facebook oder WhatsApp? Haben Sie nicht auch schon einmal etwas im Supermarkt vergessen, im Regal nach einem falschen Produkt gegriffen oder erlebt, wie jemand an der Kasse die Schlange aufgehalten oder sogar jemanden angerempelt hat, weil die Person plötzlich durch das Smartphone abgelenkt wurde?

Eines wird immer deutlicher: es fällt uns zunehmend schwerer, uns auf verschiedene reale und mediale Situationen und Wahrnehmungsfenster gleichzeitig zu konzentrieren. Wir sind schlicht damit überfordert und fühlen uns gestresst.

Allerdings ist auch immer wieder von Media-Multitasking (Vega 2009) und den neuen Fähigkeiten die Rede, die gerade durch die Nutzung der Internettechnologie entstehen sollen. Vor allem Kindern und Jugendlichen wird ja häufig eine bessere Multitasking-Fähigkeit zugesprochen als den Erwachsenen (Grady, Springer, Hongwanishkul, et al., 2006; Hamilton, 2008). Dieser Eindruck entsteht allerdings auch deshalb, weil Jugendliche insgesamt häufiger multitasken als ältere Mediennutzer: Mittlerweile verbringt fast ein Drittel der Schüler zwischen 12 und 18 Jahren seine Zeit mit Multitasking (s. auch Carrier, Cheever, Rosen, Benitez, & Chang 2009; Rideout, Foehr, & Roberts 2010). Daher verspricht man sich gerade bei Kindern und Jugendlichen einen leichteren und besseren Erwerb bestimmter Fähigkeiten, wenn sie in Situationen unter bestimmten Multitasking-Gegebenheiten lernen.

Aber: Auch wenn das Internet sich in rasender Geschwindigkeit entwickelt, unser Gehirn ist seit Jahrtausenden das gleiche. 15 oder 20 Jahre Internet ändern daran nichts. Doch kann das Gehirn überhaupt leisten, was das Netz voraussetzt? Führt uns der Glaube an unsere Media-Multitasking-Fähigkeiten vielleicht auf eine völlig falsche Fährte?

Bereits in den 70er-Jahren, also lange vor dem Beginn des Internetzeitalters, zeigten Untersuchungen, dass die Gleichzeitigkeit der Erfassung von Objekten, Situationen, Begriffen usw., also das sogenannte Multitasking, das Tempo der Aufnahme sowie die Qualität der Erinnerungsleistung, also die Wiedergabe, deutlich mehr beeinträchtigt, als wenn wir Gegenstände, Konstellationen oder Zusammenhänge nacheinander erfassen. Die Informationsverarbeitung unserer Wahrnehmung funktioniert eindeutig besser, wenn wir einem bestimmten Ablauf oder einer Aneinanderreihung folgen (Posner & Boies 1971). Multitasking schränkt somit unsere kognitive Kontrolle ein. In der Sozialpsychologie ist die Betrachtung der Grenzen menschlicher Informationsverarbeitung generell nichts Neues. Bereits in den 60er-Jahren konnten Experimente zeigen (Cherry 1953, Broadbent 1958, Norman 1968), dass Versuchspersonen, denen zwei verschiedene Informationen gleichzeitig von zwei Seiten dargeboten wurden, sich tatsächlich nur auf eine Wahrnehmungsquelle wirklich konzentrieren und auch nur deren Inhalte wiedergeben konnten.

Im Netz potenziert sich dies noch: Sobald sich neben unsere aktuelle Wahrnehmungsebene, also unsere Umwelt, in der wir uns körperlich gerade befinden, eine oder sogar mehrere weitere virtuelle Wahrnehmungsebenen oder Räume schieben, werden wir gezwungen, uns mit mehreren Dinge gleichzeitig auseinanderzusetzen. Wir müssen uns eben nicht nur mit unserem physischen Umfeld befassen und z. B. darauf achten, dass wir nicht den Ausstieg an der richtigen Bahn- oder Bushaltestelle verpassen, sondern auch auf das, was wir online tun. Dass wir eine E-Mail mit einem bestimmten Inhalt an den korrekten Absender verschicken, die richtigen Lieferbedingungen für unseren gerade getätigten Buchkauf bei Amazon anklicken oder das richtige Datum für die laufende Flugbuchung eingeben.

Neue Studien zur Laptop-Nutzung von College-Studenten während der Vorlesung zeigen eindeutig, dass diejenigen, die einen Laptop zur Verfügung hatten, durch E-Mail, Instant Messaging und andere Webangebote stark abgelenkt waren. Sie konnten der Vorlesung nicht richtig folgen, sie konnten sich zum Großteil an die Inhalte der Veranstaltung nicht erinnern, und die Aufzeichnungen, die sie während der Vorlesung machten, waren sehr fehlerhaft und unvollständig (Hembrooke und Gay 2003; Sana, Weston, & Wisehart 2013; Junco & Cotten 2010).

Die Aufteilung unserer Aufmerksamkeit auf verschiedene Informationskanäle oder Channels trübt somit unseren Blick und reduziert nicht nur die Erinnerung im Allgemeinen, sondern erschwert auch die Encodierung unserer Erinnerungsleistung (Naveh-Benjamin, Craik, Guez, & Krueger 2000).

Wir können uns nicht nur schlechter an das erinnern, was wir gehört oder gesehen haben, wir haben auch Probleme, diese Informationen einzuordnen und zu verorten. So können wir z. B. nicht mehr sagen, in welchem Zusammenhang wir einen Begriff schon einmal gehört oder ein Foto gesehen haben. Auch der Trend der Nachrichtensender, sogenannte Newsticker am unteren Bildrand mitlaufen zu lassen, der eigentlich die Fülle des Informationsangebotes erweitern soll, hat gegenteilige Folgen: Die Aufnahme der Informationen, die in der Sendung vom Moderator dargeboten werden, reduziert sich erheblich (Bergen, Grimes und Potter 2005). Ähnliches passiert, wenn Pop-ups auf unserem Bildschirm eingeblendet werden oder ein Signal auf unserem Desktop anzeigt, »du hast eine Freundschaftsanfrage bei Facebook« oder »neue Fotos wurden hochgeladen«.

Wenn wir verschiedene mediale Aktivitäten miteinander kombinieren, kann dies also zu kognitiven Verlusten führen[3].

Doch Aufmerksamkeitskonflikte entstehen nicht nur durch die Menge an Informationen, sondern auch, wenn wir uns gleichzeitig Informationsquellen mit vollkommen unterschiedlichen Inhalten zuwenden, die nicht zueinanderpassen. Gerade die Unterschiedlichkeit der Informationen führt zu einer extremen Wahrnehmungsverzerrung (Bergen, Grimes und Potter 2005).

Sobald wir anfangen, simultan verschiedene Dinge online zu erledigen, Bedürfnisse oder Emotionen im Netz zu befriedigen, haben wir unsere Schwierigkeiten damit. Wollen wir also wissen, was unsere Freunde gerade machen, uns gleichzeitig aber auch mit eintreffenden E-Mails, sozialen Netzwerk-Anfragen, ob privat oder beruflich, unserem Lieblings-Online-Game, Shoppingkanälen und Self-Tracking-Apps beschäftigen, sind die Ablenkungseffekte für unsere Wahrnehmungsfähigkeit immens.

Ein bedeutender Faktor ist hierbei die Vielartigkeit.

Befassen wir uns hingegen nur mit einer einzigen visuellen Tätigkeit, können andere Sinnesorgane wie das Gehör durchaus angesprochen werden. Erledigen wir Hausaufgaben, lernen für unser Studium oder verfassen Protokolle von Meetings und hören gleichzeitig Musik, ist die Ablenkung eher gering. Wir können uns dann sehr gut auf unsere eigentliche Haupttätigkeit konzentrieren (Pool, Koolstra, & van der Voort 2003). Dies ändert sich aber, sobald weitere Tätigkeiten hinzukommen, die wir visuell erfassen. So z. B., wenn wir uns mit verschiedenen Online-Fenstern beschäftigen, die wir gleichzeitig auf unserem Bildschirm geöffnet haben, oder mit unterschiedlichen Apps auf unseren Smartphones.

Das heißt, je mehr Online-Fenster wir öffnen, je mehr wir nahezu gleichzeitig bearbeiten wollen, umso schwerer fällt es uns, dabei keine Fehler zu machen.

Die Konzentrationsfähigkeit schwindet durch die Ablenkung.

Gerade ausgeprägte Media-Multitasker, die mit Laptop, Tablet und Smartphone ständig on sind und mehrere Anwendungen auf allen tools gleichzeitig geöffnet haben, sind viel empfänglicher für Ablenkungseffekte aus der Umgebung (Ophor, Nass und Wagner 2009). Dabei reduziert sich auch die Fähigkeit zu filtern und zu unterscheiden, was ist wichtig und was völlig unbedeutend, was eher Randinformationen und was die Kernaussagen sind (Vega 2009). Generell werden eher irrelevante Informationen erinnert. Unsere kognitive Kontrollfähigkeit, so Forscher der Stanford University, wird außer Kraft gesetzt (Ophor, Nass und Wagner 2009): Man versucht einfach so viel wie möglich zu erfassen, doch das funktioniert eben nicht.

Die Multi-Dimensionalität und Vielfalt unserer Wahrnehmungsquellen macht uns kirre.

Dabei sucht unser Gehirn ständig nach Strukturen. Es möchte ankommende Daten und Informationen sortieren, um bestimmte Sachverhalte erklären oder voraussagen zu können. Und auch, um das Gefühl der Kontrolle über die aktuelle Situation zu behalten, damit wir uns handlungsfähig fühlen (siehe Handlungskontrolle)[4]. Durch starkes Multimedia-Tasking werden wir aber genau daran gehindert. Je mehr medialer Ablenkung wir ausgesetzt sind und je weiter unsere Aufmerksamkeit auf unterschiedliche Informationsquellen verteilt ist, umso geringer wird unsere Informationsverarbeitungsleistung. Die Gehirne der Hightech-Juggler funktionieren nicht so, wie sie sollten und könnten, so der Kognitionswissenschaftler Anthony Wagner von der Stanford University. Sie weisen nicht nur eine geringere und langsamere Auffassungsgabe und ein schlechteres Gedächtnis (schlechtere fluide Intelligenz)[5] auf, sondern auch eine höhere Impulsivität (Minear et al. 2013). Viele Hightech-Juggler oder High-Multimedia-Tasker können also weniger gut Dinge behalten und erinnern, sie können sie auch schlechter erfassen und sind noch dazu emotional sprunghafter und impulsiver.

Dabei sind nicht nur Informationsverarbeitung und Erinnerungsleistung vom Multitasking-Verhalten betroffen. Auch der Wechsel zwischen den verschiedenen medialen Aufgaben (den Tasks), d. h. die Fähigkeit, von einer Wahrnehmungsebene auf eine andere Ebene umzuschalten, scheint für starke Multi-Media-Tasker schwierig zu sein. Und das, obwohl sie doch so erfahren darin sind. Allerdings sind die Erkenntnisse hierzu nicht ganz eindeutig. So zeigen im Gegensatz zu den Experten aus Stanford andere Studien keine negativen Effekte auf die Tasking-Switching-Fähigkeit (Alzahabi und Becker submitted).

Eines ist allerdings klar: Multitasking kann die Schnelligkeit, die Qualität und die Ausführung der Tätigkeiten (Tasks), die gleichzeitig erledigt werden sollen, beeinträchtigen (Rubinstein, Meyer und Evans 2001; Iqbal und Horvitz 2007). Produktivität oder Performance können sich deutlich reduzieren. Ob dies der Fall ist, hängt allerdings auch davon ab, welche Tätigkeiten wir simultan ausführen wollen.

So stellte der Sozialpsychologe Hans Jürgen Eysenck bereits in den 80er Jahren fest, dass simple Tätigkeiten durchaus gleichzeitig erfolgreich erledigt werden können. Dies gilt auch für Routinehandlungen. Je komplexer allerdings die Aufgaben werden, umso schwieriger ist es für uns, sie gleichzeitig auszuführen, ohne dass es zu Verlusten beim Endergebnis kommt. Studien zeigen dies gerade bei Kindern und Jugendlichen, die in Multitasking-Situationen ihre Hausaufgaben machen sollen. Die Ablenkung ist zum Teil so groß, dass die Erledigung der Hausarbeiten viel mehr Zeit benötigt und auch fehlerhafter wird (Roberts, Foehr, & Rideout, 2005). Insbesondere Media-Multitasking mit Instant Messaging erhöht die Ablenkungseffekte und reduziert die Fähigkeit, die Hausaufgaben überhaupt fertig zu machen (Junco & Cotton 2011; Levine, Waite und Bowman 2007).

Forscher aus Utah haben sich mit dem Autofahren beschäftigt. Sie wollten wissen: Können wir, während wir am Steuer sitzen, noch andere Tätigkeiten korrekt ausüben? Die Erkenntnis ist kaum verblüffend: Wer Auto fährt und gleichzeitig telefoniert, hat eine deutlich niedrigere Reaktionszeit und bremst in einer Notsituation deutlich langsamer als jemand, der sich ganz auf seine Autofahrt konzentriert. Nur 2,5 % der Versuchspersonen konnten ohne Einschränkungen Auto fahren und telefonieren oder während des Autofahrens noch andere Dinge erledigen (Watson und Strayer 2010). Multi-Tasker auf unseren Straßen stellen also eine deutliche Gefahr dar.

Überhaupt besitzen nur 2 % (!) der Menschen die Fähigkeit als echte Media-Multitasker, sogenannte Super-Multitasker, zu agieren. Wenn wir aber danach befragt werden, nehmen die meisten von uns für sich in Anspruch, recht gute Multitasker zu sein (Loria 2014), obwohl es tatsächlich ja kaum jemanden gibt, der viele mediale Anwendungen gleichzeitig benutzen kann, ohne zu viele Fehler zu machen (Loria 2014). Wir unterliegen einem Attributionsfehler und schreiben uns Fähigkeiten zu, die wir in Wahrheit gar nicht haben. Man kann auch von einer Kontroll-Illusion sprechen. Wir überschätzen unsere Möglichkeiten, Situationen bestimmen zu können und im Griff zu haben. Man nennt dies auch over-confidence bias. Wir tun dies aus einem bestimmten Grund: Es macht uns selbstsicherer, handlungsfähiger und entscheidungsfreudiger.

Unsere Aufmerksamkeitsfähigkeit ist also so angelegt, dass wir eher selektiv und eindimensional Gegebenheiten bewusst erleben und verarbeiten können, ob es sich nun um Gespräche, Einkaufs- und Businesssituationen oder anderes soziales Miteinander handelt. Sobald weitere Wahrnehmungsquellen hinzukommen, streikt unser Gehirn.

Media-Multitasking bleibt somit nicht ohne problematische Folgen. Hier wird ein Begriff strapaziert, der verhaltenspsychologisch gar nicht haltbar ist. Denn kaum einer kann es wirklich. Dabei multitaskt nicht jeder gleichermaßen. Die Tendenz zu Multitasking wird nämlich auch von individuellen Faktoren beeinflusst. Persönliche Variablen wie z. B. die Eigenschaft des sensation seeking beeinflussen Häufigkeit und Intensität des Media-Multitasking (Foehr 2006; Jeong und Fishbein 2007, 2009). Sensation seeking als ein Persönlichkeitsmerkmal, eine Art Erregungslust, die sich in der verstärkten Suche nach Risiko, neuen Erfahrungen der Sinne, einem nonkonformistischen Lifestyle und dadurch der Vermeidung von Routine oder Langeweile ausdrückt. Menschen, die sich grundsätzlich gerne auf unbekanntes Terrain begeben, Risiken eingehen, ständig nach Neuigkeiten, nach Spannung und Abwechslung suchen und weniger Hemmungen haben neues auszuprobieren, neigen somit auch eher zu Media-Multitasking.

Ebenso gibt es kulturelle Unterschiede. So sind amerikanische Männer stärkere Media-Multitasker als Frauen. In Russland ist genau das Gegenteil der Fall. Ob es daran liegt, dass die Internetwelt in den USA als Wiege der Internetpioniere mit ihren Thinktanks Google, Microsoft und Co ganz klar männlich dominiert ist, auch wenn Frauen mittlerweile in der Managementebene angekommen sind (man denke an Sheryl Sandberg bei Facebook), diese Frage ist noch unbeantwortet. Interessant ist dieser Gedanke auf jeden Fall.

Auch kann es persönlichkeitsabhängig sein, wie wir generell Informationen verarbeiten. So scheinen Menschen, die insgesamt eher wenig Media-Multitasking betreiben, grundsätzlich eine stärkere Tendenz zu einer Top-down-Wahrnehmung (von oben nach unten) zu haben. Damit ist eine Informationsverarbeitung gemeint, die sich an schon existierenden Skripten, Schemata, gemachten Erfahrungen usw. orientiert, die bereits kategorisiert und abgespeichert wurden (Ophir et al. 2009). Dieser Prozess der Informationsverarbeitung erleichtert uns Entscheidungen und Handlungen. Wir können schneller agieren, ohne in jedem Moment wieder aufwendig prüfen und nachdenken zu müssen. Schwachen Media-Multitaskern (Low

Media Multitasker LMM) fällt es also leichter, sich auf einen Bereich oder eine Tätigkeit zu konzentrieren. Sie sind somit resistenter gegen Ablenkungseffekte.

Demgegenüber reagieren die High-Media-Multitasker (HMMs) zwar stärker auf äußere irrelevante Reize, die gar nichts mit ihrer wesentlichen Tätigkeit zu tun haben, versuchen aber insgesamt eher über intensive Informationsverarbeitungswege die situativen Bedingungen zu identifizieren und auch abzuspeichern, nutzen also verstärkt sogenannte Bottom-up-Prozesse (von unten nach oben) (Ophir et al. 2009). Allerdings gelangen wir erst darüber zu festen Überzeugungen, Einstellungen, Werturteilen oder Skripten und Schemata und damit zu einer besseren Erinnerung, die dann wieder in Form der Top-down-Wahrnehmung genutzt werden kann. High-Media-Multitasker könnten hier also im Vorteil sein. Auch versuchen die starken Media-Multitasker die Hauptquelle und die hier dargebotenen Informationen weitaus stärker zu fokussieren. Dies kann selbstverständlich eine Folge der situativen Bedingungen sein, eben des Multitaskings: Man muss sich hier per se mehr konzentrieren, sonst geht überhaupt nichts mehr. Allerdings kann sich dies wiederum negativ auswirken und uns mental überfordern (Minear et al. 2013).

Aber wer ist nun besser dran?

Wer zu den Super-Media-Multitaskern gehört, hat eindeutig Vorteile. Ernüchternd nur, dass so wenige von uns zu dieser Gruppe gehören. Allerdings können diese intensiven Informationsverarbeiter auch im Nachteil sein, denn ihre Verarbeitungsprozesse sind aufwendiger und benötigen mehr Zeit. Handlungsentscheidungen zu treffen könnte länger dauern. Aber auch Low-Media-Multitasker könnten durch die Orientierung an mentalen Vorgaben viele neue Situationen gar nicht richtig erkennen und deswegen möglicherweise häufiger falsche Entscheidungen fällen.

Die Ablenkungseffekte sind scheinbar besonders stark bei der Nutzung sozialer Medien, ob soziale Netzwerke, Chatrooms, Foto- oder Videoportale. Denn hier rezipiert man eben nicht nur, wie bei einer Google-Suche oder wenn wir Informationen auf Wikipedia abrufen, Zeitungsartikel online lesen oder unsere Lieferadresse für Online-Käufe oder Kontoangaben und Passwörter für unsere Flugbuchungen angeben, sondern man produziert oder tauscht persönliche Inhalte. Und eben dieses soziale Handeln (wie es Jürgen Habermas bezeichnet) beeinflusst, die Art wie wir uns selbst, unsere Handlungen und die Welt ums uns herum wahrnehmen. Das bestätigt auch der Sozialpsychologe Kenneth Gergen (The Saturated Self 1991).

Gleiches gilt für die Situationen, in denen ich persönliche, intime Inhalte von Menschen im Netz beobachte, z. B. mir ihre Facebook-Profile anschaue oder Fotos, die sie auf Instagram veröffentlichen, oder mich direkt mit ihnen über Facebook, WhatsApp austausche oder über MSN chatte. Im Netz gilt: Je höher unser persönliches Engagement bei virtuellen Handlungen ist, unser mediales Involvement, die eigene Betroffenheit und Ich-Beteiligung, die auch eine emotionale Bindung beinhaltet, umso stärker ist die Ablenkung durch eben diese Tätigkeiten.

Wir können unser mediales Involvement auch als Grad der Interaktivität beschreiben. Dieser wird uns auch bei den Aspekten Privatheit und Zeitgefühl wieder begegnen.

Media-Multitasking-Verhalten ist also durchaus auch kritisch zu betrachten. Aber wir müssen es dennoch gleichzeitig in unser alltägliches Handeln miteinbeziehen und darüber nachdenken, inwieweit wir zukünftig neue Fähigkeiten entwickeln können, um mit immer mehr Media-Multitasking besser umzugehen.

Auch wenn man heute bei der Ausübung verschiedener medialer Tätigkeiten negative Effekte für die Leistungsfähigkeit feststellen kann, ist es nicht auszuschließen, dass sich für die Zukunft doch Vorteile abzeichnen oder gar neuartige Fähigkeiten zutage treten. Der Zeitrahmen für Anpassungsmöglichkeiten oder gar das Erlernen neuer Fähigkeiten ist bisher sehr eng, wenn man bedenkt, dass man erst von einer echten Internetgeneration sprechen kann. Wir sollten abwarten und uns selbst und unseren mentalen Fähigkeiten mehr Zeit geben.

Falsche Fährten
Wie kommt es zu digitalen Wahrnehmungsfehlern, Netz-Naivität und virtueller Fremdbestimmung?

Wie oft kommt es vor, dass Sie Ihre E-Mails gar nicht richtig lesen, sondern nur abscannen und dabei auch wichtige Details überlesen? Können Sie sich nach ein paar Tagen noch daran erinnern, was Sie bei Google überhaupt gesucht und vor allem gefunden haben? Und wie oft haben Sie schon falsche E-Mails versendet oder welche bekommen, die nicht für Sie gedacht waren, oder SMS zu früh abgeschickt, obwohl diese noch gar nicht fertig geschrieben waren, einfach weil Sie sich nebenbei schon auf Ihrem Tablet mit Twitter oder Ihrem Xing-Profil beschäftigten? Schauen wir uns einmal genau an, was in dem Moment passiert, wenn wir vom Offline-Modus plötzlich online gehen.

Immer wenn wir etwas tun, egal, ob wir bewusst Entscheidungen treffen, agieren, etwas produzieren oder einfach nur dahindösen, werden Wahrnehmungsprozesse aktiv, die uns helfen, uns zu orientieren, unsere Umwelt zu verstehen und uns zurechtzufinden. Dabei ist unsere Wahrnehmung ein konstruktiver Prozess, auf den verschiedene Faktoren einwirken: Erfahrungen und bisherige Erlebnisse, Wissen oder vorgefertigte Schemata und Skripte, Erwartungen und unsere Konstruktion von Wirklichkeit – so wie wir die Welt sehen –, aber auch Neugierde, Erregung, also das eigene Anregungs- und Aktivierungspotenzial (s. Berlyne 1974).

Das geschieht auch, wenn wir online gehen. Wenn wir darüber nachdenken, dann werden wir feststellen: Grundlos passiert das eigentlich nie! Bedürfnisse und Motive lenken unsere Aufmerksamkeit also durchaus in eine bestimmte Richtung. Sie wirken wie ein selektiver Filter in unserem ersten Online-Moment.

Wir betreten durch einen individuellen selektiven Prozess (unsere digitale Eigenselektion) verschiedene Netzebenen, auf denen wir uns dann gedanklich und verhaltenstechnisch bewegen. Mit jeder Öffnung eines neuen Fensters kommt eine neue Ebene hinzu: die E-Mail-Ebene, die Amazon-Ebene, die Google-Ebene, die Facebook- oder Instagram-Ebene, die

WhatsApp-Ebene, die Dating-Ebene oder die App-Store-Ebene, um nur ein paar zu nennen. Wir stellen dabei jedes Mal eine neue Weiche. Alleine durch die Menge und die Verschiedenartigkeit dieser Bewusstseinsgleise entstehen bereits Wahrnehmungs- und Konzentrations-Schwierigkeiten.

Und es wird in diesen Momenten noch ein weiteres Phänomen wirksam: Kaum haben wir den virtuellen Raum betreten, wird unsere Eigenselektion plötzlich zurückgedrängt durch das, was uns das Netz vorgibt. Unsere persönliche Wahlfreiheit wird ersetzt durch die virtuelle, digitale Fremdbestimmung.

Wenn wir das Internet nutzen, müssen wir uns also immer mit zwei gegensätzlichen Prozessen auseinandersetzen, die auf unsere Wahrnehmung und somit auch unser Verhalten einwirken: zunächst unsere eigene Selektion, die zu einer bestimmten Online-Anwendung führt. Dann aber zerfällt der Wahrnehmungsfokus und wird durch eine fremde Lenkung in eine bestimmte Richtung geführt. Mathematische Programme sortieren ab jetzt, wählen aus und geben uns Entscheidungsoptionen vor.

Und dieser Vorgang potenziert sich: Denn die digitale Fremdselektion bietet uns zu jeder der neu hinzukommenden Wahrnehmungsebenen unzählige weitere Optionen und Entscheidungsmöglichkeiten an. Auf je mehr Wahrnehmungsgleisen (Tasks, Online-Anwendungen, Apps) ich mich bewege, umso mehr fremdselektierte Angebote und somit auch weitere Bewusstseinsebenen kommen hinzu. Und je mehr Anwendungen ich gleichzeitig versuche zu nutzen oder auf meinem Bildschirm geöffnet habe, umso stärker kann die geistige Überlastung werden.

Kaum sind wir also on, ist unsere Aufmerksamkeitsleistung einer Mehrfachbelastung ausgesetzt, die uns überfordern und in Schwierigkeiten bringen kann. Digitale Wahrnehmungsfehler passieren quasi automatisch, weil wir uns a) selbst durch die gleichzeitige Nutzung vieler Online-Dienste überfordern und b) unsere Wahrnehmung durch die von Algorithmen gelenkte Aufmerksamkeit auf eine Vielzahl von Vorschlägen und Angeboten in die Irre geführt wird. Wir versuchen alles zu erfassen, sind dazu aber gar nicht fähig.

Dabei spielen gerade auch Bildschirm, Desktop oder Screens von Laptops, Tablets oder Smartphones eine bedeutende Rolle bei dieser Wahrnehmungsverwirrung. Zum einen wirken sie wie eine Linse oder ein Objektiv, das auf eine bestimmte Sache oder ein ausgewähltes Objekt gerichtet ist und alles andere ausblendet. Sobald wir auf einen Bildschirm schauen, gerät auch die Offline-Welt visuell aus dem Fokus. Zusätzlich verstärkt die Beschaffenheit der Screens, die Aufteilung der visuellen Fläche in verschiedene Bereiche, die Möglichkeit, dass wir verschiedene Fenster und Online-Anwendungen, also ganz viele kleine Bildschirme nebeneinander, gleichzeitig öffnen und abwechselnd oder sogar zeitgleich betrachten können, die Reizüberflutung.

Die virtuelle Fremdselektion über das digitale Gedächtnis nimmt uns zwar Entscheidungen ab, aber sie kann uns durchaus auf eine falsche Fährte führen.

Also Vorsicht: Der Check-up, den wir im analogen Leben automatisch versuchen, wenn wir etwas sehen oder erleben und dieses Ereignis einordnen wollen, wird uns online abgenommen, durch die digitale Fremdselektion und mathematisch berechnete Vorgaben. Unser eigener Datenspeicher, unser Gehirn, das normalerweise versucht, bereits gemachte Erfahrungen, Erlebnisse, Gefühle usw. mit der aktuellen Lage zu vergleichen, ist ab diesem Moment nicht mehr aktiv, sondern das digitale Gedächtnis übernimmt – Google und Co. Die digitalen Auswahlmechanismen nehmen uns die Auswahlprozesse ab, das Abgleichen mit vorhandenen Kenntnissen, Erfahrungen und Wissen (den konzeptgesteuerten Top-down-Wahrnehmungsprozess). Die Vorselektion anhand von Vertrautem, also dessen, was »wir« kennen, übernimmt nun das Netz, einfach, weil es »uns« bereits kennt!

Sobald wir online gehen, treten also Probleme für unsere Aufmerksamkeitsfähigkeit und somit fast automatisch digitale Wahrnehmungsfehler auf. Wenn wir nicht sehr gut aufpassen, können der dauernde Perspektivwechsel zwischen dem realen und dem virtuellen Leben, die Geschwindigkeit, Menge, Vielfalt und Interaktivitätsgrad äußerst anstrengend und kraftraubend für unser Gehirn sein und uns durchaus in Schwierigkeiten bringen. Um digitale Wahrnehmungsfehler zu vermeiden, müssen wir uns einfach dessen bewusst werden, dass wir immer dann Verzerrungen unterliegen, wenn wir insgesamt zu viel tun und unseren Blick gleichzeitig auf unterschiedliche Webseiten, Handlungen, Bedürfnisse und Applikationen richten.

Privatheit
Warum können wir Intimsphäre
und Öffentlichkeit digital so schwer trennen?

Haben Sie es schon einmal erlebt, dass Sie an Ihrem Zielort an-
kamen, ohne sich genau daran zu erinnern, wie Sie dahin gekommen sind? Häufig hat man solche Erlebnisse, wenn man
sich nicht auf eine Sache konzentriert, sondern viele andere Dinge in Kopf umherschwirren. Oder wenn man mehrere
Dinge gleichzeitig erledigen will. Die Gleichzeitigkeit mehrerer Tätigkeiten führt dazu, dass man sein räumliches Umfeld
plötzlich aus dem Blick verliert. Wir nehmen dann nicht mehr
bewusst wahr, wo wir gerade sind.

Schon in den 50er-Jahren hat Harald Adam Innig festgestellt,
dass unsere Umgebung für uns umso unübersichtlicher wird,
je mehr unterschiedliche Aktivitäten wir ausüben. Die Folge:
Wir verlieren die Kontrolle über unser Raumempfinden. Wir
unterliegen also schon in unserem ganz normalen realen Alltag, ohne Smartphone und Co, im Hinblick auf unsere Verortung zahlreichen Aufmerksamkeitsfehlern. Doch wie ist das
nun, wenn wir online sind? Potenziert sich dieser Effekt? Und
mit welchen psychologischen Prozessen haben wir es hier zu
tun?

Was genau passiert, wenn wir uns auf Plattformen wie Facebook, Xing, Instagram, Amazon oder in einem Strategiespiel
befinden? Wir blenden in diesem Moment unser reales Umfeld aus und sind uns dessen gar nicht mehr bewusst, dass
wir in der Bahn oder am Flughafen sitzen, weil wir abdriften
und völlig in die virtuelle Räumlichkeit eintauchen. »No sense
of place«, so hat Joshua Meyrowitz 1986 den räumlichen Zustand im Cyberspace benannt. Scheinbar verlieren wir online
noch stärker unsere Wahrnehmungsfähigkeit für den »Raum«,
in dem wir handeln. Es treten deutliche Schwierigkeiten auf,
diesen Raum konkret zu beschreiben und einzugrenzen, also
auch zu unterscheiden, was ist hier und dort, und was ist privat, was ist öffentlich.

Woran liegt das?

Das traditionelle Konzept von Raum oder Räumlichkeit, vor

der Internetrevolution, bestand lediglich in dem, was uns physisch, also körperlich umgeben hat. Unser materielles Umfeld, in dem wir leben, agieren, arbeiten, lieben, Familie gründen, Ferien machen und vieles mehr. Eine andere Welt, in die wir eintauchen und dabei die physische Realität hinter uns lassen konnten, war eigentlich nur gedanklich möglich, z. B. im Spiel, im Theater, in Geschichten, im Kino oder vor dem Fernseher. Auch für die Kommunikation mit anderen Menschen haben wir unser physisches Umfeld nicht verlassen, denn auch beim Telefonieren waren wir stets im Hier und Jetzt, im Flur oder am Schreibtisch. Und wollten wir in direkten Kontakt zu anderen Personen treten, so mussten wir zwangsläufig auf die Straße, ins Café oder die Disco. Es gab keine virtuellen Kontaktbörsen oder Kommunikationsplattformen.

Was man vor dem Internetzeitalter als »medialisierte Räume« bezeichnen konnte, betraf vor allem die Rezeption, also das reine Empfangen von Informationen, ohne zwischenmenschliche Aktionen, so z. B. beim Radiohören oder Fernsehen. Das Publikum, also der Zuhörer oder Betrachter, hatte keine Möglichkeit direkt zu reagieren. Zwar ermöglichten bereits in den 80ern Gameboy und Spielekonsolen das aktive Handeln, nämlich das Spiel gegen einen unbekannten Gegner in einer künstlichen Umgebung. Einen zwischenmenschlichen Transfer gab es trotzdem nicht.

Erst durch die Entwicklung der Internettechnologie entstanden völlig neue nicht-physische digitale Handlungsräume. Auch diese waren zunächst auf das Empfangen von Informationen ausgerichtet. Denken wir an den ersten richtigen Internetdienst – die E-Mail. Inzwischen aber beschränkt sich die Internetnutzung nicht mehr nur auf die Rezeption und das Versenden von Informationen und Daten, sondern ermöglicht den Usern, eigene Inhalte zu produzieren, in Form von Webseiten, Homepages, Blogs oder Chatrooms bis hin zu den Foto- und Videoverteilern und sozialen Netzwerken von heute. Das Besondere dabei: Wir als Nutzer geben zwar den Input im virtuellen Raum ab, handeln aber aus unserem physischen, realen Umfeld heraus, in dem wir uns zu diesem Zeitpunkt mit unserem Internet-Equipment wie Laptop oder Smartphone gerade befinden – also z. B. von zu Hause aus, vom Schreibtisch im Büro, der Bahn oder einer Parkbank. Die Räumlichkeiten und Umgebungen, in denen wir handeln und agieren, beschränken sich dann eben nicht mehr nur auf das reale Wohn- und Lebensumfeld, also unsere materielle Umwelt. Sie haben sich um virtuelle Räume ergänzt. Wir müssen uns heutzutage also neben unserem realen Aktionsraum, in den wir körperlich eingebunden sind, auch mit unseren neuen virtuellen Handlungsumgebungen auseinandersetzen, die wir rein mental erleben.

Die Internettechnologie hat also dazu geführt, dass wir uns mit zwei Aspekten besonders auseinandersetzen müssen: So haben wir es eben nicht nur mit einer Vervielfältigung unserer Aktionsräume zu tun, sondern auch mit einer schleichenden Auflösung der eigentlichen Trennung unserer Handlungsumfelder. Wir handeln einerseits im virtuellen Umfeld von Bildschirm und Tastatur oder Touchscreen, in dem wir allein durch unser Denken und Fühlen, also rein mental, anwesend sind. Gleichzeitig agieren wir weiterhin von unserem physischen Umfeld aus, in dem wir uns körperlich, sozusagen mit Haut und Haaren, befinden. Doch genau dieses Unterscheiden fällt uns zunehmend schwerer: Unser realer sozialer Handlungsraum verschmilzt quasi mit dem Cyberspace, den Orten, die wir online betreten. So beschreibt es auch der Amerikaner Lance Strate. Unsere grundsätzlich beschränkte Fähigkeit, sich gleichzeitig auf mehrere Dinge zu konzentrieren, führt dazu, dass sich die Grenzen zwischen den verschiedenen Räumen auflösen.

Dabei spielt allerdings auch der Grad der Interaktion bzw. Interaktivität, die wir in diesen vielfältigen Räumen ausüben können, auch eine Rolle. Unser Raumempfinden wird eben auch davon beeinflusst, was wir online tun bzw. in welchem interaktiven virtuellen Umfeld wir uns befinden.

Mit Interaktionsgrad ist hier auch die Qualität der Interaktion gemeint, d. h. Tiefe oder Intensität des Interagierens und Austauschens zwischen Personen, die Häufigkeit und die emotionale Ebene. Es macht nämlich einen deutlichen Unterschied, ob wir mit Freunden oder dem Lebensgefährten »chatten« (denn mit ihnen befinden wir uns auf einer emotionalen, intimen Beziehungsebene) oder mit Kollegen und Geschäftspartnern (hier findet eher eine Gespräch auf Sachebene statt, wenn nichts mit Privatem oder Persönlichem vermischt wird). Die Stärke der emotionalen Bindung an die Gesprächspartner beeinflusst somit auch den Interaktionsgrad.

Dabei bieten uns die verschiedenen virtuellen Handlungsräume, von E-Mail über E-Commmerce bis zu sozialen Netzwerken, ganz verschiedene Grade der Interaktivität an. Interaktion und Kommunikation finden auf unterschiedlichen Niveaus statt: Vom reinen asynchronen Datensenden und -empfangen wie der E-Mail, auf die eben zeitversetzt reagiert wird oder reagiert werden kann, bis zur synchronen, also zeitgleichen Kommunikation zwischen realen Personen – in Chatrooms oder sozialen Netzwerken.

Studien zeigen, dass wir insbesondere soziale Netzwerke als kommunikative Treffpunkte ansehen, in denen das Gefühl des sich Austauschens und Mitteilens, also der direkten synchronen Kommunikation, eine große Rolle spielen und in der ganz konkret Gemeinschaft entsteht (Kweon, Hwang und Jo 2011). Somit ermöglichen uns gerade die sozialen Medien wie Facebook und Co einen hohen Grad an interaktiver Kommunikation und zeichnen sich auch durch eine starke »soziale Interaktion« und soziales Handeln aus. Ähnliches gilt für Online-Spiele, in denen man mit Tausenden Gamern in Wettkampf tritt oder sogar gezielt Gruppen bilden muss. Mit sozialer Interaktion oder sozialem Handeln ist somit unser Verhalten gemeint, das wir auf andere Menschen beziehen, das wir auf die Reaktionen der anderen abstimmen und an diesen orientieren, ob beim ersten Kennenlernen, im Gespräch mit Freunden, in einer Verhandlung, einem Meeting oder im Spiel.

Je intensiver wir mit anderen sozial interagieren, je stärker also unser Interaktivitäts- oder Interaktionsgrad ist, umso höher ist auch unser Involvement, unsere emotionale, mentale Beteiligung, bezogen auf den Ort, an dem die Handlung stattfindet. Und das gilt selbstverständlich auch im Netz. Sobald ich mich online mit anderen Usern auseinandersetze und austausche, also sozial kommuniziere, wird auch meine Aufmerksamkeit intensiver auf den virtuellen Raum gelenkt.

Und je mehr soziales Handeln ich online ausübe, also je mehr soziale Tasks ich bearbeite (z. B. WhatsApp, Instagram und Facebook gleichzeitig) umso stärker wird die Verwirrung und umso schwieriger wird es, zwischen den verschiedenen Räumen zu unterscheiden.

Wenn wir uns also damit befassen, wie wir uns in medialen Räumen bewegen, so sollten wir vor allem drei Aspekte besonders im Blick haben, die zu einer Diffusion unserer eigenen Verortung führen können:

1. Die Vervielfältigung unserer Handlungsräume (Diversifizierung)

2. Die Gleichzeitigkeit unserer Aktionen in verschiedenen Arten von Handlungsräumen: physisch vs. rein virtuell, mental erlebbaren Orten (Verschiedenartigkeit)

3. Der Grad unserer Interaktivität bzw. unserer sozialen Interaktion

Vervielfältigung, Verschiedenartigkeit der Handlungsräume und der Interaktivitätsgrad beeinflussen aber auch die Beurteilung der Räume entscheidend.

Man fühlt sich nicht überall gleich wohl. Es gibt Unterschiede, je nachdem, wo man sich aufhält. Wo fühlen Sie sich z. B. privat und ungezwungen und wo nicht? Erleben Sie Privatheit nicht auch physisch, d. h. kommt es nicht auch darauf an, ob Sie bei sich zu Hause, bei Freunden oder im Theater oder in einem öffentlichen Verkehrsmittel wie Bus und Bahnen sind?

In unserem Reallife hat Privatheit viele Gesichter. Wir unterscheiden klar zwischen Informationsprivatheit, der Kontrolle über eigene Daten, physischer Privatheit, Örtlichkeiten wie dem eigenen Heim, die Auswirkungen auf Gefühle und Handeln haben, sozialer Privatheit oder psychischer Privatheit, dem Bedürfnis nach Sicherheit und Intimität (Mekovec und Vrcek 2011).

Doch gelten die gleichen Aspekte auch für unser Empfinden von Privatheit im WorldWideWeb?

Nutzen wir eine Online-Plattform, dann interessiert uns zunächst vor allem, wie kann ich selbst meine Daten, die ich eingebe, kontrollieren, und wer kontrolliert diese, wenn ich sie an den Anbieter abgegeben habe. Wenn wir also von Privatheit im Netz sprechen, meinen wir in erster Linie die Datensicherheit.

Kürzlich hatte ich ein interessantes Erlebnis. Eine Freundin erzählte mir, sie hätte einen fürchterlichen Albtraum gehabt. Nur in Unterwäsche bekleidet sei sie in den Bus gestiegen und zur Arbeit gefahren.»Es war schrecklich, alle haben geglotzt – und ich bin wie angestochen aus dem Bus gerannt, aber nicht nach Haus gekommen, sondern immer wieder durch die Flure in unserem Bürohaus gelaufen!« Allerdings mailte sie mir kurze Zeit später Fotos von ihrer letzten Shoppingtour, auf denen sie mit schickster Unterwäsche in der Umkleidekabine zu sehen war und die sie über Facebook schon an ihre Freundinnen geschickt hatte. Auf meine Frage, warum sie in Unterwäsche nicht durch ihre Büroetage laufen würde, aber sexy Fotos über eine Internetplattform veröffentliche, bekam ich folgende Antwort:»Aber das ist doch was völlig anderes, hier treffe ich mich doch nur mit Leuten, die ich kenne, und nicht mit total Fremden.«

In unserem realen, physischen Umfeld können wir also sehr wohl zwischen öffentlichem und privatem Raum unterscheiden. Wir haben auch ein ganz natürliches, ursprüngliches Bedürfnis nach Intimität und Sicherheit, nach psychologischer Privatheit (Mekovic und Vrcek 2011).

In unserem analogen Leben machen wir also ganz eindeutig einen Unterschied, ob wir uns zu Hause befinden, in unserer privaten Umgebung oder im öffentlichen Raum. Dabei richten wir normalerweise unsere Aufmerksamkeit stärker auf unser »öffentliches« Verhalten, sobald wir Haus oder Wohnung verlassen. Wir achten z. B. darauf, wie wir uns in der Öffentlichkeit benehmen, dass wir keinen anrempeln, im Bus auf einen freien Platz warten und niemanden vom Sitz stoßen oder uns beim Bäcker in der Reihe anstellen (im Normalfall!). Wir orientieren unser Verhalten also an gesellschaftlichen Regeln, die für die verschiedenen situativen Bedingungen in nicht privaten Räumen gelten.

Im Netz gilt dies häufig nicht! Unsere Beurteilung von Raum verändert sich, wenn wir nicht körperlich anwesend sind und nur vom Touchpad oder der Tastatur aus handeln. Wir beurteilen den virtuellen Raum häufig anders als unser physisches Umfeld. Das Schamgefühl verschwindet, und Hemmungen werden abgelegt. Wir sehen die Personen auf Facebook und Co nicht persönlich, sondern kennen zunächst »nur« ihre Profilangaben und Fotos. Und trotzdem öffnen wir uns hier schneller als im realen Alltag. Wir fühlen uns online auch schneller »privat« und »vertraut«, als würden wir in unserem Wohnzimmer im Kreis unserer Freunde sitzen, und machen uns dabei nicht klar, dass Internetplattformen wie Facebook, Xing oder WhatsApp von Millionen von Menschen einsehbar sind.

Die Wissenschaftlerin Susan Barnes hat dies das »Privacy Paradoxon« genannt. D. h., wir geben online viel schneller viel mehr private Informationen preis, als wir dies in unserem realen Alltag machen würden. Doch wie kommt es nur zu solchem Verhalten? Warum sprechen wir, sobald wir auf einem sozialen Netzwerk angemeldet sind, mit den ersten Kontakten schon über Probleme im Job, Geldsorgen oder Liebeskummer und posten ganz private Fotos aus unserem Wohnzimmer oder dem letzten Urlaub auf Mallorca?

Viele von uns gehen viel zu offenherzig mit ihren Daten und Informationen um und unterliegen online einer Art Netz-Naivität und Illusion von Privatheit. Wir glauben, wenn wir unsere Facebook-Freunde eingrenzen, könnten wir auch die Verbreitung unserer Informationen beschränken. Wir realisieren nicht, dass ganz im Gegenteil die Freunde unserer Freunde und wiederum deren Freunde unsere Einträge einsehen können (und auch diejenigen, die wir nicht zu unserem Freundeskreis zählen!). Das Netz vermittelt uns eine trügerische Sicherheit und lässt uns leichtsinniger und unachtsamer werden. Und selbst wenn wir uns der Gefahren im Netz bewusst sind, handeln wir nicht immer vorsichtig: Wir agieren virtuell häufig ganz anders als wir real denken. Grundsätzliche Sicherheitsbedenken, die wir fast alle hegen (75 % aller Internetnutzer), haben also kaum einen Einfluss auf unser tatsächliches Online-Verhalten (Acquisti & Gross 2006; Boyd & Hargittai 2010; Debatin et al. 2009; Tufekci 2008; Yao et al. 2007; Yao & Zhang 2008; Youn & Hall 2008).

Fehlendes Bewusstsein gegenüber Online-Risiken (lack of awareness) und in puncto sicheres Surfen (Acquisti & Gross 2006; Boyd & Hargittai 2010; Debatin et al. 2009; Tufekci 2008) wie auch eine hohe Unwissenheit im Hinblick auf die Verwendung unserer Daten, sind also nicht immer die Hintergründe für unsere Selbst-Öffnung (Self-Disclosure) (Milne & Culnan 2004). Aber Verhalten und Einstellung klaffen ja häufig auseinander, und dafür gibt es zahlreiche Ursachen.

So werden wir z. B. umso unsensitiver und unachtsamer, je länger wir Webangebote nutzen. Je mehr »Erfahrung« wir also haben, umso weniger achten wir bewusst auf unsere Online-Privatheit (s. auch Mekovic und Vrcek 2011). Ein gewisser Grad an verhältnismäßig unproblematisch gemachten Erfahrungen führt zu einem größeren Vertrauen. Wir speichern das nun bekannte Umfeld und geben ihm sozusagen ein mentales Siegel: Hier ist alles in Ordnung. Eine hohe Nutzungsdauer vermittelt damit ein vermeintliches Gefühl von Sicherheit. Das gilt für Personen, Produkte, Unternehmen und eben auch Online-Angebote.

Auch Routine kann dazu führen, dass wir oberflächlicher werden, schneller Fehler machen oder wichtige Hinweise übersehen. Wir klicken einfach, weil wir das alles vermeintlich ja kennen. Ohne wirklich hinzuschauen. Und so kann es passieren, dass wir auf einer Webseite, die haargenau unserer vertrauten Online-Banking-Seite entspricht – in Wirklichkeit aber ein Fake ist –, bei Aufforderung unser Passwort und andere wichtige Angaben preisgeben. Gerade der vermeintliche Bekanntheitsgrad oder die gefühlte Reputation von Online-Anbietern (Metzger 2006) sind Faktoren, die unsere Bedenken senken und unsere Bereitschaft zur Selbst-Öffnung erhöhen. Wir sollten also auch im Netz bewusst auf unsere Routinehandlungen achten!

Dabei ist das bewusste Achten auf Privatheit auch von individuellen Faktoren abhängig. Nach einigen Studien gibt es einen deutlichen Gender-Effekt: Frauen geben generell mehr Intimes und Privates von sich preis als Männer (Parker & Parrott 1995), vor allem gegenüber Personen, die ihnen vermeintlich bekannt sind (Dindia & Allen 1992). Dies gilt insbesondere für die Gefühlswelt (Derlega et al. 1981). Allerdings machen Frauen Unterschiede bei dem, was sie preisgeben, so sind sie z. B. zurückhaltender bei der Preisgabe ihrer Telefonnummer (Tufekci 2008). Auch scheinen Frauen insgesamt sensibler auf private und intime Fragen zu reagieren als Männer (Cho & Hung 2011). Es gibt aber auch Studien, die nur ganz geringe bzw. gar keine Unterschiede zwischen weiblichen und männlichen Usern im Hinblick auf die Mitteilsamkeit beim Chatten finden (Barak und Gluck-Ofri 2007, Cho 2007). Die Mär, dass Frauen, das redselige Geschlecht, sich dieses Verhalten auch online nicht verkneifen können, ist so nicht haltbar. Selbst wenn Männer ihre Daten deutlich besser schützen als Frauen (Mekovic und Vrcek, 2011), sind sie nicht unbedingt weniger geschwätzig oder mitteilsam.

Und eines ist auch sicher, es ist kein Phänomen der Jugend! Aktuelle Studien der Universität Hamburg, die das Veröffentlichen privater Informationen in sozialen Netzwerken von Nutzern im Alter zwischen 13 und 84 untersucht haben, konnten keine Altersunterschiede feststellen (2014).

Allerdings beeinflussen noch vier weitere Aspekte die private Offenheit im Netz.

1. Soziale Relevanz
Bereits in den 50er-Jahren stellte man bei der Betrachtung von Kommunikationssituationen, in denen sich Personen face to face begegnen, Folgendes fest: Während wir mit anderen reden, diskutieren oder flirten, wechseln wir ständig die Rolle, einmal sind wir Sender von Informationen und einmal Empfänger. Damit die Kommunikation zwischen uns und anderen funktioniert, müssen wir also auf das regieren, was andere uns mitteilen – verbal oder auch über Körperhaltung und Mimik. Wir beobachten und beurteilen somit die Art der Aussagen, Informationen oder Emotionen, die uns entgegengebracht werden, und richten dann unsere eigenen Reaktionen an unseren Gesprächs- oder Kommunikationspartnern aus. Kommunikation jeglicher Art, ob verbal oder nonverbal, ist somit immer auf dem Prinzip der Reziprozität, des sozialen Austauschs, aufgebaut. Und eben gerade dieses spezifische Merkmal unserer Kommunikationssituationen gemäß dem Tauschprinzip: quid

pro quo – sag du mir etwas, dann sag ich dir etwas – scheint auch unsere Selbst-Öffnungstendenz zu fördern. Der Wissenschaftler Sidney M. Jourard (1959) bezeichnete dies als dyadischen Effekt. Dabei unterziehen wir unsere eigene Selbst-Öffnung auch einer Kosten-Nutzen-Analyse. Wir fragen uns, was bringt es mir, wenn ich meinem Gesprächspartner ein paar private Details erzähle und somit ein gewisses Vertrauensverhältnis herstelle? Und welches Risiko (z. B. Ausnutzen meiner privaten Informationen) steht dem Nutzen gegenüber (s. auch Petronio, 2002)? Gewinne ich durch meine Offenheit möglicherweise einen neuen Kunden oder einen wichtigen Kontakt, den ich beruflich oder privat nutzen kann? Die Selbst-Öffnung wird hier sozusagen nach der Relevanz für die soziale Interaktion bewertet. Der Selbst-Öffnung wird somit ein klarer sozialer Nutzen angerechnet.

Und genau dies gilt auch für die Kommunikation in sozialen Netzwerken (Barak & Gluck-Ofri 2007). Dabei kann man feststellen, dass einige User die Selbst-Öffnung auch dazu benutzen, um einen gewissen Status, z. B. einen hohen Bekanntheits- oder Beliebtheitsgrad, zu erreichen (Christofides et al. 2009). Auch scheint sich Selbst-Öffnung teilweise als soziale Norm, also quasi erwartetes Verhalten, zu etablieren: Wir tun es – weil es andere auch machen! Dies gilt vor allem für soziale Netzwerke, die auch unsere Peers, also Freunde oder Bekannte nutzen. Allerdings ist das immer auch eine Gradwanderung zwischen der Entscheidung: Wie weit kann ich gehen, ohne Schaden zu nehmen, und ab wann muss ich mich schützen?

2. Persönliche Relevanz des genutzten Webangebotes
Eines zeigt sich in den letzten Jahren sehr deutlich: Insbesondere die Vertiefung und Erhaltung von Freundschaften oder Bekanntschaften ist ein wichtiger Faktor für die Entscheidung, nutze ich ein soziales Netzwerk oder nicht (Boyd & Ellison 2007, Ellison et al. 2007). Die generelle Bedeutung sozialer Netzwerke wie Facebook und Co für unser social bonding, also unsere soziale Anbindung, Affiliation (Anschluss an andere) oder das Dazugehören zu einer Gruppe oder Gemeinschaft ist stark gestiegen.

Dabei wird die Nutzung eines bestimmten sozialen Netzwerkes auch davon beeinflusst, wie hoch dessen Relevanz bei den Personen in unserem persönlichen Umfeld ist. Je mehr Menschen um mich herum Facebook nutzen, umso eher werde ich es auch tun (Taddicken 2012). Dabei kann auch ein gewisser Gruppendruck dazu führen, dass wir mehr von uns preisgeben, als wir es tatsächlich wollen. Die Konformitätsforschung beschäftigt sich ja unter anderem damit, welche Kraft oder Macht eine Gruppe hat, einzelne Personen zu beeinflussen, z. B. Einstellungen zu bestimmten Themen oder direktes Verhalten konkret zu verändern oder Abweichler wieder auf den rechten Weg zurückzuholen. Solche Gruppenprozesse funktionieren im virtuellen Raum genauso wie im wirklichen Leben. So wird auf Jugendliche über Facebook und Co durchaus Druck ausgeübt. Nutzen sie diese Portale nicht, sind sie automatisch ausgeschlossen vom alltäglichen Informationsstrom – weil eben alles nur noch hier diskutiert wird und nicht mehr auf dem Schulhof. Ähnliches finden wir durchaus auch bei Bürogemeinschaften – wer nicht dabei ist, weiß auch über den alltäglichen Klatsch und Tratsch einfach nicht Bescheid und ist außen vor.

Die Bedeutung sozialer Netzwerke für unser alltägliches Leben hat einen Einfluss darauf, inwiefern ich private Dinge von mir mitteile oder eben nicht (Taddicken 2014). Je wichtiger ein soziales Netzwerk für uns als soziales Interaktionsmedium ist und je mehr es genutzt wird, um mit alten Freunden wieder in Kontakt zu kommen, aktuelle Freundschaften zu pflegen, ganz neue Leute kennenzulernen oder um mit Leuten zu flirten oder Dates zu vereinbaren, umso mehr geben wir von uns preis.

Dabei spielt es eine Rolle, wie viele vermeintliche Freunde oder Bekannte sich hier tummeln: Je mehr man zu kennen meint, umso vertrauter fühlt man sich und umso mehr Persönliches teilt man mit.

Auch die Anzahl der Netzwerke, in denen man sich tummelt, spielt bei Selbst-Öffnung eine entscheidende Rolle. Wer in vielen Netzwerken agiert, scheint sich nirgends so ganz zu Hause zu fühlen und kann sich nicht entscheiden, in welches Netzwerk er wirklich investieren soll. Bei solchen Netzwerk-Travellern bleiben die geteilten Intimitäten relativ begrenzt.

Das sich Nicht-richtig-entscheiden-Können zeigt sich auch in einer geringeren Bereitschaft zur Selbst-Öffnung: Wir sind dann deutlich zurückhaltender, vor allem, was sensible Bereiche betrifft wie z. B. Liebesleben, Probleme in der aktuellen Beziehung, Schwierigkeiten im Job oder Krankheiten.

Wer hingegen wirklich in einem Netzwerk aktiv sein möchte und auch ernsthaft hier Kontakte knüpfen will, der muss einiges einsetzen, Zeit, Engagement und auch eigene Informationen.

3. Intrinsische Charakteristika: Persönlichkeitseigenschaften und Einstellungen

Unsere Dispositionen oder charakteristischen Persönlichkeitsmerkmale spielen in jedem Moment unseres Lebens eine wichtige Rolle, bei Entscheidungen, die wir treffen, bei konkreten Handlungen, bei Wahrnehmungs- und Kommunikationsprozessen und vielem mehr.

In unserem normalen Alltag werden wir, wenn wir zu den eher vorsichtigen Menschen gehören, wohl kaum nachts durch einen dunklen Park laufen, risikoreiche Sportarten ausprobieren oder Reisen in Krisen- oder Kriegsgebiete unternehmen. Unsere Persönlichkeitsmerkmale beeinflussen also unser Verhalten.

Doch wie ist das im Netz? Ist ein vorsichtiger Mensch auch beim Onlinebanking zurückhaltend? Wird er Fotos in einer I-Cloud hochladen oder eher nicht? Und wie sieht das bei der Bereitschaft zur Selbst-Öffnung aus? Gilt die Risikovermeidungs-Disposition plötzlich nicht mehr, wenn wir online sind?

Das Thema Selbst-Öffnung gegenüber Fremden und Intimität zwischen Freunden sowie der Zusammenhang mit individuellen Unterschieden in der Persönlichkeit wird seit den 50er-Jahren stark diskutiert, angestoßen durch Herbert Lewin. Zahlreiche Studien haben versucht, spezifische Selbst-Öffnungs-Tendenzen in Verbindung mit Geschlecht, Alter, Herkunft, Religion oder Neigung zu Impulsivität herzustellen.

Neue Forschungen weisen in die Richtung, dass eine allgemeine Tendenz zur Selbst-Öffnung durchaus als persönliche Charakteristik zu sehen ist. Viele Wissenschaftler sehen den

Hang zu self-disclosure mittlerweile durchaus als Persönlichkeitseigenschaft an und bezeichnen dies als willingness to self-disclosure (Taddicken 2014). Manche Menschen sind generell eher offener gegenüber anderen, sind stärker extrovertiert: Sie tragen gerne viel von sich nach außen. Andere hingegen möchten nicht, dass andere Menschen von ihren innersten Gefühlen, Wünschen oder Lebensereignissen wissen, und ziehen eine klare Grenze zwischen sich und anderen. Dies kann aber z. B. in Partnerschaften durchaus zu Problemen führen: Weil man sich dem anderen verschließt, fühlt sich dieser ausgeschlossen, und die Entwicklung einer tieferen Bindung wird erschwert.

Eine starke Selbst-Öffnung können wir allerdings auch mit einer ganz gezielten Handlungsintention in Verbindung bringen, z. B. mit Impression-Management. Dieses Forschungsparadigma bezeichnet in der Sozialpsychologie die gezielte Selbst-Präsentation gegenüber anderen (s. Schlenker 1980, Tedeschi 1982). Goffman (1950), der diesen Begriff bereits in den 50er-Jahren erwähnt hat, beschreibt damit strategische Kommunikation, also die Anwendung bestimmter Taktiken, die uns selbst in einem günstigen Licht erscheinen lassen. Wir versuchen dann durch kommunikative Tricks, Vorteile zu erlangen, um bei anderen besser anzukommen. Online heißt das: Möchten wir z. B., dass uns andere interessant finden, erzählen wir über unsere Hobbys, unsere tollen Reisen, unseren Beruf und stellen noch viele private Fotos ins Netz, auf denen wir besonders vorteilhaft und gut aussehen. Wir agieren assertiv (aktiv): Seht her, wie gut ich bin! Und in die Zukunft gerichtet: Durch eine gezielte Selbst-Öffnung schaffen wir eine Vertrauensbasis und geben den anderen das Gefühl: Ich möchte mit euch einen länger andauernden Kontakt oder sogar eine Beziehung aufbauen!

Auch die deutsche Forschergruppe um Sabine Trepte kann ein schwaches Sicherheitsverhalten im Web und somit eine erhöhte Selbst-Öffnungstendenz bezüglich intimer Daten, mit Persönlichkeitsvariablen, Einstellungen und intendierten Handlungen (planned behavior) in Verbindung bringen. In ihren Ansätzen zeigen sie, dass grundsätzliche Einstellungen zu einem offenen Umgang mit privaten Informationen und gezielte Intentionen (was möchte ich mit meinem Verhalten erreichen) eine gewisse Rolle dabei spielen, ob man im Netz eher freizügig oder zugeknöpft auftritt.

Es führt aber auch ein Hang zum Narzissmus zu einer stärkeren Selbst-Öffnung. Diese wird hier ebenfalls ganz gezielt genutzt, um einen bestimmten Eindruck zu hinterlassen. Allerdings ist Narzissmus nicht zwingend als krankhafte Störung anzusehen. Es gibt Formen eines positiven wie auch eines negativen Narzissmus. Forscher wie Beat Stübi oder der Sozialpsychologe Hans-Werner Bierhoff sprechen gerade heutzutage von einer sehr starken Ich-Zentriertheit in der jüngeren Bevölkerung, einer regelrechten Ich-Inflation.[6] Die eben auch durch die neuen Medien gefördert wird, denken wir an Selfies und Co, auf die wir später bei dem Aspekt Selbstdarstellung und Identität im Netz noch zurückkommen werden. Studien der Universität San Diego weisen sogar daraufhin, dass die nach 1982 Geborenen die narzisstischste Generation der jüngsten Geschichte sei.

Wer eher narzisstisch veranlagt ist und einen Hang zur gezielten Selbstdarstellung hat, der ist deutlich offener im Netz als andere (s. auch Harper & Harper 2006; Herring et al. 2005). Dies scheint insbesondere auch für Blogger oder Betreiber eigener YouTube-Kanäle zu gelten: Sie haben eine besonders starke Tendenz zur Selbst-Öffnung und teilen freiwillig anderen praktisch ihr ganzes Leben mit, im 24-Stunden-Rhythmus – vom Aufstehen übers Zähneputzen bis hin zum Gang aufs stille Örtchen. So wie die beiden deutschen YouTuber »Dner« und »Ungespielt« alias Felix von der Laden (20) und Simon Unge (24), mit insgesamt knapp 500 Millionen Videoabrufen zwei der erfolgreichsten deutschen YouTube-Stars. Auf je eigenen Kanälen laden sie dort täglich selbst gedrehte Filme hoch, die sie dabei zeigen, wie sie Computergames spielen. Man konnte 2014 aber auch life bei ihrer Reise mit Longboards durch ganz Deutschland dabei sein – von Sylt bis Schloss Neuschwanstein.[7]

Allerdings müssen wir zwischen dem Grad privater Information oder Daten unterscheiden, die wir anderen mitteilen:

Offenheit ist nicht gleich Offenheit. Denn auch wenn die meisten von uns online den echten Namen, Geschlecht, Fotos oder Hobbys preisgeben (s. Taddicken 2014, Tufekci 2008), bei der privaten Telefonnummer oder Adresse sind viele vorsichtiger und zögerlicher (Fogel und Nehmad 2009).

Dabei beeinflussen die verschiedenen Dimensionen unserer Privatsphäre unsere Bedenken bezüglich privater Inhalte im Netz, ob wir also online eher mehr oder weniger von uns mitteilen. So macht es einen deutlichen Unterschied, ob wir glauben, dass private Einträge von völlig Fremden, die mich nicht wirklich kennen und zu denen ich sowieso niemals echten Kontakt haben werde, oder von Kollegen und Vorgesetzten gesehen werden können. Je eher ich denke, dass mein Arbeitgeber Kenntnis von meinen Informationen bekommen könnte, umso zurückhaltender werde ich bezüglich intimer Mitteilungen sein. So unterscheiden sich die meisten unserer Selbst-Darstellungen und Profile auf Facebook und in Businessnetzwerken sehr deutlich: Auf Xing oder Research.net haben private Dinge eher keinen Raum.

Es spielt auch eine Rolle, ob wir uns gefühlt in einem geschützten Raum befinden, z. B. in einer unserer Facebook-Gruppen oder in einem von allen einsehbaren Bereich (s. auch Studien von Monika Taddicken 2014). So legen Jugendliche besonders großen Wert darauf, auf keinen Fall mit ihren eigenen Eltern auf Facebook befreundet zu sein. Sie glauben, dass sie ihre Eltern dadurch von zu intimen Einblicken ausschließen können. Wir alle unterliegen auch hier sehr häufig einem digitalen Wahrnehmungsfehler: einer Illusion von Sicherheit!

Zwar ist eine sehr starke Selbst-Öffnung durchaus auch von individuellen Persönlichkeitsfaktoren, von unserer generellen Einstellung zur Privatheit sowie der Dimension von gefühlter Sicherheit abhängig. Trotzdem wird hierdurch nicht die grundsätzliche stärkere Selbst-Öffnungstendenz erklärt, die wir fast alle verspüren, wenn wir online sind. Denn generell sind wir alle etwas zu offen im Netz.

Mir stellt sich hier vor allem die Frage nach dem Bewusstsein, sich im öffentlichen Raum zu befinden. Sie wird durch obige Erkenntnisse nicht befriedigend beantwortet. Mir scheint gerade der Mangel an Differenzierungsfähigkeit zwischen öffentlichem und privatem Raum eine bedeutsame Rolle zu spielen, der durch die besondere Beschaffenheit des Mediums Internet und der gesamten Online-Kommunikation entsteht.

4. Die besondere Beschaffenheit des Mediums Internet und der Online-Kommunikation: Eine Illusion von Privatheit entsteht
Haben Sie sich schon einmal darüber Gedanken gemacht, wie es sich auswirkt, dass wir in sozialen Netzwerken unsere Aktionspartner körperlich gar nicht wirklich sehen? Wir können zwar Profile und Fotos anschauen und uns einen ersten virtuellen Eindruck über die Person verschaffen, aber der echte, persönliche Kontakt fehlt meist!

Gerade dieser Umstand scheint es für uns zu erschweren, zwischen Privatheit und Öffentlichkeit zu unterscheiden. Eine Illusion von Privatheit entsteht.

Dabei sind wir doch, sobald wir z. B. Facebook betreten, von mehr als 1,5 Milliarden Menschen umgeben, die alle mitbekommen können, was wir tun, erzählen, welche Geheimnisse, Gefühle oder Wünsche wir ausplaudern. Gleiches gilt für Instagram, wenn wir hier Fotos hochladen. Wir spüren einfach nicht, dass wir online in Wirklichkeit von unzähligen Personen umgeben sind, beobachtet werden und eben nicht nur von unseren fünf Freunden.

Es kommt online regelrecht zu einem Kontext-Kollaps.

Wir können gar nicht mehr nachvollziehen, mit wem wir uns im Online-Kontakt befinden, denn Freunde, Familie, Kollegen, alle sind unter Umständen in ein und demselben sozialen Netzwerk mit uns verknüpft – und da verliert man leicht den Überblick. Vor allem wird es kompliziert, wenn man mehr als 500 »Freunde« oder Kontakte hat und auch immer wieder neue Freundschaftsanfragen bekommt. Diese Vielzahl kann zu Verwirrung führen und auch dazu, dass man manchen etwas mitteilt, das man vielleicht gar nicht mitteilen möchte.

Selbst wenn wir in einem sozialen Netzwerk einen privaten Freundesbereich einrichten, durch die Freunde unserer Freunde, zu denen wir vielleicht gar keinen direkten Kontakt haben, werden unsere Einträge auch mit diesen geteilt. Wenn einer unserer Buddys mit einem Kollegen von uns »befreundet« ist, wir aber nicht, dann bekommt auch dieser alles von uns mit. Somit ergießt sich unsere Selbst-Öffnung über ein sehr heterogenes Publikum: Menschen, die wir gut kennen, die wir etwas kennen oder überhaupt nicht, auf den Kreis von Kollegen oder Vorgesetzten (was nicht immer vorteilhaft ist!) und auf den Freundes- und Familienkreis. Wir können gar nicht wirklich kontrollieren oder einschränken, an wen unsere Mitteilungen und Veröffentlichungen gehen.

Wir können auch mit Namen, E-Mail-Adresse, Telefonnummer etc. auf Facebook bereits vorhanden sein, ohne dass wir uns selbst angemeldet haben. Durch sogenannte Schattenprofile, die z.B. Facebook erstellt: Wird ein Freund von uns Mitglied und gibt er das Einverständnis zum Abgleich mit seinem Smartphone, so werden sämtliche E-Mail- oder Telefonkontakte und Namen bei Facebook gespeichert, also auch unsere Daten, ohne dass wir das wissen und obwohl wir das gar nicht wollen. Wir können somit ohne unser eigenes Zutun mit unseren Informationen in einem sozialen Netzwerk schon präsent sein und darüber mit anderen Personen in Verbindung gebracht werden.

Außerdem kann man sich kinderleicht in unsere Profile hacken. Privatheit ist also in sozialen Netzwerken per se nicht gegeben. Hinzu kommt, dass aufgrund der Datenmengen, die z.B. bei Facebook verbreitet werden, unsere Einträge auf zahlreichen ausländischen Servern gespeichert werden. Und da in anderen Ländern andere Datenrechtsbestimmungen gelten, ist auch ein Datenschutz nach unseren deutschen Richtlinien kaum gegeben. Somit ist auch eine vollkommene Löschung unserer Daten nicht möglich – irgendjemand kann immer dran.

Aber nicht nur, dass wir mit einer Vielzahl von Kommunikationspartnern, die sich im Grad der Nähe zu uns unterscheiden, gleichzeitig kommunizieren, lässt uns »räumlich« kollabieren. Dieser Kontext-Kollaps beinhaltet auch, dass online eine Illusion von Privatheit entsteht, der wir z.B. im Büroalltag, im Supermarkt, an der Tankstelle oder im Einkaufszentrum niemals unterliegen würden.

Gerade die Tatsache, dass wir all diese Personen nicht life, also face to face, vor uns sehen, führt dazu, dass wir uns unbeobachtet, sicher, geschützt fühlen und uns selbst als von unserem privaten Kokon aus handelnd wahrnehmen. Wir sehen und spüren weder uns selbst »körperlich« noch das eigentlich große Publikum eines sozialen Netzwerkes. Einfach weil wir alleine vor unserem Tablet oder Smartphone sitzen und die Personen, mit denen wir im Netz kommunizieren, nur als Bilder oder Icons, in Form ganz vieler kleiner Fenster wahrnehmen und nicht als reale Personen von 1,85 Größe und 85 Kilo. Die Virtualität führt zu einer fehlenden physischen Sichtbarkeit der Interaktionspartner und dies behindert unsere Wahrnehmung der Online-Welt als öffentlichen Raum. Die Privatheit, die uns das Netz vorspiegelt, ist faktisch nicht gegeben.

Und dies führt zu einem weiteren digitalen Wahrnehmungsfehler und stärkt die Illusion von Privatheit zusätzlich: Denn alles, was online passiert, geschieht ja nicht direkt bei mir zu Hause – es ist nur virtuell. Es kommt niemand wirklich zu mir, setzt sich auf mein Sofa und hält ein Schwätzchen. Es besteht somit eine räumliche Distanz zwischen meinem Zuhause, von wo aus ich mein Laptop oder Tablet bediene, und dem virtuellen Raum, in dem ich mich in just demselben Moment mit anderen austausche. Und das führt dazu, dass wir den virtuellen Raum anders beurteilen. Würden Sie Ihre Wohnungstür Tag und Nacht sperrangelweit geöffnet und jeden, der vorbeikommt, in Ihrem Schlafzimmer stöbern lassen oder völlig unbekannte Personen einladen, Ihnen beim Duschen, Umkleiden oder Schminken zuzusehen? Im Netz tun wir das aber. Wir öffnen online Voyeuren Tür und Tor zum Ausspähen unserer Privatsphäre. Wohnung oder Kinderzimmer werden quasi zum öffentlichen Raum. Allerdings spüren wir nicht, dass wir durch diese Selbst-Öffnung vielen unbekannten Menschen einen sehr guten Einblick in unser Leben, ob Alltag, Liebe und Partnerschaft, Beruf und vieles mehr, geben.

Durch die vermeintlich geschützte virtuelle Umgebung wird das traditionelle Raumkonzept außer Kraft gesetzt. Wir drücken online sozusagen jedem, mit dem wir in Kontakt kommen, egal auf welchem Wege, ob direkt (durch eigene Freundschaftsanfragen oder Gruppenmitgliedschaften) oder indirekt (über Freunde und Co), einen Schlüssel zu unserem Leben in die Hand.

Es entsteht ein falsches Raumempfinden. Der eigentlich öffentliche Raum »Cyberspace« wird nicht als solcher empfunden.

Wir sollten uns also bei jedem Online-Besuch bewusst machen: Es werden immer mehrere Faktoren wirksam, die unsere räumliche Wahrnehmung stören, zu einem Kontext-Kollaps führen, uns eine Illusion von Privatheit vorgaukeln können und uns damit anfällig für eine gewisse Netz-Naivität machen. Wir müssen lernen zu akzeptieren, dass wir uns online per se in einem hochgradig öffentlichen Raum befinden – egal wie viel Sicherheit man uns versprechen mag.

Zeitgefühl
Was geschieht, wenn uns die interaktive Zeitwahrnehmung einen Streich spielt und der Rhythmus des Internets zur Droge wird?

Denken Sie kurz darüber nach, was genau Sie denn heute schon alles online gemacht haben? Wie sieht es aus mit Twittern, Chatten, WhatsAppen, E-Mails im Büro verschicken, Shoppen, Flug buchen, mit Freunden oder Familienmitgliedern im Ausland skypen, flirten, Kontaktanfragen auf Facebook oder anderen Business-Netzwerken stellen oder beantworten?

Und können Sie dabei auch einschätzen, wie viel Zeit Sie mit diesen verschiedenen Tätigkeiten verbracht haben? Eine Stunde, zwei Stunden oder mehr? Oder ist es vielmehr so, dass Sie das gar nicht genau wissen, weil es einfach so passiert und sich Ihre Online-Zeit wie von selbst in Ihre alltäglichen Abläufe integriert?

Die meisten Menschen können heute keine genaue Auskunft darüber geben, wann sie on sind und wann nicht. Internetflat sei Dank wird diese ständige Gleichzeitigkeit erst möglich. Unser Zeitempfinden spielt uns also einen Streich. Woran liegt das? Daran, das wir ständig online sind? Oder macht es einen Unterschied, ob wir im Real Life agieren oder ob wir es online tun?

Wenn wir unser Online-Verhalten genauer betrachten, wird rasch klar, dass wir im Netz keineswegs nur zielgerichtet handeln, sondern schon mal unsere Zeit vertrödeln. Wir verpassen den richtigen Zeitpunkt, uns auszuklinken, und versinken in einem Meer von Vorschlägen. Wir wandern bei Amazon von einem Buch und einem Autor zum nächsten, wir erliegen den zahlreichen Google-Einträgen für die Suche nach einem Produkt, Begriff oder Thema und klicken von einem zum anderen, einfach um zu schauen, ob das nicht doch noch interessant und wichtig für uns sein könnte. Wir sagen eben nicht automatisch stopp, sondern lassen uns von Google und Co verführen, mehr Zeit zu investieren, als wir eigentlich wollten. Einerseits unterliegen wir in solchen Augenblicken einer Art Kontrollverlust, der kaum zu stoppen ist. Andererseits sehen wir uns auch in einem gewissen Zwiespalt: Wir verlieren unser Zeitgefühl, da wir länger online sind, als wir eigentlich wollten. Gleichzeitig gibt uns aber unser Bewusstsein die Meldung, unsere Entscheidung abzusichern, also nach mehr zu suchen oder möglichst viel anzuklicken.

Wenn ich darüber mit Freunden oder Kollegen diskutiere, höre ich nicht selten die Klage: »Ja, es kommt immer häufiger vor, dass ich das Gefühl habe, online meine Zeit zu verlieren. Ich schaue auf die Uhr, und es sind zwei Stunden rum, ohne dass ich etwas Sinnvolles gemacht habe.«

Wenn wir überprüfen, in welchen Situationen wir unser Zeitgefühl verlieren, stellen wir fest: Es geschieht immer dann, wenn uns etwas besonders interessiert, wenn wir etwas ganz Bestimmtes erreichen wollen, wenn wir überlegen, wie uns das gelingen kann, oder wenn wir gefühlsmäßig, emotional, besonders involviert sind. D. h. also, unsere Ich-Beteiligung, unser Involvement, ist in solchen Augenblicken besonders hoch, und es kann passieren, dass wir vollkommen abtauchen. Man spricht auch von einem Flow-Erleben (s. Csikszentmihalyi). Auch eine italienische Forschergruppe (Angrilli et al. 1997) konnte zeigen, dass das persönliche Erregungsniveau sowie der emotionale Zustand bei unserem Zeitgefühl eine bedeutende Rolle spielen. Ist unsere Aufmerksamkeit aktiv mit einer Handlung oder einer Situation physisch oder mental (oder auch beides) beschäftigt und ist damit auch unser Erregungspotenzial höher, überschätzen wir den Zeitverlauf – die Zeit vergeht nach unserem Empfinden deutlich schneller. Das kann geschehen, wenn wir ein faszinierendes, spannendes Buch lesen oder wenn wir uns im Wettkampf eines Online-Spiels befinden. Aber auch wenn wir Sorgen haben, kann sich alles nur noch darum drehen, und die Zeit vergeht wie im Flug.

Allerdings vergeht die Zeit auch dann besonders schnell, wenn wir wahnsinnig viele Dinge auf unserer To-do-Liste haben. Das Abarbeiten geht dann einfach langsam voran – aber die Zeit verrinnt gefühlsmäßig unglaublich schnell, sodass wir manchmal denken, ich habe heute eigentlich gar nichts geschafft! Das lässt uns an unserer Produktivität zweifeln. Auch in Situationen, in denen wir bestimmte Dinge sehr schnell hintereinander machen müssen, trügt unser Zeitgefühl und signalisiert uns, die Zeit vergehe viel zu schnell.

Demgegenüber vergeht die Zeit nach unserem Empfinden furchtbar langsam bei Dingen, die wir überhaupt nicht gerne machen. Das Gegenteil ist der Fall, wenn wir hingegen etwas machen, das wir gerne tun – Hobbys, Reisen, das Wochenende genießen oder mit Freunden zusammen sein. Das glauben wir zumindest. Diese Beispiele zeigen, dass wir bei allem, was wir tun, einem persönlichen Zeitempfinden unterliegen, das sich von der tatsächlich messbaren Zeit in Minuten und Stunden deutlich unterscheiden kann. Unser subjektives Zeitempfinden (Kairos) und die wirklich vergangene Zeit (Chronos) klaffen häufig auseinander.

Das Zeitgefühl ist also ein Produkt unserer eigenen Aufmerksamkeitsprozesse. Wird unser Bewusstsein z. B. in Situationen, die uns langweilen oder in denen wir warten müssen, besonders auf das Zeiterleben gelenkt, allein durch ständiges Schauen auf die Uhr, dann überschätzen wir den Zeitverlauf und haben das Gefühl, alles dauere ewig. Das hat auch etwas mit unserem stärkeren Ich-Erleben in solchen Situationen zu tun, so der Psychologe Marc Wittmann. Je mehr Stimuli von außen fehlen, die mich von mir selbst ablenken können, und je mehr ich somit stärker auf mich selbst achten kann, je unausgefüllter ich diesen Zeitraum empfinde, umso langsamer vergeht für mich die Zeit. Dies kann z. B. auch beim Nichtstun der Fall sein. Viele von uns wissen in solchen Momenten nichts mit sich anzufangen, meinen, sie müssen immer irgendwie beschäftigt sein, und haben das Gefühl, die Zeit verginge überhaupt nicht. Deshalb haben auch viele Menschen Probleme mit der ersten Meditationsübung. Sie sind es einfach nicht gewohnt, auf sich und ihr Innerstes zu lauschen – ohne Ablenkungen von außen.

Unsere Zeitwahrnehmung wird allerdings auch entscheidend davon beeinflusst, in welcher Lebensphase wir uns gerade befinden. So scheint besonders in den mittleren Lebensjahren die gefühlte Zeit geradezu davonzurennen. Dies hängt vor allem mit den situativen Bedingungen dieser speziellen Lebensphase zusammen. Der Psychologe und Kommunikationsforscher Jochen Schweitzer spricht von einer funktionellen

Überfrachtung der mittleren Lebensjahre. Die Aufgabenfülle, unser Bedürfnis, Familie, Beruf und Karriere unter einen Hut zu bringen, führt zu diffusen Gefühlen. Einerseits sehen wir diese Phase als Chance, unser Leben zu gestalten und etwas zu zustande zu bringen. Andererseits fühlen wir durch die Vielzahl an Optionen und auch durch die gezwungenermaßen vielfältigen Verantwortungsbereiche (Beruf, Familie, Partnerschaft, Vorsorge für das Alter usw.) eine Art Bedrohung, Zwang oder auch Ängste, den Anforderungen nicht gerecht zu werden oder auch etwas zu versäumen.

Die gefühlte, psychologische Zeit ist also nicht immer auch die tatsächlich vergangene Zeit. Das gilt auch rückblickend für Erinnerungen.

Die Amerikanerin Claudia Hammond beschreibt in ihrem Buch ›Time Warped: Unlocking the mysteries of Time Perception‹, dass unsere Erfahrung mit der Zeit und somit auch unser Zeitgefühl aktiv von unserem Gehirn gestaltet werden. Von Neurowissenschaftlern und Psychologen wird diese gefühlte Zeit deshalb auch als Mind Time bezeichnet.

Unsere Zeitwahrnehmung wird somit durch unsere eigenen Erfahrungen mit Zeitverläufen geprägt. Unser Zeitempfinden hängt also auch mit unserem autobiografischen Gedächtnis zusammen, mit unseren Lebenserfahrungen, Lebensphasen und prägenden Ereignissen. Gerade zurückliegende Ereignisse oder Erfahrungen, mit denen man emotional stark verbunden ist, nehmen in unserer Erinnerung besonders viel Platz ein und füllen eine große gefühlte Zeitspanne.

Die Psychologin Hanna Helferich von der Universität Chemnitz bringt die im Rückblick so schnell vergangene Zeit in der mittleren Phase unseres Lebens auch mit der Routinefalle in Verbindung. Das Leben verläuft hier in einem bestimmten Rahmen, Arbeits- und Familienleben nehmen Gestalt an, und man versucht einen gewissen Alltagsrhythmus zu entwickeln. Diese unspektakulären Dinge, also gerade die Routine, die sich in unser Leben einschleicht, nehmen in unserem Gedächtnis wenig Raum ein. Die Zeit in dieser Lebensphase ist rückblickend in unserer Erinnerung sehr schnell verlaufen. Dagegen erscheinen spektakuläre Ereignisse oder außergewöhnliche und besonders schöne Erfahrungen, die auch stets mit neuen Situationen verbunden sind, eher lang und nehmen in unserer Erinnerung einen großen Zeitraum ein.[8] Das gilt auch für unsere Kindheit. Die Zeit des Erwachsenwerdens ist geradezu geprägt von Wandel und Erneuerung. Wir verändern uns körperlich, entwickeln immer mehr mentale und physische Fähigkeiten, lernen im Austausch mit vielen anderen Menschen, ob in Schule, Peergroup (Gleichaltrige) oder Familie. Gerade auch die stark emotionale Prägung dieser Lebensphase lässt diese Lebenszeit in unserer Erinnerung besonders lang erscheinen.

Wir müssen also das unmittelbare Zeiterleben von unserer Zeiterinnerung unterscheiden. Bei der Wahrnehmung von Zeit haben wir es somit mit einem Paradoxon zu tun: Die subjektive erlebbare Zeit in dem Moment des Geschehens erscheint bei starker emotionaler Beteiligung, hohem Erregungsniveau und Involvement also deutlich kürzer als sie in Wahrheit ist. Im Rückblick, also in unserer Erinnerung, nehmen diese Erlebnisse aber viel Raum, sprich Zeit ein.

Die Wahrnehmung und Einschätzung von Zeit ist also von verschiedenen Faktoren abhängig.

Doch wie ist das nun, wenn wir online sind? Was bedeutet es, wenn wir versuchen als Media-Multitasker ständig zwischen den verschiedenen Anwendungen hin und her zu switchen? Und welche Rolle spielt die Art unserer Online-Tätigkeit für unser Zeitempfinden? Macht es einen Unterschied, ob ich mir eine Bahnkarte kaufe, ein Hotel bei booking.com buche, meinen Lieblingsblog verfolge, meinen eigenen Blog bearbeite oder mich auf einem Datingportal tummele?

Eines ist klar: Wir müssen unser Zeitempfinden im Netz unter ganz anderen Voraussetzungen betrachten als das Zeitgefühl in unserem Alltag. So haben wir es bei der Online-Zeitwahrnehmung mit einem Aufeinandertreffen mehrerer Netzeffekte zu tun: Vor allem Multiplizität und Synchronizität, Schnelligkeit des Perspektivwechsels, die hohe Mobilität während unserer interaktiven Tätigkeiten, die unterschiedlichen digitalen Interaktivitätsgrade und die Beschaffenheit des Mediums Internet, nämlich Handeln im virtuellen Raum ohne unsere physische Anwesenheit, wirken sich auf unser Zeitempfinden aus.

DAS MEDIUM AN SICH SETZT UNSERE TRADITIONELLE ZEIT-WAHRNEHMUNG AUSSER KRAFT. Das WorldWideWeb hat unser traditionelles Zeitkonzept aus den Angeln gehoben. War früher unser Leben und die Teilnahme am Alltag auf unserer Zeitzone beschränkt, können wir heute virtuell und visuell an allen Orten der Welt sein. Die echte Uhrzeit, der traditionelle Tag-Nacht-Rhythmus, wird völlig ausgeblendet, und unsere Zeitzonen lösen sich auf. Wollten wir vor dem Internetzeitalter einen Freund in Kalifornien erreichen, war der Griff zum Telefon die einzige Möglichkeit. Selbstverständlich haben wir uns dabei automatisch nach der aktuellen Uhrzeit auf dem anderen Kontinent gerichtet – und nicht einfach mal kurz durchgeklingelt. Stellen wir diese Überlegungen heute überhaupt noch an, wenn wir in sozialen Netzwerken unterwegs sind oder E-Mails verschicken? Wohl kaum – denn auf Facebook spielt es einfach keine Rolle, wann wir jemanden kontaktieren – entweder er ist on und kann dies mitverfolgen – oder eben nicht. Dann bekommt er meine Nachricht zu einem späteren Zeitpunkt. Gesendet und kontaktiert wird dann, wenn es passt – der andere muss selbst sehen, ob er direkt reagieren will oder erst später – oder gar nicht. Falls unser kalifornischer Freund zufällig sein Smartphone neben seinem Bett liegen hat, dann klingelt es halt, auch mitten in der Nacht.

Die Uhrzeit spielt durch die Gleichzeitigkeit im Netz keine Rolle mehr. Unsere echte Zeit wird zerlegt und unterteilt sich zwischen 8 Uhr morgens und 22 Uhr abends in Berufszeit, Familienzeit oder Freizeit. Die Internetzeit aber hat gar keine Uhrzeit mehr, keinen Tag und keine Stunden – sie ist quasi unendlich. Dies liegt schon allein daran, dass alles, was jemals den Weg in das WWW gefunden hat, für immer irgendwo zu finden ist. Es gibt sozusagen kein Ende, aber auch keinen richtigen Anfang. Die Internet-Zeit ist fraktal – sie zerlegt sich nicht in einen Tagesablauf, sondern unterliegt rein der Nutzung, wann auch immer ich etwas mache.

Das bedeutet, dass im Netz unser realer Zeitablauf und somit auch die Vergänglichkeit gar nicht existieren. Was uns im richtigen Leben und im Laufe der Jahre vom jungen Mann zum Greis werden lässt, vom Studenten zum CEO, ist online außer

Kraft gesetzt: Wir befinden uns in einer Art Null-Bewegung. Das Fehlen der körperlichen Anwesenheit und der physischen Teilnahme hindert uns daran, Bewegungen und Zeitverläufe zu erkennen. William Gibson, der Erfinder des Begriffs Cyberspace (1984), sprach davon, dass wir unser entkörperlichtes Bewusstsein in diesen erdachten, erfundenen Raum, den er Matrix nennt, projizieren. Und diese Matrix bewegt sich nicht – sie ist einfach da – ein mehrdimensionales, visionäres Gebilde, das mental, durch unsere Vorstellung, von uns bevölkert wird.

Auch gibt es im Netz kein automatisches Alterungsprinzip: Mein Profil kann Jahrzehnte überleben – ohne Änderung. Auch wenn ich selbst schon über 70 bin, kann ich online immer 30 bleiben – und keiner merkt etwas. Die Entkopplung von Körper und Handlung im Cyberspace kann also ebenfalls unsere Zeitperspektive verzerren.

Hinzu kommt, dass die virtuelle Ablenkung im Netz unsere mentale Fähigkeit, zwischen realer und virtueller Zeit zu unterscheiden, verringert. Wir agieren zwar im realen Jetzt, handeln aber im virtuellen, wo es keinen Zeitverlauf gibt. Und der Körper bleibt an Ort und Stelle, denn er reist ja nicht mit in den digitalen Raum. Wir verlassen mental unsere reale Umgebung, körperlich aber nicht. Dass wir uns deshalb hin und wieder in unseren Netzaktivitäten verlieren können, scheint einleuchtend. Dies führt dazu, dass wir im Netz abtauchen und gar nicht merken, wie viel Zeit wir tatsächlich hier verbringen. Schauen wir dann aber auf die Uhr, bemerken wir: Oh Gott, ich war ja drei Stunden on. Es kommt also zu einem Clash zwischen Internet-Zeit und Jetzt-Zeit!

Dabei kann aber auch das Gefühl, immer erreichbar sein zu müssen, das durch die technischen Gegebenheiten quasi zur Normalität geworden ist, die Zeitwahrnehmung verwirren. Wenn wir unsere Online-Verbindung nicht mehr abschalten können oder meinen, dies auf keinen Fall zu dürfen, da wir sonst etwas verpassen würden, kann dies zu einer gefühlten Überlastung führen und lässt unsere gefühlte Zeit regelrecht schrumpfen. Der gefühlte digitale Zwang der Gesellschaft kann also unser Zeitempfinden empfindlich negativ beeinflussen.

MULTIPLIZITÄT, SYNCHRONIZITÄT, PERSPEKTIVWECHSEL UND MOBILITÄT Die ständige Verwendung mehrerer Kommunikationskanäle (Twitter, Facebook, MySpace, Online-Games oder Skype) und Kommunikationstools (Laptop, Smartphone oder iPad) gleichzeitig, verändert, wie wir bereits gesehen haben, unsere Wahrnehmungs- und Aufmerksamkeitsleistung. Und dies betrifft auch das Zeitempfinden. Wenn wir vieles gleichzeitig, synchron, tun, also E-Mails bearbeiten, Fachliteratur bei Amazon bestellen, auf Google oder Bing bestimmte Sachthemen suchen und jedes Mal auf unser WhatsApp Widget schauen, wenn es klingelt, kann es sein, kann unser Zeitgefühl uns sagen, die Zeit rase.

Dabei setzen die multiplen Interaktivitäten unsere Zeitwahrnehmung per se schon außer Kraft. Unsere beschränkten Fähigkeiten, uns auf mehrere Dinge zu konzentrieren, führen ähnlich wie bei unserer Raumwahrnehmung dazu, dass sich unser Zeitempfinden verändert. Hinzu kommen Häufigkeit und Schnelligkeit des Perspektivwechsels. Denn auch das ständige Hin-und-her-Switchen zwischen verschiedenen Tätigkeiten führt zu einem Gefühl von Zeitverlust. Je mehr wir also online zwischen mehreren Tasks hin und her wechseln, umso schneller verläuft die Zeit in unserer Empfindung.

Dabei sorgt auch die digitale Fremdselektion, die Übernahme des Suchens und Findens durch Algorithmen in den unzähligen Suchmaschinen, dafür, dass die Zeit für uns schneller dahinrast. Wir empfinden unser Online-Verhalten als äußerst zeitraubend.

Und auch die eigene hohe Mobilität unseres interaktiven Handelns kann dazu führen, dass wir unser Zeitgefühl verlieren. Da wir von immer unterschiedlichen und ständig wechselnden Umgebungen aus agieren, ob von zu Hause am Schreibtisch sitzend, vom Büro, Kaufhaus, Auto, der Bahn oder vom Flughafen, wird auch unser Zeitgefühl instabiler und rennt förmlich an uns vorbei.

Neue Studien zeigen zudem ganz eindeutig eine starke Abhängigkeit unseres Zeitempfindens vom Grad der Interaktivität des Mediums, der gerade in sozialen Netzwerken, Blogs oder Online-Games besonders hoch ist, und unserem eigenen Involvement, also unserer Ich-Beteiligung (s. auch Kweon et al. 2011). Sobald wir eigene Inhalte erstellen und uns mit anderen beginnen auszutauschen, also sozial handeln, umso höher ist der Zeitkonsum - was wir aber während unserer Beschäftigung nicht bemerken. Erst wenn wir wieder ins reale Leben zurückkehren, sagt uns die Uhr, wie viel Zeit wir tatsächlich online verbracht haben.

Vor allem der Aufenthalt in der Gruppe und eine hohe Frequenz im Austausch mit anderen, führt dazu, dass wir nicht nur automatisch engagierter sind, sondern auch emotional involvierter. Stellen wir uns die Situation in einem Online-Spiel vor. Man agiert mit anderen, in einer Art Wettkampf, man möchte einen höheren Rang oder eine höhere Punktzahl erreichen, möglicherweise sogar in einer Gruppe gegen die gegnerischen Mannschaften. Unser Fokussieren auf die Tätigkeiten und Leistungen, die wir hier zu erledigen und zu erbringen haben, wird umso stärker, je komplexer die Situationen sind, und wächst also auch mit den erreichten Levels und den zu erfüllenden Missionen. Damit steigt auch die Immersion, das Eintauchen in die Welt des Spiels, und wir verlieren umso deutlicher unser Zeitgefühl[9]. Ein Drittel der regelmäßigen Online-Player gibt selbst zu, sich jedes Mal im Spiel zu verlieren und länger zu spielen, als sie es eigentlich wollten. Dies kann natürlich auch negative Auswirkungen auf unser Alltagsleben haben, z. B. wenn wir Verabredungen vergessen oder unsere Aufgaben nicht rechtzeitig erledigen können, weil wir ganz im Spiel aufgehen[10].

Aktuelle Forschungen zeigen sogar, dass sich unsere Zeitwahrnehmung nicht nur während unserer Spielbeteiligung, sondern auch danach verändert. Das bedeutet, dass z. B. der Zeitverlust, den wir durch das Spiel empfinden, sich auch auswirkt, wenn wir damit aufgehört haben (Witting 2007). Wenn man glaubt, zu viel Zeit verplempert zu haben, wird man umso hektischer und nervöser. Neben diesen grundsätzlichen Wahrnehmungsfallen beim Online-Zeitempfinden besteht aber auch die Gefahr, dass wir uns gänzlich im Netz verlieren, dass es zu einer Cyberfixiertheit kommt oder das Netz zur Droge wird und ein regelrechtes Internet-, Gaming- oder Facebook-Suchtverhalten entsteht. Die Menschen sind unterschiedlich anfällig dafür. Das hat auch mit persönlichen Charakteristika oder Eigenschaften zu tun. Und dabei spielen auch Faktoren wie Handlungskontrolle, Kontrollverlust oder Schutzmechanismen bzw. Resilienz eine bedeutende Rolle.

Ganz grundsätzlich hat der Begriff der Kontrolle in unserem Leben eine entscheidende Bedeutung. Die Vorstellung oder das Gefühl, etwas selbst beeinflussen und lenken zu können oder unser Schicksal selbst in die Hand zu nehmen, löst bei den meisten von uns ein gewisses Wohlempfinden aus. Bei einer starken Überzeugung, vieles selbst bestimmen und entscheiden zu können, sprechen wir auch von einer starken internen Kontrollüberzeugung (s. auch Rotter): Wir glauben, wir haben alles fest im Griff. Solche Kontrollerwartungen oder Kontrollüberzeugungen sind allerdings nur dann gut für uns, wenn auch eine wirkliche Kontrollierbarkeit besteht.

Anders sieht es dagegen aus, wenn wir von vorneherein glauben, an bestimmten Ereignissen in unserem Leben seien andere Schuld, z. B. daran, dass die Freundin uns verlässt (ein anderer Mann hat sie uns weggenommen) oder wir unseren Job verlieren (das liegt an der aktuellen schwierigen Wirtschaftslage oder man hat uns rausgemobbt). In diesen Momenten schieben wir die Verantwortung für unsere aktuelle Situation an äußere Umstände ab – wir externalisieren also die Kontrolle (s. auch Bierhoff). Dies hat durchaus einen Zweck: Der Versuch, auf diese Weise die eigenen Fehler oder das eigene Scheitern auszublenden, wirkt sich positiv auf unser eigenes Selbstbild aus. Ich kann doch nichts dafür – schuld sind die anderen. Man spricht in der Sozialpsychologie auch von selbstwirksamem Handeln (s. Bandura). Wir versuchen also häufig, über kognitive Strategien, auch unangenehme Situationen für uns mental angenehmer zu gestalten. Kontrolle wird also immer subjektiv wahrgenommen. D. h. also, unsere Kontrollüberzeugungen sind ein Produkt unserer Wahrnehmungsprozesse und werden durchaus strategisch angepasst.

Doch was geschieht, wenn die Kontrollüberzeugung eingeschränkt wird? Wenn wir glauben, alles laufe aus dem Ruder und wir hätten eben nichts mehr im Griff? Dieser Kontrollverlust kann durchaus schwerwiegende Auswirkungen für uns, unser Selbstbild, unsere Gefühle und auch unser zukünftiges Verhalten haben. Wir sind wie gelähmt und erstarrt und können überhaupt keine Entscheidungen mehr treffen, Ängste, Psychosen, Depressionen, Hilflosigkeit, Hoffnungslosigkeit und auch eine gewisse Handlungsunfähigkeit können die Folge sein. Allerdings können wir auch versuchen, diesen Kontrollverlust auszublenden und zu vergessen. Zu diesem Zweck legen wir uns ein bestimmtes Verhalten zu, das uns in unseren Augen helfen soll, tatsächlich aber unseren Blick auf die Realität vernebelt: Suchtverhalten entsteht.

Süchte können ganz unterschiedliche Ursachen haben. Wenn wir z. B. versuchen Probleme zu bewältigen, kann es passieren, dass wir uns bestimmter Strategien bedienen, die im ersten Moment eine Linderung oder Verbesserung versprechen, uns aber langfristig in eine Abhängigkeit bringen. Dies kann zu einer regelrechten Flucht aus dem realen Umfeld führen, zu einer Abnabelung von Freunden oder unserer Familie.

Bis vor einigen Jahren verstand man unter Suchtverhalten den Missbrauch von Alkohol, Tabletten oder anderen Rauschmitteln, die man einnehmen musste. Mittlerweile spielen die Online-Medien bei diesem Thema eine große Rolle. Bei Online-Sucht soll der gefühlte Kontrollverlust durch die übersteigerte Nutzung von Datingportalen, Online-Games und sozialen Netzwerken ausgeglichen werden. Dabei schlittern wir in einen weiteren Kontrollverlust hinein. Wir verlieren nämlich langsam die Kontrolle über unser Onlinen. Wir können sie nicht mehr begrenzen.

In den USA ist die sogenannte »Internet-Addiction« seit einigen Jahren schon als echte Sucherkrankung anerkannt (American Psychiatric Society).[11] Bereits 2006 berichteten Forscher der Stanford University of Medicine, dass jeder achte erwachsene Amerikaner deutliche Probleme hat, mehrere Tage Internet-abstinent zu sein und oft viel länger online ist, als er es eigentlich vor hatte. Ähnliche Zahlen zeigen auch europäische Untersuchungen bei jungen Usern: Mehr als 13 % der unter 18-Jährigen sind in der Gefahr, durch übermäßige Internetnutzung abhängig zu werden. Weltweit sollen es sogar bis 50 % Internetnutzer sein, die übermäßiges oder schädliches Nutzungsverhalten zeigen (s. auch Kittinger et al. 2012, Morahan-Martin 2008, Scherer 1997, Watson 2005, Young 1996). In Deutschland sind wir gerade erst auf dem Weg dies zu akzeptieren. Wir sprechen bei uns von 12 % cyberfixierten[12] Jugendlichen.

Cris Scaglione von der Chicago School of Professionell Psychology beschreibt die Internetabhängigkeit folgendermaßen: »Ein Süchtiger kann sich einfach nicht von seiner bevorzugten Internetaktivität lösen, ob Spiel oder soziale Netzwerke, sie fängt also an, mit seinem normalen alltäglichen Leben zu kollidieren. Und vor allem das Gefühl, keinen Zugang zu haben, keinen Access, setzt den Süchtigen unter immensen Stress.«[13]

Dabei wirkt die Internetnutzung ähnlich wie Alkohol: Man will unangenehmen Gefühlen oder Situationen, Belastungen entfliehen und nutzt das Internet mit seinen vielfältigen Ablenkungen quasi als eine Art der Selbst-Medikation, so Elias Aboujaoude, Professor an der Stanford Impulse Control Disorder Clinic. Typisch für Suchtverhalten ist, dass man die übermäßige Nutzung zu verschweigen versucht, seine Droge sozusagen vor anderen versteckt. Vor allem Pornografie, Online Gambling und soziale Kommunikationsformen wie Chatrooms und soziale Netzwerke werden zur Entspannung oder Flucht vor Problemen und Sorgen genutzt. Dies ist nicht verwunderlich, da gerade hier Inhalte auf starkem emotionalem Niveau geliefert werden, die eben zu einem hohen Involvement unsererseits führen und somit ideal als Ablenkung fungieren. Die Forscher des Swansea Universitys College of Human and Health Sciences konnten deutliche negative und dauerhafte psychologische Effekte durch übermäßige Internetnutzung feststellen. Starke Internet-User weisen regelrechte Entzugserscheinungen auf, ähnlich wie Drogenabhängige, wenn ihnen der Zugang zum Internet verwehrt wird. Sei es, weil sie es während der Arbeitszeit nicht nutzen dürfen oder weil sie plötzlich in einem Funkloch sitzen.

Dabei lässt sich auch ein Geschlechtsunterschied feststellen: Männliche User sind stärker durch Online-Spiele suchtgefährdet. Das betrifft nicht nur Jugendliche, sondern auch erwachsene Männer. Frauen und Mädchen zeigen spezifisches Suchtverhalten eher im Bezug auf Social Media wie soziale Netzwerke oder Chatrooms. Die Unterschiede bei der Suchtgefahr ergeben sich auch aus der grundsätzlich verschiedenen Internetnutzung von Frauen und Männern und deren Hintergründen. So nutzen Männer das Internet stärker zur Ablenkung, also für die mental rotation, in Form von Gaming, und Frauen eher aus Motiven des sozialen Handelns heraus für Kommunikation, Kontaktherstellung und Beziehungsaustausch (s. auch Castelli et al. 2008, Tlauka et al. 2005, Weiser 2010).

Mittlerweile verbringt die Hälfte der jüngeren Generation zu viel Zeit online. Die negativen Auswirkungen auf ihr alltägliches Leben werden zunehmen, so Phil Reed von der Swansea University. Auch zeigt die Neuroforschung deutliche Veränderungen der Hirnfunktionen bei übermäßigem Internetkonsum, wie z. B. die Reduktion des Volumens der weißen Masse, sozusagen der Highways zwischen den Gehirnzellen, sodass wir durchaus noch einige unangenehme Überraschungen erleben dürften (s. Yuan et al. 2011).

Dies zeigen auch Untersuchungen des Hamburger Präventions-Centrums. Alexander Galach, der die Auswirkungen der Smartphone-Nutzung auf unsere Hirnfunktionen untersucht, kann allein beim Klingeln des Smartphones ein deutliches Stressempfinden nachweisen. Wir werden in eine regelrechte Alarmbereitschaft versetzt, ähnlich wie bei großer Gefahr. Auch werden Regionen des Hippocampus beeinflusst, wodurch Depressionen oder auch Lernschwierigkeiten ausgelöst werden können.[14]

Doch nicht nur die Zeit, die wir on sind, ist das Problem. Dramatische Auswirkungen hat vor allem auch die Anzahl der Unterbrechungen. Dies zeigen der Informatiker Alexander Markowetz und der Psychologe Christian Montag von der Universität Bonn. Mit der von ihnen entwickelten App Menthal speichern sie Daten, um mehr über die Smartphone-Sucht ihrer Nutzer herauszufinden. Ein Ergebnis: Die User zwischen 17 und 23 Jahren nutzen ihr Smartphone im Schnitt drei Stunden am Tag und schalten es *130* Mal an.

Geht man von 16 Wachstunden aus, unterbrechen die Nutzer ihren Alltag alle sieben bis acht Minuten, um einen Blick auf ihr Smartphone zu werfen. Das heißt, ich komme nie dazu, einen klaren Gedanken zu Ende zu führen, weil ich mich ständig selbst unterbreche oder das Ding aus meiner Tasche piepst, gibt Markowetz zu bedenken.

Ich selbst habe auch schon eine Art Entzugserfahrung gemacht, bei der mir klar wurde, wie schnell man in einen solchen Kreislauf gelangen kann. Als ich von meinem traditionellen Festnetzanschluss zu einem Mobilfunkanbieter wechselte, musste ich vier (!) Wochen ohne Telefon und Internet auskommen. Ich war sehr froh, als ich dann doch wieder mit der Außenwelt vernetzt war, aber ich habe auch etwas dabei gelernt: Loslassen und abschalten kann uns sehr guttun, kann uns richtiggehend erden, so meine eigene Erfahrung.

Ähnliches erleben Schüler, die in einem Ferienlager ein Wochenende lang ohne Smartphone auskommen müssen. Alles beginnt mit Murren, Schimpfen, Ärger oder Wut. Doch das löst sich plötzlich auf, denn es gibt viel zu viele spannende Dinge, die man in einem solchen Camp machen und lernen kann. Wir sollten alle für uns mehr Smartphone-freie Gebiete einrichten. Dies sollten wir auch für unsere Schlafzimmer einmal überlegen!

Die Gefahr einer Internetsucht lässt sich nun an verschiedenen Verhaltensaspekten festmachen. Wenn wir z. B. ein fast unstillbares Verlangen nach bestimmten Internetanwendungen oder Games verspüren und dabei Schwierigkeiten haben abstinent zu sein. Auch wenn wir das Internet immer öfter gezielt dazu nutzen, um uns besser zu fühlen oder um Problemen, Sorgen, unangenehmen Gefühlen oder dem sogenannten dysphoric mood (Disphorie) zu entfliehen, einer Störung unseres emotionalen, affektiven Erlebens, die dazu führt, dass wir unzufrieden, schlecht gelaunt oder gereizt sind. Oder wenn wir regelrechte Entzugserscheinungen zeigen, sobald das Internet nicht zugänglich ist, oder wenn wir immer mehr und mehr Zeit online verbringen müssen, um das gleiche Aktivierungspotenzial und Wohlbefinden zu erreichen. Und auch wenn wir immer stärker andere Interessen aus dem Blick verlieren, unsere Freunde, Hobbys oder den Sportverein, und uns aus realen sozialen Kontakten zurückziehen oder dies bei anderen beobachten, dann sollten wir hellhörig werden.

Die gezielte Nutzung von Online-Angeboten, um vom Alltag abzuschalten, abzuhängen, sich mal auszuklinken und zu entspannen, ist per se noch keine Sucht. Zu einer solchen kann es allerdings kommen, wenn man im virtuellen Raum versucht, Defizite im eigenen Leben auszugleichen. Wenn man dem ungeliebten Bürojob oder Problemen in der Ehe oder Partnerschaft entfliehen möchte, der Einsamkeit, weil man so wenig Freunde hat, wenn man im Beruf gemobbt wird oder wenn man beruflich so viel unterwegs ist, dass man keine echten Freundschaften entwickeln kann. Oder wenn man sich selbst nicht mag und über das Netz versucht, eine ganz andere Person zu sein, die gut ankommt und beliebt ist. Unzufriedenheit mit der eigenen Person und der momentanen Lebenssituation kann durchaus zu einer stärkeren Cyberfixiertheit führen. So verbringen cyberfixierte Jugendliche deutlich mehr Zeit in sozialen Netzwerken oder Chatrooms, sie weisen eine hohe emotionale Identifikation mit ihren Online-Communitys auf und fühlen sich dort viel wohler als im realen Umfeld. Sie haben auch deutlich mehr Online-Freunde als im Real Life und mehr Profile als andere User.[15] Gerade die Vielzahl von Profilen weist auf eine starke Unsicherheit bezüglich des eigenen Selbstbildes hin. Man will sich austesten und versucht über die zahlreichen Online-Identitäten herauszufinden, wie man am besten ankommt, um so sein Selbstwertgefühl zu steigern.

Auch der Verlust der Handlungskontrolle (Kontrollverlust)[16], z. B. das Gefühl, die aktuelle Lebenssituation in Beruf oder Partnerschaft nicht meistern zu können, kann zu einem verstärkten, zeitkonsumierenden Netzleben und somit zu einer digitalen Sucht führen. Und diese Suche nach einer Kompensation führt zu einem erneuten Kontrollverlust, nämlich über unser Online-Zeitgefühl, und zwar ohne dass wir es merken.

Allerdings kann das virtuelle Umfeld der sozialen Netzwerke an sich schon ausreichend sein, um Suchtpotenzial zu erzeugen.

Vor allem die Steigerung des Involvements führt ja dazu, dass wir uns mit etwas intensiver befassen und auch an einem

Ort länger aufhalten. Genau hier setzen soziale Netzwerke wie auch Online-Games direkt an: So verführen uns die Kommunikation mit anderen in einer Community (der Austauschgedanke, aber auch Druck und Zwang), der Belohnungscharakter unserer Teilnahme (durch unser Verhalten erhalten wir einen Gewinn), das Rollenspiel an sich (ich schlüpfe in eine andere Identität) und der ständige Erneuerungsfaktor (ob neue Anwendungen in Games oder Kontaktvorschläge) zu einer längeren Verweildauer.

Allein der Austausch, die direkte synchrone Kommunikation mit anderen in sozialen Netzwerken oder Online-Spielen, kann generell Suchtpotenzial haben. Tom Barrett, Leiter des Departments Klinische Psychologie am TCSPPs des Chicago Campus, schreibt dem Wunsch, dazuzugehören und akzeptiert zu werden, eine starke Motivation zu, sich online zu connecten. Bei der Nutzung von Online-Games und sozialen Netzwerken wird also auch eine soziale Motivation wirksam, die uns süchtig machen kann. Durch das Spiel mit anderen, die Bildung von Gruppen, die gemeinsam gegen andere kämpfen, Städte aufbauen oder die Welt retten, entsteht ein gewisses Zusammengehörigkeitsgefühl. Jeder Einzelne beginnt seine soziale Identität zu fühlen – das Wissen, hier gehöre ich dazu, mit diesen Menschen identifiziere ich mich.[17] Dies fördert natürlich auch die Bindung an diese. Somit wirkt auch online eine eigene Gruppendynamik: Wir sind Teil der Gesamtheit des Spiels, aber eben auch Teil der speziellen Gruppe, die wir auswählen oder die uns auswählt. Man kann hier auch von einem Affiliationsmotiv sprechen, d. h. wir suchen ganz konkret über unsere Aktivitäten in Online-Games, aber auch in sozialen Netzwerken den Anschluss an andere. Wir werden uns umso eher bemühen, mit anderen Kontakt aufzunehmen, wenn die Aussicht besteht, von der ersehnten Gemeinschaft akzeptiert und aufgenommen zu werden. Sobald wir dies erreichen, verstärkt sich das Bindungsgefühl an die Gruppe umso mehr. Dies verstärkt aber auch die Gefährdung, nicht mehr abschalten zu können. Es findet sozusagen eine regelrechte Immersion – ein Abtauchen in soziales Agieren – statt, ob im Spiel oder in sozialen Netzwerken.

Allerdings kann auch gefühlter Zwang oder Gruppendruck dazu führen, dass wir Teil einer Gruppe werden wollen. Nach dem Motto: Wenn du dazugehören willst, dann stellen wir Bedingungen an dich – eben, dass du immer dabei, also on bist und nicht abschaltest! Genau dies wirkt sich bei Mädchen und jungen Frauen auf deren Nutzung sozialer Netzwerke aus. Man schätzt, dass mittlerweile jede zehnte Facebookerin ein Suchtverhalten entwickelt und nicht abschalten kann. Auch aus Angst, etwas zu verpassen und von Gleichaltrigen ausgeschlossen zu werden, so das Präventions-Centrum Hamburg.

Des Weiteren spielt auch der Wettkampf in Online-Games ebenso wie in sozialen Netzwerken eine entscheidende Rolle. In einem Online-Spiel kann man sich und anderen beweisen, wie gut man ist, indem man möglichst viele Punkte, sogenannte Scores, erzielt. Wie z. B. bei World of Warcaft (von Blizzard), einem der erfolgreichsten Online-Spiele aller Zeiten (mehr als 16 Millionen Spieler weltweit, mehr als 12 Millionen Verkäufe über die Ladentheke, s. www.truewords.eu). Das Ziel ist ein möglichst hoher Punktestand. Man kann sogar echtes Geld gewinnen. Je besser man ist, desto höher werden Rang und Ansehen. Allerdings gewinnt man nicht nur Punkte, sondern auch Prestige. Dieses Belohnungssystem lernt man schnell schätzen. Der Erfolg ist also unsere Motivation weiterzumachen.[18] Wir wollen diesen positiven emotionalen Zustand einfach immer wieder erreichen. Doch dafür müssen wir natürlich auch immer mehr Zeit damit verbringen – der Zeitkonsum erhöht sich somit schleichend.

In sozialen Netzwerken wirkt das Belohnungssystem dadurch, dass wir über ein ansprechendes Profil oder gute Posts viele Freundschaftsanfragen und Likes erhalten, weit mehr als andere, und dadurch eben auch eine besonders lange Buddyliste (Freunde) bekommen bzw. uns erarbeiten. Da die Zahl der Online-Freunde heute auch als Prestige-Symbol fungiert, wirkt eine hohe Anzahl auf uns belohnend. Unser Ansehen bei den anderen steigt, aber auch unser Selbstwertgefühl. In den sozialen Netzwerken entbrennt also auch ein Kampf um den Beliebtheitsgrad, der unser Selbstbild und unser Selbstwertgefühl beeinflusst. Darauf werden wir zurückkommen, wenn wir uns später mit dem Kontext der Identitätsfindung im Netz befassen.

Ein weiterer Aspekt, der uns süchtig machen kann, ist das Element der Exploration – des Entdeckens. Neue Situationen, die wir noch nicht kennen, machen den einen Angst, für manch andere stellen sie aber auch eine regelrechte Herausforderung dar. Man möchte wissen, was sich dahinter verbirgt, und setzt alles daran dahinterzukommen. Man nennt dies auch Neugier. Und mit einem ähnlichen Lockmittel arbeiten auch Online-Games. Nach dem Motto: Entdecke das Entdecker-Gen in dir, werden wir regelrecht in eine fremde Welt entführt, in der wir Städte bauen oder ganze Staaten bilden sollen oder Schätze finden. Eines unserer Grundbedürfnisse, wie es D.E. Berlyne ausdrückte, nämlich unsere Neugier zu befriedigen, wird hier geweckt und aktiviert.[19] Neugier wird evolutionsbiologisch ja auch als Antriebskraft gesehen, Neuland zu entdecken und voranzukommen, Gefahren zu erkennen und Lernprozesse zu fördern.

In den Online-Angeboten werden allerdings auch gezielt abhängig machende Aspekte eingesetzt. So zwingt uns z.B. der Erneuerungsfaktor in Online-Games, d.h. die ständige Entwicklung zusätzlicher Patches (Anwendungen im Spiel, sozusagen ein Update), geradezu immer wieder die neueste Version herunterzuladen – da das Spiel sonst nicht mehr funktioniert. Man muss also per se zum Viel- oder Dauerspieler werden. Durch diese Art einer eingebauten Inflation werden wir zur regelmäßigen Teilnahme angehalten. Ähnlich läuft es auch auf Facebook. So führen die sich ständig erneuernden Vorschläge interessanter Kontakte und auch Freundschaftsanfragen dazu, dass man geradezu gezwungen ist nachzuschauen. Tue ich das nicht, werde ich von anderen nicht mehr ernst genommen, sie wenden sich ab, oder sie werden sogar wütend, weil ich nicht reagiere.

Und auch das Rollenspiel an sich, das Agieren als Avatar, als virtuelle Person, die ich selbst erschaffe, oder das Kreieren unseres Netzwerk-Profils, birgt abhängig machende Elemente. So mache ich mich zum wilden Krieger, obwohl ich in meinem Alltag Probleme habe, von anderen akzeptiert zu werden.

Ich versuche ein geringes Selbstwertgefühl über die von mir digital gestalteten Person auszugleichen. Dies kann durchaus eine kompensierende Funktion haben. Allerdings birgt dies die Gefahr abzugleiten, den Sinn für das reale Ich und reale Prioritäten zu verlieren, so auch Ali Jazayeri, Professor an der Chicago School of Professional Psychology. Gerade wenn wir in sozialen Netzwerken oder Online-Games Figuren oder Personen erschaffen, die völlig anders sind als wir in unserem echten Leben, kann uns das vom real life ablenken, weil wir beginnen, uns in unserer neuen Haut so wohl zu fühlen. Das Übernehmen einer anderen Persönlichkeit, um Probleme mit sich selbst, in der Schule, im Beruf oder der Partnerschaft auszugleichen, kann dann gefährlich werden, wenn dem Online-Geschehen eine zu große Bedeutung beigemessen wird und man zu stark darauf vertraut: Was ich hier erfahre, macht mich glücklich! Jazayeri befürchtet sogar, dass die Fortschritte, die wir in der Psychologie in den letzten 100 Jahren dabei gemacht haben, Menschen in realen Krisensituationen zu helfen, Krankheiten wie Depressionen besser zu verstehen und behandeln zu können, konterkariert werden könnten – eben durch die Flucht vor der Realität in die virtuelle Welt. Doch ist nicht jeder gleichermaßen gefährdet. Nur wenn wir uns hinter der Online-Persönlichkeit (oder auch mehreren Persönlichkeiten) verstecken, die viel zu weit von unserem wahren Ich entfernt ist, und wir so versuchen, vor Problemen und Sorgen zu flüchten, kann es zum Clash kommen: Reales Zeitgefühl und Internet-Zeit werden regelrecht durcheinandergewirbelt. Denn man verliert dann die Fähigkeit, zwischen den Situationen unterscheiden zu können. Alles wird zu einer Wunschfantasie, die einen psychisch verfolgt.

Das Zeitempfinden im Netz unterliegt offensichtlich starken Verzerrungen. Dies liegt, wie wir gesehen haben, auch am Medium selbst. Gleichzeitig besteht das Risiko, dass sich das Netz zur digitalen Droge entwickelt. Wollen wir verhindern, dass wir dieser Sucht erliegen, dann müssen wir unsere Einstellung ändern. Wir können nicht ständig auf Empfang sein und immer sofort reagieren. Dies führt zu Überforderung und macht uns krank. Wir benötigen digitale Schutzfaktoren, eine gewisse Resilienz. Wenn wir uns bewusst Grenzen setzen und uns auch Zeiten der Abstinenz auferlegen, werden wir feststellen, wie diese auf uns wirken und ob wir Probleme hierbei haben. So manches Unternehmen gönnt seinen Mitarbeitern ja bereits ein E-Mail freies Wochenende, um ausspannen und abschalten zu können (auch wenn wir privat diesem Pfad meist nicht folgen!).

Selbstwahrnehmung
Was passiert, wenn Geist und Körper plötzlich in unterschiedlichen Aktionsräumen agieren?

Kennt nicht jeder Situationen, in denen das eigene Verhalten so gar nicht im Einklang mit den Einstellungen und Wünschen ist? Momente, in denen wir ganz anders handeln müssen, als wir eigentlich möchten? Wollen und tatsächliches Verhalten klaffen nicht selten stark auseinander. Gerade wenn wir mit anderen Menschen zusammen sind, handeln wir häufig so, wie es den Erwartungen und Normen der Gruppe entspricht. Im Kontakt mit anderen achten wir fast immer darauf, welchen Eindruck wir hinterlassen. Vor allem der erste Eindruck, also das, was wir zu allererst wahrnehmen und erfassen, hat eine prägende Rolle. Dies kennen wir auch unter dem Primacy-Effekt (Luchins 1957 und Asch 1946).

Dabei hat das äußere Erscheinungsbild einen ganz besonderen Einfluss. Wer attraktiv ist, wird in der Regel intelligenter eingestuft (es sei denn, man ist blond), und wer klein und pummelig ist, der erhält eher das Prädikat »gemütlicher Typ«.[20] Gutaussehenden, schönen Menschen werden häufig besonders positive Eigenschaften zugeschrieben. Die Attraktivitätsforschung[21] bezeichnet deshalb Schönheit auch als eine zentrale Eigenschaft, die auf andere Merkmale ausstrahlt. Dies nennen wir in der Sozialpsychologie Eindrucksbildung oder Attribution.[22] Und wer kennt das nicht – Vorurteile entstehen im ersten Moment des Kennenlernens, oder urplötzlich trifft uns die Liebe auf den ersten Blick. All das passiert, obwohl wir von den Personen zu Beginn ja gar nicht viel wissen. Einfach weil wir uns zuerst von dem leiten lassen, was wir visuell erfassen.

Gerade weil wir wissen, wie schnell der erste Eindruck entsteht und wie wichtig es ist, uns in den ersten Minuten bestmöglich zu präsentieren, ist in solchen Situationen unsere Selbstaufmerksamkeit außerordentlich hoch. Wir denken also in besonderem Maße daran, wie wir auf unsere Mitmenschen wirken. Automatisch wird unser Fokus nicht nur auf unser Erscheinungsbild gelenkt, sondern auch auf das, was wir in diesem Moment tun. Wer von uns hat noch nicht vor einem Spiegel geprobt, welcher Augenaufschlag für einen Flirt am attraktivsten wirkt oder welche Pose oder Handbewegung in Gesprächen mit Vorgesetzten oder Kollegen uns besonders souverän und kompetent erscheinen lässt. Der Spiegel hilft uns somit, unser Verhalten zu kontrollieren. Wir sind uns unserer Körperlichkeit, also unserer Physis, vollkommen bewusst.

Der Effekt, dieses bewusste Betrachten-Können der eigenen Person aus der Perspektive der Mitmenschen, kennen wir auch unter dem Begriff »looking glass self«. Wir nehmen uns so wahr, wie es andere in diesem Augenblick tun. Und gerade diese Perspektivenübernahme beeinflusst wiederum die Art, wie wir uns selbst beurteilen und was wir über uns denken.[23]

In unserem analogen Leben ist es uns nicht möglich unseren Körper und unser Handeln voneinander zu trennen. Unsere mentalen Fähigkeiten sowie unsere Vorstellungskraft bleiben immer in unserem Körper gefangen. Wir können uns zwar einbilden, wir seien Superman – dementsprechend handeln können wir tatsächlich aber nicht. Auch können wir uns in ein Wunschbild hineinträumen und uns in eine wilde karibische Schönheit verwandeln. Doch kaum setzen wir einen Fuß vor die Haustür, finden wir uns wieder als graue Maus.

Doch mittlerweile können wir Momente oder ganze Zeiträume nutzen, in denen wir handeln, ohne körperlich aktiv beteiligt zu sein, und in denen wir unseres Körpers gar nicht mehr bewusst sind. Nämlich wenn wir online sind!

Im Netz kommt es quasi per Gesetz, durch die Virtualität des Cyberspace, zu einer Trennung von unserem Körper, der im realen Umfeld bleibt, und unseren Handlungen, die im virtuellen Raum stattfinden. Somit wird das Handeln auch vom körperlichen Empfinden abgespalten. Durch dieses Eintauchen in einen anderen Raum agieren wir losgelöst von unserem Hier und Jetzt und lassen unsere reale Identität vor dem Bildschirm zurück, so der Soziologe Lev Manovich (2001). Mental und physisch befinden wir uns in unterschiedlichen Aktionsräumen. Welche Folgen hat dies für das Selbstbild, die Emotionen und das Verhalten? Und welche psychologischen Netzeffekte wirken hier auf uns?

Wir entkoppeln uns von uns selbst. Stellen wir uns vor, wir sitzen im Biergarten. Plötzlich taucht jemand auf, der uns gefällt. Wir wollen Kontakt aufnehmen. Soll man es zuerst nur mit Blickkontakt versuchen oder direkt auf die Person zugehen und sie ansprechen? Allein anhand der nonverbalen Kommunikation können wir sehr gut einschätzen, wie unsere Chancen stehen, diesen Menschen näher kennenzulernen. Der gesamte körperliche Ausdruck dient als Orientierungshilfe für unser weiteres Agieren.

Doch auf Facebook ist alles anders.

Es gibt keine Mimik und Gestik, keine Möglichkeit nonverbaler Kommunikation, die normalerweise bei der zwischenmenschlichen Kontaktaufnahme doch eine so große Rolle spielt. Gesichtsausdruck, Augenbewegungen, direkter oder ausweichender Blick und vieles mehr sind im Netz nicht mehr vorhanden. Wir können online nicht erkennen, wie der Interaktionspartner auf uns körperlich oder emotional wirklich reagiert. Wir handeln im Cyberspace sozusagen »disembodied« – also ohne körperliche Partizipation. Durch die Trennung von der äußeren »realen« Hülle sind viele konventionellen Aspekte von Persönlichkeit und Identität, die uns für andere erkennbar und auch beurteilbar machen, online nicht mehr sichtbar. Im Cyberspace lösen sich die physiologischen und mentalen Anker voneinander, die in unserem alltäglichen Leben dafür sorgen, dass wir Informationen über uns selbst oder andere Menschen erhalten und darüber auch Einfluss auf unser konkretes Verhalten nehmen. Die gesamte Online-Kommunikation, ob in sozialen Netzwerken, Online-Games, Blogs oder Chatrooms, Konsumplattformen u. a., findet rein mental, nur in unseren Köpfen statt, so auch der Psychologe John Suler.

Somit fehlen uns auf Facebook und Co wichtige Elemente, die uns im Alltag helfen, angemessen zu reagieren und auch Fehlinterpretationen zu vermeiden. Wir fischen im Cyberspace eigentlich ständig im Trüben. Das gilt für alle der fast 3 Milliarden Netz-User weltweit. Niemand weiß genau, wen er tatsächlich vor sich hat.

Doch wie gehen wir mit dieser neuen Freiheit um?

Was geschieht, wenn wir uns unserer eigenen realen Körperlichkeit regelrecht entledigen und unter Ausschluss jeglicher Beobachtung durch andere agieren können?

Zum einen birgt dies natürlich zahlreiche Vorteile: So brauchen wir nicht allzu viel Mut aufzubringen, um virtuell jemanden anzuklicken, den man »gut oder interessant« findet – ganz anders als im echten Leben. Der Annäherungsversuch selbst erfolgt nur noch per Mausklick und jeglicher weiterer Kontakt über die Tastatur. Wir können freier über unsere Probleme sprechen oder Gleichgesinnte suchen, die z. B. ähnliche sexuelle Neigungen haben (wie Homosexualität, Bisexualität) oder die gleiche Krankheit. Soziale Ängste werden online also leichter abgebaut.

Da nun sämtliche körperlichen Aspekte aufhören zu existieren, lösen wir uns zwar von körperlichen Beschränkungen (Glatze, dicker Bauch, Behinderung usw.), die uns im realen Leben vielleicht zurückhaltender oder introvertierter machen, aber auch von vorteilhaften Attributen. So z. B. von einer tollen Stimme, die andere zum Dahinschmelzen bringt oder langen Beinen, die wir beim Sitzen sexy übereinanderschlagen können. Die persönlichen, individuellen Vorteile können wir während des Online-Gesprächs also nicht mehr einsetzen. Natürlich kann man sagen, das gleichen wir im Netz wieder aus, indem wir einfach ein Foto von unseren sexy Beinen posten. Doch zeigt sich, wie wir später noch sehen werden, dass dies gerade im virtuellen Raum schnell zu Reaktionen führen kann, die wir nicht haben wollen, z. B. sexistisches Verhalten.

Dieser neugewonnene Spielraum durch die physische Abwesenheit kann aber auch dazu führen, dass unser Wunschdenken zur Online-Realität mutiert. So können wir in unserem Cyberlife kinderleicht zur »sexy Büroschlampe« werden, bleiben in Wirklichkeit jedoch die brave Hausfrau. Doch ist das nicht immer unproblematisch für unser reales Selbstbild. Identifizieren wir uns zu oft und zu gerne mit unserer Online-Identität, kann das echte Leben ganz schön deprimierend und ernüchternd wirken. In Kapitel 3 werden wir uns ja noch ausführlich mit multiplen Identitäten und Online-Ichs beschäftigen.

Weil wir nun online nur durch unsere geistige Vorstellungskraft aktiv sind und mit unserem Körper vor dem Schreibtisch sitzen bleiben, dann können wir im Netz auch verführt werden, Dinge zu tun, die wir in unserem echten realen Alltag niemals tun würden.

Und dies kann weit über kleine Schummeleien hinausgehen. Empathielosigkeit und virtuelle Grausamkeiten sind im Netz überall präsent. Die letzten Jahre zeigen, dass es im Cyberspace offensichtlich zu einer allgemeinen Verrohung im öffentlichen und privaten Diskurs kommt. Dabei leiden digital auch unsere gesellschaftlichen Normen und Einstellungen, Ethik und Moral.

Das Netz kann uns also übermütig, unkontrollierbar, hemmungslos und voyeuristisch oder gar kriminell machen. Auf der anderen Seite gibt es auch Gegenbewegungen, Zuspruch und Unterstützung im Cyberspace. Wir erhalten neue Chancen und können Skandale weltweit besser und schneller aufdecken als je zuvor, können uns verabreden für politische Aktivitäten und gemeinsames Handeln. Das Netz wird dadurch auch zu einem Medium für prosoziales Verhalten im Sinne von Helfen, Solidarität oder Nächstenliebe. Darauf werden wir im Zusammenhang mit dem Thema Enthüllungen im Netz und virtuelle Helden noch zu sprechen kommen. Das Netz kann auch Vorurteile und Ängste verschwinden lassen. Durch den Kontakt mit Menschen aus den verschiedenen Teilen der Welt können wir viel über das Leben in diesen Ländern und die Probleme lernen, wir können Berührungsängste abbauen.

Wir haben es also mit ganz unterschiedlichen psychologischen Netzeffekten zu tun, im positiven wie im negativen Sinn. Diese werden wir im Folgenden näher beleuchten.

2 Netzeffekte
Was online mit unseren Gefühlen, unserem Denken und unserem Verhalten passiert

Wenn wir etwas tun, das verboten ist oder für moralisch verwerflich erachtet wird, dann wissen wir das normalerweise ganz genau. Die meisten von uns können nämlich sehr gut zwischen ethischem und unethischem Verhalten unterscheiden – auch wenn wir nicht immer danach handeln. Ob wir also absichtlich im Halteverbot oder auf einem Behindertenparkplatz parken, ob wir mal eben »vergessen«, ein Parkticket zu lösen, jedem von uns fallen sicherlich viele weitere kleine »Sünden« ein.

Interessant ist aber, dass wir gerade dann verstärkt solche »Kavaliersdelikte« begehen, wenn wir nicht beobachtet oder nicht ertappt werden können. In der Kölner fünften Jahreszeit, dem Karneval, ziehen Menschen maskiert, quasi real unsichtbar, durch die Straßen und Kneipen und tun Dinge, die sie im Alltag niemals machen würden. Dieser Aspekt des Unsichtbarseins spielt auch eine Rolle bei der Zerstörung fremden Eigentums. So wird in Aufzügen, die mit Spiegeln ausgestattet sind, deutlich weniger randaliert als in Aufzügen, die keine Spiegel haben. Die Selbst-Beobachtung in unserem eigenen Spiegelbild macht uns nämlich unsere unethische oder delinquente Handlung bewusst. Wir fühlen uns entdeckt und unterlassen es deshalb. Je stärker also unsere Selbstaufmerksamkeit ist, umso eher wirken Einstellungen, Prinzipien oder verinnerlichte gesamtgesellschaftliche Standards und leiten unser Handeln[24] und auch unser Gewissen. Es erscheint vor unserem inneren Auge eine Art erhobener Zeigefinger, der uns sagt: »Das darfst du doch nicht tun, du willst doch kein Krimineller werden!«

Wie ist das nun, wenn wir online gehen?

Empathielos und grausam
Wie kommt es zum Verlust menschlicher Gefühle im Netz und zur Verrohung im öffentlichen und privaten Diskurs?

Eines ist klar, wir können uns nirgendwo so perfekt von unserer wahren Identität lösen und in eine fremde Rolle schlüpfen wie im Cyberspace. Wenn wir Phänomene wie Cybercrime (Internetkriminalität), Shitstorm (digitale Entrüstung und Hetzkampagne), Flaming (ruppiger, polemischer Kommentar), Bashing (öffentliche Beschimpfung), Cybermobbing (Mobbing mit digitalen Medien) oder Cyberstalking (digitales Nachstellen und Verfolgen) betrachten, scheinen sie online in einer Art Sturmflut vorzukommen, die unsere Vorstellungskraft im alltäglichen Leben bei Weitem übersteigt.

Sind diese Phänomene alleine mit der Unsichtbarkeit erklärt? So einfach ist es nicht. Manche negativen Phänome werden bei genauer Betrachtung in ihrem Ausmaß sogar überschätzt. Auch muss man klar zwischen den unterschiedlichen Formen »abweichenden« oder unerwünschten Verhaltens im Netz unterscheiden.

CYBERCRIME, DARKNET UND WHITE HEADS Mit dem Begriff Cybercrime oder Internetkriminalität wird generell kriminelles Netzverhalten bezeichnet. Darunter fallen Kreditkartenbetrug, Kauf auf fremden Namen, Identitätsklau (wenn man im Netz im Namen einer anderen Person auftritt), sämtliche Formen von Erpressung oder auch das Geschäft mit Kinderpornografie. All diese Verhaltensweisen sind nicht grundsätzlich neu, aber sie werden durch das Netz deutlich einfacher und schneller durchführbar.

Allerdings sind durch das Internet auch vollkommen neue Formen des kriminellen Handelns entstanden, die wir vorher eben noch nicht kannten. So z. B. das sogenannte Phishing (ob im Bereich Online-Banking oder Online-Handel usw.), Virenangriffe auf Server staatlicher Institutionen, Unternehmen, Banken etc. ebenso wie Straftaten mit DDoS-Attacken (Distributed Denial of Service – Verweigerung des Service) z. B. durch Herbeiführen der Überlastung eines Firmennetzes mit der Folge, dass die Firmen online nicht mehr erreichbar sind. Aber auch das Herstellen und Verbreiten von »Hacker-Tools«, mit denen man illegal in fremde Rechnernetzwerke eindringen kann,[25] zählt dazu. Außerdem sämtliche Formen des Computerbetruges mit falschen Zugangsberechtigungen zu Kommunikationsdiensten (z. B. Facebook oder Telekom, E-Mail-Dienste, Online-Händler usw.), das Fälschen von Daten, Täuschung, Datenveränderung, Computersabotage, Ausspähen oder das Abfangen von Daten einschließlich der Vorbereitungen, um nur ein paar kriminelle Verwendungsmöglichkeiten des Internets zu nennen.

Laut des Global State of Information Security Survey, einer jährlich weltweit durchgeführten Erhebung, durch die Wirtschaftsprüfungs- und Beratungsgesellschaft PwC mit den Fachmagazinen CIO und CSO stieg im Jahr 2013 die Zahl der Angriffe auf die IT-Sicherheit von Unternehmen im Vergleich zum Vorjahr um 48 (!) % auf 42,8 Millionen an. Das bedeutet 117 330 Angriffe pro Tag.[26] Solche Angriffe betreffen allerdings nicht nur Unternehmen, sondern auch Regierungen oder Energieversorger und damit möglicherweise sogar Atomkraftwerke. Was passiert, wenn hier etwas passiert, das möchten wir uns wohl lieber nicht vorstellen.

Allerdings sind auch private Internetnutzer nicht vor Hackerattacken gefeit. So ist in Deutschland rund jeder Fünfte bereits privat Opfer von Identitätsdiebstahl oder Identitätsmissbrauch geworden.[27] Ein Drittel kann sogar nicht ausschließen, dass schon einmal jemand auf ihren Rechner zugreifen wollte. Dabei werden gerade auch unsere heiß geliebten Smartphones bei Cyberattacken immer beliebter.

Sind Sie schon einmal Opfer eines Trojaners geworden? Ich kann Ihnen sagen, es ist überhaupt kein gutes Gefühl, wenn Ihre Bank plötzlich anruft und Ihnen mitteilt, dass über Ihr Konto ein Zugriff auf das gesamte Online-Banking-System versucht wurde. Und da mittlerweile jeder zweite Deutsche seine Bankgeschäfte über das Internet erledigt, sollten wir gerade hierbei besonders vorsichtig sein.[28]

Ein Problem besteht darin, dass lediglich 9 % aller Cybercrime-Delikte angezeigt werden, so das BKA in seinem Cybercrime-Bericht 2013. Damit ist die Dunkelziffer immens hoch.[29]

»Das ist ein großes Problem«, bestätigt mir auch der Landes-kriminaldirektor in Nordrhein-Westfalen, Dieter Schürmann. Die Risiken, die durch Hackerangriffe entstehen können, sind immens und zum Teil kaum zu überblicken: So stahlen Cyber-kriminelle innerhalb weniger Stunden 45 Millionen US-Dollar, indem sie in eine Datenbank für Prepaid-Kreditkarten eindran-gen und weltweit Bargeld von Geldautomaten abhoben.[30] Die US-Großbank JPMorgan ist im Oktober 2014 Opfer eines mas-siven Hackerangriffs geworden. Rund 76 Millionen Haushalte und sieben Millionen Unternehmen waren betroffen.[31] Auch gelang es Hackern, Zugriff auf eine medizinische Infusions-pumpe zu erlangen und die Insulindosierungen für Diabetes-Patienten zu manipulieren. Die Funktionalität von Herzschritt-machern konnte durch Hackerangriffe beeinträchtigt werden und potenziell das Leben von Patienten mit Herzleiden bedro-hen. Viele erinnern sich vielleicht noch an den Virus ILOVE-YOU, der unmittelbar nach der Jahrtausendwende aus Südost-asien die digitale Welt überströmte.

Der größte (bekannte) Datendiebstahl in Deutschland ge-lang Hackern Anfang 2014, als E-Mail-Adressen von insgesamt über 16 Millionen Usern gestohlen wurden. Vor lauter Hilf-losigkeit suchten hunderttausende besorgte User innerhalb weniger Stunden den Server des Bundesamts für Sicherheit auf.

Doch wer begeht nun solche Straftaten?

Eines ist sicher, viele von denjenigen, die das tun, bewe-gen sich auch im normalen Leben eher auf der schiefen Bahn: Sexting-Erpresser-Banden, die von den Philippinen aus agie-ren und häufig von jungen europäischen Frauen Geld unter der Androhung fordern, sexy Fotomaterial von ihnen im Netz zu veröffentlichen, Kinderpornohändler, Kreditkartenbetrü-ger, die Nigeria-Connection, die heute nicht mehr nur Privat-personen, sondern mittlerweile auch Unternehmen im Fokus hat und Vorschussgelder als angeblicher Nachlassverwalter aus dem Ausland »erbittet«.[32] Unbescholtene Bürger starten nicht eben mal nebenbei ein Hacking-Programm, das scheint einleuchtend. Solches Handeln erfordert gewisse Vorkenntnis-se und Kompetenzen, über die der ganz normale Computer-besitzer gar nicht verfügt.

Dann gibt es noch eine andere Gruppe von Hackern, auf die wir später unter dem Begriff »virtuelle Helden« zurückkommen: Julian Assange, Edward Snowdon und Co. Sie handeln rechtswidrig, folgen aber ihrem Gewissen. Sie decken Skandale auf, die für alle Bürger eine große Bedeutung haben und von denen wir ohne ihr Hacking-Talent niemals Kenntnis bekämen. Doch ist das nun moralisch in Ordnung oder auch einfach nur kriminell? Die Plattform netzpolitik.org wurde im Sommer 2015 des Landesverrats verdächtigt, weil sie Pläne des Verfassungsschutzes zur Rasterfahndung in sozialen Netzwerken veröffentlichte. Die öffentliche Aufregung war enorm – nach wenigen Tagen wurde die Klage erst einmal auf Eis gelegt.

Es scheint sich in unserer Einschätzung ein moralischer Unterschied zu entwickeln: Wenn es der Gesellschaft nützt, dann ist Hacking in Ordnung, wenn aber jemand meine privaten Online-Banking-Daten klaut, dann ist es kriminell. Man kann fast sogar von einem neuen Mantra sprechen. Das virtuelle Gesetze-Brechen – im Namen von Moral, Gerechtigkeit und zum Nutzen der Gesellschaft – ist salonfähig. Im Kapitel »Enthüllungsmedium Internet« werden wir darauf noch ausführlich zu sprechen kommen.

Dabei sind in der Hackerszene ganz eigene Identitäten entstanden. Es gibt regelrechte Gangs, die ausprobieren, was sie alles könnten, aber es dann real nicht tun. Es ist wie eine Art Game, ein Spiel oder ein Wettkampf um den besten, den intelligentesten Hackerangriff. Auch wechselt so mancher Hacker die Seiten, wie der Brite Gary McKinnon, der beschuldigt wird, »den größten Angriff auf militärische Computer« begangen zu haben. Er gründete jetzt eine IT-Firma und bietet effektive Business-Services im Bereich der Search-Engine-Optimierung (SEO) an. In den USA drohen McKinnon allerdings im Fall einer Auslieferung immer noch bis zu 70 Jahre Haft und eine Geldstrafe von 1,75 Mio. Dollar.[33]

Ob man nun als »böser Hacker« (Black-Hat) oder als »White-Hat« (eine Art weißer Ritter) gilt, hängt entscheidend von der eigenen Motivation ab. Die »White-Hats« haben eben eher positive Absichten. Aber auch sie brechen Gesetze, das dürfen wir nicht vergessen.

Wer sich mit Cyberkriminalität befasst, muss aber auch in die Tiefen des Internets vordringen, die dem durchschnittlichen Internetnutzer kaum bekannt sind: das Darknet oder auch Deep Web genannt.

Das Darknet, eigentlich ein Internetraum innerhalb des Internets, enthält Webseiten, die weder Google noch ein anderer Webbrowser finden können. Und dort bekommt man ohne Weiteres Zugriff auf jede Menge Musik, Filme und Software – illegal, versteht sich.[34] Hier treffen sich auch gezielt Kriminelle. Nach Schätzungen von Experten sollen im Darknet sogar mehr als 500 Mal so viele Daten schlummern wie im normalen Internet.

In dieses Darknet kommt man nur über die Nutzung bestimmter Verschlüsselungssoftware, eine der bekanntesten ist Tor (The Onion Router). Durch Tor erreicht man die Unkenntlichmachung, also Anonymisierung der IP-Adresse, mit der man ins Netz geht. Diese Software arbeitet, wie der Name schon sagt, wie eine Zwiebel. Will man bestimmte Darknet-Seiten aufsuchen, wird man über viele, viele verschiedene Server geleitet, also über einzelne Knotenpunkte nacheinander, die jeweils nur den Knoten vor sich und den nach sich kennen und die auch im Ausland liegen. Jedes Datenpaket, also z.B. eine Chatnachricht, wird zwischen jedem Knoten neu verschlüsselt und bekommt einen neuen Absender. Ich kann also z.B. eine Nachricht an jemanden schicken, aber niemals herausfinden, wo diese Person sitzt und von wo aus sie ihrerseits Nachrichten verschickt. Durch die ständigen Verschlüsselungsmechanismen ist Tor langsam. Doch für alle, die sich darin bewegen, ist der Verschleierungsaspekt viel wichtiger als das Tempo.

Will man diesen Datenverkehr überwachen, was US-Geheimdienste, der Bundesnachrichtendienst, aber auch Europol oder BKA gerne tun würden, um Kriminellen das Handwerk zu legen und z.B. Drogen- und Waffenhandel, Kinderpornografie, Kinder- und Menschenhandel oder rechtsradikale und salafistische Strukturen aufzudecken und militante IS-Kämpfer zu identifizieren, wird man enttäuscht. Man kommt nämlich immer nur an die nächste Zwiebelschale – aber niemals bis zum Kern. »Es sei denn, man nutzt solche Router selbst oder betreibt auch entsprechende Server – wie es gerade auch amerikanische Behörden tun«, so Dieter Schürmann.

Insgesamt bewegen sich hier mittlerweile weltweit mehr als eine halbe Million Menschen, wobei die meisten Nutzer aus den USA, Deutschland, Iran und Russland kommen. Es sind nicht nur Kriminelle. Das Darknet bietet auch Schutz für Dissidenten und Freiheitskämpfer, Netz-Aktivisten oder im Bürgerkrieg Verfolgte wie z.B. Gegner des Assad-Regimes, also für »virtuelle Helden«.

Allerdings ist das Ausmaß der kriminellen Strukturen im Darknet beachtlich: So ging US-Fahndern im Jahr 2011 – nur durch Zufall – der bis dahin größte Online-Drogenhandel weltweit ins Netz, der unter dem Namen Silk Road betrieben wurde und in seiner kurzen Lebenszeit insgesamt 1,2 Mrd. Dollar eingenommen hat. Rund 20 % des gesamten amerikanischen Drogenhandels sollen zu dieser Zeit über Silk Road gelaufen sein. Bezahlt wurde die Ware per Bitcoin, eine Währung, die man im Netz gegen Euro oder Dollar eintauschen kann, ohne seine Identität oder Namen angeben zu müssen, und die über ein namenloses Online-Nummernkonto abgewickelt wird. Verschickt wurde die Ware dann per Post. Auch Mordaufträge wurden über Silk Road eingekauft. Der Gründer von Silk Road ist eigentlich der eher untypische Drogenboss. Ross Ulbricht, schmal, blass, war Pfadfinder, fleißiger Schüler, gewann Stipendien und finanzierte so ein Studium der Material- und Ingenieurswissenschaften. Auch hat er sich durchaus öffentlich gegen Gewalt bekannt – und trotzdem andere in die Abhängigkeit oder sogar in den Tod geschickt.

Hier zeigt sich, dass auch nach außen hin unauffällige Menschen durch die Möglichkeiten des Netzes auf kriminelles Terrain geführt werden können – einfach weil es so leicht und so erfolgversprechend ist. Das Netz macht es uns deutlich einfacher, vom rechten Weg abzukommen, als es im realen Alltag der Fall ist.

Die digitale Entpersonalisierung, die Trennung von unserem Körper, der im realen Umfeld bleibt, und unserer Handlung, die im virtuellen Raum stattfindet, kann dazu führen, dass wir nicht immer genau überlegen, was wir tun. Dies gilt vor allem auch in der Hitze des Gefechts, wenn wir z. B. emotional stark engagiert sind oder auch wenn wir in psychisch oder physisch geschwächten Situationen agieren.[35] Auch das Ausleben eigener Neigungen, die im Alltag eher im Unterbewussten schlummern und unterdrückt werden, ist im Cyberspace deutlich leichter. Versucht z. B. jemand zum ersten Mal seiner pädosexuellen Neigung im realen Leben nachzugehen, muss er sich auf Spielplätzen oder in der Nähe von Kindergärten tummeln. Dies ist ein viel größerer Aufwand als der Klick auf Facebook zu einer 12-Jährigen, die man emotional an sich binden und von der man nach und nach z. B. Nacktfotos oder auch mehr erpressen kann. Beim sogenannten Cybergrooming[36] werden Minderjährige gezielt von Personen im Internet angesprochen, mit dem Ziel sexuelle Kontakte anzubahnen – online (Cybersex) und offline (realer Sex). Eigene Studien zeigen, dass 20 bis 30 % der 12–19-jährigen Mädchen in Deutschland online Sexgespräche aufgezwungen werden, dass sie nach ihrem Körper oder sexuellen Erfahrungen gefragt werden. Jedes zehnte Mädchen erhält sogar Aufforderungen zu sexuellen Handlungen vor der Webcam (Katzer 2008, 2009a, 2010, Katzer & Fetchenhauer 2007; Ybarra und Mitchell 2004). Cybergrooming gegenüber Kindern (bis 14 Jahren) ist übrigens seit 2015 als eigenständiger Straftatbestand in das StGB aufgenommen worden.

Der Psychologe Eleazar Eusebio beobachtet, dass insbesondere soziale Medien für psychopathologisches Verhalten wie Paranoia oder auch den Hang zu Melodramatik ein ideales Spielfeld bieten. Das heißt nicht, dass man hinter jedem Online-Diskutanten einen Psychopathen vermuten sollte. Es zeigt aber durchaus, dass der virtuelle Raum ein Ort ist, an dem persönliche Eigenheiten, die eben auch negativ oder krankhaft sein können, stärker gefördert werden. Das Netz macht es den Tätern so einfach – das ist das große Problem.

Viele sind sich kaum dessen bewusst, dass sie selbst schon halb kriminell sind, wenn sie z. B. Daten im Netz herunterladen, Filme, die gerade im Kino erscheinen oder Musik downloaden, die sie nicht bezahlen. Online geht uns das Gefühl, etwas zu tun, das nicht in Ordnung ist, vielfach verloren. Wir sehen die

Auswirkungen unserer virtuellen Handlungen nicht. Eine CD, die wir klauen, wiegt »psychologisch« schwerer in unserer Tasche als ein Online-Diebstahl. US-amerikanische Studien bestätigen genau dieses Phänomen (Ulsperger, 2010; Wingrove et al. 2011). Unser moralisches Gewissen oder Bewusstsein besteht eben nicht nur aus unseren eigenen Wertvorstellungen, sondern ist auch abhängig von dem Umfeld, in dem wir uns aktuell befinden[37]. Dadurch kann dieses moralische Gewissen schon mal in den Hintergrund treten und nicht mehr beachtet werden. Auch eine israelische Studie, die untersucht hat, wie Jugendliche den illegalen Download von Musik über das Internet beurteilen, bestätigt diese Annahme.[38] Allein die Tatsache, dass 80 % der Jugendlichen darin involviert sind, zeigt, grundsätzliche moralische Bedenken existieren hierbei kaum. Allerdings sehen die meisten Jugendlichen auch direkt befragt nichts Unmoralisches am illegalen Download – es machen doch alle.

Und je häufiger und dauerhafter man online ist, umso stärker schwindet das moralische Bewusstsein. Der virtuelle Raum wird anders beurteilt als das alltägliche Hier und Jetzt im Real Life. Auch die ständige Verfügbarkeit der Dinge im Netz stützt dieses Empfinden. Alles liegt quasi offen und erreichbar, nämlich lesbar oder hörbar, vor uns. Da schleicht sich schnell das Gefühl ein, wir hätten geradezu ein Recht darauf, einfach zuzugreifen und uns zu nehmen, was wir gerade brauchen, also mit einem Klick das Kopieren oder den Download zu starten.[39] Interessant dabei ist, dass israelische Jugendliche, die sehr religiös sind und auch ihre Religion praktizieren, weniger zu illegalen Musik-Downloads tendieren. Das moralische Gewissen scheint sich hier durch den Glauben stärker zu verinnerlichen. Werte, die also nicht nur in unserem Kopf existieren, sondern die auch echt, real gelebt werden, wie z. B. die Religion, können unser Handeln auch im Cyberspace außerordentlich beeinflussen. Dies trifft ja im extremistischen Bereich ebenso zu.

Nicht jeder, der etwas illegal im Netz downloadet, ist gleich ein Hoch-Krimineller. So sind von den rund 64 Millionen Deutschen ab zehn Jahren 25,6 % regelmäßige Downloader. Und von diesen »saugt« jeder Fünfte Inhalte von illegalen Seiten – die aber wohlgemerkt nicht alle im Darknet liegen. Man muss also genau unterscheiden zwischen echten Kriminellen und digitalen Gelegenheitsdieben – denen es im Netz an Unrechtsbewusstsein mangelt.

DIE DUNKLE SEITE UNSERES DIGITALEN SOZIALVERHALTENS

Neben Straftaten wird im Netz noch ein anderer Bereich negativen Handelns sichtbar. Das ist die dunkle Seite unseres digitalen Sozialverhaltens.

Virtuelle Massenhetze und Hasskampagnen wie Shitstorm oder Flaming und das gezielte Schädigen und Fertigmachen einer Person über Cybermobbing oder Cyberstalking, dies alles sind Verhaltensformen, die wir in ihren digitalen Ausprägungen so noch nicht kannten und die für die Opfer häufig viel schwerwiegendere Auswirkungen haben als z. B. Mobbing und Stalking im realen Leben.[40]

Eines der wohl bekanntesten deutschen Opfer immer wiederkehrender Shitstorm-Attacken, also massenhafter digitaler Stürme der Entrüstung über Blogbeiträge, Kommentare, Twitter-Nachrichten oder Facebook-Gruppen, ist der Moderator Markus Lanz. Seit er 2008 ›Wetten, dass …‹ übernommen hat, ist er häufig die Zielscheibe nicht gerade sanfter Netzattacken geworden. Es entwickelte sich ein regelrechtes Lanz-Bashing. Im Januar 2014 rangierte der Hashtag #Lanz sogar wochenlang in den Top Ten der Twitter-Charts. Und der Höhepunkt wurde mit der Online-Petition erreicht: »Raus mit Markus Lanz aus meiner Rundfunkgebühr!«, die 130 000 Menschen im Netz unterschrieben.

Doch nicht nur Markus Lanz stand schon mehrfach im Kreuzfeuer eines Shitstorms. Auch Politiker und Politikerinnen, und überhaupt Menschen, die im öffentlichen Leben stehen, werden schnell zu Opfern solcher Cyberattacken, die unsachliche Kritik mit boshaften, höchst aggressiven und beleidigenden Kommentaren vermischen. So erleben auch Bundestagsabgeordnete Hassattacken z. B. über ihre eigenen Facebook-Seiten und sogar Morddrohungen.

Im deutschen Sommermärchen 2014 wollten einige sogar den Gauchotanz der Fußballweltmeister shitstormfähig machen.[41] Auch wenn zahlreiche Netz-User diesen Gaucho-Tanz nicht ganz so toll fanden, für die meisten war der Scherz eher harmlos. Die Mehrheit ergriff sogar Partei für die Weltmeister. So ist #Gauchogate dann auch kein Shitstorm geworden. Die Twitter-Gemeinde kann also auch ein Auge zudrücken.

Doch nicht nur Personen, sondern auch Unternehmen stehen regelmäßig im Mittelpunkt von digitalen Hetzkampagnen. So z.B. die Bank ING Diba. Sie musste sich Anfang 2012 nach einem Werbespot, in dem Basketballer Dirk Nowitzki eine Scheibe Wurst verspeist, mit einer Welle wütender Vegetarier und Veganer auf ihrer Facebook-Seite auseinandersetzen. Oder Vodafone: Im Sommer 2012 beschwerte sich eine Nutzerin auf der Facebook-Seite des Mobilfunkanbieters über falsche Abrechnungen. Innerhalb weniger Tage klickten 145 000 User auf »Gefällt mir«, kommentierten und schimpften über den Kundenservice.

Einige können sich sicherlich an den Skandal um den Nudelhersteller Barilla erinnern. Im Sommer 2014 braute sich ein Shitstorm zusammen, nachdem der Chef des Unternehmens, Guido Barilla, in einem Interview deutlich machte, dass Homosexuelle nicht zur Zielgruppe des Unternehmens gehören. »Wenn Homosexuellen das nicht gefällt, können sie ja Pasta eines anderen Herstellers essen«, so Guido Barilla. Mit der nachfolgenden Empörungswelle hatte der Konzernchef allerdings nicht gerechnet. Aktivisten riefen zu einem regelrechten Boykott aller Barilla-Produkte auf.

Im Rahmen des Shitstorm-Phänomens kommt es auch zu einem heftigen Sexismus im Netz, gegen Feministinnen und feministische Organisationen, Politikerinnen oder Internet-Managerinnen wie z.B. Anke Domscheit-Berg.[42] Karin Ortner hat an der Universität Linz eine Online-Befragung unter Bloggerinnen, Twitterinnen und Foren-Diskutantinnen durchgeführt. Die Mehrheit der Frauen ist überzeugt davon, dass Frauen im Netz häufiger angefeindet werden, wenn sie sich politisch äußern, als Männer. Viele äußern, dass sie im Netz sogar stärker sexistisch angegriffen werden als in der physischen Welt, gerade weil es so einfach ist. Im echten Leben können wir uns aussuchen, mit wem wir Kontakt pflegen. Auf Twitter oder in Foren bewegt man sich hingegen in einem anonymen Feld –

wen man da kontaktiert, den kennt man nicht wirklich. Manche Userinnen treten daher in Diskussionsforen häufig geschlechtsneutral auf.[43] Vor allem die Gleichberechtigung der Frau ist Reizthema Nummer eins für viele Männer. Und dabei gibt es auch eine kleine, aber höchst aktive Gruppe von Maskulinisten, die sich auf feministischen Blogs und Foren richtig austoben. Deshalb wurde es von vielen Seiten begrüßt, dass die #Aufschrei-Kampagne gegen Sexismus im Netz im Jahr 2013 den Grimme- Online-Award gewann. Dadurch wird einem wieder einmal bewusst, dass es eben auch viele positive Möglichkeiten gibt, das Netz zu nutzen und sinnvoll zu instrumentalisieren, so Grimme-Direktor Uwe Kammann.[44]

Solche Angriffe im Netz sind schlimm genug, aber noch größer ist die Gefahr, wenn Aggression und Gewalt aus dem Netz ins reale Leben übertragen werden. So kam es im Herbst 2014 in Rüsselsheim nach der Tötung von zwei Staffordshire-Bullterriern, die zuvor mehrere Menschen angegriffen hatten, durch die Polizei zu einer Shitstorm-Kampagne gegen die beteiligten Beamten. Die Hassattacken beschränkten sich nicht nur auf das Netz, sondern verlagerten sich in den normalen Alltag. Die Beamten mussten sich auf offener Straße beschimpfen und beleidigen lassen, die Familienangehörigen wurden bedroht und Anfeindungen wurden laut, man solle die Polizisten »steinigen« oder ihnen »eine Kugel durchs Hirn schießen«. Mittlerweile laufen mindestens 47 Strafermittlungsverfahren gegen die bis zu diesem Zeitpunkt »unbescholtenen« Mitbürger[45], die zu derartigen Gewalttaten aufgerufen hatten.

Dabei lässt sich noch ein weiteres Netz-Paradoxon erkennen: Opfer werden in die Täterrolle gedrängt. So geschehen im Fall der Sportlerin Ariane Friedrich. Sie wurde monatelang gestalkt, online und offline, auf ihrer Facebook-Seite sexuell angemacht und vieles mehr. Die Polizei war machtlos – also machte sie den Namen ihres Verfolgers im Netz öffentlich. Daraufhin passierte etwas Erstaunliches: Nicht Ariane Friedrich erhielt Zuspruch und Anteilnahme, sondern der Täter. Es entwickelte sich in Windeseile ein Shitstorm gegen das eigentliche Opfer Ariane Friedrich, sie wurde zum Täter gemacht – und der eigentliche Schuldige von der Online-Gemeinde zum Opfer stilisiert.[46]

Wie wir sehen, gibt es für die Entstehung von Shitstorms ganz unterschiedliche Auslöser und Motive. Ob gezielt von Kritikern und Gegnern initiiert oder durch eigenes ungeschicktes Verhalten, ein Versehen oder mangelnde Sensibilität ausgelöst oder sogar dadurch, dass man sich gegen unangenehme Zeitgenossen wehrt: Oft reicht ein einzelner Kommentar, Facebook- oder Blog-Eintrag, um die geballte Empörung der Nutzer zu provozieren. Eines scheint dabei klar: Es muss immer jemanden geben, der den Startschuss gibt, bevor andere aktiv mitmachen oder einfach als Trittbrettfahrer, z.B. über reines Liken, dabei sein wollen. Auch etwas anderes wird aber sichtbar – die meisten Shitstormler würden ihrem Zielobjekt, das, womit sie es online attackieren, kaum genauso ins Gesicht sagen. Manche Urheber sind sogar regelrecht geschockt, wenn sie merken, was sie ausgelöst haben. So auch die Initiatorin des Shitstorms gegen Markus Lanz im Januar 2014. Sie konnte tagelang nicht schlafen und hatte diese extremen Reaktionen vieler Follower so nicht erwartet.[47]

Das Phänomen Shitstorm hat viele Facetten. Auf der einen Seite ist die digitale Massenhetze an der Tagesordnung, auf der anderen Seite gibt es immer mehr Menschen, die diese anonymen Meinungsäußerungen und Hasstiraden nicht dulden wollen. Dies zeigt sich z.B. auch im öffentlich-rechtlichen Fernsehen. So werden in der Diskussionssendung ›Hart, aber fair‹ mittlerweile keine anonymen Beiträge mehr in der Sendung aufgegriffen. Die Leute sollen zu dem stehen, was sie sagen, so die Redaktion.

CYBERMOBBING UND CYBERSTALKING Auch das gezielte Fertigmachen von einzelnen Personen im Netz wird zu einem immer größeren Problem. Ausgrenzung, Mobbing und Stalking haben eine völlig neue Dimension angenommen. Im Cyberspace ist ihre Ausübung ja so einfach: Innerhalb von Sekunden können die mit einem Mobiltelefon aufgenommenen Filmsequenzen, die die Vergewaltigung eines Mädchens in der Schulsporthalle, das Verprügeln eines Jugendlichen auf dem Schulhof oder einen Mitschüler auf der Toilette zeigen, sowie Nacktfotos per E-Mail, über soziale Netzwerke oder Videoportale Hunderttausenden von Internet-Usern zugänglich gemacht werden.

In vielen Ländern sind zwischen 20 und 30% der Kinder und Jugendlichen von Cybermobbing betroffen.[48] Dabei finden wir keine großen Unterschiede zwischen Jungen und Mädchen, eher, dass Mädchen zum Teil sogar stärker involviert sind. Hauptakteure sind Jugendliche, die sich altersgemäß in einer kritischen Lebensphase befinden: Gemeint sind die Pubertät und der Übergang von Schule in Beruf oder Studium. Allerdings werden die Cybermobber immer jünger. Grundschüler sind deutlich stärker betroffen als früher. In den nordischen Staaten sieht es etwas besser aus. Dies liegt aber auch daran, dass Präventionsarbeit hier bereits seit Jahrzehnten einen festen Platz im Schulcurriculum hat (s. Dan Olweus). Prävention im Real Life – die lange vor Internet und Co begonnen hat, hilft auch in sich verändernden Lebenswelten wie dem Cyberspace.

Bis vor ein paar Jahren hielt man es noch für ein Jugendphänomen, heute wissen wir, dass das Fertigmachen über Internet und Co auch von Erwachsenen ausgeübt wird.[49] In Deutschland haben 20%[50] der Erwachsenen bereits Online-Mobbing unter anderen Erwachsenen beobachtet. Und wenn man meint, das käme nur bei Menschen mit niederem Bildungsniveau vor, täuscht man sich. Untersuchungen aus England zufolge werden 14-20% der Universitätsmitarbeiter regelmäßig Opfer von Cybermobbing.[51]

Bei den betroffenen Erwachsenen sinkt die Zufriedenheit am Arbeitsplatz und der Wunsch, den Arbeitsplatz oder den Arbeitgeber zu wechseln, kann sich erhöhen. Schamgefühl, Hilflosigkeit und das Gefühl, bei anderen auf Unverständnis zu stoßen, führen dazu, dass sich viele eher selten oder viel zu spät Hilfe holen. In Deutschland lässt ein Viertel der Opfer die Attacken einfach über sich ergehen – mit der Hoffnung, dass es irgendwann aufhört.[52] Doch der psychische und physische Stress steigt an (s. Farley 2013). So klagt fast jedes zweite erwachsene Opfer von Mobbing und Cybermobbing über Persönlichkeitsveränderungen wie ein geringeres Selbstwertgefühl, Zwangsstörungen oder die Flucht in Sucht- und Rauschmittel. Mehr als jedes zehnte Opfer stuft sich sogar als suizidgefährdet ein. Nicht ohne Grund sehen wir also heute immer häufiger Zusammenhänge zwischen psychischen Krankheiten, Depressionen und Cybermobbing.

Bei Kindern und Jugendlichen zeigt sich dies auf dramatische Weise, so auch Romuald Brunner vom Universitätsklinikum Heidelberg.[53] Selbstverletzendes Verhalten, z. B. das sich Ritzen an Armen und Beinen, steigt deutlich an. Auch sind rund 20 % der jugendlichen Cybermobbing-Opfer dauerhaft traumatisiert und können die Erlebnisse nach längerer Zeit immer noch nicht vergessen.[54] Manche Psychotherapeuten und Psychiater berichten mir, dass mittlerweile 70 % der Fälle, die sie bei Kindern und Jugendlichen behandeln, mit Cybermobbing zu tun haben. Der Co-Direktor des Cyberbullying Research Center in Wisconsin (USA), Justin Patchin, beschreibt es in einem persönlichen Gespräch folgendermaßen: Cybermobbing ist etwas anderes. Reden sie einmal mit den Eltern, die ihre Kinder durch Cybermobbing verloren haben. Und wenn wir immer mehr Fälle von Jugendlichen haben, die versuchen, sich das Leben zu nehmen, weil sie schlimme Erlebnisse hatten, dann läuft hier etwas falsch.

Dank des Internets haben wir heute eine vollkommen neue Opfersituation. Cybermobbing bedeutet quasi eine Endlosviktimisierung – denn das Internet gibt nichts mehr her, was einmal im Netz steht, bleibt. Auch müssen sich die Opfer mit einem extremen Öffentlichkeitsgrad auseinandersetzen. Über Facebook, YouTube oder WhatsApp kann die ganze Welt zusehen. Und: Opfer haben keinen Schutzraum mehr. Sie tragen die Cybermobber in der Hosentasche auf ihren Smartphones mit sich herum, wobei die Täter direkt ins Kinderzimmer kommen. Die Folgen für die Opfer sind deshalb zum Teil schlimmer als bei traditionellem Mobbing.

Wenn wir nun darauf schauen, wer überhaupt zu Opfern von Cybermobbing wird, lassen sich viele Erkenntnisse der Forschung zur Viktimologie, der Opferwerdung, bestätigen. So sind auch Online-Opfer eher Außenseiter und haben häufig ein geringeres Selbstwertgefühl (das allerdings auch die Folge der Cybermobbing-Erlebnisse sein kann). Hinzu kommt, dass Cyber-Opfer häufig cyberfixierter sind, also viel zu stark auf das Leben im Netz konzentriert und von ihrer realen Welt abgekoppelt. Dies können andere User zum Anlass nehmen, sie zu hänseln. Auch scheint es bei Kindern und Jugendlichen einen Zusammenhang zum elterlichen Verhalten zu geben. Eltern, die überbesorgt sind und ihren Kinder zu viel verbieten, machen sie deutlich anfälliger für Cybermobbing.[55] Dass der Reiz des Verbotenen eine besondere Anziehung auf uns ausübt, wurde in der Sozialpsychologie schon früh erkannt.[56] Plötzliche Einschränkung von Freiheiten, die für uns wichtig sind, wollen wir nicht akzeptieren und versuchen dies zu umgehen, wir wehren uns.[57] So ist es klar, dass sich viele Jugendliche nicht an ein Internetverbot halten. Wenn dann etwas Unangenehmes passiert, haben sie Angst, mit ihren Eltern zu reden, schließlich haben sie ihnen ja nicht gehorcht. Dies kann der Beginn eines Teufelskreises sein.

Dabei zeigt sich noch ein weiteres Problem: Unser eigenes Verhalten kann zum Auslöser für Cybermobbing werden. Zum Beispiel, wenn wir gefährliche Plätze im Internet aufsuchen (z. B. rechtsradikale oder pornografische Webseiten) – auch wenn dies nur aus Neugierde geschieht. Oder denken wir z. B. an Sexting, das Versenden von Fotos, auf denen wir in heißer Unterwäsche oder sogar ganz nackt in sexy Posen zu sehen sind. Wer zu offenherzig im Netz ist, zu viel von Intimitäten und Privatheit preisgibt, darf sich nicht wundern, wenn er ins Kreuzfeuer gerät. Wir müssen uns bei unseren Internetbesuchen also immer auch vergegenwärtigen, dass wir nicht zu viel Angriffsfläche bieten sollten.

Warum nun Erwachsene oder Kinder zu Cybermobbern werden, kann ganz unterschiedliche Hintergründe haben. Bei erwachsenen Cybermobbern sind vielfach Neid, starre Hierarchien, aber auch Umstrukturierungsprozesse und damit die Angst vor Veränderungen oder sogar Jobverlust die Auslöser.[58] Doch auch Langeweile und Spaß spielen eine immer wichtigere Rolle – bei Jugendlichen stehen sie sogar auf Platz 1.[59] Zum Teil entwickeln wir also eine regelrechte Lust daran, andere zu schädigen – oder machen es einfach, weil wir nichts anderes zu tun haben. Dabei kann sich auch ein Wettbewerbsgedanke entwickeln: Wer hat das peinlichste oder am meisten herabwürdigende Video eines Mitschülers? Auch Rachegefühle können ein Motiv für Cybermobbingverhalten sein – etwas, das vorher in der Schule oder am Arbeitsplatz nicht so leicht ausgelebt werden konnte.

Auch Opfer können zu Tätern werden. Wenn sie sich wehren wollen, können auch sie die Möglichkeiten der digitalen Welt nutzen. So kommt es, dass Opfer nicht selten selbst zu Cybermobbern werden. Online wird aber auch ausgetestet, wie man durch solches Verhalten bei anderen ankommt. Die Suche nach Anerkennung kann ebenfalls dahinterstecken, denn im Netz kann ja alles und jeder in Sekundenschnelle über einen Klick mit Daumen hoch oder gefällt mir geliked und bewertet werden. Und je mehr Netz-User das Verhalten der Cybermobber gut finden, also liken, desto mehr spornt sie das an, weiterzumachen. Und nicht nur das – andere nehmen sich das zum Vorbild. Denn auch sie wollen bewundert werden oder gefürchtet sein. Wir haben es also auch mit Nachahmungseffekten zu tun. Außerdem kann Cybermobbing auch zur Abschreckung eingesetzt werden, nach dem Motto: Seid vorsichtig – mit mir könnt ihr euch keinen Scherz erlauben – ich bin gefährlich!

Beim Phänomen des Cyberstalking (ständiges Verfolgen und Nachstellen über Handy oder Internet) spielt wie häufig bei Cybermobbing die persönliche Bindung, zumindest aus Sicht des Täters, eine wichtige Rolle. Häufig werden erste Annäherungen und Gespräche über soziale Medien von den Tätern als echtes Interesse wahrgenommen. Auch wenn das Opfer den Kontakt nur oberflächlich führt, entsteht seitens des Täters eine regelrechte Obsession. Dass aber das Ziel der Begierde diese Gefühle nicht erwidert, können die Täter oft nicht verstehen. Dabei werden überwiegend Frauen Opfer von Cyberstalking, ähnlich wie im realen Umfeld. Cyberstalker sind also meist Männer.

Auch bei Cyberstalking sind die Motive sehr unterschiedlich, ob Neid, Missgunst, Lust oder Spaß. Dabei kann sich Cyberstalking aber auch aus ehemaligen echten Beziehungen entwickeln. So kann ein verlassener Exfreund oder auch abgeblitzter Verehrer aus Rache oder enttäuschter Liebe zum Cyberstalker werden. Wie dramatisch diese Erlebnisse sind, beschreibt Mary Scherpe in ihrem Buch ›An jedem einzelnen Tag. Mein Leben mit einem Stalker‹.[60] Die Mode-Bloggerin der Website ›Stil in Berlin‹ wurde plötzlich über ihren Blog von einem Stalker verfolgt. Über Instagram- und Twitter-Accounts unter ähnlichem Namen vermittelt der Cyberstalker den Eindruck, Mary Scherpe selbst hätte Beleidigungen und Gemeinheiten darauf veröffentlicht – sie sei also selbst die Täterin. Vor allem die unglaubliche Hilflosigkeit lähmte sie: »Das Gefühl, nicht ernst genommen zu werden und mit meinem Anliegen immer wieder gegen Wände zu laufen.« Sie fängt an, sich aktiv zu wehren und auf den Täter im Netz zu reagieren, denn Polizei, Social-Media-Plattformen oder Anwälte können nicht helfen. So hält sie alle Hassattacken und Taten des Cyberstalkers auf einem Blog ›EigentlichjedenTag‹ fest und versucht ihn mit seinen eigenen Mitteln zu schlagen. Das wird auch ihm langsam lästig – er lässt mehr und mehr von Mary Scherpe ab. Doch beendet ist die Sache nie ganz – ab und zu meldet er sich wieder einmal.

Das Internet als virtueller Raum macht es den Tätern relativ einfach. Stalking im wahren Leben ist aufwendig. Im Netz reicht es, ständig neue Posts und Mails zu schicken, sich immer dann einzuklinken, sobald die Zielperson auf Facebook, in Chatrooms oder auf Blogs aktiv ist. Und vor allem kontaktiert man auch die Freunde des Opfers. Ein Problem: Der Täter weiß meist ziemlich viel über das Opfer. Da man beim ersten Kontakten häufig noch nicht merkt, dass man es mit einem Stalker zu tun hat, ist man oft zu vertrauensselig. Den Rest spinnt sich der Täter dann in seinem Kopf zusammen.

Ob nun Shitstorm, Cybermobbing oder Cyberstalking – abweichendes, negatives Sozialverhalten wird online nicht überall in gleichem Maße gefördert. Dies zeigt sich daran, dass es durchaus einen Unterschied macht, an welchen virtuellen Orten wir uns aufhalten. In Businessnetzwerken wie Researchnet oder Xing entwickeln sich Shitstorms so gut wie gar nicht. Die gezielte Nutzung dieser Plattformen, um die eigene Expertise in einem möglichst positiven Licht darzustellen, um neue Geschäftspartner kennenzulernen oder einen neuen Job zu finden, macht negatives Sozialverhalten nutzlos. Der Schaden wäre hier eindeutig größer.

Demgegenüber bilden sich aber auch regelrechte Mobbingportale wie der Kurz-Nachrichtendienst YIKYAK in den USA.[61] YIKYAK garantiert die Anonymität der Mitglieder – der Absender einer Nachricht kann niemals identifiziert werden. Im Frühjahr 2015 hatte sich dieses Netzwerk nun als eines der beliebtesten »Mobbingportale« unter amerikanischen Schülern etabliert. Hunderttausende hetzten, lästerten oder verbreiteten Gemeinheiten. Dabei funktioniert die Kommunikation nur innerhalb von 1,6 Meilen – also nur diejenigen, die sich innerhalb dieses Radius befinden, können Nachrichten, die an sie gerichtet sind, empfangen. Um den Mobbingaktivitäten Einhalt zu gebieten, wurde im April ein GEO-Fencing installiert – an 100 000 Schulen ist YIKYAK nicht mehr zu empfangen – der Raum Schule ist somit zumindest YIKYAK- Mobbingfrei. Doch was dann draußen passiert, wissen wir nicht. So hat sich das Problem von der Schule nun an die Unis verlagert – mittlerweile werden immer mehr Dozenten Opfer von Hetzkampagnen über YIKYAK.[62] Sogar Gang-Bäng-Vergewaltigungen werden von yakkern angekündigt.

Allen Phänomenen, die wir bisher angesprochen haben, sind zwei Dinge gemeinsam:

1. Sie finden unter anonymen Bedingungen und ohne körperliche Anwesenheit statt.

2. Es handelt sich zwar um individuelle Handlungen, doch agieren wir immer im Schatten einer Gruppe oder Gemeinschaft, ob Facebook-Gruppe, Twitter-Follower oder eben im Darknet – auch hier handeln wir unter Gleichgesinnten.

ANONYMITÄT UND ENTKÖRPERLICHUNG – WIR HANDELN »DISEMBODIED« Die Psychologie befasst sich seit jeher mit der Frage, in welchen Situationen Menschen dazu neigen, unkontrolliertes, hemmungsloses oder aggressives Verhalten zu zeigen und die gesellschaftlichen Normen und Regeln vollkommen hinter sich zu lassen. Vor allem suchte man Erklärungen dafür, wie es zu negativem aggressiven Verhalten in Gruppen, also zu regelrechten Mobs auf der Straße kommen kann, so z. B. bei Demonstrationen, die in Gewalt ausarten, oder Ausschreitungen bei Fußballspielen. Und heutzutage haben wir es eben mit Shitstorms zu tun, den Mobs der Neuzeit.

Eines zeigt die Psychologie sehr deutlich: Die Mitgliedschaft in einer Gruppe oder das reine Dabeisein kann das Verhalten von einzelnen Individuen verändern und durchaus enthemmend wirken. Somit können Gruppeneinflüsse dazu führen, dass wir Dinge tun, die wir normalerweise eben nicht machen würden.

Bereits der französische Psychologe Gustave Le Bon hat sich im 19. Jahrhundert mit dem Phänomen des aggressiven, abnormen Massenverhaltens beschäftigt. Vor allem der Verlust der eigenen Verantwortung für unser Verhalten führe dazu, dass wir primitiv und zügellos agieren. Unser eigener Charakter, unsere inneren Einstellungen und auch Werthaltungen treten innerhalb der Gruppe zurück, und deren Stelle nehmen die Normen der Gruppe ein. Der so entstehende Group-Mind ruft dabei die Illusion von einem geteilten, gemeinsamen Glauben oder auch Dogma hervor – wir geben uns somit einer Scheingemeinschaft hin und stellen uns selbst hinten an. Dieser Effekt auf uns als einzelne Person nennt man De-Individuation.[63] Die Herausbildung, die Emergenz des Gruppen-Mind-Set und das Zurücktreten der individuellen Persönlichkeitsstrukturen können dazu führen, dass wir unsere verinnerlichten (internalisierten) Werte und moralischen Hemmschwellen ausschalten und verlieren.[64]

De-Individuation ist also eine Kombination aus den situativen Gegebenheiten (ich bin Teil einer Gruppe), internalen Faktoren (wir blenden unsere Selbst-Aufmerksamkeit aus) und konkretem Verhalten (Fehlende Selbst-Kontrolle führt zu Handlungen, die wir normalerweise nicht zeigen).[65] Wir kommen später darauf zurück, dass dies eben nicht nur für enthemmtes, sondern auch für positives z. B. prosoziales (Hilfe-)Verhalten gilt. De-Individuation ist also nicht von vorneherein negativ.

Dabei fördert vor allem der Aspekt der Anonymität den Prozess der De-Individuation.[66] Sobald wir in einer Gruppe agieren, fühlen wir uns als einzelnes Individuum unsichtbar. Dies versetzt uns psychologisch in eine Situation, die uns das Gefühl vermittelt, als handelten wir anonym. Man empfindet sich als Teil der Masse. Gerade in solchen Momenten sinkt unsere Selbst-Aufmerksamkeit (self-awareness).[67] Bei antisozialem und kriminellem Verhalten spielen die situativen Bedingungen, also das tatsächlich Unsichtbar-Bleiben, das hinter einer Maske agieren Können, eine wichtige Rolle. Die persönlichen Wertvorstellungen und das moralische Bewusstsein sind unter diesen Umständen also nicht unbedingt geeignet, Verhaltensweisen vorherzusagen. Das Verhalten kann hin und her switchen, von normkonformen zu abweichenden Tendenzen – genauso wie es zwischen Real Life und Cyberspace stattfindet. In solchen Momenten verlieren wir die Verbindung zu unserer eigenen individuellen Identität, aber auch zu unserem sozialen Kontext.[68] Wir lösen uns von unseren »real« gültigen Wertvorstellungen, reagieren unkontrolliert und blenden Bewusstsein und Gewissen einfach aus.

Dieser Zustand des gefühlt anonymen Handelns ist gerade im Cyberspace durch die Abwesenheit von Face-to-face-Situationen gegeben. Man hatet mit im Netz, weil man nicht erkennbar ist. Auch Statusunterschiede sind online nicht mehr sichtbar. Was uns im realen Alltag gegenüber unseren Vorgesetzten zur Zurückhaltung drängt, verliert sich im Netz, meint auch der Psychologe John Suler. Der Kriminologe Sameer Hinduja[69] bestätigte die Bedeutung der De-Individuation im Bereich der Software-Piraterie als einer der Ersten. Und Studien aus der Zeit vor Facebook und Instagram zeigen, dass Flaming, also das Veröffentlichen von gemeinen, bösartigen Mitteilungen in Chatrooms und bei Instant Messaging, ansteigt, sobald man unter einem Pseudonym, also unerkannt, agiert.[70] In solchen Situationen verlieren wir unsere Fähigkeit zur Selbstkontrolle. Dabei treten Selbstbeurteilungen und Selbstkategorisierungen zurück. Wir nehmen uns nicht mehr als rücksichtsvolle Mitbürgerin wahr, sondern nur als wütende Wetten-dass-Zuschauerin, die ihren Frust rauslassen möchte. De-Individuation führt also auch zu Kontrollverlust. Die realen Hemmschwellen existieren online einfach nicht mehr. Wir geben schneller Impulsen nach und vergessen moralische, gesamtgesellschaftliche Standards.

Und je größer z. B. die Shitstorm-Gruppe ist, deren Teil wir sind, umso stärker wird dieser Effekt.[71] Dies kann man auch an der Entwicklung vieler Shitstorms sehen. Je mehr Aktive teilnehmen, umso aggressiver und fäkallastiger wird die Sprache. Wir können also auch eine dynamische Entwicklung verbaler Grausamkeiten feststellen.[72]

Dabei entsteht eine eigene Gruppendynamik. De-individuiertes Handeln verändert nämlich nicht nur unser individuelles Empfinden, auch die Gruppeneinflüsse wirken direkt auf unser Verhalten. Gerade das Einswerden mit der Gruppe, die Immersion, führt dazu, dass wir deren Regeln verstärkt annehmen.[73] Man spricht hier auch von Gruppenkohäsion. Dieser Zusammenhalt unter den Mitgliedern kann sich dabei zu einer extremen Konformität und Uniformität entwickeln, auch um nach außen die Zugehörigkeit sichtbar zu machen. Dabei kommt es häufig auch zu einer Verantwortungsdiffusion, sobald man sich selbst weniger als einzelnes Individuum, sondern stärker als Element des Gruppenverbandes wahrnimmt.[74] Wir fühlen uns demnach nicht mehr verantwortlich für das, was innerhalb der Gruppe geschieht.[75] Denn alle sind daran beteiligt. Man entledigt sich der Verantwortung. Die Gruppe, die die Führungsrolle innehat, trägt damit die Konsequenzen der Taten.

Dieser Effekt spielt auch bei der Entstehung des öffentlichen digitalen Mobs, bei den Shitstorms, eine wichtige Rolle. Die Gruppe, die Shitstorm-Gemeinschaft, fungiert als psychologischer Selbstschutz: Mein Schuldbewusstsein und mein schlechtes Gewissen werden ausgeschaltet – es sind ja die anderen, durch die ich dazu fähig werde. Die Situation der De-Individuation kann also in extremer Weise dazu führen, dass wir unsere Selbstkontrolle und damit auch unsere Hemmungen verlieren, Dinge zu tun, die wir im normalen Alltag unterlassen würden. Und auch die Sprache ändert sich online, wird härter, fäkallastig oder sexistischer. Gleiches gilt auch für die Internetphänomene Cybermobbing oder Cyberstalking. Die Aspekte De-Individuation, Anonymität und Enthemmung spielen auch hier eine entscheidende Rolle.

Doch bedeutet De-Individuation nicht automatisch, dass man deviantes, bösartiges oder hemmungsloses Verhalten zeigt. Es spielt eben auch eine Rolle, welche Werte in der Gruppe gelten, der ich hier online angehöre, also welche soziale Identität ich annehme oder annehmen will (siehe auch die Affiliations- oder Anschlussmotivation). So bestätigen neue Forschungen, dass die Prozesse der De-Individuation nicht nur negatives Verhalten fördern, sondern auch positives Handeln, Helfen, Beistand leisten oder Unterstützung – denken wir auch an das Phänomen des Candystorms oder Smilestorms.[76]

Eine große Gruppe kann uns also auch an gesamtgesellschaftliche Werte und moralisch-ethische Verhaltensstandards erinnern. So war die im Frühjahr 2014 gelaunchte Aktion der Zeitschrift Glamour, einen Smilestorm auszulösen, ein voller Erfolg, den bekannte Blogger wie Fabian Hart und prominente Schauspieler und Künstler wie Nova Meier-Heinrich oder Cro tatkräftig unterstützten.[77]

Wir werden nicht automatisch zum Flamer, Hater oder Troll, der absichtlich Gespräche innerhalb einer Online-Community stört, nur weil wir online sind. Auch wenn De-Personalisierung, Nicht-Erkennbarkeit, die Ablösung von Gefühl, mentales Agieren und körperliche Anwesenheit eine klare Rolle bei negativen digitalen Verhaltensphänomenen spielen. Es kommt doch entscheidend auf das virtuelle Umfeld an, in dem wir uns bewegen. In Blogs zu Online-Games, die brutal und aggressiv sind, agieren wir anders als in solchen, bei denen es strategisch um das reine Denken geht. In Porno-Chatrooms, die Hardcore-, Sadomaso-Sex u. a. propagieren, oder auf rechtsradikalen Seiten wird es eine andere Sprache, einen roheren Umgangston geben als in einem Koch-Blog.

Das heißt, wir müssen auch Gruppennormen beachten, die sich unter Umständen erst im Netz neu konstituieren. Man bezeichnet dies auch als emergent norm (Turner & Killian, 1987). So werden die in einem bestimmten Gruppenkontext, z. B. einer Facebook-Gruppe, entstehenden Normen wie Fäkalsprache, Judenhetze, Ausländer- oder frauenfeindliche Sprüche usw. von den teilnehmenden Usern akzeptiert und übernommen. Und diese werden dann aus Sicht der Mitglieder zum sozialen Standard mit Allgemeingültigkeit – auch über die Gruppe hinaus. Die Konformitätsforschung sagt, dass wir unter bestimmten Umständen bereit sind, uns mit der Gruppe homogen zu verhalten und deren Normen und Verhaltensregeln anzunehmen.[78] Dabei werden auch Rechtsbrüche nicht mehr als solche wahrgenommen, z. B. Vandalismus und Gewalt, die gegen Recht und Gesetz und auch gegen moralische Grundsätze verstoßen, von der Gruppe aber als Mittel zur Durchsetzung ihrer Ziele akzeptiert werden.

De-Individuation begünstigt also auch die Annahme von Einstellungen und Normen, die über das Internet verbreitet werden. Denken wir an rechtsradikale oder salafistische Plattformen, die Wertvorstellungen vermitteln, die unserer deutschen Rechtsstaatlichkeit deutlich widersprechen, aber von Mitgliedern, Bewunderern oder Aspiranten ohne Zögern oder kritisches Hinterfragen angenommen werden. Gerade extremistische Gruppen nutzen das Internet, um ihre Ansichten und Weltanschauungen real, überzeugend und demagogisch darzustellen und darüber neugierige oder desorientierte, desillusionierte und chancenlose Jugendliche zu ködern.

Hierbei spielen natürlich auch Attraktivität bzw. Anziehungskraft der Gruppe eine besondere Rolle sowie der soziale Zusammenhalt, den eine Gruppe aufweist. Je stärker der Wunsch, zu einer Gruppe zu gehören, und je stärker die Bindung innerhalb der Gruppe ist, umso stärker wirkt auch der Druck auf das einzelne Mitglied, den Erwartungen der Gruppe zu entsprechen. Wer dann mitmacht, kommt aus dem Teufelskreis kaum mehr heraus, denn je mehr man sich als Teil einer Gruppe sieht, umso stärker wirkt auch der Gruppendruck, den gültigen Handlungsvorschriften und Werten zu entsprechen. Auch Sanktionen und Strafen verstärken den Gruppendruck auf einzelne Mitglieder.

Eines zeichnet sich ab: Für sämtliche Entwicklungen, ob Handeln im Darknet oder abweichendes Sozialverhalten wie Shitstorm und Co, können wir niemals eine einheitliche Erklärung finden. Auch wenn die Besonderheiten des Internets, Anonymität und Entkörperlichung bei allen Phänomenen eine ganz entscheidende Rolle spielen, muss De-Individuation eben nicht bedeuten, dass man automatisch zu deviantem Verhalten neigt. Es ist auch davon abhängig, welche Wertvorstellungen z. B. in meiner Online-Gemeinschaft, ob Blog, soziales Netzwerk oder Chatroom, gelten, welche soziale Identität ich im Netz annehme oder annehmen will.

Zum anderen müssen wir bei kriminellen Aktivitäten wie auch bei Mobbing- oder Stalking-Aktivitäten persönliche Faktoren miteinbeziehen. Dabei gibt es bestimmte Risikofaktoren, die die Möglichkeit deutlich erhöhen, zum Täter zu werden. So sind Cybermobber häufiger als Nicht-Täter delinquent, klauen, zerstören fremde Sachen oder halten sich nicht an Regeln. Auch haben sie eine positive Einstellung gegenüber Gewalt und suchen online gerne radikalere, gewalthaltige Orte auf.

Insgesamt gilt: Die Mehrheit der Menschen handelt im Netz genauso wie im realen Leben.[79] Der Mobber bleibt ein Mobber, der Pädosexuelle bleibt pädosexuell. Der good guy mutiert also nicht automatisch zum bad boy. Wenn wir allerdings eine dunkle Seite haben, dann macht es das Internet leicht, sie auszuleben. Das Internet kann dann zum Beispiel zum Testgebiet für Mobbing-Verhalten werden, das bei Erfolg in das analoge Leben übertragen wird.

Und es kommt im Netz noch ein weiterer Aspekt hinzu: die Unsichtbarkeit der Opfer. Die fehlende Sichtbarkeit der echten Reaktionen und Emotionen führt zu einer geringeren Fähigkeit, Empathie und Mitgefühl zu spüren. Auch muss eine Reaktion ja nicht sofort erfolgen. Dadurch entsteht beim Täter eine gewisse Distanz zum Online-Geschehen. Und auch dies fördert eine emotionale Abstumpfung und Desensibilisierung.

So bestätigt eine Studie der University of Michigan[80] einen drastischen Rückgang der generellen Empathie-Fähigkeit in den letzten 30 Jahren. Gerade junge Menschen zeigten heute weniger Mitgefühl und Hilfsbereitschaft, als das früher der Fall war. Dabei stellten die Forscher die größte Abnahme an Einfühlsamkeitsvermögen nach dem Jahr 2000 fest. Also ab jenem Zeitpunkt, als der Weg in unser heutiges WorldWideWeb begann und wir nach und nach anfingen, die Welt des Chattens, Postens und Sharens zu bevölkern. Auch weisen erste Forschungen darauf hin, dass die zunehmende Gewalt in den Online-Medien für das Leid anderer gleichgültiger machen kann. Wir kommen darauf später noch einmal zurück.

In diese Richtung weist auch folgende Entwicklung: Gerade die Gewaltbereitschaft der Mädchen hat sich in den letzten zehn Jahren deutlich gewandelt. So war Cybermobbing zu Beginn (wohlgemerkt vor Facebook und Co) eher ein Jungenphänomen, ähnlich wie wir es vom klassischen Mobbing her kennen.[81] Mittlerweile können wir in einigen Ländern, auch in Deutschland, eher eine stärkere Beteiligung von Mädchen feststellen, gerade in puncto Beleidigung, Hänseln, Verleumdungen und Lügen verbreiten.[82] Nur bei eher techniklastigem Cybermobbing, beim Herstellen und Veröffentlichen von Fotos und Videos, haben die Jungs aktuell noch die Nase vorn. Das immer intensiver werdende »Leben im Netz« zeigt seine Wirkungen. Die negativen Folgen aggressiver Medieninhalte sind ja schon seit den 50er-Jahren ein Diskussionsthema. Einig ist sich die Forschung darüber, dass insbesondere das soziale Lernen an Vorbildern und Rollenmodellen, die in den Medien vermittelt werden, eine nicht unbedeutende Rolle spielt.[83] Auf diese möglichen Folgen inflationärer Nachrichten über Kriegsschauplätze und Terroraktionen werden wir später noch näher eingehen.

Ein Faktor wird im Zusammenhang mit dem Internet immer wichtiger: Das Internet entwickelt sich zu einer Spielwiese, zu einem Tummelplatz für Austesten, im guten wie im schlechten Sinn. Es gibt Netz-Mutige, die sich für andere einsetzen und es unter normalen Umständen niemals machen würden. Gleichzeitig gibt es jugendliche Cybermobber, die nur online böse und gemein sind und im realen Alltag nicht.[84] Das sind Testmobber, die nach dem Motto handeln: Wie böse und gemein kann ich wirklich sein, wie komme ich damit an, oder wie schnell komme ich damit zum Ziel? Gerade hier können eben auch Lernprozesse einsetzen.

Wir werden uns deshalb in Zukunft stärker mit der Frage auseinandersetzen müssen: Wo tritt das boshafte, gewalttätige Verhalten zum ersten Mal auf? Das heißt, in welchem Umfeld lernen wir, aggressiv, böse und gemein zu sein?

Es ist nicht immer klar, von wo aus man den ersten Schritt macht. Wir haben es eben nicht mit einem Einbahnstraßen-System zu tun, sondern mit einem Mechanismus wechselseitiger Rückkopplungsprozesse. Bei Shitstorms und auch bei Cybermobbing kennen wir bereits solche Fälle auch in Deutschland, die im Netz anfingen und mit realer Gewalt auf der Straße endeten. Eines scheint sich somit mehr und mehr zu bestätigen: Wir lernen heute immer häufiger im Netz – eben von den Menschen, den Peers, die wir online treffen, und den digitalen Gruppen, deren Teil wir sind.

Heute kann der Weg in die kriminelle Laufbahn also auch über das Internet beginnen – manchmal sogar in ganz kleinen Schritten. Dessen sollten wir uns bewusst werden!

Virtueller Voyeurismus
Warum wir so leicht zu Online-Zuschauern und
Netz-Gaffern werden

Homo videns – der Mensch als Zuschauer. Ob wir einen Blick
in die Nachbarfenster werfen, vor dem Bildschirm in die Fern-
sehlandschaft oder per Mausklick in das private Leben anderer
Internet-User und das globale YouTube-Weltgeschehen eintauchen. Noch nicht mal im Schlaf können wir uns den visuellen Reizen vor unserem inneren Auge entziehen: Forscher nennen dies Traumerleben. Doch diese Fähigkeit zu sehen erklärt
nicht alleine, warum wir so gerne auch anderen Menschen zuschauen. Denn in jedem von uns steckt ein kleiner Voyeur.

Wenn wir im Alltag von »Voyeurismus« sprechen, dann denken wir meist an die Lust der sexuellen Erregung durch das Beobachten fremder Menschen. Das Eindringen in den Augenblick der Privatheit, wenn andere sich unbeobachtet fühlen,
sich ausziehen, unter die Dusche gehen oder sich nackt vor
dem Spiegel betrachten. Häufig wird Voyeurismus mit einer sexuellen abartigen Neigung des Lustbeobachtens gleichgesetzt.
Doch Voyeurismus meint viel mehr als nur ein »Spanner« zu
sein.

Das Beobachten anderer ist uns gewissermaßen in die Wiege
gelegt und hat auch einen Nutzen. So stärkt der Hang zur Neugierde über visuelles Erfahren, der Drang, die Welt mit den Augen zu erfassen, beispielsweise unsere Fähigkeit, uns an neue,
unbekannte Situationen anzupassen. Ohne unser Neugierverhalten würden wir unsere Orientierungsfähigkeit schmälern
und uns unbewusst viel eher in risikoreiche Situationen begeben. Nur durch unsere Neugierde können wir Gefahren erkennen. Sie macht uns also überlebensfähig und ist evolutionsbiologisch immens wichtig, denn durch sie wird unser
Orientierungssystem in Gang gesetzt, das auf neue Reize mit
erhöhter Aufmerksamkeit reagiert.

Diese Suche nach Informationen über unsere Umwelt, die
uns darüber hinaus helfen, Entscheidungen in den unterschiedlichsten Situationen zu treffen, gilt auch als eines der
Grundmotive für das Neugierverhalten.[85]

Wir können sogar noch weiter gehen und diese natürliche, quasi angeborene Neugier als eines unserer Grundbedürfnisse bezeichnen, also physiologisch in uns selbst angelegt.[86] Dies zeigt sich ja auch sehr deutlich bei Kleinkindern: Kaum krabbel- und bewegungsfähig, wollen sie alles erkunden und anfassen, was sie umgibt. Dabei betrifft diese angeborene Neugierde natürlich auch uns selbst. Denn das erhöhte Interesse an unserer eigenen Person als Studienobjekt dient dazu, uns selbst besser zu verstehen und validieren zu können.[87]

Allerdings gibt es klare Abstufungen bei dieser Neugierde. Nicht jeder ist im selben Maße daran interessiert, was alles um ihn herum passiert – oder an der eigenen Selbsterkundung. Manchen Menschen macht dieser mögliche Erkenntnisgewinn sogar Angst, und sie tun ganz im Gegenteil alles, um zu verhindern, dass sie sich mit Neuem auseinandersetzen müssen. Der Grad der Neugierde ist also auch ein Persönlichkeitsmerkmal. Dabei kann ein Zuviel an Neugierde auch gefährlich sein. Menschen, die ständig auf der Suche nach Gefahr, Risiko und Erregung sind, können sich sehr schnell in unüberschaubare oder sogar lebensbedrohliche Situationen begeben. Dieses Phänomen, auch Sensation-seeking benannt, ist schon angesprochen worden. Das betrifft aber nicht nur Drahtseilakteure, die über den Grand Canyons jonglieren und in hohem Maße absturzgefährdet sind, sondern auch Internet-Hasardeure, die aus Neugierde in sozialen Netzwerken Kontakt zu fremden abgefahrenen Typen aufnehmen – und sich plötzlich im Kreis von Terroristen wiederfinden, sich im Sumpf von Online-Menschenhandel verlieren oder Opfer von Loverboys, Sexting-Erpressern oder Heiratsschwindlern werden. Und dies gilt für Jung und Alt.

Historisch betrachtet wurde die Lust des Sehens und Beobachtens so richtig erst durch die Erfindung des Fernrohrs befördert. Die bahnbrechende Entwicklung im 17. Jahrhundert ermöglichte es, in die Weiten des Alls, die Ferne der See oder aber in die Wohnzimmer der Nachbarn zu schauen, so wie sich auch Goethe durchaus an den Amouren der Damenwelt mithilfe des Fernrohrs ergötzte. Heute hingegen eröffnet uns das digitale Datenfernrohr einen Blick in die Welt, der nahezu grenzenlos ist. Und durchaus mit Vergnügen betrachten wir auch, wie andere leiden oder Schaden nehmen. Wir empfinden das als Ablenkung, Erregung und Unterhaltung. Das galt schon für die Gladiatorenspiele, für die der römische Kaiser Vespasian ein Kolosseum mit 250 000 Sitzplätzen errichten ließ, es galt für die Hexenverbrennungen und andere Gräueltaten. Die Motive dafür sind ebenfalls zutiefst menschlich: Schadenfreude, das Gefühl, durch die Trübsal anderer von der eigenen abgelenkt zu werden, mangelnde Empathie.

Im Verlauf der Jahrtausende wurden Millionen Menschen Zeugen massenhafter Hinrichtungen und brutaler Grausamkeiten – vom alten Ägypten bis hin zu den Foltermethoden im Web 4.0 – im 24-Stunden-Takt auf YouTube – oder der Enthauptung amerikanischer Journalisten vor laufender Kamera durch den IS. Schon geniale Regisseure wie Alfred Hitchcock wussten, wie man den in uns schlummernden Voyeurismus effektvoll wachrütteln kann. Die Möglichkeiten aber, diesen auszuleben, haben sich durch die Erfindung des Internets dramatisch gesteigert. Noch nie zuvor war es so leicht, Zuschauer und direktes Publikum globaler Katastrophen und Kriegsgräuel zu werden wie heute. Mit einem Klick sind wir dabei – wenn Menschen gefoltert oder geköpft werden, Flutkatastrophen Hunderttausenden ihr Zuhause rauben, Tornados die gesamte Bevölkerung heimatlos machen oder wenn Diktatoren ihr Ende finden.

Alles ist medial, alles ist visuell und alles ist öffentlich!

Jeder der heute 2,5 Milliarden Internet-User weltweit kann Teil dieser Katastrophen, Hinrichtungen, Kriege oder Menschenschändungen werden – und das zur Echtzeit, genau in dem Moment, in dem es passiert. Die neue »Kirche der Voyeure«: Was früher das Kino oder der Fernseher war, ist heute das grenzenlose Netz – der globale Cyberspace – durch Webcams, Google-Maps, soziale Netzwerke, Blogs, Videoplattformen oder Fotoportale.

Für den Anfang dieser massenmedialen Voyeurismus-Wende steht der 11. September – der Terroranschlag auf das New Yorker World Trade Center. Für Paul Virilio war dies der Start einer Kultur der allgemeinen weltweiten medialen Veröffentlichung.[88] Noch nie zuvor hat ein größeres Publikum eine solche Katastrophe live miterlebt und mit ansehen können, wie Tausende von Menschen aus schwindelerregenden Höhen in den Tod taumelten. Beim Einschlag der Flugzeuge und Einsturz der Türme waren über eine Milliarde Menschen zu Hause an den Bildschirmen dabei. In diesem Moment wurde ein neues Zeitalter des »virtuellen Voyeurismus« geboren. Mit den »tumbling women«, den herabstürzenden Frauen aus den Türmen des World Trade Centers, hat der amerikanische Künstler Eric Fischl dieser grausamen Zeitenwende ein Zeichen gesetzt.

Doch was bedeutet es, wenn Millionen von Menschen anderen im Netz zuschauen, wie sie Computer-Spiele spielen, ihren Alltag zu meistern versuchen oder eben ihre Heimat, ihr Dach über dem Kopf oder gar ihr Leben verlieren? Und vor allem: Wie lange darf ich zuschauen? Wann ist Gaffen erlaubt und wann nicht?

Dass die suggestive Macht der Bilder steigen würde, davon war schon Marshall McLuhan (1911–1980)[89] überzeugt, der meinte, kollektive Bilderfahrungen würden die Weltanschauung künftig stärker beeinflussen als individuelle Einsichten und Erkenntnisse. Und der Kommunikationswissenschaftler Eckhard Hammel sprach schon in den 90er-Jahren von einer »Universalierung des Voyeurismus«.[90] Heute sind wir dort angekommen, beim virtuellen globalen Gemeinschaftserleben von Ereignissen, die nicht direkt vor meiner Haustür stattfinden, sondern weit weg, und die ich zwar mit vielen im Netz teile, aber trotzdem allein vor meinem Bildschirm sitzend beobachte und miterlebe.

Was wir in Form von Bildern sehen, beindruckt im ersten Moment stärker als das, was wir lesen[91]: Visualität ist einfach, schnell zu rezipieren und erleichtert unsere Informationsverarbeitungsprozesse. Es ist weniger aufwendig, das, was wir sehen, mit bereits bekannten Situationen zu vergleichen.

Je mehr nun unsere virtuelle Umwelt aus Bildern, lebhaften Szenen, aufwendigem Farbenspiel, 3-D-Animationen, Icons, Videos, interaktiven Webangeboten oder Erlebnisfunktionen, die unser Auge aktivieren, besteht, umso stärker werden wir unsere Informationsverarbeitung auf diese neue Situation einstellen. Dabei beeinflussen die visuellen Wahrnehmungen wiederum unsere Gefühle, Erinnerungen und Erwartungen. Ohne dass es uns bewusst ist, lenken sie unseren Blick auf Themen, die uns gerade wichtig sind. Denn unser Gehirn filtert die Bilder heraus, die zu unserem emotionalen Zustand passen.[92] Die visuelle Flut im Cyberspace verstärkt diesen Prozess noch. Gerade das Leben von optischen Eindrücken ist ja eine der Offenbarungen des Cyberspace. Doch zeigt sich hier auch die Dramatik dieser Entwicklung: Niemand von uns kann dem digitalen Visualisierungs-Überangebot mehr entfliehen. Zu jedem Online-Zeitpunkt werden wir mit visuellen Reizen bombardiert, ob wir es wollen oder nicht, und werden dabei immer aufs Neue verlockt, irgendetwas in dieser bunten Cyberwelt anzuklicken. Es geht sogar so weit, dass Filme oder Fotos extra für ein voyeuristisches Publikum produziert werden, um ein Geschäft zu machen.

Sagt Ihnen der Kinofilm ›Die Truman-Show‹ etwas? Im Mittelpunkt steht Harry Truman. Er wird von seiner Geburt an zu einem medialen Produkt, einer Ware, die der Befriedigung des voyeuristischen Bedürfnisses einer ganzen Generation dient. Seine Kindheit, die erste Liebe, der erste Sex – alles ist live vom amerikanischen Publikum vor dem Fernseher mit zu verfolgen. Truman ist allerdings der Einzige, der nicht weiß, dass er sich in einer Fernsehshow befindet, bis er durch Zufall die für ihn grausame Wahrheit erfährt. Das, was im Film so eindrucksvoll überstilisiert wurde, ist durch das Netz zur Alltagsnormalität geworden: Wir werden automatisch alle zu kleinen Spannern gemacht.

Genau genommen befinden wir uns online sogar auf zwei unterschiedlichen Voyeurismus-Schienen. Denn wir beobachten nicht nur andere, sondern auch uns selbst. So werden wir ja geradezu dazu gezwungen, selbst exhibitionistische Züge zu entwickeln – denn wer nichts von sich bietet, wird von den anderen nicht beachtet. Follower, Likes und Klicks zeigen unseren Marktwert und Bekanntheitsgrad. Weltöffentlichkeit ersetzt Privatsphäre.

Stars werden im Netz gemacht, die auf der Straße niemand kennt. So ist der Schwede Felix Kjellberg der König der Google-Videos weltweit. Der 24-Jährige ist im Netz populärer als Rihanna und mit seinem Game-Channel der meist verfolgte weltweit. Er spielt Computer-Games, filmt sich dabei und wurde nur dadurch zu dem finanziell erfolgreichsten YouTuber überhaupt. Im Jahr 2013 hat er allein durch Werbeeinnahmen mehr als 4 Millionen Dollar verdient – durch 31 Millionen regelmäßige Zuschauer. In Deutschland ist Gronkh der YouTube Star. Auch seine »Let's Play«-Videos, in denen er wie Kjellberg selbst spielt und dies gleichzeitig kommentiert, erreichen ein Millionenpublikum. Platz zwei belegen derzeit »Y-Titty«, das erfolgreichste Comedy-Trio Deutschlands.[93] Und Dr. Allwissend erklärt dem jungen Publikum als Abklatsch eines Nachrichtensprechers das globale Weltgeschehen. Aber er nimmt sich auch ganz pubertärer Alltagsprobleme an und hat dabei Hunderttausende regelmäßige Abonnenten.

Unsere ureigenen voyeuristischen Neigungen werden im Cyberspace werbewirksam funktionalisiert, ja geradezu missbraucht, im Guten wie im Bösen: Ob wir extremes Online-Selbst-Marketing betreiben, wie »LeFloid« alias Florian Mundt und dafür den Grimme-Preis bekommen und richtig Geld verdienen, ob wir wie Kim Kardashian das Liebesleben der Öffentlichkeit preisgeben, Bodystyling-Tricks für den stärksten Hintern veröffentlichen und Millionen Fans befriedigen oder ob wir als angehende Selbstmordattentäter für den Djihad werben.

Dabei ist Zuschauen auch kein intimes, persönliches Ereignis oder Verhalten mehr, das man alleine, versteckt hinter einem Baum oder durch einen Feldstecher wie zu Zeiten Goethes zelebriert. Zuschauen ist über das Internet zu einem Gemeinschaftserlebnis geworden: Journalisten werden gefoltert, und es wird gefragt: Bist du auch dabei gewesen? Nicht persönlich, das ist klar, aber vor dem Bildschirm unseres Smartphones.

Durch die globale Verbreitung über ein Millionenpublikum werden Authentizität und Glaubhaftigkeit erzeugt, die wir gar nicht überprüfen können. Sie beeindruckt uns, macht uns dadurch aber auch zu leichtgläubig und lässt völlig falsche Bilder und Annahmen unserer Wirklichkeit entstehen. Eric Fischl betont gerade diesen Verlust von Skalierungsmöglichkeiten – das

Einschätzen von echt und unecht. Die Welt nur durch fremdes Bildmaterial vor einem Bildschirm wahrzunehmen, kreiert
eine falsche Illusion von Wissen und Erfahrung. Denken wir
nur an gefakte Videoclips von Folterungen durch angebliche
Terroristen in Syrien, die von »Darstellern« gekonnt inszeniert
werden.[94]

Wir können also durch die ständig auf uns wirkende voyeuristische Verführung im Netz auch auf eine falsche Fährte ge-
lockt werden.

Ob virtuelle Kampfarena, wilde Sex-Partys, Vergewaltigungen, Kriegsschauplätze, Hinrichtungen oder kriminelle Straftaten – online können wir alles mitverfolgen. Ein automatisches
Stoppschild, das uns davor bewahren kann, Schlimmes zu erleben oder selbst ethische, moralische Grenzen zu überschreiten
und uns auf Abwege zu begeben, gibt es online nicht.

Heißt dies nun aber, dass wir im Netz gar keine Moral mehr
haben? Oder müssen wir eher von einer neuen voyeuristischen
Netzmoral sprechen?

Moral als Produkt unserer Gesellschaft wird vor allem über
Lernprozesse weitergegeben. Und da Gesellschaft heute immer stärker online stattfindet, beeinflusst eben auch das, was
wir hier erleben, unsere Moralvorstellungen. Vor allem, wenn
wir glauben, dass diese von vielen geteilt werden. Denken wir
an YouTube-Videos auf denen IS-Kämpfer, im Namen des Islamischen Staates, Ungläubige in den Tod schicken. Die Welt-
religion Islam distanziert sich ausdrücklich von diesen Taten.
Aber die massenhafte Verbreitung gibt ihnen einen scheinba-
ren Grad von Wahrhaftigkeit, gegen den wenig auszurichten
ist. Der Islam lässt Menschen köpfen. Dass es sich hier um eine
radikale Form handelt, die nichts mit den Vorstellungen der
meisten Muslime zu tun hat, spielt keine Rolle mehr. Und wirkt
anziehend, gerade auf Jugendliche, die so in den Bann extre-
mistischer Strömungen gezogen werden. Die Gefahr ist groß,
dass über diesen immer intensiver werdenden Netz-Voyeuris-
mus falsche Einstellungen zu einem Bestandteil unseres moralischen Mind-Set werden. Das Filmen von Toten am Straßen-
rand als Selfie sollte ebenfalls nicht zur Normalität werden, die
man mit anderen teilen möchte. Als Reaktion darauf baut man

in NRW seit 2015 bei Unfällen Abschirmwände auf. In den Niederlanden gibt es diese schon seit Jahren, und die Erfahrungen zeigen: Die Maßnahme hilft – das moralische Stoppschild des Menschen alleine hingegen ist nicht genug.

Die moralischen Regeln und Übereinkünfte verändern sich im virtuellen Raum, zum Teil stark. Das müssen wir feststellen. Digital handeln ist in unseren Köpfen also doch etwas anderes – auch wenn wir selbst dies gar nicht bewusst so wahrnehmen. Im Verborgenen unmoralisch zu sein, ist nicht so schlimm. Zusehen, wenn es kein anderer bemerkt – nämlich am besten und einfachsten von unserem Rechner oder Smartphone aus, über die Datenautobahn – erhält ein neues digitales moralisches Etikett: die voyeuristische Akzeptanz im virtuellen Raum. Und das liegt eben auch am Netz selbst.

Auch wenn wir sagen – digital ist real –, haben wir digital eben doch eine andere Moral.

Durch das Visuelle und Voyeuristische können wir ein Stück Humanität verlieren. Wir machen Menschen durch das Element der Beobachtung zu einer Ware und rauben Sterbenden ihre Würde, wenn wir ihren Tod online zu einem öffentlichen Erlebnis machen – auf Festplatten konserviert und immer wieder abrufbar.

Das Risiko, dass wir unser Gefühl für Ethik und Moral im Internetdschungel vor lauter fremder Bildhaftigkeit oder durch unsere eigene Mitteilsamkeit verlieren, ist groß. Daran sollten wir immer denken, wenn wir das Netz betreten.

Unsere Privatsphäre darf nicht durch moralische Nichtbeachtung im Netz auf dem Scheiterhaufen landen. Wenn wir also vor unserem Netz-Auge beobachten, dass Personen gezielt angegriffen werden, menschen- oder frauenverachtendes Material veröffentlicht wird, Kinder zu Sex aufgefordert werden, zu Hinrichtungen und Genoziden aufgerufen wird oder andere kriminelle Straftaten vor unserer virtuellen Linse stattfinden, dann sind die Grenzen zwischen reinem Voyeurismus und das Betreten kriminellen Terrains fließend – wenn wir die Täter gewähren lassen. Durch ein Zuviel an Neugierde und voyeuristischen Neigungen können wir uns mitschuldig machen am Leid vieler Menschen, die zu Opfern seelenloser Täter werden oder ihren eigenen virtuellen Seelenstriptease irgendwann nicht mehr verkraften. Unser Online-Gewissen muss gestärkt werden.

Denken und Vergessen
Wenn Google zu unserem neuen Gedächtnis wird

Denken Sie schneller oder fühlen Sie sich schlauer, seit Sie das Internet nutzen? Dem ehemaligen Journalismus-Professor John Battelle und heutigen Eigentümer einer Online-Beratungsfirma wird es richtig mulmig, wenn er an seine eigene Internetnutzung denkt. Seine stundenlangen Netzaufenthalte machen ihn glauben, dass er tatsächlich etwas schlauer würde – einfach weil er so viel konsumiere. Und Bruce Friedman, Pathologe der University of Michigan Medical School, glaubt, er sei noch nie so kreativ gewesen wie heute. Gleichzeitig gibt er allerdings zu, dass das Internet in seine geistigen Gewohnheiten deutlich eingegriffen hat. Er bedauert den Verlust seiner Fähigkeit, einen längeren Text oder Artikel zu lesen und zu begreifen – selbst ein Blog-Post mit mehr als vier Absätzen sei ihm zu viel.[95]

Das Online-Magazin ›Edge‹[96], das weltweit führende Forscher, Denker, Kreative, Philosophen und Persönlichkeiten zusammenführt und zu Diskussion um die »Third Culture«, die Kulturzeit nach der technologischen Revolution anregt, hat im Jahr 2010 ein interessantes Projekt durchgeführt. Bekannte und einflussreiche Wissenschaftler, Journalisten, Autoren und Künstler wurden gefragt, wie das Internet ihr Denken verändert hat. Die Antworten sind äußerst spannend.[97]

So betont Software-Guru Clay Shirky, dass es noch viel zu früh sei, diese Frage tatsächlich zu beantworten. Der Schauspieler Alan Alda fürchtet sich gerade vor der Kombination speed plus mob und fragt sich, ob über das Internet in den Köpfen der Täter regelrechte Algorithmen entstehen würden, die die Grausamkeit steuerten. Nick Bilton, Kopf des ›New York Times's Bits‹-Blog, glaubt hingegen, dass das Internet nicht verändert, wie wir denken, sondern dass wir verändern, wie das Internet denkt. Und die ›New York Times‹-Kolumnistin Virginia Heffernan schreibt, wir sollten Innovationen nicht immer mit einer vollkommen neuen Welt verwechseln – sprich wir sollten alles nicht überdramatisieren.

Wenn ich selbst mit Freunden oder Kollegen über diese Frage

diskutiere, höre ich immer häufiger, dass sie das Gefühl haben, ihr Denken verändere sich durchaus. Und nicht nur das, einige meinen auch, dass mit ihrem Gedächtnis etwas passiert. Langes intensives Nachdenken fällt ihnen zunehmend schwerer, so z. B. sich auf eine Sache oder eine Problemlage über einen längeren Zeitraum zu konzentrieren. Wir haben uns quasi schon daran gewöhnt, ständig mit neuen Dingen, Informationen und Stimuli konfrontiert zu werden, sodass wir es gar nicht mehr schaffen, mit Situationen, in denen wir nicht abgelenkt werden, zurechtzukommen. Sobald wir abschalten, fehlt uns und unserem Gehirn die ständige Flut an Neuem. Wir suchen sogar gezielt nach Ablenkung, nach Icons und Links, weil wir glauben, es müsste immer etwas passieren. So haben wir es eben in den letzten Jahren online auch gelernt.

Einerseits denken wir immer vernetzter und scannen Informationen immer schneller. Das ist eine wichtige Fähigkeit, die gerade jungen Usern gewissermaßen in Fleisch und Blut übergeht. Aber können wir uns überhaupt noch etwas richtig merken, vergessen wir nicht auch immer mehr? Allerdings: Brauchen wir diese Fähigkeit überhaupt noch, wo wir doch unser Google-Gedächtnis immer dabeihaben?

Der 2008 verstorbene Johann Weizenbaum, einer der Pioniere und Gründerväter der Computertechnologie, wurde in der Mitte seines Forscherlebens am MIT immer kritischer und skeptischer gegenüber den Dingen, die er selbst erschaffen hatte. Seine Befürchtung: Wir Menschen werden viel zu viel an den Computer abgeben. Und anstelle zu bestimmen, was der Computer macht, wird er die Führung übernehmen und somit uns zukünftig vorgeben, was wir tun und denken sollen, und sogar Entscheidungen für uns fällen.

Dass diese Vorstellung relativ schnell zur Realität werden kann, zeigte eben jener Professor Weizenbaum in den 60er-Jahren, als er das erste Computerprogramm entwickelte, mit dem Menschen kommunizieren konnten – Eliza. Der Nutzer gab über die Tastatur einen Text ein, in dem er seinen Gefühlszustand mitteilte oder einen Gedanken, mit dem er sich gerade beschäftigte. Eliza versuchte darauf passend zu reagieren, also zu antworten und eben auch Lösungen oder Ratschläge und Unterstützung zu geben. Dies konnte folgendermaßen vor sich gehen. Man gab z. B. ein:»Ich habe Angst.« Dann hätte das Programm möglicherweise geantwortet:»Warum hast du Angst?« Wir hätten wiederum erwidert:»Weil ich nicht genug für meine Prüfung geübt habe.« Eliza würde dann wahrscheinlich antworten:»Wieso hast du nicht geübt? Warum hattest du keine Zeit? Erzähl mir von deiner Prüfung«, und so würde es ständig weitergehen. Es war klar, das Programm wusste nicht, was Angst bedeutet oder das Wort Prüfung, aber es konnte aneinandergereihte Wörter in Fragen umformulieren oder sie neu miteinander verknüpfen. Und genau das führte die Nutzer aufs Glatteis. Sie gaben sich einer Illusion hin. Denn obwohl ihnen dies bewusst war, konnte fast keiner genug davon bekommen, sich mit Eliza zu unterhalten. Viele wollten sogar alleine mit dem Computer sein, um ihm Geheimnisse anzuvertrauen und über ganz konkrete Sorgen zu reden, z. b. über Probleme mit den Eltern oder dem aktuellen Freund.[98]

Als sogar Weizenbaums Sekretärin anfing, mit Eliza intensiv über ihre Beziehungsprobleme zu sprechen, machte er sich Gedanken, was seine virtuelle Erfindung tatsächlich auslösen könnte.»Wir verlassen uns auf jemanden, der tatsächlich gar nicht existiert«[99], nur am Bildschirm als Giga- oder Megabyte, und der sagt:»Ich verstehe dich!« Eine gigantische Selbsttäuschung, denn wir reden nur mit einem Programm, das noch nicht einmal intelligent ist, so Weizenbaum. Eliza konnte nicht wirklich denken, das Programm veränderte ja nur die Kombination von Wörtern, die die Nutzer ihm vorschlugen.

Wir nehmen Ratschläge von virtuellen Systemen an, die in Wirklichkeit überhaupt nichts Menschliches in sich tragen, richten aber unser menschliches Verhalten an ihnen aus.

Heute kennen wir solche Bot-Systeme zur Genüge, ob als Helfer auf Webseiten, die unsere Fragen beantworten und Hilfestellung geben, oder als»Freunde« in Computerspielen.[100] Bot ist eine Abkürzung des Wortes Roboter und steht unter anderem für computergesteuerte Akteure, die als»menschliche Spieler« in Computerspielen auftreten.

Unser Gehirn ist also in Gefahr, in die Irre geführt zu werden, wenn wir nicht aufpassen und zu viele Denkprozesse an das Internet und den Computer abgeben. Vor allem, wenn wir versuchen, damit Wünsche und Sehnsüchte oder emotionale Defizite auszugleichen und online unser Schamgefühl ausschalten, das uns im analogen Leben hindert, über Sorgen und Nöte zu sprechen.

Weltweit sind sich die führenden Hirnforscher einig: Die digitale Revolution hat Einfluss auf unser Gehirn und unser Denken. Was wir allerdings daraus machen, das hängt alleine von uns ab!

Somit müssen wir das Internet und die Auswirkungen auf unser Gehirn von zwei Seiten betrachten – einer positiven und einer negativen.

WIE UNSER GEHIRN OFFLINE UND ONLINE FUNKTIONIERT

Wie kommt es, dass wir Emotionen fühlen, uns an Ereignisse in der Kindheit erinnern, den ersten Kuss, die erste unglückliche Liebe oder mit bestimmten Düften oder Musikstücken ganz bestimmte Gefühle wachgerufen werden?

Schon Sigmund Freud hat sich in seiner Zeit als Student der Neurophysiologie mit dieser Frage beschäftigt.[101] Bereits damals wusste man, dass das Gehirn aus einzelnen Zellen besteht. Heute wissen wir, dass es ein Netzwerk von Milliarden einzelner neuronaler Zellen (Neuronen) ist. Bereits Freud kam darauf, dass die Überwindung der Abstände zwischen den Zellen, diese nannte er Kontaktbarrieren (die heutigen Synapsen), eine wichtige Rolle bei der Formung von Gedanken und Erinnerungen spielt. Und diese Abstandsüberbrückung konnte nur möglich sein, wenn sich Verbindungen bildeten.

Immer, wenn wir z. B. etwas wahrnehmen, eine Situation, eine Person, einen Ton, egal was, werden elektrische Impulse ausgelöst. Diese werden von den neuronalen Zellen empfangen. Damit diese Signale an benachbarte Zellen weitergesendet werden, kommen chemische Substanzen zum Einsatz, sogenannte Neurotransmitter. Durch diese Kommunikation der Neuronen untereinander entstehen dann unsere Gedanken, Erinnerungen und Emotionen.

Wenn wir davon ausgehen könnten, dass unser Gehirn und seine Strukturen, nachdem sie einmal ausgewachsen sind, stabil bleiben, dann könnten wir uns die Gedanken über mögliche Einflüsse des Internets auf unser Denken oder Vergessen getrost sparen. Bis in die 70er-Jahre des letzten Jahrhunderts war man genau dieser Meinung: Unser Gehirn entwickele sich im Laufe der Kindheit und sei dann im Erwachsenenalter ausgereift – fertig. Unser Gehirn war somit aus damaliger Sicht völlig änderungsresistent, ganz entsprechend dem vorherrschenden Denkparadigma des Maschinenzeitalters.

Doch dies erwies sich als gewaltiger Irrtum.

Schon in den 50er-Jahren versuchte der britische Biologe J. Z. Young der Gesellschaft zu vermitteln, dass unser Gehirn mitnichten ein stabiles, unveränderliches Gefüge darstellt.[102] Es sei ganz im Gegenteil höchst flexibel. So könnten Zellen durchaus wachsen oder aber verkümmern. Die Nutzung oder eben Nicht-Nutzung bestimmter Hirnareale habe bleibenden Einfluss auf das Nervengewebe. Und auch der amerikanische Psychologe William James sprach in den 70er-Jahren von der Anpassungsfähigkeit des Gehirns, von seiner Plastizität. Doch beide blieben ungehört. Bis Michael Merzenich an der Johns Hopkins Universität[103] die für den Tastsinn wichtigen Nerven an den Händen von Affen durchtrennte. Sie wuchsen, wie zu erwarten war, völlig unkontrolliert wieder zusammen. Die Folge: Die Motorik funktionierte nicht mehr. Nach einiger Zeit passierte aber etwas Sensationelles, und dies war quasi der Durchbruch in der Hirnforschung: Das Gehirn reorganisierte sich selbst, es schuf völlig neue Neuronalbahnen, die den neuen Nervenstrukturen in den Händen der Tiere entsprachen. Die Tiere konnten wieder wie früher ganz normal greifen und fassen, und das, obwohl vorher die Nervenbahnen wirr zusammengewachsen waren. Dies war der erste richtige Beweis für die Neuro-Plastizität unseres Gehirns. Die synaptischen Verbindungen zwischen den neuronalen Zellen können sich also ständig wandeln, sie können stärker, aber auch schwächer werden. Der Biologe Eric Kandel bekam für seine Entdeckungen über die Signalübertragung im Nervensystem den Nobelpreis[104].

Alleine unsere Gedanken können schon physische Reaktionen auslösen und unsere Nervenverbindungen verändern. Und auch einzelne Gehirnregionen können sich verändern.

So konnte man in den 90er-Jahren bei Londoner Taxifahrern eine deutliche Vergrößerung desjenigen Teils des Hippocampus nachweisen, der für die räumliche Erfassung und unsere Orientierung wichtig ist. Und bei denjenigen Taxifahrern, die die längste Zeit im Job waren, also mit ihrem Taxi auf der Straße, war diese Gehirnregion am größten.

Doch plastisch, also veränderbar, heißt nicht gleichermaßen elastisch! Je häufiger wir bestimmte neuronale Verbindungen immer wieder gebrauchen, umso stärker werden diese auch. Es können also auch Gewöhnungseffekte eintreten. Durch Wiederholungen werden bestimmte Bahnen eingefahren, und diese werden immer wieder benutzt. In unserem Gehirn entstehen also auch Einbahnstraßen. Dies kann z. B. die Ursache für zahlreiche psychische Krankheiten, wie Depressionen, Zwangsstörungen, Abhängigkeiten oder Süchte sein. Denn je stärker man sich mit Symptomen beschäftigt, desto intensiver werden diese neuronalen Vernetzungen. Aus Erfahrungen werden somit Erwartungen.

Da gibt es z. B. den Nocebo-Effekt (von nocebo, lat.»Ich werde schaden«). Er beschreibt negative psychologische oder körperliche Reaktionen alleine aufgrund kognitiver Prozesse. Je negativer meine Vorerfahrungen sind, umso weniger glaube ich z. B. an meine Heilung durch ein neues Medikament. Das heißt, meine Erwartungen, die sich in meinem Gehirn gebildet haben, aufgrund von Erfahrungen, Erzählungen oder Ängsten, führen dazu, dass sich Symptome entweder verschlimmern oder überhaupt erst auftreten, so Professor Ulrike Bingel vom Universitätsklinikum Essen.

Allerdings können Fähigkeiten bestimmter Gehirnregionen insgesamt auch nachlassen, nämlich dann, wenn sie nicht regelmäßig trainiert werden. Aber nicht nur, dass unsere Fähigkeiten z. B. zum Kopfrechnen geringer werden. Auch der räumliche Platz in unserem Gehirn, der für diese Fähigkeit bestimmt war, kann von anderen Fähigkeiten beansprucht werden, die wir anstelle der ursprünglichen gebrauchen.

Wie sieht wohl heute das Gehirn der Londoner Taxifahrer aus, da ihre Arbeit ja immer mehr von GPS und Navigationssystemen geleitet wird?

Diese Überlegungen machen deutlich, dass die Art, wie das Gehirn Informationen aufnimmt und verarbeitet, extrem davon abhängig ist, in welchem Umfeld wir unser Gehirn beschäftigen. Das Umfeld, in dem unser Gehirn arbeiten muss, ist das virtuelle Nirwana 4.0. Sehen wir uns an, was im Netz mit unseren Gedanken und unserem Gehirn passiert.

EINFLUSS UNSERES ONLINE-LEBENS AUF GEDÄCHTNIS UND ERINNERUNGEN Wie kommt es dazu, dass Sie sich an bestimmte Dinge erinnern, an andere hingegen nicht? Wie kommt es, dass man einige Situationen, Personen, Gefühle oder Gerüche nie vergisst, andere dagegen in ganz kurzer Zeit? Schon Ende des 19. Jahrhunderts haben Neurologen und Psychologen herausgefunden, dass wir mehr als nur eine Form von Erinnerungen abspeichern. Der deutsche Psychologe Hermann Ebbinghaus stellte im Eigenexperiment fest, dass er sich an Wörter besser erinnerte, je öfter er sie wiederholte. Auch konnte er sich besser erinnern, je kleiner die Anzahl insgesamt war. Eine Überfrachtung oder Überlastung unseres Gehirns führt anscheinend zu deutlich schlechteren Erinnerungsleistungen.[105] Außerdem fand Ebbinghaus heraus, dass unser Erinnern bzw. Vergessen wohl aus zwei Stufen oder Prozessen bestand. Kurzfristig konnte er relativ viele Worte behalten, nach längerer Zeit waren die meisten hingegen wieder verschwunden. William James bezeichnete 1890 diese zwei Stufen als Primärerinnerungen (Kurzzeiterinnerungen) und Sekundärerinnerungen (Langzeiterinnerungen).

In den 1960er-Jahren kamen Neurologen zu der Erkenntnis, dass chemische Prozesse hierfür verantwortlich sind. Louis Flexner von der University of Pennsylvania konnte zeigen, dass Langzeiterinnerungen nicht nur stärkere Formen der Kurzzeiterinnerungen darstellen, sie sind auch über biologische Prozesse miteinander verbunden: Langzeiterinnerungen erfordern die Bildung neuer Proteine, Kurzzeiterinnerungen hingegen nicht. Eric Kandel forschte diesbezüglich weiter an seiner Meeresschnecke (Aplysia) und fand heraus: Je öfter sich ein Erlebnis wiederholte, umso dauerhafter wird die Erinnerungsleistung dieser Erfahrung. Doch etwas noch Verblüffenderes stellte er fest: Nicht nur die Konzentration der Neurotransmitter war bei Langzeiterinnerungen höher, d. h. die Stärke neuronaler Verbindungen wuchs, die Verbindungen selbst veränderten sich ebenfalls. Die Nervenzellen bildeten nämlich ganz neue synaptische Anschlussstellen. Also: Die Zahl der Synapsen in unserem Gehirn ist nicht starr, sie ist extrem flexibel. Und genau dieses Wachstum bzw. die Aufrechterhaltung neuer synaptischer Anschlussstellen bewirkt, dass wir uns erinnern, und das über einen langen Zeitraum hinweg.

Das alles bedeutet aber auch, dass unser Erinnern ein komplexer, aufwendiger Prozess ist. In der Sozialpsychologie sprechen wir von intensiver Informationsverarbeitung, die es erst möglich macht, dass wir Erfahrungen, Emotionen oder Verhalten erlernen und somit in unserem Gedächtnis behalten. Wenn wir obige Überlegungen miteinbeziehen, heißt das, unser Langzeitgedächtnis ist unendlich – denn es kann immer weiter wachsen. »Unser Gehirn kann also niemals voll werden«, so Torkel Klingberg vom Stockholm Brain Institute.[106] Das ist der entscheidende Unterschied zu einer Festplatte, sie gerät irgendwann an das Ende ihrer Kapazität, und man muss sie künstlich erweitern – das Gehirn macht dies von ganz alleine!

Und das Tolle ist: Je mehr wir unseren Langzeitspeicher füttern, umso leichter fällt es uns auch zukünftig, Wissen und Fertigkeiten zu erlernen, so die klinische Psychologin Sheila Crowell.[107] Wenn wir unser Gedächtnis erweitern, dann stärken wir unsere geistigen Kräfte und Fähigkeiten – wir steigern also unsere Intelligenz.

Was hat dies alles mit dem Internet zu tun?

Wie oft haben Sie in letzter Zeit im Gespräch nach einem Wort, einer Person oder einem Namen gesucht und dann eben nicht in Ihrem persönlichen Datenspeicher, ihrem Gedächtnis gekramt, sondern aus Bequemlichkeit in Sekundenschnelle über Smartphone oder Tablet auf Google zugegriffen?

Neue Studien zeigen ganz deutlich: Wenn wir mit Fragestellungen konfrontiert werden, denken wir häufig zuerst an den Computer und die Suchmöglichkeiten des Internets. Und je mehr wir uns auf den Zugriff zu Informationen über den Computer verlassen, umso weniger behalten wir Informationen in

Erinnerung, die uns zuvor dargeboten wurden. Dafür erinnern wir uns daran, wo wir den Zugriff darauf finden können.[108] Wir verlassen uns immer häufiger auf die virtuellen Wissensdepots von Google und Co und vergessen eher die Informationen, die wir gesucht haben, als den Ort, an dem wir sie wiederfinden können. Das bezieht sich auch auf Speicherorte in unserem eigenen PC.[109]

Dabei zeigen ganz aktuelle Studien, dass der beste Weg, etwas zu behalten und sich daran zu erinnern, eben leider doch das Aufschreiben ist (per Hand wohlgemerkt)[110]!

Betsy Sparrow, Psychologin an der Columbia University, führte mit ihrem Team verschiedene Tests durch, bei denen Versuchsteilnehmer Aussagen von einem Computer ablesen und abtippen sollten. Ein Teil der Probanden dachte, der Computer würde später alles löschen. Genau diese konnten sich am besten erinnern. Der andere Teil glaubte, dass der Rechner alles abspeicherte, und merkte sich am wenigsten.[111]

Das Internet wird somit immer mehr zu einem kollektiven externen Gedächtnis.

Auch der Philosoph Michael Pauen von der Humboldt-Universität Berlin stellt fest, dass das Internet vor allem für Jugendliche ein Teil ihres Gedächtnisses geworden ist.[112] Gerade die eigentliche Google-Generation zeichnet sich durch einen großen Appetit auf rasche, sekundenschnelle Information aus. Sie sind die flottesten Sucher im Netz, allerdings auch diejenigen, die die geringste Zeit mit ihren Besuchen auf Webseiten oder bei Suchergebnissen verbringen – a fraction of time, wie es David Nicholas, der Leiter der Forschungsgruppe CIBER, bezeichnet. Sie sind es auch, die das Phänomen »Cut and Paste« salonfähig gemacht haben.[113] David Nicholas sieht das allerdings nicht so dramatisch.

Dagegen hält die Neurobiologin von der Universität Heidelberg Hannah Monyer das Internet für unsere Gedächtnisleistung nicht unbedingt für förderlich. Es gebe Hinweise, dass z. B. die Navigationssysteme den Orientierungssinn der Menschen verändern könnten, berichtet Monyer.[114] Wenn wir zu viel Denken an den Computer abgeben und uns auf andere Gedächtnismedien verlassen, werden wir Fähigkeiten verlieren.

Man könnte nun auch sagen, ja, was ist daran so schlimm? Wenn es ausreicht, in Zukunft also weniger Wissen zu wissen, dafür aber zu wissen, wo wir Wissen finden können, ist das doch eine Zeitersparnis, oder nicht? Also, wozu lernen – wir haben doch Google immer dabei!

Auch einige Mediziner sehen kein allzu großes Problem darin. Unser Lebensumfeld habe sich eben durch die Digitalisierung radikal verändert, unser Gehirn müsse die Fähigkeiten haben, sich schnell zurechtzufinden, zu switchen und dabei das Wichtigste aufzunehmen, aber eben nicht alles. Das eigentliche Wissen sei nicht mehr so wichtig, entscheidend sei, dass man wisse, wo man das Wissen online findet.

Wenn wir das Internet aber immer stärker als Gedächtnisersatz gebrauchen, besteht die Gefahr, dass unser Langzeitgedächtnis auf der Strecke bleibt. Es wird zunehmend leerer – und wir geistig ärmer. Wir benötigen unsere Erinnerungen gerade auch beim Verstehen und Lernen neuer Situationen. Wenn wir neue Informationen systematisch mit bereits vorhandenem Wissen aus unserer Erinnerung assoziieren, können wir geistig viel besser arbeiten und auch komplexe Themen verstehen, so der Nobelpreisträger Eric Kandel. Je weniger Erinnerungen wir aber haben, umso schwieriger wird es für uns, komplexe Zusammenhänge zu verstehen.[115]

Es besteht also tatsächlich die Gefahr, dass das Internet nicht nur zu einem Medium des Vergessens wird, sondern uns gleichzeitig auch die geistigen Leistungsfähigkeiten raubt.

Behalten wir eigentlich überhaupt noch in Erinnerung, was uns so alles widerfährt?

Forscher um den Psychiater Gary Small von der University of California in Los Angeles (UCLA) haben Vielsurfer und Internet-Ungeübte miteinander verglichen. Sie ließen beide Gruppen eine simulierte Recherche mit einer Suchmaschine durchführen, während sie im Computertomografen lagen.[116] Bei den Profis zeigte sich eine deutliche Zunahme der Hirnaktivität wesentlich in den Regionen, die für das Kurzzeitgedächtnis und die Entscheidungsfindung zentral sind. Wenn wir aber etwas behalten wollen, speichern und nach einer längeren Zeit wieder abrufen wollen, dann muss das Erlebte in den

Langzeitspeicher gelangen – sonst ist alles nach relativ kurzer Zeit wieder weg.

Wenn wir darüber nachdenken, worauf es bei Erinnerungen genau ankommt und was entscheidet, ob wir uns erinnern oder vergessen, dann sind wir sofort wieder bei der Aufmerksamkeit, von der schon die Rede war. Um Erinnerungen abzuspeichern, ist eine intensive Informationsverarbeitung notwendig, eine starke geistige Konzentration, die aber auch durch Wiederholungen und emotionale Faktoren gefördert werden kann. Und dies wird nur erreicht, wenn wir der Information, Situation usw. eine größere Aufmerksamkeit schenken. Tun wir das nicht, so bleibt die Information nur so lange erhalten, wie die elektrische Ladung der Neuronen besteht, möglicherweise nur Sekunden. Hängen bleibt da dann relativ wenig.

Das Internet, das uns unaufhaltsam mit unzähligen Botschaften, Bildern, Icons oder Links bombardiert, verführt uns geradezu dazu, uns rein oberflächlich zu orientieren, einfach alles abzuscannen und uns nicht intensiv mit einer Sache zu beschäftigen.

Das Fatale ist nun: Durch die verstärkte Internetnutzung gewöhnt sich das Gehirn an die kurzfristige, oberflächliche Informationsaufnahme. Es gewöhnt sich also auch daran, immer zerstreuter und unaufmerksamer zu werden, ja geradezu nach Ablenkung zu suchen.

Das führt z. B. auch dazu, dass sich viele Menschen nicht mehr über eine längere Zeit auf eine bestimmte Sache konzentrieren können, einen Text zu schreiben, eine Präsentation anzufertigen oder eben ein Buch zu lesen. Wir suchen quasi nach Unterbrechungen. Wenn es einmal nicht blinkt oder klingelt, dann scheint etwas nicht in Ordnung zu sein. Wir werden fast schon so etwas wie die pawlowschen Hunde im Cyberspace.

Der russische Wissenschaftler Iwan Petrowitsch Pawlow entdeckte eine der bekanntesten sozialpsychologischen Theorien: die klassische Konditionierung.[117] Bekannt ist, dass Hunde verstärkt Speichel entwickeln, wenn sie Futter vor sich haben. In Experimenten konnte Pawlow zeigen, dass die Tiere schon dann speichelten, wenn sie den Assistenten bzw. das Futter noch gar nicht sehen konnten. Um den Speichelfluss auszulösen und somit das Futter zu antizipieren, reichte es aus, wenn die Hunde die Assistenten nur hörten. So konnte also der Reiz, den der Hund als den der Fütterung regelmäßig vorausgehend wahrnahm, nämlich den herannahenden Assistenten, die gleiche Reaktion auslösen wie das Futter selbst.

Auf unsere Internetnutzung bezogen, können wir Folgendes feststellen: In dem Moment, wenn wir online gehen, erwarten wir regelrecht, dass unzählige Bildquellen, Informationen, Links und Icons vor uns auftauchen. Unser Speichel ist sozusagen die innere Unruhe, das Kribbeln, die Neugierde, die wir empfinden, sobald wir den Browser geklickt haben, um wieder etwas Interessantes, Neues, Unbekanntes zu entdecken – also abgelenkt zu werden.

Dies gilt nicht nur für Kinder und Jugendliche. Die Firma RescueTime hat herausgefunden, dass ein durchschnittlicher amerikanischer Angestellter an einem ganz normalen Arbeitstag rund 50 Mal in seinen E-Mail-Briefkasten schaut, 77 Kurznachrichten (Instant Messages) schreibt und für private Zwecke über 40 Webseiten surft. Die Kosten allein für die Wirtschaft belaufen sich auf rund 650 Milliarden Dollar. Doch auch für das Individuum hat dies im Job negative Auswirkungen, durch die ständigen Unterbrechungen durch SMS, Twitter oder WhatsApp-Nachrichten, Facebook-Updates, ob privat oder beruflich, wird die Konzentration auf die eigentliche Arbeit geschwächt. Man macht mehr Fehler, und man braucht deutlich länger für eine Aufgabe.

Unsere Produktivität schrumpft also durch andauernde Ablenkung erheblich. Eine Studie der Forschungs- und Beratungsfirma Basex hat ergeben, dass in den USA im Schnitt 28 % der Arbeitszeit mit unnötigen Tätigkeiten wie Surfen im Internet und privaten E-Mails verplempert werden. Weitere 15 % verpuffen beim Suchen von Informationen im Firmennetz und bei Google.[118]

Auch diese Alltagserfahrungen zeigen: Wenn wir nicht aufpassen, verzetteln wir uns. Zu viel auf einmal tun zu wollen, kann uns online scheitern lassen.

Dieses ständige Ablenkungsfeuerwerk lässt quasi automatisch auch eine neue Form des Lesens entstehen.

Haben Sie nicht auch schon an sich selbst festgestellt, dass Sie Bücher mittlerweile gar nicht mehr von vorne nach hinten lesen, sondern eher quer und sie durchforsten nach interessanten Worten oder Überschriften, die Ihre Aufmerksamkeit erregen? So beklagt z. B. die Englisch-Professorin Katherine Hayles von der Duke University, dass sie ihre Studenten kaum mehr dazu bewegen kann, ein Buch ganz zu lesen. Überhaupt sehe gerade die jüngere Generation Net einfach gar keinen Sinn darin – warum alles lesen, wenn nur in einigen wenigen Passagen wirklich Wertvolles liegt.

In Diskussionen mit Freunden geben viele zu, dass ihr Kindle (ich selbst nutze ein Samsung Tablet) sogar die Art beeinflusst, wie sie ein Buch lesen, das sie physisch in Händen halten. Sie sagen, sie werden ungeduldiger, wenn sich die Textpassagen hinziehen, in denen nichts passiert, und scrollen dann dauernd weiter. Ich selbst muss sagen, dass ich noch nie so schnell so viele Bücher gelesen habe wie heute mit meinem Tablet – wenn man das überhaupt Lesen nennen kann. Denn ich bemerke eine Veränderung der Art zu lesen auch an mir selbst. Ich würde sagen, bis vor Kurzem war ich durchaus auch eine Powerbrowserin. Doch mittlerweile geht mir mein eigenes Leseverhalten gegen den Strich. Ich versuche mich gezielt zu disziplinieren, bemühe mich, die Seiten eines Buches (auch auf meinem Tablet) ganz zu lesen und nicht nur zu überfliegen und auch nicht ständig weiterzuscrollen. Und ich kaufe wieder mehr echte Bücher. Aber sich wieder umzugewöhnen ist gar nicht so einfach, man fällt schnell wieder in das alte Muster zurück.

Forscher des University College London haben jetzt genau dieses Phänomen wissenschaftlich bestätigen können. Sie konnten zeigen, dass 60 % der Nutzer elektronischer Zeitungen lediglich drei Seiten näher anschauen, mehr als zwei Drittel kehrten dabei nicht mehr zu der ursprünglichen Quelle zurück. Wir gehen online also einfach immer weiter, ohne zurückzuschauen, geschweige denn uns bewusst daran zu erinnern, was wir schon alles gesehen haben. Auch Menschen mit höherer Bildung sind davon betroffen: So lesen die meisten Besucher der Webseiten der British Library und eines britischen Bildungskonsortiums die angeklickten Seiten gar nicht, sondern überfliegen alles nur. Horizontales hat vertikales Lesen abgelöst, richtig lesen ist out, anschauen, »viewing« ist in. An der Oberfläche kratzen mit schnellen Richtungswechseln. Wenn wir etwas online lesen, erfassen wir meist nur 10–15 % des Dokumentes tatsächlich. Man könnte meinen, viele User gehen online, um dem richtigen Lesen geradezu zu entfliehen. Immer kürzer müssen die Artikel sein, denn nur wenige Minuten verbleiben, um heute bei jemandem Interesse zu wecken. 15 Minuten hingegen ist im Internetrhythmus eine verdammt lange Zeit. Kurze Bücher, Short Storys, kleine Lese-Snacks – Wissen als Take-away – das ist die Zukunft.[119] Wir sind einfach darauf konditioniert, durch E-Mails, Tweets, short shots – wo wir wieder beim pawlowschen Cyberdog wären …

WENN ÜBERFLIEGEN UND GROBES ABSCANNEN ZUR DENK-STRATEGIE WERDEN Die oben genannten Phänomene sind natürlich nicht nur schädlich. Unsere Fähigkeit, sich durch kurzes Anschauen einen Überblick zu verschaffen, ist auch von großem Nutzen. Das ist nicht neu. Ohne diese Fähigkeiten könnten wir z. B. Risiken oder gefährliche Situationen nicht in kürzester Zeit einschätzen oder eben auch nicht zwischen Nützlichem und weniger Nützlichem unterscheiden, z. B. bei Kaufangeboten im Supermarkt, bei der Suche nach dem nächsten Feriendomizil, bei Gebrauchsanleitungen oder beim ersten Blick, der entscheidet, ob uns eine Person gefällt, und vieles mehr. Wir brauchen also dieses strategische Können des analysierenden Überfliegens sehr wohl.

Studien zu Computerspielen zeigen, dass unsere visuelle Aufmerksamkeit durchaus gesteigert werden kann. Allerdings handelt es sich nur um kurzfristige Auswirkungen – Langzeiteffekte und somit quasi ein dauerhaftes Implementieren neuer Fähigkeiten konnten noch nicht nachgewiesen werden. Das bestätigt Jürgen Fritz, Spielpädagoge der Fachhochschule Köln. Er merkt auch an, dass die beim Computerspiel erworbenen Fähigkeiten nicht unbedingt auf echte, reale Lebenssituationen anwendbar sind. Wer bei einem Management-Spiel erfolgreich ist, wird noch lange kein brillanter Manager, sagt Fritz.[120]

Auch Patricia Greenfield, Entwicklungspsychologin und Leiterin des Children's Digital Media Center der Universität von Los Angeles, sieht Vor- und Nachteile im regelmäßigen Video-spielen. So kann sich z. B. die Schnelligkeit erhöhen, mit der wir unseren Wahrnehmungsfokus innerhalb des Computerbild-schirms wechseln können. Gleichzeitig kann ein schneller Fo-kuswechsel, selbst wenn er bewusst ausgeführt wird, aber auch ein weniger umfassendes, intensives, sondern zunehmend au-tomatisiertes Denken begünstigen.[121] Die Förderung visueller Fähigkeiten geht auf Kosten einer tieferen Verarbeitung. Ana-lysefähigkeiten, kritisches Denken, Vorstellungsfähigkeit und Reflexion blieben auf der Strecke, so Patricia Greenfield.[122]

Dabei können auch Aufmerksamkeitsdefizite durch ein zu intensives Computerspielen deutlich ansteigen. Dies zeigen Psychologen um Rob West von der Iowa State University.[123] So wurden die Vielspieler schneller müde, und die Aktivität des seitlichen frontalen Kortex – wichtig für die Aufmerksam-keit – ließ nach neuen Reizen schneller nach als bei den Gele-genheitsspielern. Auch Rob West ist der Meinung: Vielspieler könnten im wahren Leben Probleme haben, sich auf eine Sa-che länger zu konzentrieren.

Was nun unsere Internetnutzung betrifft, zeigen Studien der Psychologin Genevieve Marie Johnson vom Grant MacEwan College in Edmonton (Kanada), dass User, die viel im Netz re-cherchieren, besser planen und Informationen erfolgreicher verarbeiten können als Gelegenheitsnutzer.[124] Allerdings soll-te man betonen, dass hier mit Recherche nicht einfach eine Google-Suche nach dem nächsten YouTube-Star oder den neuesten Fotos von Kim Kardashians Hintern gemeint ist, son-dern ein gezieltes Suchen nach Fachwissen. Der Philosoph Paul Liessmann hat dies so schön formuliert: Wer keine Ahnung von Geschichte hat, dem hilft auch Wikipedia nicht weiter.[125] Im Klartext: Was nützt mir Google, wenn ich keine Bildung habe? Dann ist das ganze Weltwissen, das online verfügbar ist, quasi nutzlos. Um das Netz also intelligent zu nutzen, müssen wir schon auch gewisse geistige Fähigkeiten bzw. einen gewis-sen Bildungsgrad mitbringen. Dann ist das Internet eine abso-lute Bereicherung. Fatal wird es allerdings dann, wenn wir nach dem kurzen Überfliegen nicht mehr zum intensiven Betrachten, Denken und Lesen übergehen, sondern ständig nur alles überfliegen. Wenn wir also analysieren, ohne intensiv darüber nachzudenken. Welchen Wahrnehmungsfehlern wir ja gerade durch den ersten Blick, unseren Primacy Effekt, unterliegen können, haben wir bereits gesehen. Urteile können durchaus falsch ausfallen, Vorurteile entstehen, Stereotype usw.

Dabei ist Ablenkung nicht per se schlecht. So zeigt die Forschung des holländischen Psychologen Ap Dijksterhuis von der Radboud University in Nijmegen, dass wir Aufmerksamkeitspausen benötigen, um ein Problem erfassen zu können und Informationen besser zu verarbeiten.[126] Wir treffen für gewöhnlich bessere Entscheidungen, so seine These, wenn wir unsere Aufmerksamkeit einige Zeit von einem kniffligen mentalen Problem ablenken. Allerdings ist hier ein gezieltes Weglenken von aktuellen Ideen oder Gedanken gemeint – und nicht das ständige Abgelenkt-Werden durch Internet, Handy und Co ... Das Aufeinanderprallen neuer, nie endender Text- und Bilderfluten führt im Gegenteil zu einem Kurzschluss in unserem bewussten und unbewussten Denken und hält uns so von tiefgründigem, komplexem Denken ab.

Auch haben Studien gezeigt, dass Software-Programme, die eine ganz einfache Nutzung und sprich auch eine simple Benutzeroberfläche anbieten, uns am intensiven Denken hindern. Je komplizierter ein Programm also zu bedienen ist, umso mehr strengen sich unsere kleinen grauen Zellen an. Der Googleianismus, das leichte Handling über Apps, die ich nur anklicken muss, kann also auch dazu führen, dass wir unser Gehirn unterfordern.

Das gibt auch Benedict Carey in seinem Buch ›Neues Lernen. Warum Faulheit und Ablenkung dabei helfen‹ zu bedenken. Was sich zunächst nach einem Plädoyer für Faulsein, nichts tun, schwänzen und Zerstreuung (auch mittels Internet und Co) anhört, ist in Wirklichkeit eine Anleitung für den differenzierten und verstärkten Einsatz unseres Denkapparates, ein echtes Gehirntraining also, damit wir diese Fähigkeiten eben nicht verlieren und uns vor lauter Facebook-Ablenkung nicht mehr konzentrieren können.

Eine gewisse Online-Abstinenz ist durchaus gesund und

heilsam, sagt auch der Mathematiker Nassim Taleb. Er klinkte sich eine Zeit lang bewusst aus dem Netz aus und schrieb: »Ich fühle, wie ich wieder wachse.« Auch wenn er das Internet technologisch gesehen für das Beste hält, was auf der Welt existiert, gäbe es doch genug Anlass, es durchaus kritisch zu sehen. Es entwickele sich immer mehr zu einer Krankheit. Auch hält er den angeblichen Wissenszuwachs für eine Illusion: »Wir glauben, wir wissen mehr, als wir wirklich wissen.« Dieses Phänomen können wir tatsächlich feststellen: Die immer stärkere Nutzung von Suchmaschinen führt dazu, dass viele von uns das eigene Wissen überschätzen. Wir fühlen uns also schlauer, als wir wirklich sind. Wissenschaftler haben herausgefunden, dass jemand, der Online-Informationen zu bestimmten Themen sucht, das Gefühl hat, er habe hierdurch mehr Wissen erworben als durch das Lesen von Büchern oder im direkten Austausch z. B. mit einem Lehrer.[127] Das Suchen und Finden im Internet lässt eine Wissensillusion entstehen, die uns den reinen Zugang zu Informationen verwechseln lässt mit unserem tatsächlichen Verstehen und Wissen. Dies geht so weit, dass wir sogar glauben, unser Gehirn sei dann besonders aktiv.

Eli Pariser, Senior Fellow am bekannten Roosevelt Institute, half u. a. die Plattform Avaaz.org einzuführen, eine der mittlerweile weltweit größten Plattformen für Open Citizenship. Er ist heute Präsident der Organisation MoveOn.org. mit über fünf Millionen Mitgliedern. Er macht in seinem Buch ›The Filter Bubble: What The Internet Is Hiding From You‹ deutlich: Die starke Personalisierung und Anpassung der Online-Angebote, Web-Dienste und Suchfunktionen an unsere persönlichen Vorlieben und Eigenschaften limitiert unseren Wissenszuwachs und schränkt unseren geistigen Horizont eher ein, als dass sie ihn ausweitet. Hier wären wir wieder bei der Fremdbestimmung, die uns sehr schnell in die Irre und in die geistige Enge führen kann. So ringt auch der Medientheoretiker Douglas Rushkoff mit der Entwicklung, dass aus seiner Sicht die gedankliche Tiefe immer stärker durch Unmittelbarkeit ersetzt wird. »Das Internet macht mich glauben, dass ich in Echtzeit (Realtime) denke, tatsächlich nimmt es mir immer mehr vom Realen, Echten und der Zeit.«[128]

Doch nicht nur konkretes Denken, sondern auch unsere Gefühle werden durch unsere Internetnutzung beeinflusst. So bemerkt der Neurobiologe Gerald Hüther, dass eine intensive Social-Media-Nutzung sich vor allem negativ auf den sogenannten frontalen Cortex auswirke.»Das ist der Bereich im Hirn, in dem Netzwerke liegen, mit deren Hilfe wir uns in andere Menschen hineinversetzen können, Handlungen planen, wo wir auch lernen Frustrationen auszuhalten oder unsere Impulse, die wir haben, zu kontrollieren.«[129] Soziale Netzwerke wie Facebook, Twitter oder Instagram können also unser Empathie-Empfinden und die Kontrolle von Emotionen empfindlich beeinflussen – vor allem dann, wenn wir als regelrechte Netz-Junkies agieren.

NATUR ODER FACEBOOK UND SOFTWARE – DER EINFLUSS AUF DENKEN UND ENTSCHEIDUNGEN Die Wissenschaftler Stanley Baran und Dennis Davis erklären in ihrer Theorie der Medienabhängigkeit (media systems dependency theory), dass wir umso stärker von den Medientechnologien, die wir benutzen, beeinflusst werden, je wichtiger wir diese finden, also je mehr wir sie wertschätzen (Baran & Davis 2006).

Es gibt YouTube-Kanäle von pubertierenden Mädchen, die mittlerweile Hunderttausende regelmäßiger Abonnenten haben, weil sie Schmink- und Modetipps oder Ratschläge fürs Leben geben. Sie erhalten sogar wegen ihres großen Bekanntheitsgrades in dieser Zielgruppe von zahlreichen Firmen massenweise Ware umsonst, ob Gesichts- oder Haarpflege, Parfum, Markenkleidung, Schmuck und vieles mehr, damit sie diese dann auf ihrem YouTube-Kanal»empfehlen« können. So wie Bianca Heinicke, die mit ihrem Channel Bibis Beauty Palace die erfolgreichste Youtuberin Deutschlands ist. Mit fast 790 000 Abonnenten.[130] Doch ist dieser Trend nicht nur bei Kindern und Jugendlichen zu beobachten. Gerade Modeblogger, auch in reiferen Jahren, haben viel Erfolg bei ihrer Zielgruppe, so Masha Sedgwick oder der schon erwähnte Blog ›Stil in Berlin‹ von Mary Scherpe und Dario Natale, der es Jahr für Jahr in die Top Ten der bedeutendsten deutschen Modeblogs schafft.[131]

Advertorials, bezahlte Artikel und Fotos, mit denen Blogger

ein Produkt vorstellen, sind durchaus lukrativ. Wie viel Geld es dafür gibt, hängt natürlich von der Zahl der Abonnenten, der Fans auf Facebook, der Follower auf Instagram und Twitter ab. So berichtete die Modefachzeitschrift ›Women's Wear Daily‹ von englischsprachigen Blogger-Stars, die 10000 Dollar für ein Advertorial verlangen und mit ihrem Blog mehr als eine Million im Jahr verdienen.

Dabei ist der Fashion-Blog nicht nur eine Frauendomäne: Auch Jakob Haupt und David Roth verdienen mit ihrer Website ›Dandy Diary‹ mittlerweile hauptberuflich ihr Geld. Tätigkeiten, über die man früher gelächelt hat, sind heute ein echter Berufsstand geworden, denn der Einfluss auf unser Kaufverhalten durch das Netz und soziale Medien steigt stetig.

Überhaupt wird das Smartphone immer mehr zum persönlichen Einkaufsberater: So benutzen mittlerweile 70 % der erwachsenen Amerikaner ihr Smartphone während des Shoppens in den Läden, z. B. um sich über das Produkt zu informieren. Und 74 % von ihnen tätigen nach der Befragung ihres Smartphones tatsächlich einen Kauf.[132] Das Smartphone als Berater in allen Lebenslagen wird uns noch bei der Frage: Wie das Netz uns krank machen kann, aber auch bei den Themen Logging und Self-Tracking oder Liebe im Netz beschäftigen.

Dabei zeigt sich die digitale Hörigkeit auch auf anderen Gebieten, z. B. der Medizin. So warnte Beth Lown, Professorin an der Harvard Medical School, in einem Artikel aus dem Jahr 2012, dass Ärzte, die sich zu sehr auf die Technologie verlassen, deutlich stärker auf die Anamnese oder Ausführungen des Computers achten würden als auf die Symptome, die der Patient selbst beschreibt. Die dramatische Folge: Wichtige diagnostische Signale oder Anzeichen würden nicht mehr wahrgenommen und führten möglicherweise zu Fehlurteilen.

Und auch den Kindern schadet eine zu starke Konzentration auf PC und Co zumindest dann, wenn sie dabei vergessen, sich auch einmal zu bewegen und Sport zu treiben. Eine aktuelle Studie aus der Schweiz zeigt einen klaren Trend zur Bewegungsarmut. Immer weniger Kinder und Jugendliche engagieren sich in Sportvereinen oder betätigen sich regelmäßig körperlich. Dabei ist Bewegung gut fürs Gehirn, so Gerald Hüther. Und dies gilt nicht nur für die zur Bewegungskoordination aktivierten neuronalen und synaptischen Verschaltungsmuster, sondern auch für die sogenannten exekutiven Frontalhirnfunktionen und die Aneignung von wissensunabhängigen übergeordneten Fähigkeiten. Denken wir z. B. an Selbstwirksamkeit (erinnern wir uns an unser looking glass self), die Entwicklung unseres Selbstbildes, unsere Handlungskontrolle oder Hemmschwellen für bestimmtes Verhalten.[133]

Gerade Naturerfahrungen in der Kindheit spielen eine wichtige Rolle für die Entwicklung des Gehirns und der Psyche. Und diese können rein virtuelle Erfahrungen nicht ersetzen. Kinder entwickeln ihre Naturbilder und ihre Naturkonzepte vor allem im Zusammenspiel von Naturerleben und Sozialerfahrungen, also im Zusammensein in der Natur mit anderen.[134]

Was wir als Kind mit der Natur erleben, prägt auch unsere Einstellungen zur Natur im Erwachsenenleben. Wer in einem extrem naturfernen Umfeld groß wird, dem kann zukünftig das Verständnis für die Notwendigkeit des Bewahrens sowie der nötige Respekt fehlen.[135] Dabei prägen Naturerfahrungen auch die Beziehung zu uns selbst, unser Selbstbild, und haben somit eine identitätskonstituierende Funktion.[136] Je nachdem werde ich also eher zum Naturschützer und Humanisten oder zum rücksichtslosen Nutznießer.

Überhaupt hat die Natur auf unsere Psyche und unser Denken erstaunliche Wirkungen. So haben britische Forscher von der University of Exeter untersucht, wie sich das Leben in der Nähe von Parks oder Wäldern auf das Wohlbefinden auswirkt. Der Umweltpsychologe Professor Mathew White und seine Kollegen haben über 18 Jahre lang den Wohnort, die psychische Gesundheit sowie die allgemeine Lebenszufriedenheit von 10 000 Menschen protokolliert. »Unsere Untersuchung basiert auf einer einfachen Beobachtung. In Zeiten, in denen Menschen näher an Grünflächen leben, ist ihre psychische Gesundheit und Zufriedenheit höher als in Jahren, in denen sie hauptsächlich von Gebäuden umgeben sind«, erklärt White.[137] Das soll kein Aufruf zur Stadtflucht sein, aber ein Hinweis für die Stadtplaner der Zukunft, des Urban Development, trotz Technik vor allem das Grün nicht aus den Augen zu verlieren.

Außerdem hat die Forschung gezeigt, dass Menschen, die in Ballungszentren leben, häufiger unter psychischen Erkrankungen wie Depressionen oder auch Schizophrenie leiden als Menschen, die auf dem Land wohnen. Auch führt sozialer Stress gerade bei Großstädtern zu Verwirrungen des Gefühlshaushaltes. Die Hirnforschung ist den Belastungen des Stadtlebens von heute auf der Spur, und es gibt Anzeichen dafür, dass sich auch durch die Großstädte tatsächlich die Hirnphysiologie verändert (das verwundert nicht, die Plastizität des Gehirns ist uns ja bereits bekannt) und psychiatrische Krankheiten in diesem Umfeld durchaus verstärkt auftreten können. Der Zusammenhang mit dem ständigen Aufmerksamkeitswechsel für Auge und Hirn, auf den wir in unseren Großstädten treffen, und der ein Zur-Ruhe-Kommen verhindert, scheint plausibel.[138]

Doch nicht nur das Wohnen in grüner naturbelassener Umgebung wirkt sich positiv auf unsere Psyche aus. Bereits fünf Minuten körperliche Aktivität im Grünen verbessern Stimmung und Selbstwertgefühl deutlich. Joe Barton und Jules Pretty, Biowissenschaftler von der University of Essex in Colchester,[139] haben herausgefunden, dass schon zu Beginn eines Naturaufenthaltes eine positive Wirkung auf unseren psychischen Zustand einsetzt. In der Anfangsphase scheint die Psyche besonders sensibel auf die grüne Umwelt zu reagieren. Alleine in den ersten fünf Minuten wird die Stimmung zunehmend besser, und auch das Selbstwertgefühl steigt deutlich. Je länger man draußen bleibt, umso besser ist es zwar, aber die Wirkungen auf die Psyche lassen sich nicht in dem Maße steigern wie am Anfang. Vor allem jüngere und psychisch belastete Personen reagieren überdurchschnittlich positiv bezüglich ihres Selbstwertes. »Gehetzte Menschen in einer stressigen Umgebung sollten regelmäßig an die frische Luft gehen«, meint Pretty. Die Selbstmedikamentierung durch den Aufenthalt im Grünen bringe Vorteile für alle Bevölkerungsgruppen und die Gesellschaft und habe Auswirkungen auf die Kosten des Gesundheitswesens.[140]

Die Natur als Quelle der Ruhe, zum Aufladen unseres Akkus, zur Steigerung unserer psychischen Gesundheit und damit auch Triebfeder für Kreativität und Futter für unser Gehirn – dies könnte ein guter Hinweis für die Generation On sein:

Alle Internet-Junkies hinaus in die Natur – und ab und zu mal auf ein paar Bäume schauen – es müssen ja nur ein paar Minuten sein. Also hinaus in Feld, Wald und Wiesen, gemeinsam mit anderen und weg vom Single-Dasein vor unserem Tablet oder Smartphone. Dabei können durchaus auch Trends wie Geo-Caching, die virtuelle Schnitzeljagd im realen Raum, sehr hilfreich sein. Also lieber Geo-Cachen, als zu Hause alleine vor dem Bildschirm sitzen bleiben.

SCHLÜSSE FÜR UNSER DIGITALES VERHALTEN Eines ist klar: Wir leben immer mehr ein Hochgeschwindigkeitsdasein, auch im Kopf. Damit uns dies nicht schadet, müssen wir uns selbst Stoppschilder einbauen. Denn wenn wir nicht aufpassen, sinken Aufmerksamkeits- und Erinnerungsleistung unseres Gehirns dank Laptop, Smartphone, Google und Co erheblich.

Wenn wir nicht nur ständig durch unsere Computer, Tablets und Mobiltelefone abgelenkt und unterbrochen werden, sondern auch durch die unterschiedlichen Inhalte, kommen die Informationen nie in unserem Langzeitgedächtnis an. Tiefe und Klarheit im Denken bleiben damit auf der Strecke. Nicholas Carr, der sich intensiv mit der veränderten digitalisierten Gesellschaft beschäftigt, beschreibt dies so: »Online werden unsere Gedanken zusammenhanglos.«

Doch das muss ja nicht so sein!

Wir sollten uns also mehr Zeit geben – gerade online. Wir sollten öfter abwägen und Informationen sowie situative Bedingungen in einen Gesamtkontext und in schon bestehende Erfahrungen einbinden.

Das Internet ist dafür verantwortlich, wenn wir uns verlieren: So sehen es manche Netz-Pessimisten. Ob es tatsächlich so weit kommt, das liegt jedoch in unserer Hand. Wir können etwas dagegen tun. Und dies gelingt umso besser, je mehr wir darüber wissen, wie unser Gehirn im Netz funktioniert und welche cyberpsychologischen Fallen auf uns lauern können.

Wir können bewusst versuchen, uns vom Übermaß nicht verführen zu lassen. Wir können bewusst Unwichtiges von Wichtigem unterscheiden. Dabei ist Google keine große Hilfe, dafür müssen wir unseren eigenen Verstand einsetzen, zum

Beispiel, indem wir uns beim Suchen und Finden im Netz selbst eine Grenze setzen und uns auf das beschränken, was wir wirklich wissen wollen. Das ist oft nur die Sucheingabe, mit der wir starten. Wir sollten versuchen, ohne das Netzgedächtnis auszukommen, und stattdessen in unserem eigenen Hirn kramen. Und wir können lernen, uns häufiger aus der Online-Welt auszuklinken, wie es auch Zeitmanagement-Experte Lothar Seiwert empfiehlt. Es gibt sogar Apps wie Offtime (für Android) für den Fall, dass wir es nicht selbst schaffen, uns vom Netz abzuschalten. Mit ihnen kann man das Smartphone komplett sperren oder auch nur bestimmte Dienste wie SMS oder ausgewählte Apps in den Off-Modus schalten. Offtime kann sogar automatisch Antworten verschicken, und diese können wir gestalten, wie wir möchten (das muss ja auch nicht immer der Wahrheit entsprechen). Zusätzlich bietet die App Statistiken an, die zeigen, wie oft wir wie lange off waren. Dies kann durchaus motivieren, jeden Tag etwas mehr Aus-Zeit zu schaffen.

Aber es ist zugegeben gar nicht so einfach, sich aus dem Teufelskreis der virtuellen Aktivierungsfalle herauszulösen. Viele schaffen es gar nicht mehr, die Stille zu genießen, wenn einmal nichts tönt, piept, blinkt oder vibriert. Im Gegenteil, Stille macht uns sogar Angst und kann für viele die Hölle bedeuten, so Forscher der Harvard University in Cambridge/Massachusetts. Sie wollten herausfinden, wie sich Menschen fühlen, wenn sie nur mit sich alleine beschäftigt sind, also quasi nichts tun, ohne Handy und Co ... Das Ergebnis war erschreckend: Die meisten fühlten sich richtig schlecht. Alleine ein paar Minuten nur mit sich und den eigenen Gedanken zu verbringen, ohne jegliche Ablenkung, löste bei ihnen einen unangenehmen Gefühlszustand aus. In einem weiteren Versuch wurden die Versuchsteilnehmer für 15 Minuten alleine gelassen. Allerdings bot man ihnen die Möglichkeit, einen Knopf zu drücken, mit dem sie sich einen kleinen, aber doch unangenehmen Stromstoß verpassen konnten. Und siehe da: 18 von 20 Männern betätigten den Knopf und 6 von 24 Frauen. Also Zeit zu verbringen, ohne zu handeln, ohne etwas zu betätigen, zu scrollen, zu touchen, ist für viele kaum mehr möglich.

Lieber versetzen sie sich selbst einen Stromstoß. Und für die Kinder sieht dies noch dramatischer aus. Wenn im Jahr 2014 schon ein Viertel der 8–9-Jährigen regelmäßig ein Smartphone nutzt und die Erstnutzer immer jünger werden, wird das bewusste Erleben von Zeit für sich, ohne Maus und Daumen zu betätigen, immer schwieriger. Das Gefühl des Alleinseins wird als Tragödie empfunden, die kaum auszuhalten ist.

Allein sein, einsam sein, nicht beschäftigt sein oder gar sich traurig fühlen, diese Gefühle erscheinen unerträglich. Um ihnen zu entfliehen, nutzen wir unsere diversen Geräte. Genau das ist der Grund, warum der amerikanische Komiker Louis C.K. seinen Kindern Smartphones verbietet.[141] Viele können solche zutiefst menschlichen Gefühle gar nicht mehr zulassen. Dies müssen wir wieder ganz neu lernen, denn das macht uns menschlich.

Hinzu kommt: Das Gehirn arbeitet auch, wenn wir nichts tun, wenn wir nichts abscannen, wenn wir nicht surfen und kommunizieren. Gerade in dieser Phase kommen wir auf besonders gute Ideen. Die Neuropsychologin Kalina Christoff von der University of British Columbia bestätigt, dass unser Gehirn diese Ruhepausen braucht, um über Dinge, Erlebnisse nachzudenken, sie zu verarbeiten. Dann entstehen auch neue kreative Gedanken.[142] Es tut uns nur gut, wenn wir ab und zu unser Hirn und unseren Kopf aus dem Netz nehmen.

Wir alle haben es also selbst in der Hand bzw. in der Maus, ob das Internet für uns zu einem Ort des Mehrwertes für Intellekt und Hirn wird oder zu einem Medium des Vergessens, das zu einer Schrumpfung unseres geistigen Niveaus führt.

DENKEN DER ZUKUNFT Raymond Kurzweil[143], einer der bekanntesten Technologie-Nerds der Welt, vom ›Forbes Magazine‹ als »ultimative thinking machine« bezeichnet, hält es für »unser Schicksal …, dass wir mit der Technologie verschmelzen«, und er hält es für einen Segen, weil wir dadurch viel intelligenter, moralischer und ethischer würden. Er hat im Silicon Valley eine »Kurzweil University« gegründet, an der die Menschen auf die Geschwindigkeit der Technologie-Entwicklung vorbereitet werden sollen. Der Hauptsponsor ist – Überraschung – Google.

Ein Pionier wie Weizenbaum hingegen ist gerade aufgrund seiner eigenen Entwicklungen zu einem regelrechten Kritiker der neuen Technologie geworden. Und tatsächlich kann man sich schon fragen, inwiefern »nicht-menschliche« Systeme, reine Software, Maschinen, Roboter und künstliche Intelligenz, denen ja nun offensichtlich eines fehlt, nämlich Seele und Gewissen, tatsächlich dazu führen sollen, dass wir bessere Menschen werden.

Ich denke, wir können sehr gut einen Mittelweg finden. Wir müssen selbstbewusster werden. Wir sollten all die technologischen Neuigkeiten, Apps (Mitte 2015 gab es allein 1,5 Millionen im I-Store und 1,2 Millionen für Android) und Entwicklungen künstlicher Intelligenz nicht ohne Einspruch übernehmen, sondern sie einem kritischen Blick unterziehen. Denn wir sind das Netz – daran sollten wir uns ab und zu wieder einmal erinnern!

Im Sumpf von Wikipedia und Co
Warum das Netz unser Gehirn müde und uns selbst krank machen kann

Haben Sie sich schon einmal vergegenwärtigt, dass es am Internet liegen könnte, wenn Sie überfordert, gestresst, schlapp und müde sind und das Gefühl haben, nicht mehr Herr oder Herrin der Lage zu sein? Psychosomatische Probleme, erhöhtes Stressempfinden, Erschöpfungszustände, Depressionen oder Burn-out, um nur einiges zu nennen, können tatsächlich durch unsere scheinbar ganz normale tagtägliche Internet- und Smartphone-Nutzung entstehen. Information-Overflow, Überforderung und die Angst, nicht zu genügen: Wie viele Begriffe haben Sie heute schon gegoogelt? Und auf wie vielen Webseiten haben Sie gesurft und Inhalte gescrollt oder abgescannt?

Zu Zeiten, als wir das Internet nur von unserem fest stehenden, verkabelten PC zu Hause aus nutzen konnten und die Welt von Smartphones und Internet Flat in weiter Ferne lag (woran sich die meisten von uns sicherlich noch gut erinnern können), wäre uns diese Frage vermutlich relativ leicht gefallen. Doch heute, wo sich Google, Facebook, WhatsApp, Xing, LinkedIn und vieles mehr zu unseren dauerhaften Begleitern entwickelt haben, die wir immer mit uns herumtragen, können wir am Ende des Tages kaum noch genau sagen, wann und wo wir was genau genutzt haben. Nicht nur die Kids sind ständig on, wir auch.

Dieses dauerhafte Online-Sein hat deutliche Auswirkungen auf den Zustand unserer Psyche. »Das Heranwachsen in einer alles beherrschenden Medienwelt verändert das Verhältnis zwischen unserem Körper und unserer Psyche«, so der italienische Medientheoretiker Franco Berardi.

Dass unser Körper vor Tablet oder Smartphone verharrt, während wir uns mit unseren Gedanken und unserem Hirn ins Netz begeben, haben wir schon festgestellt, und auch, dass dies unser Denken beeinflusst. Aber nicht nur unser Denken, sondern auch unser psychischer Zustand kann dadurch extrem beeinflusst werden.

Wir befinden uns am Ende der Langsamkeit. Der Aspekt der Schnelligkeit hat heute eine ganz andere Bedeutung bekommen. Gerade in der Internet-Ökonomie ist sie das entscheidende Merkmal des Erfolgs überhaupt geworden – denn nur die Geschwindigkeit zählt. Derjenige, der alles als Erster weiß (das Internet als Bildungsmedium), als Erster die aktuellsten Trends kennt oder die neueste App entwickelt (s. Instagram, Uber, My-taxi, helpling, wework[144], um nur einige zu nennen), kommt weiter, die anderen bleiben auf der Strecke.

Ständig müssen wir auf der Hut sein, nur damit wir so viel wie möglich mitbekommen, ob im Job oder im privaten Umfeld. Wir leben in einer »Aufmerksamkeitsökonomie«, so Berardi, die aber nicht auf freier Wahl beruht, sondern durch die Erwartung unserer Umwelt entsteht, dass es notwendig ist, unbedingt mitzumachen.[145]

Wir stehen unter einem permanenten Wahrnehmungs- und Aufmerksamkeitsdruck. Er kommt einerseits von außen, denn andere erwarten dies ja von uns, Arbeitgeber, Kollegen, aber auch Freunde und Familie, andererseits aber auch von innen – nämlich von uns selbst: Wir glauben, dass wir sonst den Ansprüchen nicht genügen können. »Wer überleben will, muss konkurrenzfähig sein, und wer konkurrenzfähig sein will, muss vernetzt sein, eine riesige und ständig wachsende Datenflut aufnehmen und verarbeiten. Das führt zu permanentem Aufmerksamkeitsstress, für Affektivität bleibt immer weniger Zeit«, so Berardi. »Gerade die Erweiterung der Speicherkapazität und die Verdichtung von Zeit machen unsere Computerarbeit so stressig. Daraus resultiert das Chaos unserer Zeit. Chaos ist, wenn sich die Welt so schnell dreht, dass wir nicht mehr hinterherkommen.«

Man kann sogar sagen, dass sich bei der Nutzung neuer Technologien neue soziale Normen gebildet haben. Es wird von uns erwartet, ein Smartphone zu haben und mit diesem auch umgehen zu können. Falls Sie auf jemanden treffen, der Ihnen im Brustton der Überzeugung mitteilt: E-Mail – habe ich nicht!, was denken Sie in diesem Moment? Hinterwäldler, Ignorant, lost generation oder komischer Kauz?

Dieses ständige Erreichbar-Sein, egal ob es berufliche oder

familiäre Gründe hat, kann auch dazu führen, dass wir körperlich negativ reagieren. Ob Smartphone am Bett, WhatsAppen im Bad oder E-Mails lesen noch vor dem Frühstück, was wir mittlerweile als normal empfinden, einfach weil es alle so machen, kann dazu führen, dass wir uns einfach nicht mehr wohlfühlen. Unser Körper wehrt sich und wird krank, Stress, Depression oder Burn-out, das Modewort unserer Zeit, können Ergebnis dieser Aufmerksamkeitsökonomie sein.

Verschiedene Studien, ob von Krankenkassen oder von Meinungsforschungsinstituten, zeigen: Noch nie fühlten sich die Menschen so überfordert wie heute, auch das Dauerstressempfinden steigt seit Jahren stetig – bei Jung wie Alt. So gibt ein Drittel der deutschen Arbeitnehmer an, dauerhaft unter Stress zu leiden. Vor allem ein hohes Arbeitspensum, gestiegene Ansprüche und Erwartungen spielen eine wichtige Rolle. Und bei den Jüngeren ist die ständige Erreichbarkeit die häufigste Stressursache[146].[147] »Problematisch ist die Kombination von Informationsstress und Konkurrenz. Was wirklich krank macht, ist nicht die Informationsüberflutung an sich, sondern der neoliberale Druck mit seinen unmöglichen Arbeitsbedingungen«, so Berardi. »Der Cyberspace ist theoretisch unendlich, die Cyberzeit ist es nicht. Als Cyberzeit bezeichne ich die Fähigkeit des bewussten Organismus, Informationen (aus dem Cyberspace) zu verarbeiten. Psychopathische Störungen treten heutzutage immer klarer als soziale Epidemie auf, genauer als soziokommunikative Epidemie.«

Also nicht die Technologie ist das eigentliche Problem, sondern die Kombination von Informations- und Konkurrenzdruck, den wir allerdings alle selbst entstehen lassen, so der niederländisch-australische Medientheoretiker Geert Lovink, Internetaktivist und Netzkritiker, der digitale Gemeinschaften und organisierte Gruppen im Internet erforscht.[148] Mit ihm hatte ich vor einigen Jahren im Rahmen der Karlsruher Gespräche ein gemeinsames Diskussionsforum, und wir waren uns einig: Wir benötigen ein neues Zeitmanagement für unsere Psyche, um im Netz nicht unterzugehen.

Die »Echtzeit«-Strategien von Google und Co können wir nicht ewig aushalten, wir müssen längere Arbeitssequenzen entwickeln. Nach »Fair Trade« sollte sich nun endlich eine Bewegung »Fair Time« bilden. Auf Slow Food muss nun Slow Communication folgen. Wir müssen wieder Herren unserer Zeit werden. Aber das neue »Zeitmanagement« der On-Generation zu sabotieren, ist alles andere als eine harmlose Aufgabe. Und es geht noch weiter.

Denn nicht nur die ständigen Erwartungen an unsere dauerhafte Aufmerksamkeit und der stetige Kommunikationsdruck können uns stressen. Auch das, was wir online so alles finden, kann uns verwirren und krank machen. Fühlen Sie sich nicht auch manches Mal regelrecht verwirrt von den Tausenden Treffern, die uns Google ausspuckt?

Durch ein Zuviel an Information, quasi den Overflow virtuell angebotener Informationen, fällt es uns immer schwerer, eine Entscheidung zu treffen. Welchen Fotoapparat soll ich kaufen, ist der Anbieter, auf dessen Seite ich gerade bin, wirklich der beste oder günstigste?

Oder die immer neuen Trends, ob in der Gesundheit, im Sport, in der Freizeit, in der Mode. Heute vegan, morgen flexitarisch, Smooth Food, Rohkost à la Neandertaler oder doch lieber Mischkost? Auf welche Trainingsmethode schwören Sie: Spinning, Powerflex, Yoga, TRX- oder Aerosling-Training, Trapfit, Koreball, Punk Rope oder Flexercise, Zumba oder H.I.T und Condition Xpress?

Ein abwägender Entscheidungsprozess scheint kaum mehr möglich. Die Online-Auswahl ist gigantisch und dazu noch sehr unterschiedlich. Das verwirrt unser Gehirn und stört unsere Entscheidungsfindung. Irgendwie müssen wir uns beschränken, uns für eine Sache oder ein Produkt entscheiden. Je mehr Informationen auf uns einstürmen, umso schwieriger wird das. Es scheint, als müssen wir unsere Entscheidung immer weiter absichern, und wir suchen immer weiter. Das führt dazu, dass wir uns noch schwerer entscheiden können. Wir treten ein in den Teufelskreis der Endlosinformationssuche, die mehr verwirrt als Aufklärung bringt.

WIE FÄLLEN WIR ÜBERHAUPT ENTSCHEIDUNGEN? Eine Entscheidung setzt unsere kognitive Beteiligung voraus. Wir treffen eine Wahl und dafür müssen natürlich mehrere Handlungsalternativen vorliegen. Damit ist auch unmittelbar eine Konfliktproblematik verknüpft -denn wenn man sich für die eine Sache entscheidet, muss man sich auch gegen die andere entscheiden.[149] Vor allem müssen wir wissen, was wir wollen und wie wir dies erreichen können. Zudem spielt die Wahrscheinlichkeit, dass man durch verschiedene Alternativen sein Ziel erreichen kann, eine wichtige Rolle dabei.[150]

Wir können auch daran gehindert werden eine Wahl zu treffen, nämlich dann, wenn wir zu sehr abgelenkt werden. Dies kann passieren, weil z. B. unsere Gedanken nur um die Zielerreichung kreisen, aber sich nicht wirklich auf die möglichen Wege konzentrieren. Ebenso kann uns eine Misserfolgsorientierung an der Handlungsumsetzung hindern, wenn man glaubt, dass man sowieso nicht erfolgreich sein kann.

Genauso fatal kann es sein, wenn wir uns zu sehr auf die eigentliche Planung stürzen, wenn wir versuchen alle möglichen Wege, wie wir zum Ziel kommen können, zu eruieren und miteinander zu vergleichen.[151] Die Angst vor einer falschen Entscheidung, vor einem Fehlurteil lähmt uns. Die Folge ist, wir verlieren und verzetteln uns. Und dies kann eben auch passieren, wenn wir unser Vorhaben googlerianisieren.

Wir kennen eine solche Situation aus der Psychologie als Lageorientierung. Ein lageorientierter Mensch kann so auf den Sachverhalt fokussiert sein, dass er sich nicht mehr für eine Handlung entscheiden kann, was dazu führt, dass man handlungsunfähig ist, feststeckt und nicht von der Stelle kommt.[152] Dies kann sich auf bestimmte Situationen beziehen, aber auch eine dauerhafte Tendenz im Leben eines Menschen werden. Und das Internet kann sehr schnell dazu führen, dass wir mehr und mehr lageorientiert werden bzw. dass unser Gehirn immer mehr Absicherung verlangt, die wir ihm tatsächlich aber gar nicht bieten können.

DOCH WIE KOMMEN WIR AUS DIESEM DILEMMA? Wenn wir uns für etwas entscheiden, ein Produkt, eine Freundschaft oder einen Liebhaber, dann kommen bestimmte Kriterien zur Anwendung. Wir müssen unsere Entscheidung schließlich auch vor uns selbst rechtfertigen und versuchen deshalb unstimmige Gedanken zu vermeiden. Man nennt dies auch Dissonanzvermeidung. Tun wir das nicht, können unangenehme Gefühle und auch Zweifel auftreten.

Entscheidungen im Netz sind deutlich erschwert, allein durch die übermäßige Anzahl an Auswahlmöglichkeiten. Hinzu kommt, dass wir die erwähnten Wahrscheinlichkeiten im virtuellen Raum noch weniger gut einschätzen können als im Real Life. Man weiß bei einem Kauf im Online-Shop ja noch nicht einmal, woher z. b. die bestellte Anti-Faltencreme tatsächlich kommt. Das macht uns unsicher. So zeigt eine Studie der Bitcom aus dem Jahr 2012, dass 69 % der deutschen Internet-User sich online deutlich schwerer tun, die Vertrauenswürdigkeit von Personen und Unternehmen einzuschätzen als in Face-to-face-Situationen, z. B. auch in Geschäften.[153]

Das Internet erlaubt uns zwar einen Einblick in Millionen von Informationen über Themen, Personen, Produkte und vieles mehr. Den Wahrheitsgehalt überprüfen können wir jedoch nicht. Die Einschätzung, was ist wahr, was falsch, und wem kann ich trauen, folgt online neuen Gesetzmäßigkeiten.

Befragen wir Jugendliche, wann sie Statements, Informationen oder Inhalte, die sie online finden, besonders vertrauen, dann wird tatsächlich Wikipedia als glaubwürdigste Quelle genannt. Jeder zweite Jugendliche ist der Meinung, was auf Wikipedia zu finden ist, das stimmt. Wahrscheinlich entspricht diese Einschätzung auch unserer eigenen ganz gut. Und das, obwohl wir die Personen, die die Beiträge verfassen, gar nicht kennen und es sich überwiegend um Laien, also keine Experten handelt, deren Qualifikation von Wikipedia auch nicht überprüft wird. Nicht von ungefähr finden wir auch auf Wikipedia lücken- oder fehlerhafte Beiträge. Aber das scheint keine große Rolle zu spielen, Wikipedia ist weltweit eine Online-Marke für Wissen geworden – und dieses Image hat sich bereits in unser Gehirn eingebrannt. Immer mehr Unternehmen und

Personen versuchen sich über eben diese Plattform selbst zur Marke zu machen. Auf uns als User hat dies natürlich eine besondere Wirkung, es stärkt das Vertrauen in die Plattform. Es gibt sogar Menschen, die engagieren Agenten, damit diese ihnen einen Wikipedia-Eintrag vermitteln bzw. schreiben.

Doch nicht nur Wikipedia ist das Medium virtuellen Vertrauens, sondern auch soziale Netzwerke wie Facebook. 40% aller unter 18-jährigen deutschen User trauen deren Inhalten. Demgegenüber ist man bei bekannten Dienstleistern wie Amazon, eBay, Firmenwebseiten, Whistleblowing-Plattformen wie Wikileaks und Webseiten oder Blogs von Privatpersonen viel misstrauischer. Selbst Webauftritten renommierter Unternehmen wie Adidas vertrauen nur knapp 20%.[154] Diese Ergebnisse sind schon kurios, wenn man bedenkt, was wir über die »großzügige« Datenverwendung von Facebook wissen und wie wenig wir über die Menschen wissen, die hier ihre Profile haben. Aber gerade die Tatsache, dass sich auf Facebook viele Privatpersonen ohne scheinbar ökonomischen Hintergedanken tummeln, macht dieses Medium so vertrauenswürdig.

Die Online-Suche nach einer vertrauenswürdigen Quelle, die mir helfen kann, meine Entscheidung zu treffen, ähnelt durchaus unserer Methode im Real Life: Die Wahrheit suchen wir auch im Netz häufig über Empfehlungen, über andere Nutzer also. Allerdings kennen wir diese meist nicht persönlich – und das ist das Verwunderliche. Dieser immense Einfluss sozialer Netzwerke, von Menschen wie du und ich, auf Einstellungen, Denken und auch Handeln zeigt sich auch bei den sogenannten Bewertungsportalen.

Obwohl jede vierte Produktbewertung im Internet gefälscht sein soll, nutzt die Mehrheit der Internet-User Online-Bewertungen (73% nach einer amerikanischen Studie) für ihr eigenes Entscheidungsverhalten, ob für einen Kauf, einen Arztbesuch, einen Hotelaufenthalt oder sogar beim Trend des Couchsurfing, einer Plattform zur Aushandlung von Fremdübernachtungen in privaten Haushalten.[155] Dabei sind gerade hier die Risiken doch recht hoch: Man kommt in eine fremde Stadt, in eine fremde Wohnung, den oder die Bewohner kennt man nicht persönlich, nur über das Internetportal.

Doch trotz dieser Gefahren werden auch solche Angebote gerade bei jungen Usern immer beliebter. Dabei kann man psychologische Aspekte und Prozesse erkennen, die zeigen, wie Vertrauen zwischen den Couchsurfern entsteht. So können einmalige positive Erfahrungen das Image prägen, das wir von dem einzelnen Anbieter haben. Das kann sich sogar auf das gesamte Portal auswirken. Es bildet sich eine Art generalisiertes Vertrauen.[156]

Studien, darunter auch eine aus Deutschland, zeigen, dass Couchanbieter, die bei ihrer Profilgestaltung als unaufgeschlossen wahrgenommen werden, seltener als Gastgeber ausgewählt werden.[157] Vor allem die persönlichen Empfehlungen anderer Couchsurfer beeinflussen das Entscheidungsverhalten vieler Nutzer. Vertrauen entsteht also durch die positiven Erfahrungen anderer. Sogar Neumitglieder können auf ein schnelles positives Echo hoffen. Durch eine glaubwürdige, individuelle Profilgestaltung mit Foto und einer persönlichen Kontaktaufnahme wecken sie Sympathien und Interesse potenzieller Gäste. Alleine über die Nutzerbewertungen und Selbstdarstellung lässt sich also – ganz ohne jemals in eine Face-to-face-Interaktion eingetreten zu sein – ein offenkundig belastbares Vertrauensverhältnis entwickeln, dass auch vor der eigenen Haustür keinen Halt macht.

Matthias Kohring, Professor für Medien- und Kommunikationswissenschaft an der Universität Mannheim, untersucht das Vertrauen in Arzt-Bewertungsportale.[158] Auch hier bilden wir Erwartungen, die mit dem gesunden Menschenverstand nicht zu erklären sind. Mittlerweile suchen 42 % der Deutschen ihre Ärzte über Google, und 31 % nutzen spezielle Arztbewertungsportale. Der Erfolg spricht für sich, denn immerhin haben bereits 29 % aller Internetnutzer einen Arzt aufgesucht, den sie auf einem Bewertungsportal gefunden haben. Der Platzhirsch für Deutschland ist jameda. Fast ein Drittel der deutschen Internet-User kennen dieses Portal, und fast genauso viele haben es schon einmal genutzt.[159] Maike Klüber von der Universität Mannheim analysiert, wie im Rahmen anonymer Netzkommunikation eine Vertrauensbildung in und durch die Interaktion entsteht. Im Fokus der Untersuchung stehen medizinische Hilfeforen, in denen Laien untereinander kommunizieren und einander beraten, also keine ExpertInnen.[160]

Warum aber glauben wir nun völlig fremden Menschen, die bei Jameda und Co ihre Erfahrungen mit Zahn- und Frauenärzten, Kardiologen oder Osteopathen kundtun? Auf jeden Fall spielt die Sprache eine wichtige Rolle. Wer sich gut ausdrücken kann, dem wird man eher glauben als jemandem, der nur herumstammelt. Gute Argumente zählen ebenfalls. Dabei beeinflusst auch die Selbst-Darstellung im Netz den Eindruck, den sich die User machen. Auch kommen gerade solche Veröffentlicher am besten an, die es nicht nur einmal oder ab und zu machen, sondern regelmäßig. Ein Modeblog lebt z. B. von der tagtäglichen Aktualisierung. Das gilt auch für Bewertungsportale. Sie müssen aktuelle Bewertungen anzeigen und keine uralten. Der junge amerikanische Autor Jeff Goins sagt:»Consistency is integrity.«[161] Es kommt nicht unbedingt auf die Menge der Beiträge oder Fotos an, die man auf seinem Blog, auf Twitter oder Instagram veröffentlicht, sondern darauf, dass man es regelmäßig tut.

Dieses Phänomen, dass wir alleine deswegen, weil uns ein Reiz immer wieder begegnet, eine positive Einstellung dazu entwickeln können (ob Personen, Gerüche, Töne, Bilder und vieles mehr), kennen wir unter dem Begriff Mere Exposure Effekt.[162] Und genau auf diesen Effekt treffen wir, wenn wir an unsere Internetsuche denken: Google. Google ist die meist genutzte Suchmaschine der Welt. Alleine, weil wir das Logo so oft auf unserem Bildschirm gesehen haben, sind wir regelrecht googlerianisiert. Oder haben Sie sich schon einmal bewusst überlegt, eine andere Online-Suchmaschine zu nutzen, z. B. Bing oder Yahoo? Konsistenz alleine lässt Vertrauen entstehen – auch wenn dies ungerechtfertigt ist. Dieser Aspekt spielt gerade im virtuellen Raum des WorldWideWeb eine wichtige Rolle.

Wir sollten also mehr Achtsamkeit im Netz zeigen und weniger blindes Vertrauen entwickeln, auch wenn die Kommunikatoren noch so sympathisch rüberkommen – es könnte alles gefakt sein. Dies rät auch der Trendforscher Matthias Horx.[163] Interessant: Jugendliche, deren Eltern sich kritisch mit dem Internet auseinandersetzen, die Nutzung diskutieren und auch kontrollieren, stehen Online-Informationen deutlich skeptischer und misstrauischer gegenüber. Ein erlernter kritischer Blick hilft uns also dabei, im Netz deutlich vorsichtiger zu sein.

CYBERCHONDRIE UND NOCEBO-EFFEKT: WIE DAS INTERNET UNSERE GESUNDHEIT BEEINFLUSST Wenn wir überlegen, was wir tagtäglich so alles googeln, da ist es für einige von uns mittlerweile sicherlich ganz normal, auch nach Krankheitssymptomen zu suchen. Wie ist das, wenn man sich schon seit einigen Tagen unwohl, schlapp oder abgeschlagen fühlt, vielleicht noch ein Ziehen im Hals verspürt, die Stimme versagt oder man morgens verklebte rote Augen hat? Viele von uns gehen gar nicht mehr zum Arzt, sondern versuchen es mit Eigentherapie. Zu früheren Zeiten haben wir unsere Mütter nach bewährten Hausmittelchen gefragt. Und heute? Gehen wir eben zu Dr. Google.

Jeder zweite Internet-User macht genau das und sucht laut der Studie ›E-Health Trends in Europe‹ online nach Antworten für Gesundheitsfragen. Marie-Luise Dierks von der Patientenuniversität Hannover sagt, in Deutschland seien es sogar 65 %.[164]

Im Internet Rat zu suchen und sich vorab zu informieren, ist an sich nichts Schlimmes. Das ändert sich aber, wenn wir anfangen eigenhändig Diagnosen zu stellen. Karl Mann vom Zentralinstitut für Seelische Gesundheit, Mannheim, ist der Meinung, dass das Internet durchaus einen Beitrag zur Gesundheit leisten kann, gerade bei Themen der gesundheitlichen Aufklärung. Aber es kann eben auch Krankheiten fördern. Vor allem, weil im Netz viele ungesicherte, widersprüchliche und teilweise auch unseriöse Informationen angeboten werden, kann dies eine starke Verunsicherung hervorrufen.[165]

Das »Krankheitsbarometer 2009«, eine Studie der Barmenia Krankenversicherung, wies bereits damals auf die besorgniserregende Tendenz hin, dass immer weniger Menschen bei Beschwerden ihren Arzt aufsuchen, sondern sich selbst als Selbstheiler betätigen und im Internet nach Medikamenten oder Behandlungsvorschlägen suchen.

Guido Zuccon von der Queensland University of Technology hatte mit seinem Team Probanden Bilder von Menschen mit Gelbsucht, Haarausfall und Schuppenflechte gezeigt. Anschließend untersuchten sie, ob die Teilnehmer anhand der Symptome, die sie in Suchmaschinen eingaben, zur richtigen Diagnose kamen.[166] Im Durchschnitt waren nur drei der ersten zehn Suchergebnisse für eine Selbstdiagnose nützlich. Geben wir z. B. zusammenhängende Symptome bei Google ein, wie Kopfschmerzen, Sehschwierigkeiten, Übelkeit, erhöhte Temperatur, bekommen wir Millionen unterschiedlicher Ergebnisse. Da kann man schnell bei der Diagnose Hirnhautentzündung landen – auch wenn sich vielleicht nur eine kleine Erkältung dahinter verbirgt.

Die Befragung von Dr. Google hat dabei zwei gefährliche Seiten: Zum einen können unter Umständen schwere, lebensbedrohliche Krankheiten nicht rechtzeitig entdeckt werden, und zum anderen kann dieses Online-Selbsttherapieren dazu führen, dass wir über die Einbildung, ein Symptom einer bestimmten Krankheit zu haben, tatsächlich krank werden. Die Konfrontation mit erschreckenden Symptomen kann dazu führen, dass wir uns wirklich schlechter fühlen und auch echte Krankheitsbilder wie hohen Blutdruck, Herzrasen, Tinnitus entwickeln.

Das, was einerseits extrem praktisch ist, der Griff zum Smartphone und das Nachschlagen bei Google und Co, was vor zehn Jahren ja noch nicht möglich war, kann also unangenehme Nebenfolgen haben. Der Informations-Overload, die Überdosis an Erkenntnissen wird plötzlich zum Online-Leid im Real Life.

Einbildung, Vorstellung und Erwartungen beeinflussen unseren tatsächlichen körperlichen Zustand.

Die Schmerzforscherin Professorin Ulrike Bingel, Leiterin der Schmerzambulanz am Universitätsklinikum Essen, beschäftigt sich seit Jahren mit dem sogenannten Nocebo-Effekt. Sie bestätigt anhand ihrer Forschungen: »Symptomverschlimmerungen oder das Neuauftreten von Symptomen werden ausgelöst durch negative Erwartungen, negative Überzeugungen oder negative Vorerfahrung und Angst.«[167] Alleine der Glaube, dass ein Medikament die Schmerzen nicht lindern kann, die Spritze beim Zahnarzt nicht wirklich betäubt und vieles mehr, reicht aus, dass wir tatsächlich Schmerzen empfinden und glauben, ein Medikament wirke einfach nicht. Und je mehr negative Erfahrungen wir z. B. mit vorherigen Therapien gemacht haben, umso stärker kann sich die Wirksamkeit anderer Medikamente oder neuer Therapieansätze einschränken

Michael Witthöft von der Universität Mainz und James Rubin vom King's College in London beschäftigen sich ebenfalls mit dem Phänomen des Nocebo-Effekts. In einer Studie setzten sie Versuchspersonen einem WLAN-Scheinsignal aus. Bevor die Versuchspersonen an dem Experiment teilnahmen, wurde der Hälfte von ihnen ein Film gezeigt, der die gesundheitlichen Risiken von Mobilfunk- und WLAN-Signalen hervorhob. Die anderen sahen einen neutralen Beitrag zur Sicherheit von Internet- und Handydaten. Das Ergebnis: Die Mehrheit der negativ beeinflussten Versuchsteilnehmer fühlte sich nicht gut, sie spürten Unruhe, Beklemmung, zeigten eine erhöhte Konzentrationsschwäche oder Kribbeln in Fingern, Armen, Beinen und Füßen. Die Forscher folgerten aus ihren Erkenntnissen, dass »allein die Erwartung einer Schädigung tatsächlich Schmerzen oder Beschwerden auslösen kann, wie wir es umgekehrt im Bereich schmerzlindernder Wirkungen auch von Placebo-Effekten kennen«.[168]

Unser Gehirn macht sich also selber krank!

Und genau dies passiert immer häufiger auch, wenn wir nach Krankheitssymptomen und Ratschlägen im Internet suchen. Vor allem für Menschen, die ein stärkeres Angstempfinden haben, kann dies fatal sein, und Cyberchondrie entsteht – Hypochondrie durch das Netz.

Psychologisch gesehen hat Angst ja eine durchaus wichtige Funktion. Ein gewisses Maß an Angst oder Furcht macht uns nachdenklicher und vorsichtiger.[169] Angst ist somit auch eine Triebfeder für unser Handeln. Irritationen, Veränderungen und Schwierigkeiten, die durchaus bedrohlich sein können, werden wahrgenommen, und unser Gehirn fängt an, sich mit diesen Problemen zu befassen. Somit ist Angst nichts Schlechtes, so auch der Hirnforscher Gerald Hüther,[170] wir müssen aber wissen, wie wir mit ihr umgehen können.

Das Internet kann dazu führen, dass Ängste eher geschürt

als abgebaut werden. Zwischen 600 000 und 800 000 eingebildete Kranke gibt es mittlerweile in Deutschland[171], die auch durch Dr. Google zu regelrechten Cyberchondern werden. Weitere acht Millionen Deutsche, das sind knapp 10 % der gesamten Bevölkerung, machen sich übermäßige Sorgen um ihre Gesundheit. »Wer nicht nur Informationen sucht, sondern anfällig ist für Krankheitsängste, findet im Internet schnell seine schlimmsten Befürchtungen bestätigt«, sagt Maria Gropalis, Diplom-Psychologin der Universität Mainz.[172] »Das Internet alleine macht keinen Hypochonder. Aber es kann ängstliche und hypochondrische Neigungen verstärken.«

Gier und Geld
Welche Netzeffekte uns immer gieriger machen und dabei in die Irre führen

Sharing Economy ist ein Stichwort, das seit einiger Zeit eine große Rolle spielt. Sharing Economy ist auch wegen der Nachhaltigkeit und der Schonung von Ressourcen von großem Interesse. Harald Heinrichs, Professor für Nachhaltigkeit und Politik an der Leuphana Universität Lüneburg – beschäftigt sich seit einiger Zeit mit dem Phänomen. Seine Untersuchungen zeigen, dass mittlerweile jeder zweite Deutsche ein Teil dieser neuen Form des Wirtschaftens geworden ist. Vor allem jüngere Menschen, die Generation Google, würden immer mehr Vorteile in dem Prinzip des Teilens entdecken. Sie beleben die Sharing Economy dank der Internettechnologie neu, so der Wissenschaftler.[173] Egal, was wir also miteinander sharen, ob Autos, Werkzeuge, Wohnungen oder die eigene Arbeitskraft – es scheint nichts zu geben, das man heute über das Medium Internet nicht teilen kann.

Das Prinzip des Teilens ist ja nicht neu, geteilt und getauscht wird seit Menschengedenken. Psychologisch betrachtet ist ein Tausch eine Kooperation mit einer anderen Person. Dabei spielt die Fähigkeit, reflektiert zu denken, z. B. mögliche Folgen (ob positiv oder negativ) abschätzen zu können, hier ebenso eine Rolle wie Vertrauen darauf, dass der Kooperations- oder Tauschpartner seine Verpflichtung tatsächlich eingeht – nämlich auch zu tauschen.

Tauschhandlungen machen als bestimmte Form unserer sozialen Interaktion ein gemeinschaftliches Zusammenleben überhaupt erst möglich. Ohne das Prinzip der Kooperation, die dem Teilen und Tauschen ja zugrunde liegt, wären Familie, Freundschaft, Gemeinschaft und unsere moderne Gesellschaft gar nicht vorstellbar. Alleine durch unsere Fähigkeit zu diesem hochkomplexen kollaborativen oder kooperativen Handeln konnte Arbeitsteilung erst entstehen. Denken wir z. B. an das gemeinsame Herstellen von Gegenständen und Gütern, das Gründen von Unternehmen, das Planen von Städten oder eben unser Agieren in der Welt des Internets.[174]

Marcel Mauss war der erste bedeutende Theoretiker, der vor diesem Hintergrund Tauschbeziehungen, also das Geben, Nehmen und Erwidern, aus der soziologischen Perspektive heraus untersuchte (Mauss 1925).[175] Sein Ziel war es, die Formen des Tauschens in unserer heutigen hochgradig arbeitsteiligen Gesellschaft zu erklären und somit die Ursprünge und die Entwicklung des ökonomischen Tauschs in marktwirtschaftlichen Systemen der Industriegesellschaften herauszuarbeiten. Seine Ausführungen zeigen ganz deutlich, dass Tauschverhalten eines der zentralen Elemente bei der Entstehung von Kultur und Vergesellschaftung überhaupt ist. Seinem historischen Rückblick auf die unterschiedlichsten Tauschakte im Laufe der menschlichen Entwicklung zufolge kann man uns Menschen durchaus als Sharing People, tauschende Wesen, bezeichnen. Tauschbeziehungen sind also ein wichtiges Bindeglied, ohne das Gesellschaften überhaupt nicht überlebensfähig wären.

Ob archaisch oder hoch industriell, arbeitsteilig – Tauschakte zwischen Menschen hat es immer schon gegeben. Nur die Art des Tauschens verändert sich. Tauschbeziehungen in »primitiven« Gesellschaften stehen in einem klaren Gegensatz zu unseren heutigen modernen Tauschakten: Nicht Waren wurden gegen Geld getauscht, sondern Gaben gegen Gaben, also Gleiches gegen Gleiches (quantitativ und qualitativ) – ein konkreter ökonomischer Vorteil oder Nutzen für einzelne Teilnehmer an diesem Tauschen war hier somit nicht klar zu erkennen.

Schon immer hat man sich im Alltag ausgeholfen, ohne dahinter einen rein ökonomischen Nutzen zu sehen. Ob man dem Nachbarn Kaffee borgt, oder ob Eltern abwechselnd ihre Kinder morgens in die Schule oder nachmittags zum Sport fahren und vieles mehr: Solches Verhalten kennen wir auch unter den Begriffen Freundschaftsdienst oder Nachbarschaftshilfe, und es gehört zu unserem ganz normalen Sozialverhalten. Die Güter und Dienstleistungen, die zwischen Freunden getauscht werden, sind auch Symbole der Freundschaft. Es entsteht bei diesen Freundschaftsdiensten eine Erwartung oder Verpflichtung, im Notfall ebenfalls auszuhelfen.

Adam Smith, einer der bedeutenden Ökonomen der Aufklärung und Vordenker heutiger marktwirtschaftlicher Prinzipien, sah im Tausch allerdings vorrangig den materiellen Vorteil, den alle Teilnehmer durch gezieltes Tauschhandeln erlangen würden. Er ging davon aus, dass wir Menschen eine ganz natürliche Neigung haben, zu handeln und Dinge gegeneinander auszutauschen.[176] Wie dieses urmenschliche Handlungsprinzip dann allerdings ausgestaltet wird, ist abhängig von der Kultur und natürlich dem Wirtschaftssystem. Für das Smith'sche ökonomische Prinzip von Tauschhandlungen in hocharbeitsteiligen Gesellschaften war ein Zahlungsmittel notwendig, das einen wahren Wert unabhängig vom gehandelten Gut hat. Geld ist somit für das Funktionieren einer solchen Tauschwirtschaft eine notwendige Bedingung. Allerdings erlebt dieses Prinzip seit einigen Jahren in unserer modernen und hoch technisierten Gesellschaft eine Art Gegenbewegung. Heute schließen sich Menschen zusammen, um anderen etwas zu geben, was sie selbst haben, und dafür etwas zu erhalten, was ihnen fehlt – ohne Geld dafür zu bezahlen.

Wir kennen solche Zusammenschlüsse auch unter dem Begriff Tauschring oder Tauschkreis. Ob in Deutschland, Österreich oder der Schweiz – überall scheinen sich inzwischen solche Formen des Teilens und Tauschens zu finden. Dabei sind Tauschringe keine neue Erfindung. So war der Brite John Bellers (1654–1725) der Erste, der für Arbeitslose eine Börse vorschlug, an der sie ihre Arbeitskraft gegen andere Sachleistungen anbieten konnten. Robert Owen, britischer Unternehmer, gilt sogar als Erfinder des Genossenschaftswesens. Er gründete 1832 in London die erste Arbeitsbörse, in der Arbeiter in ihrer Rolle als Konsumenten und Produzenten ihre Waren tauschen konnten.[177] Den ersten richtigen Aufwind hatten Tauschkreise während der Weltwirtschaftskrise um 1930 herum und im Deutschland der Nachkriegszeit.[178] Ziel damals war es, Missstände auszugleichen und eine ungleiche Kapitalverteilung zu korrigieren.

Eine regelrechte Blütezeit erlebten Tauschringe, auch lokale Austauschnetzwerke (kurz: LETS) genannt, vor allem in den späten 1980er- und frühen 1990er-Jahren. Und eine Studie der Universität Konstanz zeigt, dass sich bis ins Jahr 2005 bereits in etwa 40 % aller deutschen Landkreise und kreisfreien Städte Tauschringe gegründet hatten. In vielen Städten gibt es also mittlerweile solche Tauschkreise.[179]

Das Besondere bei dieser Form des Tauschhandels besteht darin, dass man ohne bares Geld auskommt. Die Bewertung einer angebotenen Leistung in Tauschkreisen erfolgt anhand einer vorher ausgehandelten Einheit. Dies kann z. B. in Form einer Zeitbörse geregelt sein. Jede Tätigkeit wird dann als gleichwertig angesehen, und demzufolge stellt eine Zeiteinheit die Verrechnungseinheit dar. Für eine Stunde putzen erhalte ich eine Stunde Rasenmähen. Allerdings kann eine Ware oder Dienstleistung auch in Form einer Leistungsbörse beurteilt werden. Unterschiedliche Tätigkeiten erhalten dann unterschiedliche Verrechnungseinheiten. Außerdem können die Tauschpartner natürlich frei aushandeln, welche Gegenleistung sie für welche Tätigkeit oder Dienstleistung bekommen.

Und die Idee, sogar ganz ohne Geld zu leben und dennoch das zu bekommen, was man tagtäglich braucht, ob Wohnung, Kleidung oder Lebensmittel, indem man z. B. handwerkliche Leistungen oder andere Talente anbietet, wird seit Jahren von Raphael Fellmer äußerst medienwirksam in Szene gesetzt.

Der Gedanke, wieder zu den archaischen Ursprüngen des Handels zurückzukehren, scheint nicht romantisch, sondern geradezu vernünftig, vor allem, wenn wir auf diesem Weg z. B. die Überproduktion von Lebensmitteln vermeiden können, die sowieso im Müll landen (was bei mindestens einem Drittel aller weltweit produzierten Lebensmitteln tatsächlich passiert)[180], oder der Umweltverschmutzung entgegenwirken, indem wir unsere Autos miteinander teilen. Hat man also von etwas mehr, als man gebrauchen kann, warum sollte man dann dies nicht gegen etwas anderes eintauschen, was man eben gerade nicht hat?

Tauschen und Teilen also zum Nutzen vieler und zum Schutz von Natur, Umwelt und wichtiger Ressourcen. Grundsätzlich eine prima Idee. Genauso argumentiert nun auch die Sharing Economy und weckt dabei die Gier.

Die positiven gedanklichen Assoziationen von nicht ökonomisiertem Handeln, sozialem Miteinander, anderen (Aus-) Helfen oder einer Ressourcen schonenden Verteilung von Gütern und Leistungen, die wir alle augenblicklich mit dem Prinzip des Tauschens oder Teilens gerade in Form der Tauschringe verbinden, werden von der Sharing Economy aufgegriffen.

Psychologisch gesehen verknüpfen wir diese positiven Einstellungen und Gefühle mit den Unternehmen, die uns den Tausch ermöglichen. Wir verbinden also in unserem Kopf mit den Angeboten der Sharing Economy nur positive Auswirkungen: Habe ich eine Wohnung in Berlin, die ich nur ab und zu nutze, weil ich unter der Woche in Wien arbeite, dann ist es doch toll, wenn die von Montag bis Freitag eben nicht leer steht, sondern jemand darin wohnen kann. Derjenige, dem ich die Wohnung anbiete, hat sogar einen doppelten Nutzen: Er wohnt in einer wohnlichen Umgebung (anstelle eines unpersönlichen Hotelzimmers) und zahlt einen deutlich günstigeren Preis als in einem Hotel (ich tue also jemandem etwas Gutes). Und auch ich bekomme etwas: entweder einmal die Wohnung meines Couchsurfers in seiner Heimatstadt oder einen Geldbetrag, der meine monatlichen Nebenkosten und die Mietbelastung reduziert. Ergo: Jeder hat einen Vorteil!

Doch steckt hinter der Sharing Economy tatsächlich kaum der Grundgedanke des archaischen Tauschens: Wir teilen etwas und tauschen gleiche Werte gegen Gleiches ein. Die gute Idee wird benutzt, um in erster Linie Kasse zu machen, nämlich an denen zu verdienen, die daran teilnehmen.

Mir scheint es, dass der ursprüngliche Sinn des Teilens in der Sharing Economy ad absurdum geführt wird. Denn die Sharing Economy verknüpft mit dem Grundgedanken à la Tauschring höchst ökonomische Ziele: möglichst schnell viel Geld zu verdienen. Doch dies ist dem User, als Anbieter und Konsument, im ersten Moment gar nicht bewusst. Diesen Hintergrund nehmen wir gar nicht wahr, sondern verknüpfen vorrangig unseren eigenen Vorteil mit den angeblich positiven, Nutzen stiftenden Absichten der Sharing-Unternehmen.

Die Ressourcen schonende Verteilung von Arbeitskraft, Gütern und Dienstleistungen ist ja in Tauschringen recht einfach, da diese sich durch eine räumliche Nähe auszeichnen: Man kennt sich, und man trifft sich auch persönlich. Doch stößt dieses Prinzip an seine Grenzen, wenn man weitere Entfernungen betrachtet. Hier kommen dann Marktführer wie Airbnb, helpling oder Uber ins Spiel. Sie, die Stars der Sharing Economy, werben damit, Anbieter und Konsumenten weltweit zusammenzubringen, die unter normalen Umständen niemals aufeinander getroffen wären. Ein sinnvoller Gedanke. Doch das Herstellen dieses Aufeinandertreffens und dadurch das Möglichmachen des Tauschs an sich ist nicht umsonst. Hier kommt das ökonomische Denken ins Spiel. Denn jeder, der das Vermittlungssystem nutzt, muss bezahlen: Leistungsanbieter und Konsumenten.

Auch Larry Page wollte globale Tauschhandlungen zum Wohle und Vorteil vieler machen, indem er das weltweit entstehende Wissen allen Menschen ins Haus brachte: über eine Suchmaschine, über Google. Ein höchst humanistisches Konzept, bei dem anfangs noch jegliche ökonomischen Motive abgestritten wurden. Noch Anfang der 2000er-Jahre antwortete Larry Page auf entsprechende Fragen nach der zukünftigen Ausrichtung seines Webdienstes eindeutig: Werbung würde es auf seiner Seite niemals geben – man wolle über diesen Weg doch nichts verdienen.[181] Aber er hat seine Meinung schnell geändert. Gerade Werbung hat Google reich gemacht und seinen Börsenwert in die Höhe getrieben. 2014 hatte Google den höchsten globalen Markenwert[182] erreicht und ist insgesamt das viertteuerste Unternehmen der Welt.[183]

Die positiven Assoziationen, die mit dem Sharing-Gedanken verbunden sind, werden von Unternehmen gnadenlos ausgenutzt, und wir lassen uns davon in die Irre führen.

Aber auch in unser aller Köpfe hat sich dieses Prinzip mittlerweile eingebrannt. In Gesprächen sagen mir Studenten, ihre Gedanken kreisten immer stärker darum, wie kann ich das, was ich habe, mit dem höchstmöglichen Nutzen einbringen. Wie mache ich möglichst viel Profit mit meinen Möglichkeiten, lautet die Devise. Dabei geht es darum, das Bestmögliche herauszuholen: Wenn ich meine Wohnung schon nicht nutzen kann, dann muss ich doch zumindest etwas damit verdienen können. Was wir tun, ob analog oder digital, muss einen wirtschaftlichen Nutzen haben. Gemäß dem Motto: Das Geld liegt auf der Datenautobahn.

Hier versteckt sich das ökonomische Denken sehr geschickt hinter dem Anschein des »allgemeinen Nutzens«. Der angebliche »gute Zweck« steht im Vordergrund. Dahinter verborgen ist das Ziel, Geld zu verdienen. Die wahren Beweggründe werden durch Scheinmotive verschleiert. Mit Sharing tue ich mir selbst und anderen etwas Gutes und verschaffe beiden Seiten einen Vorteil, das wird zum Lebensmotto. Tatsächlich aber geben wir dadurch dem hemmungslosen Geldverdienen eine moralische Rechtfertigung.

Die Möglichkeiten des Teilens haben sich durch das WorldWideWeb kolossal erweitert, und das hat auch Auswirkungen auf unser konkretes Verhalten. So macht eine amerikanische Studie der Customer Insight Group der New York Times und des Marktforschungsinstituts Latitude Research[184] deutlich, dass das Internet uns geradezu verführt, immer mehr mit anderen zu sharen (zu teilen). Über 80 % aller Internet-User, so die Studie, teilen regelmäßig Inhalte, Daten, Ideen, Gedanken und vieles mehr. Die Kommunikationstechnologien der Social-Media-Kanäle befördern dieses Verhalten. Ob Facebook, WhatsApp, Instagram, YouTube oder Persicope, YouNow, Meerkat – und viele mehr, die fast tagtäglich hinzukommen. »It's my Space meets YouTube meets Wikipedia meets Google. On Steroids.«[185] So ein Software-Entwickler der ersten Stunde in einem Gespräch mit dem Internetkritiker Andrew Keen.

Das Prinzip des Online-Teilens wirkt also wie eine Art Doping und erzeugt süchtig und abhängig machende Gefühle. Man will immer mehr davon – um eben auch ein Teil der Online-Welt zu sein. Es wird einem ja auch so leicht gemacht: Mit einem Klick den Button berührt, und schon hat man Links geteilt, seine Meinung mitgeteilt oder die Dating-Kommunikation per Snapshot an Freunde weitergeleitet, damit diese einem Ratschläge in Liebesangelegenheiten geben können.

Der CEO und Gründer der App Snapchat[186], Evan Spiegel, sagt selbst, dass das gesamte Social Media Business eine aggressive Expansion kapitalistischer Gedanken in unsere persönlichen, privaten Beziehungen darstellt – ohne dass wir das wirklich merken.[187] Das Online-Teilen ist für viele, gerade auch die jüngere Generation, zu einem ganz normalen Alltagshandeln geworden und fest im Gehirn verankert. Dadurch ist es natürlich auch für die Akteure der Sharing Economy relativ einfach, das Teilen als Prinzip emotional und rational positiv mit den eigenen Aktivitäten aufzuladen. Mittlerweile wurden sogar schon regelrechte Typen von Online-Sharern verifiziert: vom Altruisten bis hin zum Karrieristen, zum Hipster, Boomerang, Connector oder Selective.[188] Die Begriffe sprechen für sich.

Geld machen und Gutes tun muss sich generell ja nicht ausschließen, das ist klar. Doch was tatsächlich dabei herauskommt, wenn sich unser Gehirn auf die völlig falsche Sharing-Fährte lenken lässt, zeigt sich, wenn wir uns anschauen, welche Auswirkungen die Sharing Economy in weiten Teilen auf unsere Märkte hat: auf den Arbeits- und Immobilienmarkt, auf die Entwicklung von Städten und Wohnbezirken, aber auch auf unser Zusammenleben, unsere zwischenmenschlichen Kontakte und vieles mehr.

Egal, ob Airbnb (weltweit größter Vermittler von kurzzeitiger Wohnraumanmietung), Uber (Vermittler privater Anbieter von Fahrservices) oder Helpling (deutschlandweiter Marktführer für die Vermittlung von Putzkräften), sie sind reine Vermittlerplattformen, die im Internet agieren und nur über ihre Software Anbieter und Konsumenten zusammenbringen. Und sie verdienen bei jeder erfolgreichen Vermittlung mit.[189]

Einer der bekanntesten Silicon Valley Venture Funds, der Andreessen Horowitz Fund, hat schon in viele Start-ups erfolgreich investiert. Miteigentümer ist ein bekannter Held des Silicon Valley: Marc Andreessen, einer der beiden Erfinder des ersten erfolgreichen Webbrowsers, dem Netscape Navigator. Er erkannte sofort das Potenzial der Vermittlungsplattform Airbnb und investierte. Im Jahr 2014 konnte sie bereits über 550 000 Wohnraumangebote in 192 Ländern aufweisen, vom WG-Zimmer bis zur Ferienvilla auf Mallorca, mit über 10 Millionen »Gästen«. Alleine in Deutschland stieg die Vermittlungsrate zwischen September 2013 und 2014 um 133 %, mehr als 1 Million Buchungen fanden in diesem Zeitraum statt[190]. Dass dahinter tatsächlich in erster Linie reine Ökonomie steckt und kein humanistischer Gedanke, zeigt der Marktwert von Airbnb von 10 Milliarden Dollar im Jahr 2014. Die Plattform war damit nach kurzer Lebenszeit (gegründet 2007) bereits halb so viel wert wie die gesamte Hilton Group.[191]

Laut DGB-Chef Reiner Hoffmann ist die Sharing Economy der »Einstieg in moderne Sklaverei«.[192] Seiner Meinung nach entwickelt die Ökonomie des Teilens eine ungeahnte wirtschaftspolitische Sprengkraft. Doch warum ist das so?

Das Teilen von ungenutztem Wohnraum scheint vordergründig ein guter Gedanke zu sein, denn in vielen Regionen stehen Ferienwohnungen leer. Durch Sharing könnte man diese Gebiete wieder beleben. Und auch die Idee, wenn eine Wohnung zeitweise nicht genutzt wird, diese dann anderen zur Nutzung anzubieten, macht Sinn. Ökonomisch wie auch sozial – die fremden Nutzer haben Vorteile (bessere Wohnatmosphäre geringere Übernachtungskosten), die monatliche Mietbelastung reduziert sich, und die Nachbarn sind auch nicht alleine im Haus. Das soziale Zusammenleben verbessert sich.

Könnte man meinen, aber so einfach ist die Sache leider nicht. Die Möglichkeit, mit Sharing von Wohnraum Geld zu verdienen, haben nämlich mittlerweile auch viele Investoren entdeckt. In Berlin z. B. gibt es Stadtbezirke, die kaum noch echte Mietwohnungen für ganz normale Berliner Bürger anbieten, sondern fast nur noch Airbnb-Wohnungsangebote. Wohnraum also, der für einen begrenzten Zeitraum von Fremden, Besuchern und Touristen angemietet werden kann, für weniger Geld als in einem Hotel. Dadurch reduziert sich aber der echte Wohnraum für die Menschen, die in Berlin leben und arbeiten. Stadtviertel werden zu regelrechten Geisterstädten, echte Nachbarschaften existieren nicht mehr, weil jeden Tag ein Neuer hinter der Tür nebenan einzieht. Dadurch ist auch Nachbarschaftshilfe nicht mehr möglich. Soziales Miteinander bleibt auf der Strecke.

Dies hat die Stadt nun nicht länger mitansehen wollen und mittlerweile ein Gesetz erlassen, das dies verbietet. Auf die Frage, ob Airbnb sich nicht strafbar mache, wenn auf deren Webseite weiterhin Wohnungen angeboten würden, die per Gesetz nicht mehr angeboten werden dürfen, antwortet der Deutschland-Geschäftsführer Christopher Cederskog nach längerem

Nachdenken: »Nun ja, wir haben doch damit eigentlich nichts zu tun. Wir bieten doch nur die Plattform. Die Anbieter der Wohnungen sind es doch, die sich strafbar machen, wenn sie das Gesetz missachten!«.[193] Dass sich viele Netz-Unternehmen, gerade Global Player, unseren deutschen Gesetzen immer noch erfolgreich entziehen können, ist ein Fehler im System. Dies muss sich dringend verändern.

Aber es sind nicht nur die Eindringlinge des Silicon Valley, die die positiven Assoziationen der Sharing Economy für ihre Zwecke nutzen, sondern auch deutsche Unternehmen. So der Putzfachkräfte-Vermittler helpling. Für einen bestimmten Preis pro Stunde kann eine Putzkraft gemietet werden, den Preis überweist der Kunde an helpling. Dass aber der auf der Webseite angegebene Stundenlohn nicht so beim Anbieter, nämlich der Putzkraft, ankommt, ist dem Kunden nicht klar. Er kann ja auch nicht wissen, dass die dort angebotenen Putzkräfte nicht beim Unternehmen angestellt sind und somit nicht unter die Mindestlohngrenze fallen. Sämtliche Putzkräfte sind selbstständig und müssen einen Gewerbeschein haben. Auch zahlen sie ihre Versicherungen selbst, Krankenversicherung, Haftpflicht usw. Der Vermittler helpling hat keine Kosten, die mit den Putzkräften zusammenhängen. Er verdient nur – an der Provision. Und somit kommt bei den meisten helpling-Putzkräften ein Stundenlohn von weniger als 5,30 Euro an. Ein Skandal, das finden auch Kunden, die darauf hingewiesen werden.[194]

Gleiches passiert auch bei Uber. Die Mitarbeiter arbeiten auf eigene Kosten, mit den eigenen Autos, bezahlen das Benzin selbst, die Versicherungen usw. Sie bekommen von Uber die Software gestellt, mit der sie zu Kunden Kontakt aufnehmen können, inklusive neuestem Navigationssystem. Dafür und für die Kundenvermittlung müssen sie an Uber eine Provision bezahlen – und diese hat sich im letzten Jahr drastisch erhöht. Auch können die Fahrer aufgrund von Kunden-Bewertungen jederzeit aus dem System geworfen werden – eine Jobgarantie gibt es nicht. Uber-Fahrer sind ganz auf sich allein gestellt und von dem Arbeitgeber, der gar keiner ist, sondern nur eine Vermittlungsagentur, abhängig. Bei uns würde man wohl von einer Art Scheinselbstständigkeit sprechen. Dagegen klagt nun eine amerikanische Anwältin.[195] Im Juni 2015 eskalierte die Gewalt in Frankreich, ob in Paris oder Lyon, zwischen Taxifahrern und Uber-Anbietern. Dabei kam es nicht nur zu erheblichem Sachschaden, auch Fahrer und Fahrgäste wurden verletzt.[196] So weit ist es gekommen: Die Straße wird zum Austragungsort für den Überlebenskampf der digital abhängig arbeitenden Bevölkerung.

Der weißrussische Publizist Evgeny Morozov, Autor von ›The Net Delusion: The Dark Side of Internet Freedom‹ (2011), macht deutlich, dass die Sharing Economy die Gesetze durch den Markt ersetzt. Die Unternehmen Uber und Co sind die Avantgarde, wenn es darum geht, die Konsumenten davon zu überzeugen, dass es vorteilhaft ist, den neoliberalen Ansatz komplett zu übernehmen.[197] Dass dies schwerwiegende Auswirkungen nicht nur für die Uber-Fahrer hat, sondern auch für die Passagiere, ist allerdings im ersten Augenblick nicht erkenntlich.[198] Uber is software that eats taxis, so der schon erwähnte Investor und Netscape-Erfinder Marc Andreessen. Er sieht dies allerdings mit einem gehörigen Anteil an Bewunderung, er hätte auch gerne in Uber investiert.[199]

Die Gefahr ist evident, dass die Errungenschaften des Arbeitsschutzes über das Internet außer Kraft gesetzt und ausgehebelt werden. Auch Professor Heinrichs vom Institut für Nachhaltigkeitssteuerung der Leuphana Universität Lüneburg, der den aktuellen Trend sogar im Auftrag des Vermittlers Airbnb näher untersucht hat und durchaus Vorteile darin sieht, beklagt den aktuellen Zustand. Wir müssen dringend unsere Gesetze an die neuen Bedingungen der Internetökonomie anpassen.[200]

Allerdings darf man nicht vergessen, dass wir als User für solche Entwicklungen mitverantwortlich sind. Airbnb und Uber sind nur so groß und erfolgreich, weil Millionen mitmachen.

Das Ausgangsargument, die Sharing Economy würde dazu beitragen, Ressourcen zu schonen, erweist sich eher als Trugschluss, zumindest, wenn wir den Global Playern freie Hand lassen. Auch wenn Studien Nachhaltigkeitsaspekte wie Umweltverträglichkeit und soziale Verantwortung der Share-Economy-Unternehmen aus Sicht des Verbrauchers ganz weit vorne sehen[201], bei der eigentlichen Nutzung scheinen diese Einstellungen dann leider wieder in den Hintergrund zu treten. So wird auf den Plattformen meist eben nicht geteilt, um weniger zu konsumieren, einer Verschwendung entgegenzuwirken und die Ressourcen besser aufzuteilen, sondern im Gegenteil den Konsum zu steigern. Dies liegt zum Teil auch daran, dass wir eher unseren zeitnahen Vorteil im Blick haben als einen möglichen Nutzen, der noch in der Zukunft liegt. Wenn ich jetzt konsumiere, dann sehe ich meinen momentanen Vorteil – die zukünftigen Auswirkungen aber nicht. Verzichte ich z.B. heute auf mein Auto, dann sehe ich nur meinen momentanen umständlichen Weg zur Arbeit. Die positiven Effekte wie eine geringere Umweltverschmutzung von morgen hingegen nicht. Wir diskontieren also zukünftige Gewinne und Nutzen eher ab. Man nennt dies auch den Myopischen Effekt.[202]

Hinzu kommt: Setzen wir unseren aktuellen Vorteil (z.B. durch die Nutzung von Uber) in Bezug zu starken gesamtgesellschaftlichen Nachteilen, kann dies auch zu dissonanten Gedanken führen und zu einem unangenehmen inneren Spannungszustand. Wir wissen ja, wenn gegenteilige Einstellungen, Meinungen oder Handlungsfolgen auf uns einstürmen, dann versuchen wir diese stimmig zu machen oder ihnen gedanklich-psychologisch aus dem Weg zu gehen. Wir blenden die Dissonanzen lieber aus. Das grundsätzliche Bestreben nach Konsistenz bewirkt, dass wir uns auf eine falsche Fährte führen lassen. Wir sollten uns gerade dieser psychologischen Tricks bewusst sein, wenn wir uns zwecks Konsumbefriedigung im Netz tummeln. Dies gilt vor allem, wenn wir an der Sharing Economy teilhaben möchten. Das Prinzip, die Grundidee des Tauschs, das Sharing miteinander, kann dabei völlig verloren gehen.[203] Häufig verknüpfen die Akteure äußerst geschickt den Gedanken gemeinschaftlicher Teilhabe mit klaren kapitalistischen Strukturen und ökonomischen Prinzipien.

Das Paradoxe daran: Das Grundprinzip der Sharing-Idee, das zum Sparen und zur Ressourcenschonung, zum Nutzen und Vorteil vieler führen soll, wird genau zum Gegenteil – was über Internetanbieter eingespart wird, geben wir häufig an anderer Stelle dann mehr aus. Sascha Lobo, bekannter Internet-aktivist, hält den Begriff Sharing Economy für clevere PR, weil er etwas sehr Gutes und Freundliches, das Teilen, mit der Wirtschaft verbindet. Man hat den Eindruck, da würde eine Art Menschenfreundlichkeit verarbeitet. Tatsächlich geht es aber um eine sehr viel größere Veränderung der ganzen Ökonomie. Ich nenne das Plattformkapitalismus, weil ich glaube, dass dieser Begriff der Entwicklung gerechter wird. Mit dem Teilen hat sie nur eingeschränkt zu tun.[204]

»Share« ist das, womit wir umworben werden, knallharte »Economy« ist unter Umständen das, was wir bekommen. Die Netzeffekte machen uns immer gieriger. Ein ökologisch-humanistischer Trend und guter Grundgedanke wird somit zu einem der wichtigsten ökonomischen Faktoren – ohne Rücksicht auf Verluste.

Nach Ansicht des amerikanischen Buchautors und Internet-experten Neal Gorenflo wird der gute Glaube der Bürger durch die Zunahme des Prinzips Sharing weltweit ausgenutzt. »Share or Die«[205] heißt seine Aussage. Er sieht die Gefahr, dass alle, die nicht mitmachen, langfristig auf der Strecke bleiben.

Andrew Keen, früher selbst Teil dieser digitalen Elite, betrachtet mit großer Besorgnis, dass sich durch die digitale Revolution alles an unserer Wirtschaft verändert und dass das Silicon Valley, in dem es doch um Gleichheit, digitale Chancen und Demokratisierung gehen soll, real das Gegenteil bewirkt.[206]

Doch müssen wir alle zwangsläufig immer dabei sein?

Ich meine, wir sollten bei allem Uber-Eifer versuchen, die Hintergründe der Unternehmen und die negativen Aspekte nicht außer Acht zu lassen. Damit die Verführung des schnellen Geldes nicht allzu sehr in unserem Kopf Fuß fasst und wir nicht alle unter dem Deckmantel gesamtgesellschaftlicher Wohltaten einem Terror der Internetökonomie unterliegen.

Wir sind das Netz, und wir treffen auch die Entscheidung über Erfolg und Misserfolg eines Internetdienstes. Wir müssen nicht in die cyberpsychologischen Fallen treten, die uns das Netz stellt.

Enthüllungsmedium
Weshalb das Internet zu einem Spagat zwischen Moral, Rechtsbruch und virtuellem Heldentum führt

Anonymous oder Wikileaks, Julian Assange oder Edward Snowdon: Sind sie virtuelle Helden, moderne Robin Hoods oder digitale Diebe, Einbrecher – also echte Kriminelle? Im Herbst 2014 wurde in New York Jeremy Hammond, einer der bekanntesten Anonymous-Aktivisten, zu zehn Jahren Gefängnis verurteilt. Er kopierte im Jahr 2011 bei seinem damaligen Arbeitgeber, der Beratungsfirma Stratfor, die strategische Informationen für Behörden und Unternehmen liefert, über 5 Millionen E-Mails mit vertraulichem Inhalt, die dann bei Wikileaks veröffentlicht wurden. Außerdem stahl er unter seinem Pseudonym Anarchos 60 000 Kreditkarten und überwies mit diesen über 700 000 Dollar an gemeinnützige Institutionen. Er selbst sagte in der Verhandlung: »Ja, ich habe Gesetze gebrochen. Aber manchmal müssen Gesetze gebrochen werden, damit Veränderungen möglich werden.«

Würden Sie dem zustimmen?

Steckt hinter dieser Ansicht tatsächlich ein moralisch-ethischer Aspekt? Wird Whistleblowing sogar zu einem regelrecht notwendigen Korrekturmechanismus für ungesunde Auswüchse auf politischer, geschäftlicher und auch individueller Ebene in intransparenten, großen, hochkomplexen Gesellschaften?

Eines wurde in den letzten Jahren deutlich: Ethische und moralische Grundsätze unseres gesellschaftlichen Zusammenlebens bleiben im Zeitalter des Internets immer häufiger auf der Strecke. Staaten, Politiker, globale Business Player, aber auch die Individuen, unsere Mitmenschen, werden dadurch immer häufiger auf Abwege geführt.

Wir alle leben in Gesellschaftsformen mit einem bestimmten Wertekanon, der sich im Laufe der Zeit entwickelt hat. Die Gesellschaft legt dabei fest, welches Verhalten erwünscht und welches unerwünscht ist und welche Sanktionen, also Bestrafungen, bei Nicht-Befolgung dieser Regeln gelten. Jeder von uns lebt somit in sogenannten *Moral Communities*, wie es der Soziologe Émile Durkheim schon in den 30er-Jahren bezeichnet hat. Dass Regeln und Gesetze oder geltende moralische Grundsätze tatsächlich eingehalten werden, setzt eine gewisse soziale Kontrolle voraus: Unser Umfeld beobachtet, was wir tun, und reagiert entsprechend mit Zustimmung oder Ablehnung darauf. Was sich direkt vor meiner echten Nase abspielt, kann ich begreifen und erfassen und eben auch Menschen zurechtweisen. Aber wenn alle online zu nahezu jeder Zeit an unendlich vielen Plätzen der Welt gleichzeitig sein können, ohne dabei persönlich-real beobachtet zu werden, ist das Ausüben sozialer Kontrolle durch die Gruppe kaum mehr möglich. Somit ist im realen Alltagsleben das Einhalten von moralischen Übereinkünften viel leichter zu überprüfen und zu sanktionieren als im Cyberspace. Soziale Kontrolle wird im Internetzeitalter also immer schwieriger.

Das Internet verdirbt unsere Moral – es lässt sie verschwinden. Im Netz ist alles möglich, ob Darknet, Shitstorm, Cybercrime, aber auch die Missachtung der Privatsphäre z. B. durch Cookies, die sich auf unseren Rechnern breitmachen, ohne unser Wissen die Kamera am Laptop aktivieren und live eine Peepshow in fremde Wohnzimmer liefern. Oder denken wir an das Ausspionieren unserer Daten durch Facebook, WhatsApp und Co oder durch den eigenen Staat (s. NSA).

In der Geschichte unserer Entwicklung von den Jägern und Sammlern zu den Akteuren in der hochtechnologisierten Welt von Smarthome, Industrie 4.0 und digital life war der Verlust sozialer Kontrolle noch nie so groß wie heute. Gegenseitig aufeinander aufzupassen und sich zu kontrollieren, diejenigen ausfindig zu machen, die im virtuellen Raum die Regeln brechen, das ist immer schwieriger geworden.

Welche Korrekturmöglichkeiten haben wir heutzutage noch, um Verluste von Moral, Werten und Regeln auszugleichen? Das Internet zerstört einerseits Moral und Ethik durch Anonymität, De-Individuation und Entkörperlichung. Andererseits bietet es die Chance, solche Werte wiederzuerlangen. Whistleblowing könnte zu einem neuen Instrument für soziale Kontrolle oder die weltweite Aufdeckung von Skandalen, verursacht durch Staaten, Unternehmen oder Einzelpersonen, werden.

Whistleblowing wäre dann der Beginn eines Kreislaufs, der

uns wieder vor Augen führt, welche moralischen und ethischen Grundsätze unserer Gesellschaft zugrunde liegen und wo unser Vertrauen ausgenutzt wird. Die Verursacher skandalöser Ereignisse, ob aus Politik oder Big Business, könnten geradewegs dazu gezwungen werden, neues Vertrauen durch entsprechendes Handeln wiederherzustellen. Vertrauen und Moral spielen bei Whistleblowing eine entscheidende Rolle. Moral als Motiv für Whistleblowing und Vertrauen, das als verloren galt und wiederhergestellt werden soll. Dabei sind Moral und Vertrauen äußerst wichtige Konstrukte, die psychologisch betrachtet Gesellschaft erst möglich machen und gleichzeitig aus ihr selbst heraus entstehen. Vertrauen erleichtert das gesamte Handeln untereinander, das Knüpfen von Beziehungen und Freundschaften oder das Vorantreiben von Geschäften: Wir vertrauen darauf, dass wir alle bestimmten Regeln folgen, die wir uns gegeben haben. Wir versuchen das Verhalten der anderen vorwegzunehmen, zu antizipieren. Dabei verzichten wir auf ständige Kontrolle, erhöhen dadurch aber das Risiko der eigenen Verletzbarkeit. Vertrauen ist somit ein Zustand zwischen Wissen und Nicht-Wissen: Wir können niemals wirklich wissen, wie sich jemand tatsächlich verhält, wir vertrauen eben darauf, dass er handelt, wie wir es glauben. Somit bildet Vertrauen eine wichtige Basis, damit ein gesellschaftliches Zusammenleben vieler Menschen überhaupt funktionieren kann. Whistleblowing zerstört somit nicht nur Vertrauen, indem es Misstrauen erzeugt, sondern kann auch Grundlagen einer neuen Vertrauensbasis liefern.

Whistleblowing ist kein neues Phänomen, schon seit den 80er-Jahren beschäftigt sich die Wissenschaft mit diesem Thema. Frühe Studien konnten zeigen, dass die Gruppengröße, also die Größe der Organisation oder des Unternehmens eine große Rolle dabei spielt, ob wir uns Whistleblowing zutrauen oder nicht. Je mehr Mitarbeiter in einem Unternehmen arbeiten, umso eher sind wir bereit, Missstände oder Skandale auf diese Weise aufzudecken. Auch zeigen sich enge Zusammenhänge mit der Bereitschaft zum Whistleblowing und einer Kosten-Nutzen-Abwägung zwischen der eigenen Loyalität und der wahrgenommenen Fairness seitens des Unternehmens.[207] Je mehr der Umgang mit Mitarbeitern als unfair empfunden wird und je geringer die Loyalität gegenüber dem Unternehmen wird, umso eher sind wir zu Whistleblowing bereit. Es ist kein typisch männliches Phänomen, auch wenn Medienberichte dies so erscheinen lassen. In den USA wurden im Jahr 2002 drei weibliche Whistleblower von der Zeitung ›The Times‹ zu »people of the year« gekürt: Sherron Watkins von Enron, Coleen Rowley vom FBI und Cynthia Cooper von WorldCom.

Ist Whistleblowing nun eine gute Tat? Betrachten wir die Auswirkungen, so sehen wir in den meisten bekannten Fällen eine erhebliche Tragweite der Enthüllungen für die Öffentlichkeit und das allgemeine Interesse. Es geht eben nicht um die persönlichen Umstände des Whistleblowers. Ein Whistleblower tut etwas, das mit einem hohen persönlichen Risiko verbunden ist, denn er/sie veröffentlicht geheime, private Unterlagen, die er/sie zuvor entwendet hat. Der Whistleblower bringt sich selbst in Gefahr, verfolgt oder verhaftet und vor Gericht gestellt zu werden. Er riskiert seine eigene Freiheit, und trotz drohender Repressalien tut er, was er tut: Er klärt auf und informiert die Gesellschaft, um sie vor Schaden zu bewahren. Genau dies bestätigt auch die Kölner Regisseurin Angela Richter, die sich schon seit Jahren mit den Menschen beschäftigt, die hinter Whistleblowing stehen.[208] Im Mai 2015 startete ihr Stück ›Super Nerds‹ im Schauspiel Köln.[209] Aus ihren zahlreichen Gesprächen mit den unterschiedlichen Whistleblowern schloss sie, dass deren stärkster Antrieb wohl ein ausgeprägtes Gerechtigkeitsgefühl ist. Sie traf sich nicht nur mit Edward Snowdon und Julian Assange, sondern auch mit Daniel Ellsberg, der mit seinen Pentagon Papers zum Sturz des amerikanischen Präsidenten Nixon beitrug, und Thomas Drake, der interne Informationen zur weltweiten Überwachung durch die NSA ans Tageslicht brachte. Der 11. September war, so Drake, geradezu ein Geschenk für sämtliche Spionageorganisationen weltweit, ein Freibrief für alles, was möglich ist und möglich werden würde. Auch Drake versuchte zuerst über interne Kanäle über Entwicklungen und Missstände in der NSA aufzuklären – doch ohne Erfolg.

Hinter Whistleblowing stecken also soziale Motive, Beweggründe, die mit sozialen Beziehungen oder Kontexten zu tun haben. In der Sozialpsychologie hat man einen Begriff für solches Verhalten gefunden, man sagt, wir agieren prosozial. Wir folgen bei unserem Handeln nicht ausschließlich eigennützigen Interessen. Dabei kann prosoziales Verhalten ganz verschiedene Facetten haben: Hilfeverhalten, Zivilcourage, ehrenamtliches Engagement, Spendenverhalten, Loyalität, Solidarität oder soziale Verantwortung. Denken wir an Organisationen wie Ärzte ohne Grenzen, Weißer Ring, ehrenamtliches Engagement im Sportverein oder wenn sich online auf Facebook-Gruppen gegen Cybermobbing, Cyberstalking gründen oder Jugendliche junge Mobbing-Opfer beraten (www.juuuport.de), Aktionen von Attac im Netz unterstützen und vieles mehr.

Es existiert ein regelrechtes Kontinuum prosozialen Verhaltens. Am einen Ende wird es eher als Kooperation verstanden und ist somit von einem hohen Anteil an Eigennutz geprägt: Man erwartet einen Ausgleich, eine Gegenleistung für das eigene Handeln. Am anderen Ende der Skala steht hingegen völlig uneigennütziges Verhalten, das altruistische Handeln. Allerdings ist sich die Forschung einig, dass es Handeln aus rein uneigennützigen Motiven heraus gar nicht geben kann. So hat prosoziales Handeln in der Regel durchaus für die handelnden Akteure positive Konsequenzen. Ob Anerkennung, Freundschaft, Sympathie- und Vertrauensgewinnung oder dass am Ende sogar der Nobelpreis steht. Prosoziales Verhalten stärkt also auch unser Selbstbild.[210]

Prosoziales Verhalten muss sich aber nicht immer nur auf bestimmte Personen, Opfer oder auf moralische Prinzipien beziehen, sondern kann auch aus dem Blickwinkel des Wohlergehens der eigenen Gruppe gesehen werden. Man spricht hier auch von einem Kollektivismus-Motiv. Die eigenen Mitglieder (Ingroup) sollen vor Schaden bewahrt werden. So könnte man auch das Verhalten von Edward Snowdon und der Gruppe um Wikileaks und Julian Assange deuten. Sie wollen uns als Mitglieder der normalen Gesellschaft vor den Repressalien der Mächtigen schützen. Diese Mächtigen (die Outgroup) werden durch die Enthüllungen entlarvt und an den medialen Pranger gestellt. Wenn wir Whistleblowing unter die moralisch-ethische Lupe nehmen, dann beurteilen wir die Aktionen auch nach dem gesamtgesellschaftlichen Nutzen. Was bringt diese Tat? Wie viele Menschen profitieren davon? Haben z. B. viele Menschen, sogar in verschiedenen Ländern oder gar auf mehreren Kontinenten, einen Nutzen dadurch, wie z. B. in der NSA-Affäre, die Edward Snowdon ausgelöst hat, dann verzeihen wir auch die Rechtsbrüche umso eher. Dabei spielt natürlich auch die eigene Betroffenheit eine Rolle sowie generelle Einstellungen, Meinungen und Ansichten bei der rechtlichen Beurteilung der Enthüllungstaten. Und wenn gesamtgesellschaftliche Prinzipien tangiert werden, geraten Rechtsfragen eher in den Hintergrund. Wenn es z. B. um Menschenrechte wie bei den Skandalen in der Bekleidungsindustrie (Produktion in Bangladesh) geht oder wenn unser Grundgesetz betroffen ist und es z. B. darum geht, unser Recht auf freie Meinungsäußerung oder Pressefreiheit (Art. 5 GG) zu verteidigen. Denken wir an die im Sommer 2015 eingeleiteten Ermittlungen der Bundesanwaltschaft gegen die Aufklärer-Plattform netpolitik.org und den Betreiber Markus Beckedahl, wegen angeblichen Landesverrats. Dies löste einen öffentlichen Aufschrei in Deutschland aus. Der Generalbundesanwalt Harald Range musste seinen Stuhl räumen.

Wie wir aber nun Whistleblowing an sich bewerten, hängt nicht nur davon ab, für wie sinnvoll wir die Aktionen an sich halten, sondern auch, welches Image wir von den Akteuren haben. Wir sind nicht automatisch auf der Seite der virtuellen Robin Hoods. Unsere Beurteilung ist z. B. abhängig davon, ob wir konkrete Personen oder diffuse Organisationen vor Augen haben. Sind die Akteure identifizierbar wie Julian Assange oder Daniel Domscheit-Berg, dann haben wir von vorneherein ein positiveres Gefühl. Und je anonymer die Akteure (s. die Gruppe Anonymous), umso misstrauischer scheinen die meisten von uns zu sein. Wir wenden vereinfachte kognitive Strategien zur Urteilsbildung an, Faustregeln oder sogenannte Heuristiken.[211] Dazu zählen übrigens auch Vorurteile oder Stereotype.

In unserer Vorstellung ist Whistleblowing also nicht gleich Whistleblowing.

Dabei betrachten wir die Merkmale und Wirkungen des Kommunikators, ob im persönlichen Gespräch oder online. Eine wichtige Rolle spielen die Faktoren Glaubwürdigkeit und Vertrauen.[212] Diese sind z. B. abhängig vom Erscheinungsbild, der Gestik, Mimik, sowie von Status und Art des gesamten Auftretens.[213] Auch Attraktivität, Sympathie sowie Ähnlichkeiten mit uns selbst machen eine Person glaubwürdiger. Das Gleiche gilt übrigens für die Bewertung von Organisationen, Institutionen oder Unternehmen.

Allerdings müssen wir uns online mit dem Faktor Glaubwürdigkeit anders auseinandersetzen als im Real Life. Denn der Prozess, in dem sich Glaubwürdigkeit entwickelt, hat sich online verändert und dem neuen Umfeld angepasst. So können wir nicht hinter die Informationen schauen, die wir im Netz empfangen, sondern sehen immer nur die Maske der Virtualität, anhand derer wir unser Urteil fällen müssen. Vor allem zwei Aspekte machen Online-Informationen über Personen und Unternehmen besonders glaubwürdig: 1. Wenn man viel über sie im Netz findet. 2. Wenn viele Fotos veröffentlicht wurden. Je mehr Infos, umso besser.[214]

Edward Snowdon ist ein virtueller Held, der im Frühjahr 2015 sogar den alternativen Nobelpreis bekam, zu Recht. Dieser Meinung scheint eine überwiegende Mehrheit weltweit zu sein. Bei Julian Assange ist man sich nicht so einig. Wir machen also doch einen kleinen, aber feinen Unterschied.

Doch warum ist das so?

Was wissen wir über die beiden bekanntesten Whistleblower? Snowdon hat die NSA-Affäre ins Rollen gebracht. Die amerikanische NSA, die britischen Government Communications Headquarters (GHCQ) und weitere Partnerdienste sollten das Ziel haben, jegliche Form der elektronischen Kommunikation zu überwachen. Die Five eyes, die Hauptorganisatoren dieses weltweiten Überwachungsangriffs, waren die USA, Großbritannien, Kanada, Australien und Neuseeland. Im Unternehmen Wharpdrive kooperierten NSA und BND mit einem nicht genannten Partner, einem Telekommunikationsanbieter.

Daten von Millionen von Bundesbürgern wurden so überwacht. Auch die Zusammenarbeit mit Online-Providern wie Google, Yahoo und Facebook, die für Nutzerdaten Geld bekommen haben, scheint bestätigt.[215]

Noch nicht schlimm genug, nicht nur das Bundeskanzleramt wurde bespitzelt, auch das private Handy der Bundekanzlerin. Von der Person Snowdon kennen wir aber eigentlich nur den sympathischen Diskutanten, der bescheiden den Nobelpreis entgegennimmt.

Werfen wir einen Blick auf Julian Assange, sehen wir einen politischen Aktivisten, ehemaligen Computerhacker und Gründer von Wikileaks, der seit Jahren in der Ecuadorianischen Botschaft in London festsitzt.[216] Durch ihn und sein Team wurden Tausende von geheimen Dokumenten der US-Regierung, der Bank of America, weltweit agierender Neonazi-Organisationen und Informationen über Internet-Firmen veröffentlicht. Besonders brisant waren die Afghanistan-Reporte, vor allem Unterlagen der US Army zu ihren Einsätzen wie z.B. das Video vom Luftangriff auf Bagdad 2007, »Collateral Damage«.[217] Doch viele ehemalige Unterstützer äußern sich kritisch über ihn, vor allem über seinen Führungsstil. Und im August 2010 erließ die schwedische Justiz einen Haftbefehl wegen angeblicher Vergewaltigung.

Wahrscheinlich würden wir Edward Snowdon alleine schon wegen der obigen Informationen als den sympathischeren von beiden beschreiben. So machen auch die Berichterstattungen über Machtkämpfe zwischen ehemaligen Mitstreitern und die Vergewaltigungsvorwürfe Julian Assanges Image nicht besser. Doch tatsächlich wissen wir gar nichts über die beiden. Wir ziehen Schlüsse über ihre Person, die über den tatsächlichen Informationsstand weit hinausgehen und aus fremden Quellen stammen. So entsteht ein Bild, das aus unserer Sicht stimmig, passend und plausibel ist. Wir kennen dies auch als implizite Persönlichkeitstheorie (nach Cronbach). Welche Eigenschaften für uns zentral meinungsbildend wirken, hängt häufig davon ab, was wir zuerst wahrnehmen. Den Primacy Effekt haben wir ja bereits kennengelernt.[218] Doch bleibt nicht immer das, was wir zuerst über eine Person erfahren, haften.

Denken wir noch mal an Julian Assange: Erinnern wir uns bei ihm nicht vor allem an negative Medienberichte und Schlagzeilen? So berichtete Daniel Domscheit-Berg[219], der selbst nach seinem Ausscheiden eine alternative Plattform, OpenLeaks, gegründet hat, von starken ethischen und politischen Kontroversen zwischen ihm und Julian Assange.[220] Auch erreichen uns fast nur noch Presseberichte über den Stillstand in dem Vergewaltigungsverfahren – positive Meldungen gibt es so gut wie gar nicht. Und auch neuere Wikileaks-Enthüllungen zum Unternehmen Sony und dessen enger Zusammenarbeit mit US-Behörden im Frühjahr 2015 werden daran wohl nicht viel ändern. Hier wirken also sogenannte Recency- Effekte[221]: Das, was wir zuletzt sehen, drängt sich in unsere Erinnerung. Sie überwiegen vor allem dann, wenn die letzten Informationen z. B. über eine Person deutlich negativer waren als jene, die vor längerer Zeit öffentlich wurden.

Was im Gehirn haften bleibt, ist stark davon abhängig, in welcher Reihenfolge und in welchen Zeitabständen wir Informationen bekommen. Hinzu kommt, wir erinnern uns besonders an jene Informationen, die zu vorherigen in deutlichem Kontrast stehen. Das sehen wir ganz deutlich bei Edward Snowdon, das positive Bild bleibt seit Jahren gleich – kritische Schlagzeilen über seine Person oder seinen Charakter fehlen völlig. Bei Julian Assange ist genau das Gegenteil der Fall. Bei ihm können wir einen klaren Wandel feststellen: zu Beginn ein Held, zum Schluss nur noch ein Vergewaltiger. Was am Ende steht, bleibt häufig haften. So viel dazu, wie leicht wir auch hier wieder Opfer unserer cyberpsychologischen Irrwege werden können.

Doch wie wirksam ist Whistleblowing denn nun? Was kann es außer Medienwirbel tatsächlich bewirken?

Eines ist klar: Weil wir das Internet haben, ist es heutzutage so leicht wie noch nie zuvor, Skandale aufzudecken und ein moralisches Gewissen öffentlich zu machen. Edward Snowdon wie auch Julian Assange haben durch ihr Vorgehen gezeigt, dass jeder Einzelne von uns durch den eigenen und andere Staaten geschädigt, ausspioniert oder auch belogen wird. Tragisch ist aber Folgendes: Die Helden sind auf der Flucht, wir alle wissen Bescheid, und trotzdem geht es immer so weiter. Genau das, was man Edward Snowdon, Julian Assange oder Thomas Drake vorwirft, fremdes Eigentum öffentlich zugänglich zu machen, tun BND und NSA auch. Die Enthüllungen zeigen doch, dass beide gemeinsam deutsche Firmen beobachtet, d. h. ausspioniert und diese Daten für ihre Zwecke verwertet haben. Wer auf diese Daten noch Zugriff hatte, wer weiß, vielleicht auch amerikanische Konkurrenten deutscher Unternehmen wie Google, Microsoft oder Facebook und Co?

Aus meiner Sicht stehen deshalb zwei wichtige Punkte zur Diskussion:

1. Wenn der Staat etwas darf (und nicht nur aus Gründen der Gefahrenabwehr), der Bürger aber nicht – woher soll sich dann ein moralisches Netzgewissen entwickeln? Wir brauchen also Regeln, an die sich jeder hält – auch Staaten. Genau das bemängelt auch Markus Beckedahl[222], einer der bekanntesten Netzaktivisten und politischen Blogger Deutschlands.

Er macht der Bundesregierung den Vorwurf, dass wir immer noch eine fehlende Rechtsdurchsetzung in Europa haben. Die USA machen, was sie wollen, die Unternehmen übrigens auch und sitzen in datentechnisch passenden Ländern wie Irland. Er meint, wir müssten selbst entscheiden können, wofür unsere Daten eingesetzt werden. Doch daran halten sich ja noch nicht mal staatliche Organisationen, in der Schweiz verkaufen sogar Kommunen ganz offiziell Daten ihrer Bürger.[223]

2. Der moralische Druck muss anwachsen, dass auch die Großen dieser Welt sich einschränken müssen und ihre Grenzen erkennen. Dazu müssen wir das Image des Whistleblowings stärken. Viele Whistleblower wollen ja gar nicht als solche bezeichnet werden – einfach weil dies in der öffentlichen Wahrnehmung häufig mit Denunziantentum, fehlender Loyalität oder auch Rachegefühlen und übersteigerter Selbstdarstellung in Verbindung gebracht wird. Ob sich jemand als Whistleblower betätigt, hängt also auch mit dem Bild in der Öffentlichkeit zusammen. Je eher Whistleblower von der Gesellschaft belohnt und unterstützt werden, umso eher wird man den Mut haben, sich auch als solcher zu betätigen. So fordern auch einige Politiker in der EU eine gezielte Förderung des Whistleblo-

wing-Verhaltens, um weltweit Waffenhandel, Schwarzgeldaffären und Korruption aufzudecken (s. Lux-Leaks-Enthüllungen). Wir brauchen ein System, das das Stehlen von Daten überflüssig macht, weil offizielle unabhängige Stellen den Vorwürfen nachgehen, und das Whistleblower vor Repressalien schützt. Dabei sollten wir alle überlegen, inwiefern wir uns selbst im Netz als Aufklärer oder solidarischer Helfer betätigen können. Dazu muss man ja nicht unbedingt geltendes Recht brechen. Engagement für Gerechtigkeit, Solidarität und Nächstenliebe kann auch über Smilestorms, Facebook-Gruppen, Instagram-Fotosessions oder Blogs funktionieren.

Die Inflation visueller Nachrichten
Wenn der Krieg gar nicht mehr so schlimm ist. Zwischen emotionaler Abstumpfung, Bürgerjournalismus und Gesellschaftspolitik

Was geht in unseren Köpfen vor, wenn über die Bildschirme von Smartphone oder Laptop Szenen flimmern, die zeigen, wie ein Mörder, der kurz zuvor 17 Menschen auf brutalste Weise hingerichtet hat, von jemandem auf der Straße gefilmt wird? Das war der Fall bei dem Handyvideo, das einen der Charlie-Hebdo-Attentäter zeigt, als er sich in den Fluchtwagen stürzte. Oder wenn Enthauptungsvideos des Islamischen Staates auf Social-Media-Plattformen wie YouTube, Facebook oder sogar WhatsApp veröffentlicht werden, auf denen Zivilisten, Helfer oder Journalisten im Namen des Heiligen Krieges ihr Leben verlieren?

Noch nie war es so leicht, bei Folterungen, Vergewaltigungen, Hinrichtungen oder Attentaten zuzusehen wie heute. Jegliche Form inszenierter menschenverachtender Gräueltaten können wir miterleben, als wären wir selbst dabei. Nur dass wir eben weit weg und sicher zu Hause vor dem Bildschirm sitzen.

Doch was macht dies mit uns?

Die Diskussion um Gewalt in den Medien ist nicht neu. Seit Jahrzehnten untersucht die Medienwirkungsforschung die Auswirkungen fiktiver gewalthaltiger Inhalte. Gerade negative Folgen für die Entwicklung von Kindern und Jugendlichen sind nicht von der Hand zu weisen.

Allerdings hat sich der Kontext, in dem über Gewalt und Medien diskutiert wird, in den letzten zehn Jahren stark verändert. In dem Moment nämlich, als über das Internet vermeintlich realen Gewaltszenen der Weg in die Haushalte ermöglicht wurde. Der Wandel von Fiktion hin zu Realität verändert die Diskussionsgrundlage. Das, was wir und unsere Kinder online sehen können, spielt sich nicht mehr in einem Krimi oder Horrorfilm ab, sondern in der Wirklichkeit – so sieht es auf den ersten Blick zumindest aus.

Der visuelle Konsum von Gewalt ist heute so leicht wie nie zuvor. Die Grenzen zwischen Produktion und Verbreitung sind gefallen, die Wege der Veröffentlichung immens verkürzt. Gleichzeitig verschwimmen aber auch die menschlichen Grenzen immer stärker. Vom Konsumenten wird man sehr schnell auch zum Produzenten.

Dabei kommt es auch zu einer medialen Verstärkung gesellschaftlicher Entwicklungen. Mit über 300 Millionen Instagrammern, 1,4 Milliarden Facebookern und 700 Millionen WhatsAppern weltweit hat die Verbreitung bestimmter politischer und gesellschaftlicher Tendenzen ein noch nie dagewesenes Potenzial erreicht. Das Umfeld der Gewaltbereitschaft kann darüber gefördert werden. Denken wir an die Diskussionen um die Partei AfD oder die Pegida-Bewegung. Das Netz spielt als Austragungsort von Konflikten und Kontroversen eine wichtige Rolle. Und führt sogar dazu, dass sich der Konflikt auf die reale Straße verlagert – nicht nur friedlich.

Wenn es um die Wirkung von Netzgewalt geht, müssen wir uns mit mehreren Fragen befassen: Was von dem, das wir online sehen, ist Fiktion, und was ist echt? Und was ist überhaupt erlaubt?

Nicht umsonst setzt der Jugendmedienschutz Altersbegrenzungen für den Konsum bei TV-Filmen, Videos oder Computerspielen, aus gutem Grund. Kinder und Jugendliche sollen vor gewaltverherrlichenden Inhalten bewahrt werden, um negative psychische wie auch entwicklungspsychologische Folgen zu verhindern.

Sämtliche Formen von Gewaltdarstellung gegenüber Personen, bei denen diese Taten verharmlost oder verherrlicht werden, sind in Deutschland eine Straftat (§ 131 StGB Gewaltdarstellungen).[224] Dabei besteht eine besondere Strafbarkeit, wenn Jugendlichen unter 18 Jahren solches Material zugänglich gemacht oder angeboten wird.

Wenn wir uns die Altersbeschränkungen anschauen, die bei Facebook und Co gelten, z. B. Nutzung ab 13 (Facebook) oder ab 16 Jahren (WhatsApp), dann wird klar, dass grundsätzlich alles, was auf diesen Plattformen veröffentlicht wird, auch für Kinder und Jugendliche einsehbar ist. Hinter jedem geposteten Gewaltvideo bei YouTube, Facebook oder WhatsApp steckt nach unseren gesetzlichen Vorschriften ein Straftatbestand, sogar in doppelter Hinsicht: Die Veröffentlichung von Gewaltdarstellungen ist per se verboten. Hinzu kommt, dass sich unter den ca. 30 Millionen deutschen Facebook-[225] und 35 Millionen WhatsApp-Usern[226], auch Millionen Minderjährige befinden: nämlich 72 % der ca. 7 Millionen 10–18-Jährigen. Das heißt, es sind fast 5 Millionen Kinder und Jugendliche.

Das Internet wird zum Eldorado für die Verbreitung von Gräueltaten und Menschenrechtsverletzungen in Bild und Ton, die für Inhumanität stehen und Barbarei predigen. Das liegt zum einen daran, dass die Zugangsmöglichkeiten kinderleicht sind. Aber nicht nur. Es liegt auch an denjenigen, die solches Material herstellen und verbreiten, und es liegt an den Konsumenten. Ein großes Problem hierbei ist, dass viele Inhalte anonym online gestellt werden, oder auch von Servern, die im Ausland liegen (denken wir an den Irak, Afghanistan, Syrien etc.). Täter können also oft nicht identifiziert werden. Außerdem gibt es Anonymisierungsverfahren, wie wir sie schon angesprochen haben, z. B. durch Tor. Dabei spielt auch die fehlende Vorratsdatenspeicherung eine Rolle, die aber in Deutschland in neuer Form wieder eingeführt wurde. Zum anderen sind deutsche Gesetze bei ausländischen Internetangeboten nur bedingt anwendbar. Ausländische Plattformen können somit von der deutschen Justiz nicht haftbar gemacht werden. Deshalb benötigen wir dringend neue europäische und auch weltweite gesetzliche Regelungen, damit Straftaten im Netz besser verfolgt und sanktioniert werden können.

Überhaupt sehen sich die Plattformbetreiber in puncto Verantwortung nicht in der Pflicht. Ihre Begründung: Sie stellen schließlich nur den Raum zur Veröffentlichung zur Verfügung – die Handelnden selbst, eben wir, die User – sind es dann auch, die sich strafbar machen. Nutzungsbedingungen und Richtlinien wie bei YouTube helfen da wenig: »Drastische oder grundlose Gewalt ist nicht zulässig. Wenn in deinem Video jemand verletzt, angegriffen oder erniedrigt wird, solltest du es nicht einstellen. YouTube ist keine Schocker-Website. Stelle keine schockierenden Videos von Unfällen, Leichen oder Ähnlichem ein.« Daran hält sich niemand.

Ein grundsätzliches Problem besteht darin, dass eine Provider-Haftung nicht gesetzlich verankert ist. Europarechtliche Normen wie die E-Commerce-Richtline (EC-RL) stellen darauf ab, dass der Provider nicht verantwortlich ist, sofern er bestimmte Vorgaben beachtet. Daher sind die Vorschriften nicht haftungsbegründend, sondern haftungsbeschränkend.[227]

Weltweit gibt es erst eine Verurteilung hochrangiger Google-Manager, weil ein YouTube-Video nicht entfernt wurde, das zeigt, wie ein Junge mit Downsyndrom von mehreren Jugendlichen misshandelt wird. Die Staatsanwaltschaft in Italien machte geltend, die Aufnahmen hätten auf einer Liste der meistgesehenen Filme gestanden und daher bemerkt werden müssen. Somit wurden die Google-Manager der Verletzung der Privatsphäre des Opfers schuldig gesprochen. Google war mit diesem Urteil natürlich nicht einverstanden, es sei ein Angriff auf die Internet-Freiheit. Zudem hätten die drei Angestellten nichts mit dem Video zu tun. Die italienische Staatsanwaltschaft argumentierte dagegen, die Meinungsfreiheit müsse gegen die Rechte Einzelner abgewogen werden.

Auch dies ist eindeutig eine Lücke, nicht nur im deutschen Gesetzbuch.

Österreich geht nun einen innovativen Weg. Künftig soll mit Internetplattformen stärker kooperiert werden, gerade um Terrorgefahren und Radikalisierungsversuchen auf die Spur zu kommen. Innenministerin Johanna Mikl-Leitner kündigte im März 2015 an, dass das Innenministerium künftig eng mit Google und YouTube zusammenarbeiten möchte. »Ziel ist es, Gewaltvideos von Terroristen und Radikalen so schnell wie möglich aus dem Netz zu entfernen«, so die Ressortchefin. Trotzdem spielen hier die User selbst wieder die zunächst wichtigste Rolle, denn sie sollen verdächtige Videos schnellstmöglich dem Innenministerium melden. Dieses gibt die Informationen dann an die Unternehmen Google und YouTube weiter, die in einem »Schnellverfahren« das Material prüfen und terroristische Inhalte löschen sollen. Auch auf EU-Ebene wurde dieses Kooperationsmodell bei einem Treffen der EU-Innenminister in Brüssel im Frühjahr 2015 diskutiert. Allerdings ist man auch bei diesem Vorgehen auf die Kooperationsbereitschaft und das Wohlgefallen der Unternehmen angewiesen. Somit bleibt eigentlich alles beim Alten, die Unternehmen selbst müssen erst aktiv werden, wenn sie von außen dazu aufgefordert werden. Die einzige Hoffnung: Meldungen werden in Zukunft vielleicht etwas zügiger bearbeitet.

Nutzer können bei YouTube also weiter alles hochladen, ohne dass der Inhalt kontrolliert wird. Gegen eine Kontrolle von Unternehmensseite erklärt YouTube, dass eine Überprüfung der hochgeladenen Inhalte kaum möglich ist, da pro Minute mittlerweile weltweit 100 Stunden Videomaterial veröffentlicht werden.

Allerdings stimmt es einen schon etwas skeptisch, wenn man weiß, dass neue Scanverfahren, wie sie z. B. Google in den USA bei der Suche von Kinderpornografie einsetzt, durchaus in der Lage wären, bestimmte Inhalte zu überprüfen.

Irritierend auch: Facebook will Warnhinweise vor solche Videos schalten, die auf den Zuschauer schockierend, irritierend und verstörend wirken können. Eines der ersten betroffenen Videos zeigt, wie der französische Polizist Ahmed Merabet von einem der Hebdo-Terroristen erschossen wird. Die Videos werden erst dann abgespielt, wenn man explizit anklickt, dass man es tatsächlich sehen möchte. Dies scheint vor allem die Reaktion auf eine starke Diskussion des letzten Jahres zu sein, in der Stephen Balkam, Vorsitzender des Family Online Safety Institutes (Fosi) und Mitglied des Safety Advisory Boards von Facebook, das Zeigen abgeschlagener und aufgespießter Köpfe in Syrien auf Facebook und anderen Online-Plattformen anprangerte. So äußerte Balkam Anfang Januar 2015 in einem Interview mit der BBC, ein Verdecken von abstoßendem Bildmaterial würde gerade junge Leute vor negativen psychischen Folgen schützen. Allerdings, so betont er, benötigte man zusätzlich aber auch ein altersbeschränkendes Zugangssystem für solches Material.[228]

Wenn YouTube und Facebook solches Material nun verdecken können, warum löschen sie dieses dann nicht sofort? Der angeführte Grund, die Identifizierung solcher Videos sei zu aufwendig, kann dann ja keine Rolle mehr spielen.

Allerdings dürfen wir in dieser gesamten Diskussion nicht ausblenden, dass das eigentliche Problem wir, die User selbst, sind. Diejenigen, die solches Material produzieren, mit anderen teilen, online stellen, und diejenigen, die sich solche Dinge anschauen.

In diesem Gesamtkontext stellen sich also zwei weitere Fragen:

1. Wer produziert solche Videos, und warum macht man sie? Steckt immer Missbrauch dahinter oder kann auch ein gesellschaftspolitischer Sinn dahinterstehen?

2. Was macht diese Form der real-authentischen Gewaltverbreitung mit uns, den Nutzern?

GEWALTVIDEOS ONLINE: WER MACHT SIE UND WARUM?

Macht man sich auf die Suche nach den Urhebern von Gewaltszenen, die online gestellt werden, so stößt man auf Tätergruppen jeden Alters. Man muss dabei Ursachen und Hintergründe klar voneinander unterscheiden.

Manch ein Urheber solcher Gewalt- oder Prügelvideos will sich bei anderen Respekt verschaffen, gemäß dem Motto: »Seht her – mit mir ist nicht zu spaßen, ich bin gefährlich.« Von den Jugendlichen werden vor allem Langeweile, Spaß, Machtgefühl und Gruppenzwang als Motiv genannt, solche Szenen online zu stellen. Zwang und Druck können die Ursache dafür sein, dass man sich solche Videos anschaut, weiterverschickt oder sogar beim Drehen selbst dabei ist. Denn wer nicht mitmacht, gehört nicht dazu und wird als Außenseiter abgestempelt. Hinzu kann die Angst kommen, selbst zum Opfer solcher Gewaltattacken zu werden, die dann im Netz verbreitet werden. Dies bestätigen auch die Forschungen der Kommunikationswissenschaftlerin und Leiterin des Stuttgarter Instituts für Digitale Ethik[229] Petra Grimm.[230] Aber auch Competition, Wettbewerb oder Leistungsmotivation spielen eine gewisse Rolle. Wer die brutalsten Videos verbreitet, wird von bestimmten Gruppen in sozialen Netzwerken bewundert. Und viele Likes fungieren als Statussymbol. Der schnelle, virtuelle Ruhm ist durchaus ein wichtiger Aspekt bei solchen Aktionen.

Ebenso muss man einen Unterschied machen zwischen Videos, die extra inszeniert werden, z. B. als Demonstration von Macht und Stärke, und denjenigen, die einfach nur aus Langeweile oder voyeuristischen Motiven über soziale Netzwerke oder Smartphones an andere weiterverschickt oder verteilt werden. Dies betont auch der Medienwissenschaftler Olaf Selg[231].

Petra Grimm betont, dass »in manchen Risikogruppen Gewalt auf Handys mittlerweile eine Alltagserscheinung ist«.[232] Gerade männliche Jugendliche sind Empfänger, aber auch Versender von Gewaltclips via Smartphone. In Deutschland bekommt bereits jeder fünfte Junge im Alter zwischen 12 und 19 solche Inhalte auf sein Handy oder Smartphone geschickt. Bei den Mädchen sind es hingegen nur 9 %.[233] Online-Gewalt in Form von Video und Tonmaterial ist also momentan noch ein eher männliches Phänomen.

Auch das Alter spielt eine Rolle dabei, wie Gewaltvideos konsumiert und beurteilt werden. Eine Studie der Universität Wien zeigt, dass für ältere Jugendliche im Alter von 16–17 Jahren vor allem die Logik der Handlung neben der persönlichen Relevanz der Thematik am wichtigsten ist. Wer Erfahrungen mit Gewalt an der Schule oder mit Cybermobbing unter Freunden gemacht hat oder wessen Vater gerade im Einsatz in Irak ist, der wird genau solche Themen beim Blick auf die neuesten Posts auch eher wahrnehmen. Eine bloße Aneinanderreihung von Gewaltszenen wird von ihnen eher abgelehnt. Somit ist das Interesse an kurzen Gewaltclips im Netz bei den älteren Jugendlichen nicht so stark ausgeprägt. Dies sieht hingegen bei den 13–14-Jährigen ganz anders aus. Sie konsumieren häufig gerade kurze Gewaltvideos im Netz. Für sie sind vor allem die einzelnen Gewaltszenen relevant, während ein inhaltlicher Gesamtkontext sie weniger interessiert. Der kurze, schnelle Adrenalinstoß ist für sie zentral. Deshalb nehmen sie in besonders starkem Maße auch die Details der einzelnen Szenen wahr. Manche Jugendliche steigern sich geradezu emotional in die Schilderung des Gesehenen hinein, so die österreichischen Forscher.

Damit zeigt sich, dass das emotionale Involvement bei den 13-/14-Jährigen deutlich höher ist als bei den Älteren. Wo also ältere Jugendliche eher gelangweilt auf Gewaltszenen reagieren, ist das Erregungspotenzial bei den Jüngeren extrem hoch.

Dies kommt allerdings zum Teil auch daher, dass die älteren Internet-User schon eine gewisse Gewöhnung an solches Material vorweisen können – für sie ist dies nichts Neues mehr.[234] Für die Kleinen aber schon. Gerade hier müssen wir ein erhöhtes Gefährdungspotenzial sehen, wenn wir an die negativen Effekte auf Psyche und Verhalten denken, die wir im Verlauf noch eingehend diskutieren werden.

Eine neue Gefahr besteht allerdings darin, wenn bestimmte Ideologien von Gruppierungen vertreten werden, die der Anwendung von Gewalt unkritisch gegenüberstehen. Denken wir an die Szene der Gangsta-Rapper. Sie bringt vor allem gewalthaltige und frauenfeindliche Texte von Interpreten mit Migrationshintergrund hervor, die unter Jugendlichen bestimmter sozialer Milieus einen hohen Beliebtheitsstatus haben.

Der gesamte Kontext der Gewaltverherrlichung hat jedenfalls über die Möglichkeiten, die das Internet uns bietet, eine vollkommen neue, intensive und schnelle Verbreitungs- und Vermarktungsform bekommen.

Eines ist allerdings auch klar: Wir haben es bei der Problematik von Gewaltvideos nicht nur mit einem Jugendphänomen zu tun, auch Erwachsene filmen oder veröffentlichen Clips, die brutale Kriegssituationen, zerstörte Häuser oder leblose Körper zeigen.

Studien von Petra Grimm zeigen, dass Gewaltvideos besonders bei jungen Männern mit geringerer Bildung verbreitet sind. In bildungsfernen Haushalten gibt es kein Regulativ, seien es Eltern, Freunde oder andere gute Vorbilder, das das Internet und den Umgang mit Gewalt insgesamt kritisch hinterfragt. Der Kriminologe Christian Pfeiffer zeigt in seinen Forschungen ganz deutlich, dass insbesondere Jugendgewalt, die ja nicht selten der erste Schritt in eine spätere kriminelle Karriere bedeutet, vor allem ein soziales, familiäres und bildungspolitisches Problem ist.[235]

Das Interesse an gewalthaltigen Bildern hat psychologisch aber auch etwas mit unserer eigenen Situation zu tun. So ist z. B. die Konfrontation mit dem Tod für uns existenziell. Ganz unterschiedliche Gedanken können uns dabei durch den Kopf gehen, nicht nur der Schock, sondern z. B. auch, wie gut, dass es mir nicht so ergeht. Was habe ich doch für ein Glück, dass es die anderen trifft und nicht mich.

Darüber hinaus muss man einen möglichen gesellschaftspolitischen Kontext im Diskurs um Online-Gewalt ansprechen. Hinter der virtuellen Veröffentlichung von Gewaltvideos kann auch ein bestimmter gesamtgesellschaftlicher Nutzen stehen. Über grausame und traurige Realitäten kann aufgeklärt werden, es kann gezeigt werden, was wirklich an den Krisenherden dieser Welt passiert. Diese in Bild und Ton aufgenommenen Szenarien können sogar zu einer Motivation werden, z. B. gegen Radikalisierer vorzugehen, sich zu engagieren und Gegenbewegungen zu gründen.

Allerdings befinden wir uns da in einem ethischen Zwiespalt: Videos von getöteten Menschen in Syrien können zwar der politischen und humanitären Aufklärung dienen. Dadurch werden aber auch Menschen zu Schauobjekten, werden instrumentalisiert für Propaganda, Volksverhetzung oder Stimmungsmache.

Wenn wir also die heutige virtuell-mediale Gewaltdiskussion anschauen, so schweben wir in einem Zustand zwischen Missbrauch auf der einen Seite, denken wir an Radikalisierung, Stimmungsmache oder Aufhetzung der Bürger, und möglichen Chancen auf der anderen Seite, wie z. B. Aufklärung oder Aktivierung von Hilfsbereitschaft.

GESELLSCHAFTSPOLITISCHER SINN ODER MISSBRAUCH?

Erinnern wir uns an die Berichterstattung über die Ukraine-Krise. Wer sind die Guten und wer die Bösen? Wer ist im Recht und wer nicht? Und vor allem: Wer oder was prägt unser Bild von der aktuellen Lage?

Dass sich unsere Einstellung sehr schnell wandeln kann, zeigt sich anhand eines Videos, das im April 2015 vom Freikorps Azow veröffentlicht wurde. Bei den anhaltenden Konflikten in der Ostukraine ist Azow lange als eine der wirksamsten Waffen aufseiten der Regierung angesehen worden. Aus westlicher Sicht wurde diese Truppe somit sehr stark im Zusammenhang mit dem Kampf um den Erhalt der Ukraine und gegen die Unabhängigkeit der Ostukraine gesehen. Nun erschien im April 2015 ein Video, das zeigt, wie Azow-Kämpfer einen (angeblichen) Widerstandskämpfer kreuzigen und dann bei lebendigem Leibe verbrennen. Es war von folgender Botschaft begleitet: »Das erwartet alle Separatisten, Landesverräter und Widerstandskämpfer.« (http://de.ukraine-human-rights.org/)

Die Hinrichtung zur Abschreckung ist menschenverachtend und barbarisch. Sie lässt diese spezielle Einsatztruppe in keinem guten Licht erscheinen.

Es stellt sich nun natürlich die Frage: Ist das Video überhaupt echt, oder wurde es gezielt publiziert, um das Freikorps in Verruf zu bringen? Wer genau hat es veröffentlicht? Amnesty International (AI) hat von der ukrainischen Regierung bereits mehrfach gefordert, Menschenrechtsverstöße bei verschiedenen Freiwilligenverbänden zu untersuchen. Somit trübt sich unser Blick durchaus. Es könnte ja etwas Wahres dran sein. Allerdings kommen auch Zweifel auf, denn die genaue Quelle und die Urheber scheint niemand benennen zu können. Und es gibt andere Hinweise, die eher für eine Fälschung sprechen.

Was sollen wir, die ganz normalen Online-User und Laien, nun glauben? Wem können wir in diesem Zusammenhang überhaupt trauen, wer ist glaubwürdig?

Die Gefahr, dass wir einer medialen Propaganda erliegen, ist nicht von der Hand zu weisen. Von gefälschten Videos sind in den letzten Jahren einige im Netz unterwegs gewesen, so z. B. gefakte Enthauptungs- oder Folterszenen, die keine echten Krieger, sondern »engagierte Schauspieler« in Militärkleidung bei ihren Gräueltaten zeigen.

Es gibt nicht nur gefakte Videos im Netz. Auch seriöse Medien, wie die öffentlich-rechtlichen Nachrichtensender ZDF und ARD, bedienen sich solcher Beiträge und tragen dazu bei, dass ein völlig falsches Bild der Wirklichkeit entsteht. Jürgen Todenhöfer, Friedensaktivist, Aufklärer und Kenner des islamischen Terrors, ist der Ansicht, dass wir eine geradezu »gigantische Desinformationskampagne« zu Syrien erleben. Belege dafür sind z. B. ein am 17. Mai 2011 im ZDF gezeigtes Folter-Video, das dem Reporter aus Syrien zugespielt worden sei – und in Wirklichkeit Schergen im Irak zeigt. Sowie ein Video, das von der Nachrichtenagentur Reuters verbreitet wurde und aus dem Libanon stammt. Laut Todenhöfer sind »über die Hälfte der Medienberichte«, die er überprüfte, falsch.[236]

Ähnlich sah es auch einer der bekanntesten Journalisten Deutschlands, Peter Scholl-Latour, noch kurz vor seinem Tod: »Wir leben in einem Zeitalter der Massenverblödung, besonders der medialen Massenverblödung.«[237] Egal ob Ukraine-Krise oder die Lage in Syrien – wir alle seien Opfer einer Desinformation im großen Stil, flankiert von den technischen Möglichkeiten des digitalen Zeitalters. Seiner Meinung nach hat gerade die Globalisierung in der Medienwelt zu einer betrüblichen Provinzialisierung geführt.

Doch selbst wenn nur wenige gefälschte Videos im Netz im Umlauf wären, denn wie viele wirklich existieren, kann ja niemand mit Sicherheit sagen – es reicht schon aus, wenn ein bewiesenermaßen gefakter Clip eine hohe mediale Öffentlichkeit bekommt, um die Glaubwürdigkeit der anderen anzuzweifeln. Die Einschätzungen und Beurteilungen in unserem Kopf bringen wir mit unseren Erfahrungen und vermeintlichen Erkenntnissen zusammen. Wir haben schon gesehen, dass Meinungen, die häufiger erwähnt und bestärkt werden, eher aktiviert und abgerufen werden. Dabei kommt es eben auch zu sogenannten Ausstrahlungseffekten. Wenn wir also glauben, dass ein Video gefälscht ist, dann ist es doch sehr wahrscheinlich (so denken wir), dass dieses nicht das einzige ist, sondern dass es viele weitere gibt. Wir schließen also von der Eigenschaft eines Objektes auf die vieler anderer.

Also ist die Gefahr groß, dass wir abstumpfen, statt aufgerüttelt zu werden, und eben Gleichgültigkeit anstelle von Interesse und Engagement entsteht.

Gleichzeitig ist die Problematik der Stimmungsmache und Beeinflussung von Bevölkerungsgruppen, auch der Medien, so z. B. der Aufbau von Feindbildern durch die gezielte Verbreitung von bestimmten Videos, evident. Es besteht das Risiko, dass wir einer falschen medialen Meinungsbildung unterliegen. Denn niemand kann wirklich überprüfen, was echt ist und was nicht.

Dabei spielt natürlich auch gezielte Propaganda eine Rolle.

Gerade dieser Aspekt ist ja seit den Terroranschlägen vom 11. September in einen starken medialen Fokus geraten. So veröffentlichte Anfang des Jahres 2015 der Islamische Staat ein bestialisches Video, das zeigt, wie der jordanische Luftwaffen-Pilot Maas al-Kassasbeh in einen Käfig gesteckt und angezündet wird. In Nahaufnahme ist sein grausames Martyrium zu sehen. Die Überreste des 26-Jährigen werden verscharrt – von einem Bulldozer. Die Tat wird minutenlang gerechtfertigt, dabei wird auch gezeigt, was amerikanische und alliierte Bombenangriffe anrichten.[238] Im März 2015 hat der IS ein ebenfalls besonders erschreckendes Terror-Video verbreitet: Ein junger Mann, eine Geisel, wird mit einem Kopfschuss hingerichtet. Angeblich war das Opfer ein Spion des Mossad. Tatsächlich aber war es wohl ein Feuerwehrmann aus Ost-Jerusalem.[239]

Beide Videos sind anscheinend echt. Was sie bei Anhängern auslösen sollen, scheint klar – Beifall, Zuspruch, persönlichen Einsatz und Motivation für den Heiligen Krieg, nicht nur bei Erwachsenen, sondern auch bei Kindern. Der Rest von uns ist sprachlos – und schaut trotzdem zu.

Eine weitere Gefahr besteht darin, dass die Meinung einer zahlenmäßig relativ kleinen Gruppe durch das Internet als Mehrheitsüberzeugung mit vielen Unterstützern »verkauft« und von den ahnungslosen Usern dann als solche wahrgenommen wird. Hier können wir zwei verschiedene sozialpsychologische Aspekte näher betrachten. Zum einen den Einfluss von Minoritäten. Eine kleine Gruppe, eine Minderheit, wiegelt den Rest der Masse auf, stiftet Unruhe und vertritt konsequent ihre Einstellungen und Sicht von der Welt. Das gilt auch für den IS. Genaue Zahlen kennen wir nicht, aber laut Schätzungen gehören der Terrororganisation IS (Islamic State) nur zwischen 10000 und 30000[240] Kämpfer an, die weltweit Angst verbreiten, so Andreas Armborst.[241] Dafür ist natürlich das Internet besonders gut geeignet. Der Minoritäten-Einfluss ist umso effektiver, je aktiver und engagierter die Minderheit gerade auch im Netz auftritt, und je passiver und widerstandsloser sich die Mehrheit gibt.[242]

Gerade auch Kinder und Jugendliche können einem Irrglauben sehr schnell erliegen – sie glauben dann, so denkt doch jeder. Wenn niemand einschreitet, kann es problematisch werden. Denn nicht nur können diese im Netz geäußerten Einstellungen und Meinungen kritiklos übernommen werden. Je länger man sie hinnimmt, desto unwahrscheinlicher wird das Aufbegehren, einfach, weil der Einzelne glaubt, dabei in der Minderheit zu sein – eine sogenannte Schweigespirale entsteht.[243] Wir sollten deshalb ruhig öfter online aufstehen und Farbe bekennen – wir sind meist nicht allein, sondern viel mehr Menschen denken so wie wir. Genau das tut aktuell der bekannteste deutsche YouTuber LeFloid. Er gründete im Mai 2015[244] eine Netz-Bewegung gegen Hass und Cybermobbing.

Gefährliche Netz-Effekte der Beeinflussung wie z. B. durch Radikalisierung oder falsche Darstellungen dürfen wir nicht außer Acht lassen. So treiben gerade Verführer unter dem Deckmantel von Ideologie und Glauben ihr Unwesen im Netz, deren Ziel es ist, weltweit Gleichgesinnte zu finden, um gemeinsam in den Heiligen Krieg zu ziehen oder bestimmte Ideologien zu verbreiten (denken wir an Hassprediger oder Neonazis). Gewalt wird von ihnen als Strategie für die Lösung von persönlichen oder gesamtgesellschaftlichen Problemen angesehen. Es ist nicht verwunderlich, dass sich gerade junge Menschen in persönlichen Krisensituationen, kritischen Lebensphasen und auf der Suche nach Halt, Stabilität und Sinn verführen lassen. Leider tun sie dies immer häufiger online und geraten in die Fallen der Rattenfänger im Cyberspace.

Gewalt kann keine Lösung sein – für die meisten von uns ist das ganz klar. Gerade deshalb sollten wir öfter mit unserer cyberpsychologischen Brille durch die Online-Welt laufen – und mögliche Hintergründe eben auch unmenschlicher, menschenverachtender Netzaktionen ermitteln. Wir sollten wissen, woher extreme politische Tendenzen und Gruppierungen kommen, wie und warum sie entstehen. Nur so können wir mögliche Lösungskonzepte zum Schutz und zur Eindämmung entwickeln. Wenn viele Jugendliche bei uns keine Perspektive haben und sich deshalb auf Abwege begeben, dann müssen wir sehr genau bedenken, wo wir ansetzen sollten, damit sie erst gar nicht vom rechten Weg abkommen.

WENN TERRORISTEN ZU POPSTARS WERDEN: POPULARITÄT VIA YOUTUBE Der Che Guevara der Ukraine, so wird der wohl bekannteste Warlord der ostukrainischen Separatisten-Armee Michail Tolstychs (auch Giwi) genannt. Er führte im Spätsommer 2014 Kämpfer an, die die ukrainische Armee in Ilowajsk einkesselten und zur Flucht zwangen. Im Januar 2015 besetzten Milizionäre dann den Flughafen von Donezk. Die ukrainischen Truppen mussten fliehen und der ukrainische Präsident Petro Poroschenko sodann mit dem russischen Präsidenten Waldimir Putin einen Kompromiss schließen.

Über YouTube ist er zum Popstar der Ukraine-Krise geworden. In wenigen Wochen verbreitete sich ein Video mit ihm zehntausendfach, und russische Sender nutzen es ·seitdem für ihre Propaganda. Auf dem Video ist er während eines Beschusses mit Grad-Raketen zu sehen, wobei er cool bleibt und ungerührt weiterraucht.[245] Damit wurde er zum Symbol für Männlichkeit und wird seitdem von Hunderttausenden bewundert – nicht nur von Männern. Mit seiner Popularität versucht er nun die Ziele und Slogans der Separatisten aller Welt näherzubringen. Eines ist klar – wie auch immer die Krise endet, die sozialen Medien haben Tolstych zu einer Art Superstar gemacht, und das wird auch so bleiben. Denn auch wenn die Realität schnell vergisst, das Netz tut es nicht.

Ein anderer Fall einer gefährlichen Internet-Berühmtheit stammt aus der Vergangenheit. Der Protagonist ist schon längst tot – und trotzdem geistert er noch millionenfach durchs Netz: Osama bin Laden. Der Anführer der Terroranschläge des 11. September 2001 wurde im Jahr 2011 von Soldaten der Eliteeinheit Navy Seals getötet. Auf YouTube existieren unzählige Video-Clips von ihm – und ob es sich nun um seine Ermordung oder um die Rekrutierung neuer Kämpfer dreht, die veröffentlichten Videos erreichen eine Klickzahl von Millionen und Abermillionen Menschen weltweit. Sein virtuelles Publikum hat eine Größe, fast vergleichbar mit dem von Madonna. Man kann also ohne Weiteres behaupten – auch Osama bin Laden ist online ein Superstar.[246]

WIRD GEWALT ZU EINEM TEIL DES GESAMTGESELLSCHAFT-LICHEN KONTEXTS? Gewalt existiert in vielen Teilen der Welt. Wenn wir nichts darüber wissen, können wir weder verstehen noch helfen. Somit spielt das Netz bei Aspekten wie Aufklärung, Informationszuwachs und Aufdeckung von skandalösen Zuständen, Unterdrückung oder Folter eine wichtige Rolle.

Was früher die Aufgabe waghalsiger Journalisten wie Peter Scholl-Latour war, die sich mit Kamerateams in gefährliche Situationen stürzten, um z. B. über die Lage im Afghanistan der 80er-Jahre zu berichten, können heute Zivilisten, Einwohner, Bürger vor Ort oder Soldaten direkt von ihrem Fronteinsatz leisten – einfach mit ihrem Smartphone.

Wofür wir früher mutige Krisenherd-Journalisten brauchten, um überhaupt irgendetwas über die Welt da draußen zu erfahren, genügen heutzutage Smartphones oder Tablets in den Händen von ganz normalen Menschen, die überall auf der Welt zur Echtzeit allen anderen, die über das Netz connected sind, ihre Sicht der Dinge mitteilen.

Was wüssten wir über die Situation an der syrisch/türkischen Grenze, wenn uns nicht Zeugen die Beweise in Ton und Bild liefern würden?

Es scheint so, dass das journalistische Agieren, die Berichterstattung direkt vor Ort, mittlerweile immer häufiger auch von ganz normalen Bürgern ausgeübt wird. Dies passiert gerade in Rio de Janeiro, einer der ohne Zweifel schönsten Städte der Welt. Die wenigsten wissen allerdings, was sich dort in den Favelas abspielt. Angeblich hat sich die Lebenssituation stark verbessert. Tatsächlich tobt in Rio de Janeiro ein gewaltiger Krieg gegen Drogenkartelle.

2010 hat die brasilianische Regierung mit einer Offensive gegen das kriminalisierte Verbrechen begonnen. Mehr als 2000 Polizisten und Soldaten patrouillieren seitdem allein in den Straßen der größten Favelas von Rio – und von ganz Brasilien. Das müsste doch eigentlich eine gute Idee gewesen sein. Mehr Polizei – weniger Chance für Kriminalität und in der Folge weniger Tote. Sollte man meinen. Denn tatsächlich sterben immer noch viele Zivilisten und leider auch durch die Hand von

Polizisten. Doch davon weiß der Normalbürger Brasiliens und Rios wenig, ganz zu schweigen vom Rest der Welt. Denn Medien und Journalisten scheuen diese Orte. Sie ignorieren die Opfer einfach.

Doch dies ändert sich gerade, durch Smartphone, Social Media und mutige Bürger.

Ein 25-jähriger ehemaliger Bewohner einer Favela und seine Freunde haben das Medienkollektiv Papo Reto – Klartext – gegründet.[247] Es dient dazu, die Ereignisse in den Favelas öffentlich zu machen, und zwar durch das Engagement der eigenen Bewohner. Per WhatsApp schicken sie dem Kollektiv unzählige Videos und Fotos von Polizeieinsätzen, durchlöcherten Autos und vielem mehr. Papo Reto veröffentlicht diese dann auf Instagram und Facebook. Innerhalb weniger Monate wurde es zu einer der wichtigsten Nachrichtenzentralen für die Bevölkerung. Sogar die in São Paulo geborene und in New York lebende Medienaktivistin Priscilla Neri schickte einen ihrer Mitarbeiter nach Rio, um mit Papo Reto zusammenzuarbeiten.

Neris Ziel ist es, dass sich weltweit eine Art Bürgerjournalismus durchsetzt, der dazu beitragen kann, Missstände aufzudecken, Täter zu finden und für Opfer Gerechtigkeit zu erlangen.[248] Priscilla Neri arbeitet für die Organisation Witness (Zeuge), die bereits 1992 von dem Musiker Peter Gabriel gemeinsam mit dem Lawyers Committee for Human Rights und der Reebok Human Rights Foundation gegründet wurde, also lange bevor es die Möglichkeiten von Facebook und Co überhaupt gab. Gabriel hatte Weitblick, denn er war damals schon überzeugt, dass der ganz normale Bürger – also wir alle – einen Beitrag leisten könnten, Missstände aufzudecken und die Aufmerksamkeit auf wunde Punkte in unserer Gesellschaft zu legen. Der Bürger als Videojournalist scheint schon deshalb eine gute Idee zu sein, weil er Ereignisse dokumentiert, die sich in seinem persönlichen Lebensumfeld, also in verschiedenen Teilen der Gesellschaft, abspielen.

Vor mehr als 20 Jahren schenkte man Peter Gabriel allerdings kaum Gehör. Doch dies hat sich geändert – durch Internet, Handy und Co. Bereits im Jahr 2009 waren es Handyfotos aus dem Iran, die über die Revolution berichteten – eine andere Quelle als die Menschen, die zu diesem Zeitpunkt vor Ort lebten, gab es einfach nicht. So wurde z. B. über Witness auch ein Video veröffentlicht, das die Studentin Neda Agha-Soltan zeigt, als sie von staatlichen Sicherheitskräften auf der Straße angeschossen wird und stirbt.

Bürger-Watching: Mittendrin und nicht allein – das ist das neue Motto.

Schauen wir noch einmal auf Rio de Janeiro. Es gibt erste Anzeichen, dass durch die aktive Teilnahme der Bewohner und ihr medienwirksames Engagement nicht nur Drogenkriminalität reduziert werden kann, sondern auch Polizeigewalt gegen die eigenen Bürger.

In Deutschland erleben wir etwas Ähnliches. Videos, die zeigen, wie Migranten, Flüchtlinge oder Demonstranten von Polizisten absichtlich geschlagen, getreten oder sogar regelrecht in den Zellen oder auf dem Revier gefoltert werden, tauchen vermehrt auf. Entweder weil der oder die Täter sich damit brüsten wollen und es an andere weiterverschicken – oder weil jemand den Mut hat, sich als Whistleblower zu betätigen und die Vorgesetzten darüber zu informieren.[249] Denken wir an die Misshandlungen von Asylbewerbern im Herbst 2014 in einem Nordrhein-westfälischen Asylantenheim. Mittlerweile wird gegen 50 Beschuldigte ermittelt, darunter Sicherheitskräfte und Sozialbetreuer sowie zwei Bedienstete der Bezirksregierung Arnsberg. An die Öffentlichkeit gerieten die Vorkommnisse über ein Handyfoto.[250]

Doch auch bei der Zerstörung geschützter Kulturgüter ist Bürger-Watching eine große Hilfe. So dokumentiert der Archäologe Cheikhmous Ali mithilfe freiwilliger Aktivisten aus Syrien, die trotz der Gefechte Videos drehen und Fotos machen, Beweise, wie Kulturschätze in Syrien zerstört werden.[251] Seit in Syrien Krieg herrscht, hat auch der Schmuggel von Kulturschätzen in den Libanon dramatisch zugenommen. Die Aktivisten leisten unschätzbare Aufklärungsarbeit. Sie bringen sich in hohe Gefahr, doch eine Belohnung für ihr Engagement ist aktuell noch nicht in Sicht. Der Schmuggel floriert, und gegen die Hintermänner wird bis jetzt nichts unternommen.

Der Aktivismus solcher mutiger Menschen erzielt also nicht

immer eine sofortige Wirkung. Auch wird dieser Bürgerjournalismus nicht von allen akzeptiert. Gerade seitens der Behörden
ist es oft schwierig, Beweismaterial der Bürger einzusetzen.
Auch ist Bürger-Watching natürlich nicht frei von psychologischen Problemen, was die Glaubwürdigkeit angeht. Wenn
Zivilisten Fotos und Filme machen, sind diese sehr stark subjektiv geprägt. Die Ereignisse werden immer unter dem Blickwinkel des Urhebers, der persönlichen Situation, eigener Gefühle
und Erlebnisse geschildert. Häufig versuchen die Online-Akti-
visten sehr emotionale Filme zu erstellen, die darauf abzielen,
die Zuschauer zu berühren, aber auch zu schocken und für Entrüstung zu sorgen. »Der erste Reflex ist oft, eine Blutlache zu
filmen«, so Kelly Matheson, Leiterin der Videoabteilung bei der
Organisation Witness.[252]
Die objektive Beurteilung kann hierunter stark leiden. Das,
was wir als sachliche Berichterstattung von ausgebildeten Journalisten erwarten, kann dabei auf der Strecke bleiben.
Dabei ist es wichtig, so viele Einzelheiten wie möglich aufzunehmen, also Nah- wie Panoramaaufnahmen, andere be-
teiligte Personen, Nummernschilder von Fahrzeugen oder
Orientierungspunkte, um die Orte des Geschehens zu doku-
mentieren, wie z. B. Straßennamen, Gebäude oder Denkmä-
ler. Auch müssen Zeitpunkt und Ort der Aufnahme unbedingt
nachverfolgt werden können, um als echte Beweise zu dienen.
Aus diesem Grund hat Kelly Matheson Standards für diese vi-
deobasierte Form des »Bürgerjournalismus« entwickelt, die sie
auch in Workshops weltweit vermittelt. Damit in Zukunft solche Beiträge auch wirklich anerkannt werden können – von
allen Seiten, dem Online-Publikum, aber auch von Behörden.
Auch die journalistische Ethik darf nicht auf der Strecke bleiben.
Ob es nun um Missbrauch oder Chancen geht, wir müssen
uns damit befassen, was diese Flut von Ton und Bild bei uns,
den Usern, konkret auslösen kann.

WAS MACHT VIRTUELLE GEWALT MIT UNS, DEN NUTZERN?
Online geht nicht alles spurlos an uns vorbei. Die Einflüsse
auf unsere Emotionen und unser Verhalten können sehr unter-

schiedlich sein. So können Emotionen wie Mitleid, Mitgefühl, Empathie für die Opfer geweckt, Sinn und Wahrnehmung für die schreckliche Situation in Kriegsgebieten geschärft werden. Dies kann uns anregen, etwas dagegen zu tun – durch Spenden, konkrete Hilfsaktionen oder die eigene persönliche Beteiligung (z. B. bei Ärzte ohne Grenzen), selbst wenn es nur Online-Petitionen sind.

Allerdings können uns auch Abstumpfung und Gleichgültigkeit drohen, weil wir uns mittlerweile einfach daran gewöhnt haben, überall Gewalt und Tod zu sehen.

Es kann sogar eine gewisse Faszination entstehen für Szenen von Gräueltaten und Menschen, die sich absichtlich dem Märtyrertod als Attentäter für die »gute Sache« hingeben. Auch besteht die mögliche Radikalisierung, gerader junger Menschen.

Und wir können auch seelisch krank werden. Das Betrachten brutaler Kriegsszenen, ob echt oder unecht, oder menschenverachtender Taten, kann unser seelisches Gleichgewicht zerstören und posttraumatische Stresssymptome oder Depressionen erzeugen. Und das, auch wenn wir gar nicht wirklich vor Ort dabei waren, sondern all das nur vor unserem Bildschirm miterlebt haben.

Die Wirkungen auf uns, das Publikum, sind also vielfältig.

WIR WERDEN AUFGERÜTTELT Gefühle drücken unseren affektiven Zustand aus und sind eng mit den Bedürfnissen verbunden, die wir im jeweiligen Augenblick spüren. Sie sind aber auch mit Kognitionen verbunden, also mit Prozessen der Informationsverarbeitung. Damit sind Emotionen häufig auch mit Erfahrungen oder Ereignissen verknüpft. Jeder von uns kennt das: Wenn wir z. B. eine bestimmte Musik hören, werden sofort bestimmte Erinnerungen wachgerufen – schöne oder auch traurige.

Somit ist eigentlich alles, was wir tun, denken, aber auch unser Unterbewusstsein, mit Gefühlen verbunden. Einige Sozialpsychologen haben sogar Typologien von Emotionen entwickelt, die eine Basis von Emotionen klassifizieren und die im Normalfall jeder von uns in sich trägt. So z. B. Interesse, Freude, Überraschung, Kummer und Schmerz, Zorn, Ekel, Geringschätzung, Furcht, Scham oder Schuldgefühl.[253] Jedenfalls können wir davon ausgehen, dass bestimmte Emotionen in allen Kulturen vorhanden sind und somit universell auftreten.

In der Medienwirkungsforschung hat man sich darauf konzentriert, wie man bestimmte Emotionen gezielt ansprechen kann und was sie dann in uns auslösen. Somit ist schon seit den 30er-Jahren bekannt, dass emotionale Botschaften wirkungsvoller als logische Argumente sein können.[254] Zumindest dann, wenn wir eine geringe Aktivierung oder Beteiligung aufweisen, also in dem Moment unser Umfeld eher oberflächlich betrachten und nicht intensiv nach etwas Bestimmtem suchen oder darüber nachdenken. Sobald wir aber kognitiv stark beteiligt sind, schwinden die Effekte emotionaler Botschaften.

Die Idee, ein Ereignis über das Ansprechen bestimmter Emotionen oder auch den Versuch, uns in einen gezielten emotionalen Zustand zu versetzen, für uns interessant zu machen oder eine bestimmte Botschaft zu verbreiten, ist nachvollziehbar und wird von der Werbung schon längst flächendeckend umgesetzt. Man arbeitet mit emotionalen Appellen. So gilt z. B. »Sex sells« seit Jahrzehnten als bewährte Methode. Doch funktioniert das Konzept nicht nur bei angenehmen Assoziationen wie Liebe und Sexualität, sondern auch beim Gegenteil: Wenn man Angst erzeugen möchte, um eine abschreckende Wirkung herbeizuführen. Denken wir z. B. an die seit 2009 in der EU gültigen Warnhinweise auf den Zigarettenpackungen. Was bei uns noch rein verbal umgesetzt wird, besteht z. B. in Australien oder Neuseeland bereits aus Fotos von krebszerfressenen Lungenflügeln oder großflächigen Melanomen im Gesicht. Doch wieviel »Erregung« muss man erzeugen, damit eine vorteilhafte Wirkung eintritt?

In den 70er-Jahren befasste sich der Psychologe D. E. Berlyne mit der Frage, wie viel Erregung wir ertragen, was also zu viel ist und im Gegenteil bewirkt, dass wir abschalten statt hinzuschauen. Er fand heraus, dass für eine entsprechende Wirkung das »Arousal«, die Erregungsschwelle optimal sein muss. Untersuchungen bestätigen eine kurzfristige Irritation, durch oben genannte Warnhinweise, und eine besondere Wirkung durch mittelstarke Appelle. Ist der Furchtappell zu schwach, löst er gar keine Aufmerksamkeit aus, ist er zu stark, wollen wir uns lieber nicht damit beschäftigen, wir blenden die unangenehmen Botschaften einfach aus.[255]

Überhaupt werden negative Botschaften sehr ambivalent wahrgenommen. Viele empfinden Angst, Furcht oder ein unangenehmes Gefühl. Dies gilt auch für sadistische, pornografische oder Gewaltszenen. Allerdings gibt es auch ein verstecktes Interesse oder eine Art Neugier, die dazu führt, dass man sich Dinge doch anschaut, vor allem, wenn sie den traditionellen Moralvorstellungen widersprechen oder sogar verboten sind. Da sind wir dann wieder bei unseren voyeuristischen Zügen, die ja gerade online so einfach befriedigt werden können.

Bei einer Analyse beliebter Videoclips auf YouTube wird klar, dass langweilige Posts und Inhalte für viele uninteressant sind und abgestraft werden, sie bekommen die wenigsten Klicks. Langeweile ist eine Emotion, die auch häufig als unangenehm empfunden wird. Wir haben ja bereits angesprochen, dass viele es heute kaum mehr ertragen können, mit sich selbst allein zu sein, ohne überhaupt irgendetwas zu tun. Deshalb schauen wir uns eben solche Inhalte auch online eher selten an.

Man könnte sagen, emotional muss sozusagen immer irgendetwas los sein, dass wir unsere Aufmerksamkeit auf ein Ereignis, ein Objekt oder eben ein Foto oder Video richten. Deshalb werden Emotionen im Netz gezielt eingesetzt, um die eigenen Botschaften von der Vielzahl anderer z. B. auf Facebook oder Instagram, abzuheben. Allein auf Instagram sind Milliarden von Fotos gespeichert. Soll also das, was ich im Netz veröffentliche, auffallen, dann muss ich geradezu die Gefühle beim Zuschauer ansprechen. Dabei kann auch das Erzeugen einer angenehmen Spannung unsere Aufmerksamkeit erhöhen. Wenn z. B. jemand auf einem Drahtseil über dem Grand Canyon schwebt oder Filmclips zeigt, wie junge Männer auf das höchste Gebäude der Welt klettern.

Und auch wenn wir es normalerweise vorziehen, dass positive Gefühle in uns wachgerufen werden, springen wir auch auf negative Reize emotional an.

So können auch Gefühle wie Schmerz, Zorn, Ekel, Geringschätzung, Furcht oder Schuldgefühl in uns geweckt werden und unsere Aufmerksamkeit binden. Genau das kann sich abspielen, wenn authentische Horror- oder Gewaltszenen auf unseren Bildschirmen erscheinen.

Gerade wenn wir eben nicht kognitiv mit unseren Gedanken und unserem Hirn intensiv beteiligt sind, sondern eher oberflächlich durchs Netz browsen, lassen wir uns von effekthaschenden und erschreckenden Headlines à la Bildzeitung durchaus lenken.

Unsere Wahrnehmung kann also online durch das Zeigen von Grausamkeiten, menschlichem Elend, Zerstörung oder Krankheiten gezielt auf die angesprochenen Themen gelenkt werden. Gewaltdarstellungen können dabei kurzfristig physiologisch erregend wirken und zu einer Intensivierung emotionaler Reaktionen führen (Anderson 2004).[256] [257] Wie diese dann kanalisiert werden, ist durchaus unterschiedlich. Im ersten Moment können wir geschockt reagieren. Manche blenden diese Informationen auch lieber ganz schnell wieder aus. Bei anderen hingegen fängt das Gehirn an zu arbeiten. Wir denken über das Gesehene nach, kramen in unserem Wissen und in unseren Erfahrungen und suchen vielleicht auch nach weiteren Hinweisen. Dadurch können unsere Folgehandlungen durch die erregten Gefühle beeinflusst werden.

Es gab vor nicht allzu langer Zeit folgenden Fall im Netz, der wahnsinnige Aufmerksamkeit und Empörung erregte und aus dem heraus sich ein Shitstorm entwickelte. Auslöser war ein Videoclip, in dem eine lachende junge Frau Hundebabys in einen Fluss wirft. Die Emotionen kochten online hoch – Entrüstung, moralische und ethische Vorwürfe wurden erhoben, und es wurde sogar gefordert, man solle dasselbe mit der Täterin machen.[258]

Authentische Gewalt in den Online-Medien kann uns also durchaus wachrütteln und dazu führen, dass wir uns mit anderen zusammenschließen, dagegen protestieren und etwas unternehmen. Reale Gewaltszenen können einen Sinn haben, nämlich dann, wenn sie dazu beitragen, uns neu zu orientieren, Meinungen und Haltungen zu überdenken oder uns zum konkreten »positiven« Handeln, auch im Sinne von prosozialem Verhalten, zu aktivieren.

Unser moralisches Gewissen wird angeregt, nicht länger die Augen vor dem Rest der Welt zu verschließen, uns vom Bildschirm zu Hause auszuklicken, zu helfen, gegen Missstände anzugehen und dabei auch andere Menschen aufzurütteln. Vielleicht fangen wir gerade, weil wir so etwas gesehen haben an, uns z. B. sozial zu engagieren, gründen Vereine für die Hilfe von Flüchtlingen, initiieren Online-Petitionen oder werden zu Bürgerjournalisten nach dem Beispiel von Witness oder Papo Reto.

Sehen wir aber nur noch Gewalt, Terror und leidende Menschen in Film, Fernsehen und im Netz, besteht das Risiko, dass wir uns an die Grausamkeiten, das Blut oder die Tränen der Opfer gewöhnen.

Bei dem heutigen Niveau der medialen Gewaltdarstellung können wir schon eine gewisse Abstumpfung feststellen. Dabei stellt sich auch die Frage, wie müssen Beiträge und Botschaften, ob virtuell oder real, aussehen, damit sie uns auf unserer Gefühlsebene überhaupt noch erreichen? Vielfach scheint es, als müssen sie immer brutaler, blutiger, actionreicher und herzzerreißender werden.

WIR STUMPFEN AB Bereits vor Jahren, als es noch kein Internet gab, wiesen Studien darauf hin, dass Mediengewalt durchaus einen Abstumpfungseffekt bei den Zuschauern hervorrufen kann.[259] Auch Petra Grimm bestätigt dies in ihren Forschungen: »In den vergangenen 20 Jahren haben wir vor allem im fiktionalen Bereich eine Gewöhnung an Gewaltszenen erlebt.«

Gerade bezüglich der Online-Spiele können Studien deutlich zeigen, dass das Gehirn der Konsumenten umso emotionsloser wird, je brutaler und länger die Gewaltszenen sind. Eine problematische Folge dieser Emotionslosigkeit besteht darin, dass man auch selbst aggressiver wird, so Jordan Grafman.[260] Wir wissen ja, dass gewalttätige Personen, aber auch Cybermobber, eine geringere Empathiefähigkeit besitzen als Menschen, die nicht gewalttätig sind.[261] Wie dies allerdings zustande kommt, ist nicht immer eindeutig. Anhand der neuesten Forschungen kann es eben auch der Effekt eines zu hohen medial-realen Gewaltkonsums sein. Wenn Gewalt zur Routine wird.

Gewöhnungs- bzw. Abstumpfungsprozesse kennen wir aber auch unter dem Konzept der Desensibilisierung. Ähnlich dem System im Kampf gegen den Heuschnupfen. Nur werden wir in diesem Fall nicht an die krank machenden Erreger gewöhnt, sondern an gewalthaltige Inhalte. In Experimenten zeigen Kinder wie auch Erwachsene eine verringerte physiologische Erregung bei echten Gewalttaten, wenn sie zuvor durch Mediengewalt an dieses Verhalten »gewöhnt« wurden.[262] Das bedeutet: Reize, die auf der Ebene unserer Gefühle normalerweise z. B. Angst, Mitgefühl oder Schuldgefühle hervorrufen, verlieren ihre Wirkung. Negative, unangenehme Gefühle gegenüber toten Menschen oder Kriegsszenen werden abgeschwächt. Aber auch unser Mitgefühl gegenüber Menschen in echten Notsituationen und Opfern im realen Leben können nachlassen.[263] Sogar auf der körperlichen Ebene schwindet die Wirkung, Angstschweiß, Gänsehaut oder schwerfallendes Atmen gehen zurück (Carnagey/Anderson/Bushman 2007). Durch diesen Gewöhnungsprozess verändern sich also unsere emotionalen und körperlichen Reaktionen.

Unsere Kognition wird an diese neue Situation angepasst, die gezeigte Gewalt wird irgendwann als vollkommen normal angesehen. Zudem kann eine Art Aufschaukelungsspirale[264] entstehen. Aggressive Hinweisreize führen dann zu einer höheren Zugänglichkeit in unserem Kopf für aggressive Gedanken und auch Interpretationen gewalthaltiger Handlungen.[265] Und sie können wie ein Filter wirken, durch den wir unsere Umwelt in diesem Moment als extrem feindselig wahrnehmen. Je mehr wir konsumieren, umso stärker können also negative Effekte auf uns wirken.

Allerdings spielen auch persönliche Eigenschaften eine Rolle, wie Reflexivität. Doch gerade diese Fähigkeit, intensiv abzuwägen und auch moralische Aspekte miteinzubeziehen, ist bei Kindern noch nicht stark ausgeprägt. Kleine Kinder etwa können weniger gut zwischen Fantasie und Realität unterscheiden als ältere. Dadurch können die als »real« empfundenen Darstellungen das Lernen von Aggression bei ihnen verstärken.[266] Hinzu kommt, dass z. B. Täter in Spielfilmen oft erst gegen Ende bestraft werden und nicht sofort nach der Tat. Somit können Tat und Bestrafung in der Wahrnehmung der Kinder entkoppelt werden, der Zusammenhang ist nicht erkennbar.[267] Und die Gefahr einer unreflektierten Übernahme von Gewaltmustern und Interpretationen besteht.

Durch die vermeintlich reale, brutale Wirklichkeit, zu der wir über das Internet in Kontakt kommen, haben wir ein anderes, viel höheres Niveau erreicht. Hier findet nicht Fiktion, sondern vom äußeren Anschein her echte Gewalt den Weg in unsere Köpfe. Die Auswirkungen werden vielfältig diskutiert. So meint Petra Grimm, dass wir bei den authentischen Bildern z. B. aus dem Irak noch nicht so abgestumpft sind. Vor allem für Jugendliche, aber auch für Erwachsene, seien sie häufig noch schwer einzuordnen und emotional zu verdauen.

Eigene Gespräche in Forschungsgruppen mit Jugendlichen, aber auch Erwachsenen, weisen eher in die gegenteilige Richtung. Wenn ich mich selbst kritisch betrachte, dann bemerke ich, dass sich auch bei mir schon mal ein Gefühl des »Zuviel« einschleicht. Gemäß dem Motto »Nicht schon wieder Terror und Tod, es kommt ja nichts anderes mehr« klicke ich einfach weiter. Vielleicht ist dies auch ein Grund, warum die meisten versuchen im Netz ihre positiven Gefühle zu zeigen, gerade beim Posten über sich selbst. Wir entfliehen dem alltäglichen Grauen. To be happy ist die Devise – denken wir an Instagram.

Meine eigenen Erfahrungen decken sich mit den Erkenntnissen verschiedener Studien: Virtuelle Bildschirmgewalt kann unsere Emotionen dämpfen. Dies zeigen z. B. die Untersuchungen des Teams um den bereits erwähnten US-Wissenschaftler und Hirnforscher Jordan Grafman. Sie bestätigen gerade bei männlichen Teenagern die Gefahr, dass sie durch den häufigen Konsum scheinbar echten gewalthaltigen Filmmaterials emotional abstumpfen. Die Forscher konnten nachweisen, dass die Jugendlichen umso weniger Aktivität in der für emotionale Reaktionen zuständigen Hirnregion zeigten, je mehr Gewaltbilder sie sahen.[268] Die betreffende Hirnregion, der orbitofrontale Kortex (OFC), dient normalerweise auch als »Bremse« für aggressives Verhalten. Wird diese nun ausgeschaltet, steigt das Risiko, dass Gewalt und Aggressivität als angemessenes Verhalten akzeptiert werden. Die gleichen Hinweise auf Gewöhnungs- und Abstumpfungsprozesse zeigt auch die Arbeitsgruppe von Joy Hirsch an der Columbia University in New York oder Bruce Bartholow von der University of Missouri.

Der intensive Konsum von gewalttätigen Medien in Form von Bildern oder Videoclips wirkt sich ganz klar auf unsere Emotionen und die damit verbundenen Folgereaktionen aus. Das häufige Beobachten von Gewalt am Computer kann im Gehirn zu einer verminderten emotionalen Reaktion auf Gewalt führen. Wir verlieren Mitgefühl und Empathie mit den gezeigten Opfern oder verringern Schuldgefühle z. B. bezogen auf den Einsatz der Soldaten des eigenen Landes, die durch Fehlerhaftes Verhalten für Tötungen von Zivilisten verantwortlich sind. Dies führt auch zu einer niedrigeren Hemmschwelle. Wir gewöhnen uns daran, leblose, blutende oder tote Körper aus Syrien zu sehen. Gewalt ist nicht mehr abstoßend – wir nehmen sie als Normalität und Teil unserer heutigen Wirklichkeit wahr.

WIE UNSER GEHIRN GEWALT VERARBEITET UND LERNT[269] Über die Wahrnehmung werden Lernprozesse in Gang gesetzt. Wenn unser Gehirn z. B. über eine wiederholte Beobachtung von Gewaltszenen, sei es medial oder real, z. B. Gewalt immer im Zusammenhang mit Konfliktlösung erlebt, dann lernt es, Gewalt genau in diesem Kontext zu betrachten: eben als Mittel zum Zweck. Je häufiger wir Gewalt als Problemlösung beobachten, desto stärker wird im Gehirn auch die Verknüpfung zwischen den beiden Konstrukten. Steht man dann im realen Leben vor einem Konflikt, kann das Gehirn auf das Erlernte, also die vorgefestigten Netzwerke und Verknüpfungen zurückgreifen. Dies kann z. B. passieren, wenn Jugendliche regelmäßig mit radikalisierenden Clips konfrontiert werden, die für Gewalt wichtige Gründe und somit eine regelrechte Notwendigkeit propagieren, und dabei Gewaltanwendung gleichzeitig als Lösung für Probleme darstellen.

Für Gerald Hüther sind jedoch keineswegs alle Jugendlichen gleich anfällig für die Auswirkungen medialer Bildschirmgewalt. Seiner Meinung nach sind vor allem diejenigen anfällig, die bereits von früher Kindheit an Gewalt im realen Leben beobachtet haben – sei es im Elternhaus oder bei Spielgefährten – und zugleich davon begeistert waren. Gerade wenn geliebte oder bewunderte Vorbilder Gewalt ausübten, identifizierten sich die Kinder mit deren Handlungen. In den Gehirnen dieser Kinder sei Gewalt bereits früh mit positiven Gefühlen verknüpft. Deshalb konsumierten gerade sie dann besonders oft Gewalt enthaltende Videos.[270]

Wir müssen also bei den Auswirkungen von Gewaltvideos im Echtformat differenzieren und darauf achten, wer besonders durch den gesteigerten Konsum gefährdet ist. So wird die Stärke der Effekte bei Kindern und Jugendlichen durch bestimmte Faktoren begünstigt wie z. B. ein ungünstiges Milieu (geringeres Bildungsniveau, fehlende alternative Freizeitangebote), bei Eltern mit eigenem medialen Gewaltkonsum, einem aggressiven Erziehungsstil, geringerem Selbstkonzept, aber auch gesteigerten Neugierverhalten, Aggressivität als Persönlichkeitseigenschaft bzw. der Einstellung, dass Erfolg durch aggressives Verhalten erzielt werden kann.[271]

Auch wenn wir die Wirkungen medialer Gewalt differenziert sehen müssen und vielfach gerade auch Problemgruppen oder spezifische Risikofaktoren mit in den Fokus nehmen sollten, wird doch deutlich: Virtuelle Bildschirmgewalt, egal ob echt oder gefälscht, kann negative Effekte auf Gefühle und Verhaltensintentionen des Publikums haben. Dessen müssen wir uns immer bewusst sein, wenn wir im Netz auf solches Material treffen oder es selbst weitergeben.

Erfahrungen realer Gewalt über Smartphone und Co können die Seele zerstören. Von Posttraumatischen Belastungsstörungen (PTBS) haben wir alle schon einmal etwas gehört. Vor allem Mitarbeiter von Kriseninterventionsteams, Sondereinsatzkommandos oder ehemalige Soldaten, die nach Einsätzen in Kriegsgebieten wieder nach Hause kommen, sind besonders gefährdet. Katastrophen, Terror, Kriegsschauplätze und das dortige Elend, das persönlich vor Ort erlebt wird, sind häufig besonders schwer emotional zu verarbeiten.

Die genaue Ursache für eine PTBS ist somit ein erlebtes Trauma, eine aus Sicht der Betroffenen sehr belastende, außergewöhnliche Situation oder ein katastrophales, extremes Erlebnis. Dieses Trauma beeinflusst die Personen seelisch so stark, dass das Erlebte als regelrechte Bedrohung wahrgenommen wird und die Gesundheit ernsthaft gefährdet.

Allerdings kann sich eine PTBS nicht nur bei Menschen entwickeln, die direkt in ein Ereignis involviert waren, z. B. als Helfer in einem Katastrophengebiet (denken wir an das verheerende Erdbeben in Tibet 2015) oder Soldaten bei ihrem Einsatz. Auch Augenzeugen vor Ort können von dieser psychischen Erkrankung betroffen sein.[272]

Die Betroffenen durchleben das Trauma in Gedanken, also kognitiv, aber auch emotional immer wieder. Dabei muss nicht alles erinnert werden, es kann sich nur um Bruchstücke handeln, sogenannte Flashbacks, oder es können auch durch Verdrängungsprozesse richtige Erinnerungslücken existieren. Typisch für posttraumatische Belastungsstörungen sind extreme Stimmungsschwankungen, aber auch starke Angstgefühle und Hilflosigkeit, Schlafstörungen und Albträume, echter physischer Schmerz, Reizbarkeit, Schreckhaftigkeit und Konzentrationsstörungen. Hinzu kommen Vermeidungs- oder Rückzugsverhalten gegenüber der Außenwelt, Schuldgefühle oder Selbsthass oder eine erhöhte Suchtgefahr, Neigung zu Depressionen, Angsterkrankungen und Zwangsstörungen sowie Suizidgefahr.

Allerdings zeigt sich mittlerweile, dass nicht nur das, was wir am eigenen Leib erfahren haben, uns seelisch und psychisch extrem belasten kann, sondern auch das, was wir online erleben.

Alleine das Anschauen und Konsumieren gewalthaltiger Videoclips im Netz kann zu den gleichen Symptomen führen, wie sie bei Kriegsveteranen aus dem Irak auftreten. Pam Ramsden, Forscherin an der University of Bradford, hat in ihren Studien herausgefunden, dass rund ein Fünftel der Studienteilnehmer, die in starkem Maße extreme reale Gewaltszenen aus dem Irak und ähnlichen Kriegsgebieten über soziale Medien wie Facebook oder YouTube konsumierten, posttraumatische Belastungsstörungen aufwiesen. Und das, obwohl sie die traumatisierenden Ereignisse quasi secondhand erlebt haben.[273]

Dass dieses Ergebnis für so manchen Online-User durchaus

etwas unheimlich ist, zeigen die Reaktionen auf die Veröffentlichung im Mai 2015 über die BBC.[274] Viele waren regelrecht verstört, dass wir in unserem Netz-Leben schon so weit gekommen sind. Und erst recht, wenn wir bedenken, dass bei Kindern Posttraumatische Belastungsstörungen zu vorübergehenden Entwicklungsrückschritten führen können, sollten uns diese Ergebnisse aufrütteln.

Gerade im Hinblick auf die jugendlichen User des WWW ist deshalb Arthur Cassidy, Psychologe und Unterstützer des Yellow Ribbon Program suicide-prevention charity, der Meinung, dass Facebook und Co sich verpflichten müssten, mediale Inhalte extremer Gewalt aus ihren Netzwerken zu verbannen. Restriktionen, wie die aktuellen Warnhinweise, brächten wenig, da man diese leicht umgehen könnte. »At the end of the day warning messages will not prevent young people from seeing upsetting and psychologically damaging material«, sagt er.[275]

Wenn wir also die neuesten Forschungen zu den Folgen von authentischen Gewaltszenarios und ihren negativen psychischen Effekten betrachten, dann sollten wir unbedingt an die Verantwortung aller Medien plädieren, ob nun öffentlich-rechtlich oder Online-Provider. Und wir sollten unser eigenes Verhalten intensiver überdenken.

3
Das Internet als virtuelle Bühne

Wer bin ich? Die meisten von uns stellen sich diese Frage im Laufe ihres Lebens sicherlich nicht nur einmal. Zum einen hört die Suche nach unserem Selbst oder nach dem, was wir gerne sein möchten, eigentlich nie wirklich auf. Und zum anderen verändern wir uns ständig, alleine das Fortschreiten des Alters beinhaltet ja ein enormes Wandlungspotenzial – ob wir es wollen oder nicht.

Doch wie werden wir nun zu dem, was wir heute sind? Wer oder was prägt also unsere Identität?

Eines ist klar, unsere Identität fällt nicht einfach vom Himmel (wenn wir vom Geschlecht einmal absehen). Identität bildet sich mit der Zeit und ist damit das Ergebnis eines Prozesses. Dabei ist sie aber nicht nur ein Konstrukt, das sich ausschließlich aus uns selbst entwickelt. Sie entsteht quasi in einem Wechselspiel aus inneren Bedürfnissen auf der einen Seite und dem gesellschaftlichen Wertesystem, den Erwartungen und sozialen Rollen, in die wir hineingeboren werden, auf der anderen. Identität ist somit auch ein immerwährender Dialog mit anderen.[276] So prägen gerade auch die Feedbacks, die wir von unserer Umgebung z. B. auf unser Verhalten erhalten, das Bild, das wir von uns selbst haben. Unser soziales Umfeld hat also einen großen Anteil an unserer Identitätsentwicklung. Und wenn wir nun heute von Identität sprechen, müssen wir erkennen, dass dieser Begriff viel mehr Perspektiven beinhaltet als noch vor 20 Jahren. Denn durch das Internet hat sich unsere Identitätsbildung stark verändert. Wir bewegen uns heute in zwei gleichwertigen nebeneinander existierenden Lebensräumen, in unserer Offline- und unserer Online-Welt. Dadurch beeinflusst natürlich auch der Cyberspace den Prozess unserer Identitätsentwicklung.

Online-Identität und Alltags-Ich
Wie der Cyberspace zum idealen Ort für Selbstdarstellung und Selbstinszenierung wird

Wenn wir uns den Begriff Identität näher anschauen, wird klar, dass er aus mehreren Dimensionen besteht. Auf der einen Seite steht die direkt mit der eigenen Person verbundene Perspektive, die wir als personale Identität bezeichnen. Sie ist die Gesamtheit unseres Wissens um die eigenen Charakterzüge und Fähigkeiten, Einstellungen, Meinungen und die damit verbundenen Gefühle und Bewertungen. Auf der anderen Seite haben wir auch eine soziale Identität. Sie ordnet uns in den sozialen Kontext ein. Über sie wissen wir, welche Positionierung wir im gesellschaftlichen Gefüge einnehmen, und auch, welche sozialen Rollen. Was wir als Identität insgesamt bezeichnen, die Art, wie wir uns selbst sehen bzw. unser Selbstkonzept, besteht also aus zwei Komponenten, der personalen[277] und der sozialen Identität[278].

Wie nun personale und soziale Identität interagieren, ist ebenfalls dem Zeitgeist unterworfen. Unsere Identität ist damit auch extrem politisch. Und das bezieht sich nicht nur auf politische Grundhaltungen oder Sympathien für eine bestimmte Partei, sondern auch darauf, dass sich ein politisches System ganz konkret auf Identität und Identitätsbildung auswirkt. Denken wir z. B. an den Arabischen Frühling, durch den sich vor Kurzem ein durch Jahrzehnte geprägtes politisches System arabischer Staaten quasi in Luft auflöste. Oder an unsere eigene Geschichte. Vom Mauerbau 1961 bis zum Fall innerdeutscher Grenzen 1989 führte die Spaltung Deutschlands in zwei völlig unterschiedliche ideologische Regime, auch zu verschiedenen deutschen Identitäten. Die Wiedervereinigung machte dann alles vorher Dagewesene zunichte. Für Millionen ehemaliger DDR-Bürger bedeutete dies den Verlust ihrer nationalen Identität, aber auch eines wichtigen Teils ihrer personalen und sozialen Identität. Dadurch, dass sich unsere Welt ständig verändert, sind also auch die Rahmenbedingungen, an denen wir unsere Identität immer wieder orientieren und ausrichten, einem stetigen Wandel unterworfen. Kulturelle und politische

Veränderungen, globaler Kapitalismus oder neue Herausforderungen wie Flüchtlingsproblematik und Terrorismus haben einen deutlichen Einfluss auf die Entwicklung jedes Einzelnen von uns. Flexibilität und Veränderlichkeit sind also wichtige Aspekte unserer stetigen Identitätsentwicklung. Unsere Identität ist mitnichten stabil.

Dabei geht wohl die radikalste Veränderung für unsere Identitäten der letzten 25 Jahre von einem ganz speziellen Medium aus: dem WorldWideWeb.[279] Das Spannendste am Netz ist eben gerade das, woran die Gründer noch gar nicht gedacht haben: die Einflüsse auf Identität und Identitätsbildung. Wir müssen heute im Vergleich zu früher nicht mehr nur unsere personale und soziale Identität im Offline-Modus betrachten, sondern auch jene, die wir online bekleiden: unsere digitalen Identitäten. Dadurch beschäftigt uns aber auch das Problem der Fragmentierung noch mehr als früher: Wir sind viele. Der Begriff der Patchwork-Identität, der beschreibt, wie verschiedene Teil-Identitäten zu einem Ganzen werden, muss heute in einem neuen Licht gesehen werden. Die Gefahr: Das stetige Hin-und-her-Switchen zwischen Online- und Offline-Identitäten kann zu Konflikten mit unserem Selbstbild und somit zu Identitätsproblemen führen. Und: Wir können die Anpassung, die durch diese rasende Entwicklung von uns erwartet wird, meist nicht in dem raschen Tempo leisten, in dem sie voranschreitet. Die Innovationszyklen betragen heute ja nur noch wenige Jahre oder sogar Monate. Denken wir alleine an das iPhone, das erst 2007 auf den Markt kam, und welche Veränderungen bis heute stattgefunden haben.

Wenn wir nun etwas tiefer ins Netz schauen, sehen wir: Digitale Identitäten gibt es viele. Alleine schon beim Einrichten eines Kundenkontos bei Amazon erstellen wir eine digitale Identität mit vielen Daten über uns, z.B. dem Geburtsdatum, der Rechnungsanschrift, dem E-Mail-Kontakt, dem Bankkonto oder der Kreditkartennummer. Auch bei der Nutzung von beruflichen Netzwerken wie Xing oder LinkedIn kreieren wir eine digitale Identität in Form von Profilen mit wichtigen Informationen über unsere Expertise, den Ausbildungsgrad, unsere aktuelle berufliche Position und vieles mehr. Und denken wir auch an die Welt der Online-Games: Hier agieren wir durch selbst erschaffene menschenähnliche Identitäten, sogenannte Avatare.

Dies alles geht nicht spurlos an uns vorüber.

Alles, was wir im Netz erleben, die Erfahrungen, die wir hier machen, wirken sich auch auf unsere Selbsteinschätzung und unser Selbstkonzept aus – unsere gesamte Identität also. Wir merken das schon daran, dass wir uns zu Beginn, wenn wir z. B. eine neue digitale Identität in einem sozialen Netzwerk erschaffen haben, oft unsicher fühlen. Doch das ändert sich mit der Zeit. Bekommen wir nämlich Routine, fängt unsere Facebook-Identität an, sich gut zu fühlen – und unsere reale auch. Unsere digitalen Identitäten verfolgen uns also nicht nur online auf Schritt und Tritt, sondern auch offline. So betont auch der Internet-Soziologe Stephan Humer, dass das, was ich als Mensch darstelle, zunehmend durch das digitale Leben beeinflusst wird. Man ist immer erreichbar durch das Handy, das man dabei hat. Das hat Auswirkungen auf das eigene Selbstbild – und beeinflusst damit unsere Identität.[280]

Dabei ist der Gedanke, dass Medien einen deutlichen Einfluss auf unsere Identitätsbildung haben, nicht neu. Sie vermitteln nicht nur Information oder Unterhaltung, sondern immer auch Normen und Wertesysteme unserer Gesellschaft – die tatsächlichen wie auch die erwünschten. In den 80er-Jahren betonte der Medienwissenschaftler Neil Postman, dass alleine schon das Fernsehen (Internet gab es ja noch nicht) unser Denken verändern würde.[281] Doch wo stehen wir heute?

Das Internet stellt sich eindeutig an die Spitze dieser Entwicklungen und hat alles verändert. Denn es ermöglicht eine noch nie da gewesene fast grenzenlose Streuung und Fragmentierung durch die riesige Informationsmenge. Das Außergewöhnliche dabei: Das Netz ermöglicht uns zum ersten Mal das Erschaffen von Identitäten außerhalb unseres realen Umfeldes – in virtuellen Räumen. Und diese Identitäten sind »echt«, denn wir selbst füllen sie mit Leben. Die Prozesse unserer Identitätsentwicklung haben sich also dramatisch verändert. Als Referenzpunkte für unsere Meinungen, Einstellungen, Beurteilungen oder konkretes Verhalten ziehen wir eben nicht mehr nur unser reales Umfeld in Schule oder Familie zurate. Vor allem bei der Frage, wer bin ich und wer will ich sein, was ist richtig und was ist falsch, orientieren wir uns immer stärker an Personen, den Peers, die wir im Netz treffen und mit denen wir hier connected sind. Diese virtuellen »anderen« erweitern somit den Kreis unseres Bezugssystems für die Bildung unserer Identität. Und das genau macht den Unterschied zu früheren Internet-freien Zeiten.

Dass dies gerade für Kindheit und Jugend einen großen Wandel bedeutet, erscheint einleuchtend. Denn trotz lebenslanger Identitätsentwicklung findet ja gerade in diesen Phasen die stärkste Prägung unserer Identität statt. Die Zeit der Jugend hat auch deshalb eine besondere Bedeutung für die Identitätsfindung, da wir uns hier zum ersten Mal in einem richtigen Abnabelungsprozess befinden. Wir lösen uns vom elterlichen Einfluss durch ein Streben nach Autonomie und Selbstbestimmung und suchen gleichzeitig eine stärkere Anlehnung an unsere Peergroup.[282] Facebook, WhatsApp und Co werden also gerade die ab dem Jahr 2000 Geborenen auf eine Weise prägen wie noch keine Generation zuvor, denn sie kennen keine Welt, die ohne Social Media, Smartphone und Tablets auskommen musste. Die Erweiterung der Bezugsgruppen durch virtuelle Kontaktpersonen, die Peers aus dem Netz, wirkt sich besonders in dieser hochbrisanten Prägephase aus.

So betonen mittlerweile ein Drittel der Kinder und Jugendlichen zwischen 10 und 18 Jahren in Deutschland, dass soziale Netzwerke ein wichtiger Bestandteil ihres Lebens sind. Jeder Vierte bestätigt, dass er online Vorbilder findet, auch bezogen auf das, was man später einmal werden möchte. Mädchen sind während ihrer Pubertät durch Social Media besonders beeinflussbar.[283] So finden gerade die Themen Magersucht und Bulimie durch das Internet über soziale Netzwerke einen großen Kreis an Interessierten. Professor Ulrich Vorderholzer von der Roseneck-Klinik am Chiemsee betont, dass gerade sogenannte Pro-Ana-Foren (von pro, lat. für, und Anorexia nervosa, Magersucht), die vielfältige Anleitungen geben, wie man am schnellsten immer dünner wird, und die Darstellung betont schlanker Frauen im Fernsehen oder auf Instagram und Co Essstörungen hervorrufen und sogar verstärken können. Laut einer Untersuchung nehmen sich 85 % der magersüchtigen jungen Mädchen dünne TV- und Internet-Schönheiten zum Vorbild. Das Netz beeinflusst also ohne Zweifel unsere Persönlichkeit. Und es färbt unsere Selbstwahrnehmung und unsere realen Identitäten, wenn wir online Medieninhalte nicht nur konsumieren, sondern selbst auch produzieren. So betont Franco Berardi in seinem Buch ›The Soul of Work‹ (2009) insbesondere die Aspekte der hyperaktiven Selbstdarstellung. Wir sollten also aufpassen, dass Hoffnungen und Wünsche nicht zu einem schizophrenen Aktivismus führen und zu einer diffusen, wenn nicht sogar depressiven Subjektivität der Generation Web 4.0.

Auch einige deutsche und internationale Stars sind nicht besonders begeistert von der regelrechten Darstellungswut im Netz. Viele geben selbst nur wenig von sich preis und sind trotzdem bekannt und beliebt – bei Produzenten und beim Publikum, so z. B. die Schauspielerin Eva Green oder Charlotte Gainsbourg.[284] Marius Müller-Westernhagen findet sogar scharfe Worte: Im Netz gäbe es fantastische Sachen, aber Exhibitionismus und Narzissmus befriedigten hier eben auch Voyeurismus. Und er finde es Irrsinn, dass Jugendliche online erfahren, wie man eine Bombe baut. Er wisse selbst noch, wie hirnlos man mit 16 ist.[285]

Wir werden noch sehen, dass es durchaus zu einer Vermischung von Online- und Offline-Identitäten kommen kann. Auch ein regelrecht zwanghaftes Verhalten zur Selbstdarstellung kann sich entwickeln. Genauso wie es passieren kann, dass wir unsere reale Identität im Netz unsichtbar machen und uns in Traum- und Wunschvorstellungen verlieren. Doch dies muss ja nicht so sein. Und es geschieht auch nicht automatisch bei jedem. Wir können durch das Spiel mit verschiedenen Identitäten im Netz ohne Zweifel unser wahres, tatsächliches »Ich« besser entdecken. Wir sollten das Netz also auch stärker von der Seite der Chancen und Vorteile gerade für unsere Selbstfindung und unsere Persönlichkeitsentwicklung sehen. Dabei dürfen wir aber nicht vergessen, in welche psychologischen Netzfallen wir geraten können.

SELBSTDARSTELLUNG UND SELBSTMARKETING Die verschiedenen Social Media Apps, wie Vine, Meerkat, YouNow, Snapchat, Periscope oder YouTube, um nur ein paar zu nennen, bieten unserer Selbstpräsentation völlig neue, ungeahnte Möglichkeiten. Damit docken sie sehr geschickt an unseren sozialen Bedürfnissen an. Sie bedienen insbesondere unser Kommunikations- und Kontaktbedürfnis, aber auch den Wunsch nach Anschluss an eine Gruppe oder nach Selbstverwirklichung und Wertschätzung auf geradezu ideale Weise. Der Begriff Impression Management wurde bereits angesprochen. Wir versuchen, je nachdem, in welchem Umfeld wir uns befinden, einen ganz bestimmten Eindruck zu vermitteln, der uns bei den Interaktionen und unserem sozialen gesellschaftlichen Miteinander hilft.[286]

Online können wir uns diesem Impression Management nun nahezu perfekt hingeben. Noch nie war es so leicht und bequem, unsere Fähigkeiten, Charaktereigenschaften oder Besonderheiten (ob nun echt oder erfunden) in Form von Profilen oder Selfies darzustellen, ohne unseren aktuellen Aufenthaltsort verlassen zu müssen, geschweige denn unseren wahren momentanen Zustand (ob Aussehen oder Gemütslage) im Augenblick der Preisgabe wirklich zu offenbaren. Gleichzeitig konnte man auch noch nie zuvor ein so großes Publikum erreichen und über die eigene Existenz in Kenntnis setzen, denn theoretisch kann man Millionen von Menschen über das Netz ansprechen.

Dabei sind die Möglichkeiten zur Selbstdarstellung durchaus vielfältig. Viele wählen nicht nur ein echtes Foto von sich, ein Selbstporträt – ein Selfie eben, sondern auch Tierabbildungen.[287] Solche sogenannten Buddy Icons sollen jene Eigenschaften symbolisieren, die wir gerne hätten oder die andere an uns sehen sollen, Kraft, Loyalität oder Unabhängigkeit. Aber auch Figuren aus Cartoons tauchen häufiger auf. Vor allem jüngere User nutzen diese Form der Präsentation. Hier spielt die psychologische Ähnlichkeit mit dem gewählten Charakter eine entscheidende Rolle. Aber auch das Verwenden von Bildern, die Berühmtheiten abbilden, kommt nicht selten vor. So möchte man selbst am Glanz der Superstars teilhaben, etwas von dem vermeintlichen Ruhm abbekommen, gleichzeitig aber auch Zeigen, welches Vorbild man hat, und ausdrücken, so wäre man auch gerne. Und natürlich kann sich auch die dunkle Seite unserer Persönlichkeit im Pseudonym (nickname) oder den ausgewählten Abbildungen zeigen. Aggressive Fantasien und Wunschvorstellungen, aber auch Frust oder Ängste vor Intimität und Nähe können hierin ihren Ausdruck finden. So wissen wir z. B., dass ein Drittel der Jungen zwischen 10 und 19 Jahren sich auch ein bedrohliches Pseudonym gibt, wie dirtyharry oder blackdevil.[288] Selbstdarstellungen, ob Selfies, Avatare oder Buddy Icons, können somit durchaus Wünsche über Eigenschaften und Fähigkeiten oder eine ideale Version von uns repräsentieren. Aber auch eine ganz andere Seite, die wir sonst im realen Leben nicht öffentlich machen, kann sichtbar werden, z. B. negative Aspekte unserer Persönlichkeit.

Bei der virtuellen Selbstdarstellung spielt zudem der Aspekt der Verführung eine Rolle, vor allem für Frauen, ob man nun erotische Symbole benutzt, sexy Bilder oder Nacktfotos. Auf diese Weise können wir leicht unser sexuelles Interesse oder intime Wünsche zeigen oder uns auf die Suche nach einem Flirt begeben. Allein die Illusion, so zu sein wie auf den von uns gewählten Abbildungen, macht uns im virtuellen Raum mutiger, auch entsprechend zu agieren. Und natürlich weckt eine solche Selbstpräsentation das Interesse anderer User.[289]

Dabei sagen die von uns gewählten virtuellen Identitäten eine Menge über unsere echte Persönlichkeit aus. Auch emotionale Zustände lassen sich zum Teil sehr gut an ihnen ablesen.[290] Somit sind die Selbstdarstellungen, die wir online verbreiten, eben nicht immer stabil, sondern durchaus fluid und wechselhaft, bei manchen mehr, bei manchen weniger. Aber natürlich bleibt auch manches vor unserem realen Umfeld verborgen und kommt erst in Form unserer Avatare oder selbst gewählten Icons zum Vorschein.

Außerdem zeigt sich, je mehr wir glauben, online unserem realen Ich zu entsprechen, umso stärker identifizieren wir uns auch mit unserer virtuellen Selbstdarstellung.[291] Wir befinden uns somit in einem Kreislauf des sich bestätigenden Impression Management, des Eindruck-Schindens. Ein bestimmtes

Image von sich selbst zu schaffen, ist noch nie so leicht gewesen wie über den virtuellen Raum. Selfies, also Fotos und Videos von uns selbst in privaten Situationen, beim Sport, beim Ausüben von Hobbys, beim Einkaufen oder in besonders interessanten oder wichtigen Situationen machen viele. Auch Prominente und Stars nutzen diese Möglichkeiten, um Fans oder Wähler zu rekrutieren, Präsidenten (s. Barack Obama auf Twitter) oder Bundeskanzlerinnen (seit Juni 2015 auf Instagram). Mario Götze hat 2,5 Mio. Follower auf Instagram. Und Rihanna, Paris Hilton oder die Kardashians haben ihren Bekanntheitsgrad erheblich durch die sozialen Medien steigern können. Justin Bieber ist sogar eine Entdeckung des Internets – über ein selbst gedrehtes Musikvideo wurde er zum Superstar.

Soziale Medien sind für alle da: Alleine 30 Millionen Deutsche waren 2015 über WhatsApp verbunden, etwas über 20 Millionen waren es bei Facebook, und als YouTuber können sich immerhin 10 Millionen von uns bezeichnen. Und in jeder Minute eines Tages werden 277 000 Tweets und über 200 000 Fotos auf Instagram veröffentlicht. [292]

Wir uploaden und posten auf Teufel komm raus. Diese Selfie-Mania ist mittlerweile sogar so manchem Unternehmen zu viel: In den berühmten Freizeitparks von Disney sind seit Mitte 2015 Selfies[293], die mithilfe der beliebten Selfie-Sticks produziert werden, verboten – es seien zunehmende Sicherheitsrisiken entstanden. Vorsicht, Verletzungsgefahr! Von Selfie-Stick erschlagen, Selfie-Taker die Treppe hinuntergestürzt.

Das »Ich« im Netz hat an Bedeutung deutlich zugenommen. Und ein Ende ist nicht abzusehen. So geben in einer aktuellen Studie des amerikanischen Pew Research Center mittlerweile 91 Prozent der befragten Jugendlichen an, regelmäßig Bilder von sich selbst zu posten. Und nicht umsonst sind WhatsApp, Facebook und YouTube die drei beliebtesten Apps bei den deutschen 12–19-Jährigen (JIM-Studie 2014). Zwei Drittel (JIM 2014) posten mittlerweile Fotos oder Videomaterial von sich im Netz, und von den 6–12-Jährigen sind es bereits 30 Prozent (KIM 2013). Allein auf Instagram soll es 90 Millionen Fotos mit dem #me-Hashtag geben. Auch von Erwachsenen. Das

Veröffentlichen des eigenen Contents übt auf alle, ob Jung oder Alt, eine starke Anziehungskraft aus.

SELFIE-MANIA ODER DIE DEMOKRATISIERUNG DES SELBST-BILDNISSES Wie viele Fotos haben Sie online schon mit anderen geteilt? Und was ist auf diesen zu sehen? Nur Sie selbst oder auch Familie, Freunde, Ehepartner oder Kollegen? Und vor allem, wann, wo und warum posten Sie überhaupt Fotos? Fotos waren ja immer schon eine wunderbare Sache. Erinnerungen an tolle Feste oder außergewöhnliche Ferien, die dann nach der noch notwendigen Entwicklungsphase entweder in einem Fotoalbum oder einer Kiste landeten. Doch können Sie sich daran erinnern, wie oft Sie sich früher selbst fotografiert haben? Eigentlich doch eher selten. Es gab keine Smartphones und Selfie-Sticks. Heute aber können wir uns überall, zu jeder Tages- und Nachtzeit ablichten und ohne viel Mühe ganz vielen Menschen unsere Fotos zugänglich machen. Das beeinflusst ohne Zweifel die Anzahl der Fotos, die wir schießen. Es werden immer mehr, und die Augenblicke, die wir fotografieren, werden vielfach banaler.

Anfang 2015 war der Hashtag #selfie mit einer Anzahl von über 200 Millionen der meistverbreitete Hashtag auf Instagram.[294] Und laut ›New York Times‹ machen 50% aller Blogger/innen dies nur aus einem Grund: um über ihr ganz normales Leben zu berichten und dies mit möglichst vielen anderen zu teilen.[295] Das Internet ist ohne Zweifel in den letzten Jahren immer stärker auch zu einem Medium der Selbstvermarktung geworden, ob über spezielle Business-Netzwerke, eigene Webseiten, Blogs, oder eben Foto- und Videoportale.

Doch dadurch befinden wir uns in einem nicht ungefährlichen Spagat zwischen Online-Identität und Alltags-Ich. Auch besteht die Gefahr, dass echte wichtige Nachrichten und Neuigkeiten, die die Welt verändern, vom Einzelnen gar nicht mehr als wichtig wahrgenommen werden. Einfach weil das Mitteilen der eigenen Befindlichkeiten bedeutender erscheint als die Krisen dieser Welt.

Individuelle Wünsche und Sehnsüchte rücken scheinbar immer stärker in den Vordergrund der virtuellen Wahrnehmung und des konkreten Online-Verhaltens. Narzissmus und Selbst-Marketing können dabei leicht zur Alltagsnormalität werden. So meint auch Andrew Keen, dass es doch eigentlich immer mehr um unsere eigenen Identitäten und um uns selbst geht und weniger um den Aspekt des Vernetzt-Seins oder der sozialen Kommunikation per se.[296] Was passieren kann, wenn wir immer mehr in den Teufelskreis von Ich-Zentrierung und Selbst-Obsession geraten, werden wir später noch diskutieren.

Ein Zusammenhang zwischen einer übersteigerten Selbstdarstellung in sozialen Netzwerken und gewissen narzisstischen Neigungen ist nicht von der Hand zu weisen. Die beiden amerikanischen Psychologen Jean M. Twenge und W. Keith Campell schrieben bereits 2009 über eine regelrechte »Narzissmus-Epidemie«. Die Selbstverliebtheit sei auf dem Vormarsch, und das WorldWideWeb trüge auch dazu bei. Wenn wir fast überall nur noch Menschen, egal welcher Nationalität, mit Selfie-Sticks durch die Gegend laufen sehen, scheint das schon etwas seltsam. Auch Musikstars wie Rihanna geben zu, online selbstverliebte Züge auszuleben, aber das täten doch alle.[297]

Psychologen von der Universität Zürich bestätigen, dass sich vor allem extrovertierte Menschen bei Facebook, Xing & Co tummeln. Gerade gute Kontakter und Kommunikatoren finden in sozialen Netzwerken die ideale Plattform. Ihre Studien enthalten aber auch Hinweise darauf, dass Menschen, die sich von Facebook eher fernhalten, glücklichere und gewissenhaftere Menschen sein sollen. Wenn dies allerdings so wäre, dann müsste man mehr als 1,4 Milliarden Facebook-User überwiegend für unglückliche, leichtfertige Typen halten. Das ist sicherlich kritisch zu hinterfragen. Allerdings spricht eine übertriebene Nutzung und Konzentration auf das Leben in sozialen Netzwerken für eine Cyberfixiertheit, die auch Aspekte wie Rückzug oder Realitätsflucht aufweist und schädlich für die Psyche und die Identität der Nutzer sein kann.

Wissenschaftler der Universität Georgia haben sich mit dem Facebook-Typ des Selbstverliebten beschäftigt.[298] Sie können nachweisen: Menschen, die extrem von sich, ihren Fähigkeiten und Besonderheiten überzeugt sind, zeigen dies auch online. Sie sind besonders aktive soziale Netzwerker, also z. B. Facebook-User – und ihre Postings, Kommentare und Fotos haben immer nur ein Motiv: sich selbst bestmöglich darzustellen.

Doch natürlich sind wir nicht alle gleich Narzissten, die um die Gunst des Publikums und möglichst vieler Bewunderer buhlen und deren Traum es ist, zum Online-Star zu werden oder der Instagrammer mit den meisten Followern. Studien können z. b. keine signifikanten Unterschiede beim Aspekt Narzissmus zwischen Homepage-Besitzern und Studierenden ohne eigene Homepage feststellen.[299] Allerdings ist eine Homepage nicht unbedingt vergleichbar mit der fluiden Wechselhaftigkeit und ständigen Erneuerung, die auf sozialen Netzwerken geradezu erwartet wird. Insgesamt muss Selfie-Mania aber nicht unbedingt ein Trend übersteigerter Selbstdarstellung sein, sondern gehört einfach immer mehr zum normalen Internetalltag dazu. So meint Uwe Hasebrink, der in Hamburg die heutige Mediennutzung erforscht[300], dass die neuen technologischen Möglichkeiten niemals die Ursache für ein Phänomen seien. Das Internet sei ein Resonanzboden; es sei bloß alles expliziter als vielleicht im realen Leben.

Allerdings finden wir vielfach schon eine Art Beliebtheitswettbewerb unter den digitalen Selbstdarstellern, und das Internet fördert diese Neigung durchaus. Denn eines ist klar, sich selbst in den Mittelpunkt zu stellen, war noch nie so einfach wie heute. Vor allem einem so großen, weltweiten Publikum. Ob nun YouTube, Facebook, YouNow, Instagram oder Snapchat: Sie alle fungieren als Bühne und wir, die User, sind die Darsteller und Publikum zugleich.

Die Fotografin Lucinda Grange ist eine der spektakulärsten Selfie-Knipserinnen weltweit. Die Britin klettert z. B. auf das Chrysler Building in New York und sitzt da im Cocktailkleid auf dem Art-Deco-Adler im 61. Stock.[301] Ihre heißen Selfie-Kicks veröffentlicht sie unter anderem auf der Plattform urban. explorer. Hier treffen sich Abenteurer, die unzugängliche Orte in Städten erkunden, ob Hochhäuser, Brücken, U-Bahntrassen und vieles mehr. Zu beachten ist, dass die Fotos, die hier gepostet werden, nicht einmal eben gemacht, sondern gezielt inszeniert werden. Die Urheber überlegen sich ganz genau, was sie wollen, wie sie sich darstellen und was sie von sich selbst preisgeben, welchen Eindruck sie vermitteln möchten. Es entstehen regelrechte Skripte im Kopf, die klar definieren, wo etwas stattfindet, zu welcher Tageszeit, unter welchen Wetterbedingungen und welche Kleidung der Akteur trägt. Das ist übrigens auch bei vielen jugendlichen Selfies der Fall, man möchte gezielt eine ganz bestimmte Aussage treffen.

Die Motive sind vielfältig. Lucinda Grange sagt, sie werde sich ihrer Endlichkeit bei jedem Mal aufs Neue bewusst, das gebe auch einen Kick. Natürlich möchte man auch Menschen beeindrucken, besondere Fähigkeiten und Eigenschaften herausstellen und zeigen, dass man etwas kann, was andere eben nicht können. Und auch Kontrolle spielt eine Rolle. Man hat es selbst in der Hand, wie einen andere sehen – einfach, weil man selbst die Selbstdarstellung inszeniert. Darin liege gerade der große Reiz, erklärt auch die Soziologin Bernadette Kneidinger von der Universität Bamberg. Facebook-Nutzer wollen selbst entscheiden, wer sie sind.[302] Kneidinger meint, dass es in sozialen Netzwerken den meisten Usern um Kontrolle und Identität geht. Und dabei ist es egal, ob man narzisstisch, selbstverliebt oder unsicher ist.

Die Psychologin Andrea Letamendi der Universität Los Angeles[303] erforscht die Wirkung von Selfies auf unsere Psyche. Sie hat herausgefunden, dass Selbstporträts nicht nur eine gute Möglichkeit bieten, die eigene Stimmung besser auszudrücken, sondern auch Rollen auszuprobieren und das Selbstwertgefühl zu stärken. Identität und Selbstbild werden nämlich in starkem Maße auch von den Feedbacks der Online-Kontakte beeinflusst. So stellen viele Follower oder Likes nicht nur für unsere Online-Identität eine Bestätigung dar, sondern auch für unser Alltags-Ich in der Offline-Welt. Viele gute Rückmeldungen durch andere User wirken sich positiv auf die gesamte Stimmung und das Selbstwertgefühl des Profilinhabers aus. Besonders solche Profile werden als sympathisch wahrgenommen, die viele Fotos veröffentlichen oder viele Kommentare auf ihrer Pinnwand haben.[304] Von der Vielzahl der Kontakte und über die

Kommentare schließen wir dann auf die Personen. Der Status im Netz wirkt sich also nicht nur auf das Selbstwertgefühl und damit auf die gesamte Identität eines Users aus, sondern prägt auch sein Image, also das Bild, das andere von ihm haben.

Interessanterweise entsprechen viele bei ihrer Online-Darstellung, gerade auch beim Thema Selfies, den vorhandenen Rollenbildern: Frauen wirken oft nett und lächeln häufig, während Männer manchmal gar nicht in die Kamera blicken – das ist wohl cooler. Online das gelernte gesellschaftliche Korsett abzulegen ist doch nicht so leicht, wie man gerne glaubt. Der Psychologe Mitja Back von der Universität Münster hat die Selbstdarstellung auf Facebook-Profilen mit den realen, echten Persönlichkeitseigenschaften verglichen[305]. Er kann nachweisen, dass Selbstinszenierung und reale Persönlichkeit in einem starken Zusammenhang stehen. So lassen sich Extraversion, also Merkmale wie Geselligkeit oder Kommunikationsfähigkeit, deutlich am Online-Profil ablesen.[306] Wer extrovertiert ist, gibt mehr von sich selbst preis und postet auch viele Fotos.[307] Auch Max Weisbuch von der Tufts Universität in Massachusetts zeigt in seinen Studien, dass wir sehr gut von einem Online-Profil auf den realen User schließen können. Er ist sogar der Meinung, dass das reine Abscannen von Facebook-Profilen genauso informativ ist wie ein echtes erstes kurzes Gespräch.[308] Dies bestätigen Untersuchungen zu Avataren, den künstlich agierenden Personen, die wir selbst im Netz erschaffen. Auch hier kann man anhand der gewählten Avatare sehr gut auf echte Persönlichkeitseigenschaften wie Extraversion, Liebenswürdigkeit sowie Neurotizismus schließen.

Auch wenn es um die Gefühlswelt geht, bietet uns das Netz ganz neue Möglichkeiten, uns auszudrücken. Eigene Mimik und Gestik fallen zwar häufig weg, denn Fotos zeigen ja nur eine statische Momentaufnahme. – Aber es gibt andere Möglichkeiten. Rettung sind Emoticons. Diese hübschen kleinen Bilder, die in fast keiner SMS, WhatsApp oder auch Facebook-Kommunikation fehlen dürfen. Sie geben die aktuelle Gemütslage des Senders wieder, aber nicht nur das: Wir können sogar deutliche kulturelle Unterschiede erkennen. So zeigt eine Auswertung von Facebook, dass in Brasilien, Russland, Australien oder den europäischen Ländern »Liebes-Emoticons« und in Skandinavien »Sympathie-Smileys« dominieren. In den USA sowie im Mittleren und Nahen Osten hingegen finden wir auffallend häufig »Wut-Emoticons«. Dass man dies mit kulturellen Hintergründen und somit auch der gefühlten Identität in Verbindung bringen kann, scheint nicht von der Hand zu weisen. Gerade in Regionen, in denen seit Jahrzehnten Krieg und Zermürbung herrscht, ist es nachvollziehbar, dass sich die Menschen nicht besonders glücklich und harmonisch zeigen, sondern wütend und unzufrieden darauf reagieren. Das drückt sich dann eben auch in der Art ihrer Kommunikation und Selbstdarstellung aus.

Und über die Art, wie wir uns selbst präsentieren, ob glücklich oder eher traurig und unzufrieden, können wir auch die Online-Gefühle der anderen User beeinflussen, unserer Freunde beispielsweise. Diese Emotionale Ansteckung (Emotional Contagion) oder auch Chamäleoneffekt[309] ist uns ja auch aus unserem Offline-Leben bekannt. Wenn wir mit jemandem zusammen sind, der traurig ist, dann leiden wir automatisch mit und fangen sogar an zu weinen. Demgegenüber können Lachen und Freude uns regelrecht mitreißen und uns zu besserer Stimmung verhelfen. Dies kann nun online über Fotos oder Posts geschehen. Die echte physische Anwesenheit einer Person ist also gar nicht notwendig. Jeff Hancock, Co-Director des Social Media Lab an der Cornell University[310], konnte mit seinem Team zeigen, dass Menschen über positive Inhalte, die sie im Netz veröffentlichen, die Laune der anderen deutlich verbessern. Allerdings ist auch das Gegenteil möglich.[311] Wir sollten dabei aber nicht vergessen, dass ein Übermaß an Heiterkeit, das in sozialen Netzwerken fast überpräsent ist und auch schnell aufgesetzt wirkt, uns deprimieren kann.

Insgesamt sollten wir das Bild des sozialen, kommunikativen Cyberspace nicht allzu düster malen, sondern die guten und schlechten Seiten klarer ausdifferenzieren und uns selbst bewusst machen, damit wir eben nicht in die Fänge der dunklen Seite des Netzes geraten.

Dass auch der bunte Strauß an Emotionen, dem wir uns online aussetzen, unsere Offline-Gefühle beeinflusst – im Guten wie im Schlechten – kann auch Hinweise für zukünftige psychologische Implikationen geben. So könnten wir von diesen Erkenntnissen durchaus kreative Ideen z. B. für den Gesundheitssektor ableiten. Wer regelmäßig positive Posts bekommt, fühlt sich wohler, ist glücklicher, lebt deshalb auch vielleicht gesünder und greift weniger zu Rauschmitteln. Mögliche Effekte: geringeres Risiko für psychische Erkrankungen, niedrigere Krankenkosten, weniger Fehltage und vieles mehr. Der volkswirtschaftliche Nutzen wäre hoch – und die Umsetzung doch so kinderleicht. Darüber sollten wir einmal nachdenken.

SELBSTDARSTELLUNGSTRENDS   Ob Selbstdarstellung über Symbole, Avatare oder Selfies, es entwickeln sich regelrechte Trends der Selbstpräsentation, die von Jung und Alt gleichermaßen genutzt werden.

Neknomination, Spornosex, Sexting stehen für Verhaltensweisen im Netz, die aus den USA kommen, seit Jahren bekannt sind, sich aber auch bei uns verbreiten. Was genau steckt hinter solchem Netz-Verhalten?

Eines scheint klar: Solche Verhaltenstrends, die online über die Smartphones ausgelebt werden, entsprechen ganz bestimmten menschlichen Motiven und Bedürfnissen. Wir dürfen also ein solches Verhalten nicht nur mit Häme betrachten oder unter dem Aspekt der Risikogefährdung diskutieren, sondern müssen versuchen zu verstehen, warum die Menschen dies überhaupt machen, Jugendliche wie auch Erwachsene.

Zum einen lassen sich deutliche Gender-Aspekte feststellen. Weibliche Internet-User »sexten« häufiger als männliche. Damit ist das Veröffentlichen von Fotos in sexy, aufreizenden Posen, in Bikini oder Unterwäsche, das Zeigen nackter Brüste, der Genitalien oder ganzer Nacktfotos gemeint.[312] Spornosex im Fitnesswahn ist dagegen gerade bei jungen sportlich aussehenden Männern beliebt.[313] Hierbei wird der gut gestylte und trainierte Sixpack wirkungsvoll nackt oder halbnackt in Szene gesetzt, fotografiert und z. B. auf Instagram veröffentlicht.[314] Dies entspricht wiederum unseren gesellschaftlich akzeptierten Rollenbildern: harte Kerls und sexy Frauen. Und auch den Trend Neknomination dominieren junge Männer. Mutproben unter

Alkohol, zum Spaß, aber auch als Wettbewerb, um sich zu beweisen, spielen bei ihnen eine größere Rolle als bei Mädchen. Dies entspricht natürlich auch dem Rollenbild, das in unserer Gesellschaft vermittelt wird. Ein echter Kerl hat sich angstfrei und mutig jeglichen Situationen zu stellen. Während Jungen und Männer eher darauf bedacht sind, sich sportlich gestählt und muskulös zu präsentieren, legen Mädchen und Frauen mehr Wert auf ihre Sexiness, durch gezielten Einsatz von Busen, Bein und Haarpracht. Auch dies kann man sehr schön an der weltweiten Selfie-Flut ablesen. Hashtags, die durchschnittlich die meisten Likes erhalten, sind, wen wundert's: #bikini und #biceps.[315] Dass gerade auch Prominente auf diese Weise ihre persönlichen Vorzüge im Netz präsentieren, ist insofern nachvollziehbar, als sie auf keine andere Art und Weise so viele Fans in Form von Followern generieren können. Auch deutsche Stars wie Elyas M'Barek tun es schon – und die weiblichen Fans sind begeistert.

Doch wie sieht es mit Sexten aus, ob nun mit Sporno oder ohne?

Jede vierte amerikanische Smartphone-Besitzerin zwischen 30 und 45 Jahren (also in meiner eigenen Altersklasse) sendet Nacktfotos an ihre Partner.[316] Bei den Jüngeren sind es sogar noch mehr, hier gehört Sexting für rund ein Drittel der 20–26-Jährigen zum ganz normalen Alltag (The National Campaign to Prevent Teen and Unplanned Pregnancy & Cosmogirl. com 2009). Und das, obwohl Sexting in den USA verboten, also eine Straftat ist. Die erste ausführliche deutsche Studie zeigt ähnliche Zahlen. So erhalten ca. 20 % der 18–27-jährigen jungen Erwachsenen regelmäßig Sexting-Material, und 16 % verschicken selbst Nude oder Sexyfotos von sich (Döring 2012).

Aber auch bei den minderjährigen Sexterinnen handelt es sich nicht um eine Minderheit: Studien aus den USA sprechen von 20 % der 13–19-Jährigen, die regelmäßig Nacktfotos von sich versenden[317], bzw. von 18 % in dieser Altersgruppe, die solche Fotos erhalten (Knowledge Networks 2009). Eine französische Publikation spricht von 15 % der 15–24-jährigen Mädchen, die sich nackt fotografieren oder filmen.[318] Und in der

Gruppe der 13–16-Jährigen zeigt sich in den USA, dass bereits jedes zehnte Mädchen Sexting ausübt. Für Deutschland liegen konkrete Sexting-Daten für Kinder und Jugendliche aktuell noch nicht vor. Aber diese werden auch nicht viel niedriger liegen.

Warum verhalten sich die Menschen so?

Wenn wir Mädchen und junge Frauen fragen, dann werden sehr häufig folgende Motive genannt: Ich mache das, um Aufmerksamkeit zu bekommen, um überhaupt beachtet zu werden, weil ich flirten möchte, um von einem bestimmten Typen gemocht zu werden, um mich sexy zu fühlen oder Komplimente und ein positives Feedback zu bekommen (s. auch Buchegger 2011; Katzer 2014). Doch dies sind nicht die einzigen Gründe, die hinter Sextingverhalten stecken. Konkret können wir fünf Motive feststellen, die für Sexting verantwortlich sind: 1. Spaß und Flirt, 2. Beziehungspflege und Beziehungsaufbau,[319] 3. Stärkung des Selbstbewusstseins und sexuelle Identitätsfindung, 4. Ausgleich emotionaler Vernachlässigung und 5. Druck und Zwang.

Bei den Motiven Spaß und Flirt werden als Adressaten meist reine Online-Bekanntschaften oder unverbindliche Flirt-Kontakte angegeben. Ziel ist es, locker über Sex zu kommunizieren, ohne eine feste Bindung anzustreben.[320] Gerade hier bleibt es aber nicht immer ohne Auswirkungen auf das Image der Sexter/innen. So werden Mädchen und junge Frauen, häufig als *flirty* (65 %) oder sogar als regelrecht *verzweifelt* bei der Kontaktaufnahme zum anderen Geschlecht beurteilt (65 %). Auch werden Sexterinnen häufig stigmatisiert, als *slutty* (Schlampe) bezeichnet und bekommen einen schlechten Ruf verpasst (72 %).[321] Auch Jungs, die Nacktfotos von sich verschicken, sind nicht unbedingt beliebt bei den Gleichaltrigen. Oft fällt bei der Beurteilung der Sexter der Begriff, das ist doch schwul (s. Katzer 2014b).

Dass ein solches Verhalten auch Risiken wie z. B. Cybermobbing bergen kann, wird nicht in Betracht gezogen. Gerade wenn man durch Sexting auf sich aufmerksam machen möchte, kann dies genau das Gegenteil bewirken: Andere machen sich lustig darüber und fangen an, den oder diejenige online fertigzumachen, z. B. durch die Verbreitung eines Schlampen-image. Cybermobbing kann aber auch durch die Fremdver-öffentlichung zuvor gesendeter Nacktfotos initiiert werden, d. h. z. B. aus Rache, wenn der Verlassene es seiner Ex-Freundin heimzahlen möchte, ein abgeblitzter Verehrer gekränkt ist oder es in einer Freundschaft Streit gibt. Dabei kommt es nicht selten auch zu dem sogenannten Victim-blaming: Den Opfern wird selbst die Schuld zugeschoben (s. auch Fein 2011): Warum ist die denn so blöd und verschickt solche Fotos? Die ist doch selber schuld, dass ihr so was passiert.[322]

Wenn es um Beziehungspflege oder Beziehungsaufbau geht, ist ganz typisch, dass der Absender jemand anderem (Freund/Lebensgefährte) ein sexy Foto als Geschenk machen möch-te.[323] Ein sexy Foto oder Strip-Video hat hier also die Funktion einer Liebesbotschaft und ist Teil der Intimkommunikation (s. auch Döring 2012). Dabei schicken ein Drittel der Sexterinnen Fotos auch an Jungen oder Männer, mit denen sie gerne zusammen sein möchten, aber es noch nicht sind. Dabei spielt es natürlich eine Rolle, dass es darum geht, über Sexting Selbstbewusstsein zu stärken und die sexuelle Identität auszubilden. Die Suche nach Aufmerksamkeit, Bewunderung und Bestätigung ist gerade für Frauen und Mädchen wichtig. Sie wollen sich begehrenswert und sexy fühlen und so wahrgenommen werden. Sexting ist damit auch eine Möglichkeit, sich zu erproben und herauszufinden, wie andere uns beurteilen. Wird man aber abgelehnt oder das Foto erhält keine Wertschätzung, kann dies schmerzhaft sein, auch für die Identität, man fühlt sich ungeliebt und unattraktiv.

Doch auch der Ausgleich emotionaler Vernachlässigung, die Suche nach emotionaler Nähe, spielt bei Sexting eine Rolle. Um aus der gefühlten Missachtung und dem Ignoriert-Werden herauszukommen, bedienen sich Mädchen und junge Frauen dann der eigenen Darstellung in sexy Posen. Dabei ist das Zeigen des eigenen Körpers auch ein starker Vertrauensbeweis. Man zeigt sich jemandem völlig hüllenlos und damit auch schutzlos.

Allerdings besteht auch hier die Gefahr von Erpressungen oder Grooming. Sexting geschieht nicht immer ganz freiwillig. Auch Druck und Zwang, der durch den festen Freund oder Partner ausgeübt wird, kann die Mädchen dazu bringen, sexy oder Nude-Fotos zu machen und zu verschicken. Nacktfotos auf Handy oder Smartphone gelten durchaus als Trophäe. Aber auch Gruppendruck, der aus dem eigenen Umfeld kommt, kann der Grund für Sexting-Verhalten sein. Nach dem Motto: Das macht doch jeder! Stell dich nicht so an! Der Zwang kann auch auf andere Art und Weise ausgeübt werden. So suchen z.B. Online-Bekanntschaften Kontakt, freunden sich an. Mit der Zeit kennt man sich immer besser und der »Fremde« fragt irgendwann nach intimen Fotos. Man fühlt sich geschmeichelt, willigt ein und schickt diese. Danach folgen Erpressungen nach immer mehr kompromittierenden Aufnahmen oder nach Geld. Immer mit der Drohung, man würde Freunden, Familie oder Arbeitskollegen die Fotos, die man schon hat, zeigen oder auf Facebook veröffentlichen. Dies kann durch Einzelpersonen,[324] aber auch durch ganze Sexting-Erpresserbanden geschehen.[325]

Selbstdarstellung im Netz bleibt nicht immer ohne Folgen. Dessen sollten wir uns bewusst sein, wenn wir Fotos von uns online stellen.

Wie viele Profile haben Sie online? Und sind Sie immer mit Ihrem echten Namen (Klarnamen) unterwegs oder auch schon mal unter einem Pseudonym oder Fake-Account? Dann wären Sie nicht alleine. Weltweit sind über 83 000 000 Fake-Accounts aktiv – und das ist nur die offizielle Zahl, die Dunkelziffer wird um ein Vielfaches höher sein.[326]

Die meisten haben tatsächlich mehr als ein Online-Profil, mit dem sie durch den Cyberspace schweben. Allerdings existieren diese Profile häufig in ganz unterschiedlichen Netzwerken, z.B. hat man auf Facebook ein privates Profil, auf LinkedIn ein berufliches, und auf Researchnet tritt man als wissenschaftlicher Autor auf. Der deutsche Durchschnitts-User ist im Allgemeinen in zwei sozialen Netzwerken unterwegs. Gleiches gilt auch für Jugendliche. Allerdings: Jeder Zehnte von ihnen hat deutlich mehr als vier Profile.[327] Ein Austesten oder ein Spiel mit Identität scheint gerade hier also nicht unwahrscheinlich. Dabei machen auch eigene Studien deutlich, dass eine höhere Unzufriedenheit mit dem Leben, vor allem in der Pubertät, zu einer deutlich stärkeren Nutzung sozialer Netzwerke führen kann und auch zu einer überdurchschnittlich hohen Anzahl von Online-Freunden[328].

So bestätigt in Deutschland jeder zehnte Jugendliche, die eigenen Nöte und Sorgen im Internet vergessen zu können.[329]

Offensichtlich ist das Netz ein Raum für Realitätsflucht oder auch ein Medium für die Suche nach Hilfe, Verständnis und Unterstützung.

Dabei geht es nicht nur darum, den eigenen realen Zustand zu vergessen, sondern auch um das Erfinden neuer virtueller Tatsachen. Gerade bei Jugendlichen können wir beobachten, dass sie soziale Netzwerke nutzen, um ihre Persönlichkeit auszutesten, sich zu orientieren und ihr Selbstbild zu überprüfen. Die Tendenz zu internetbasierten Identitätsexperimenten ist gerade bei den Jüngsten besonders stark vorhanden, vor allem in der Pubertät. Kontaktbedürfnis, Freunde zu gewinnen und Teil einer Peer Group zu sein, das spielt in diesem Alter eine besondere Rolle. Ebenso die Zahl der Freunde, die in diesem Zeitraum besonders stark anwächst.[330]

Vergleichen wir Jungen und Mädchen, zeigen sich deutliche Unterschiede. Mädchen experimentieren umso häufiger mit virtuellen Identitäten, je geringer ihr Selbstwertgefühl und die Zufriedenheit mit ihrem Aussehen sind. Im Netz ist es einfach leichter, Schüchternheit und Introvertiertheit zu überwinden, als im Real Life, wo jeder die echte Person kennt und eben auch sehen kann. Das Internet wird damit ein idealer Ort für die Kompensation realer Mangelerscheinungen. Gleiches gilt aber auch für ältere sehr introvertierte Jugendliche. Sie beginnen zwar erst später damit, das Internet zu nutzen, versuchen hierüber aber gezielt Selbstzweifel und Schüchternheit abzulegen.[331] Allerdings zeigen sich auch sehr junge generell extrovertierte User besonders engagiert bei Identitätsexperimenten. Sie gehen generell auch früher online. Für frühreife Jugendliche ist das Netz also eine besonders spannende Bühne. Das Internet ist also durchaus ein Ort, an dem wir uns verändern, uns austesten und mit verschiedenen Identitäten experimentieren können.[332]

Fühlen Sie sich besser, seit es Facebook und Co gibt? Jugendliche schon. Gerade pubertäre Jugendliche betonen, dass ihre Zufriedenheit, das Wohlgefühl – ja sogar das Selbstvertrauen durch die Nutzung von Facebook und Co. wachsen kann. So zeigen eigene Studien, dass 25 % der 10–18-Jährigen sich deutlich besser, wohler und sogar selbstbewusster fühlen, seit sie ein Profil in einem Social Network haben. Sie äußern sogar ganz konkret, dass Faceboook und Co wichtig für ihre eigene Selbstfindung seien. Jeder Fünfte bestätigt, er würde sich selbst darüber besser kennenlernen.[333] Gerade für die User also, die sich in der Hochphase der Identitätsfindung befinden, spielt der virtuelle Raum eine immer wichtigere Rolle. Einer der wesentlichen Aspekte, der Social Media für unsere Identität so spannend machen: Über die Nutzung kann der allgemeine Zustand (psychisch und physisch) beeinflusst werden. So bestätigt ein Drittel der deutschen Jugendlichen ganz klar[334], dass sich Leute, die sich sehr häufig in Social Media wie Facebook aufhalten, deutlich verändern. Allerdings nicht nur zum Guten, aber dazu kommen wir später noch.

WAS WIR ONLINE ÜBER UNS SELBST LERNEN KÖNNEN Für Menschen mittleren Alters (oder sogar die noch Älteren) gab es doch in Kindheit und Jugend keinerlei Möglichkeiten, die reale Identität auszublenden. Jemand anderes zu sein, ohne erkannt zu werden, war schier unmöglich – außer im Spiel. Bis zur Erschaffung des Internets waren wir immer in unserem realen Ich gefangen. Damit waren wir auch nie wirklich frei in unserem Handeln, denn Körper und Verhalten konnten wir nicht trennen.

Dank Internet und Co ist das nun anders.

Wir können heute unser Verhalten von unserem realen Selbst trennen, online anonym bleiben und unter einem Pseudonym agieren. Und wir können uns ganz anders darstellen, als wir wirklich sind. So werden Frauen zu Männern, Jungs zu Mädchen, Rentner zu knackigen Mittvierzigern oder pubertierende Girls zu Mini fahrenden Designstudentinnen usw.

Viele wollen im Netz gezielt anonym bleiben. Dahinter können ganz unterschiedliche Motive stecken. So möchte man vielleicht die eigene Familie vor üblem Gerede beschützen, das Gegner oder Konkurrenten in die Welt setzen könnten. Auch extrem negative Erfahrungen im Netz führen dazu, dass wir online weniger von uns selbst preisgeben und mit einer anderen Identität ins Netz gehen.[335]

Allerdings kann auch etwas ganz anderes hinter einer neuen Web-Identität stecken, z. B. weil jemand ein Online-Verhalten zeigt, das seiner echten sozialen Rolle nicht entspricht. Wenn der brave Familienvater Hardcorepornos schaut, der Religionslehrer sich eine Frau in Thailand sucht, die Tochter aus gutem Haus sich beim Escort-Service etwas zum Studium dazu verdienen möchte und vieles mehr. Einigen von uns wäre es einfach peinlich, wenn Freunde, die Familie oder der Arbeitgeber davon erfahren würden, und somit bleibt das, was wir online tun, lieber im Geheimen. Wir agieren unter Pseudonym, auch mit gefakten oder stark veränderten Fotos. Hinter einer falschen Online-Identität verstecken sich also durchaus verschiedene Motive.

Bleiben wir einmal bei den Chancen für die Selbstfindung: Welchen Nutzen habe ich davon, wenn ich online einfach jemand anderes sein kann? Wenn Sie sich an Ihre Schulzeit erinnern, fällt Ihnen da nicht mindestens eine Person ein, die sich in ihrer Haut nicht wohlzufühlen schien? Ich kann mich jedenfalls gut an Leute erinnern, die sich äußerlich stark veränderten, sich aber nicht trauten mit irgendjemandem darüber zu reden. Gerade in der Pubertät, wenn wir auf der Suche nach uns selbst sind, können Identitätskonflikte schmerzhaft und quälend sein. Vor dem Internet gab es kaum eine andere Möglichkeit, Identitätskrisen zu lösen als abzuwarten und auf irgendjemand zu hoffen, dem man sich dann doch anvertrauen konnte. Ein Junge, der innerlich weibliche Züge an sich entdeckte, konnte nicht einfach ausprobieren, wie es sich anfühlt, in die Rolle des anderen Geschlechts zu schlüpfen, zumindest nicht in der Öffentlichkeit. Das Austesten also, wie bin ich wirklich, wie finde ich meine echte sexuelle Identität, war nur im Verborgenen möglich.

Die Brisanz einer solchen Identitätskrise zeigt die interessante Lebensgeschichte eines der bestbezahlten CEOs in den USA – einer Frau – Martine Rothblatt. Doch Martine Rothblatt war nicht immer eine Frau, sie war in ihrem ersten Leben ein Mann (Martin). Verheiratet ist sie seit 30 Jahren aber mit derselben Frau, die sie als Mann geehelicht hat. Der studierte Jurist fühlte sich in seinem Körper allerdings nie richtig wohl. Doch geoutet hat er sich damals noch nicht. Sogar seiner späteren Ehefrau hat er seine Neigung bis in die 90er-Jahre verschwiegen und sich erst offenbart, als er wusste, dass sie ihn deswegen nicht verlassen würde. Geändert hat sich zwischen ihm und seiner Frau zum Glück nichts. Doch die Zeit der Verwandlung war keine einfache. Die Kinder wurden in der Schule gehänselt, Nachbarn zogen weg. Wir müssen uns vorstellen, dass dies in den 90er-Jahren geschah, einer Zeit, in der Homosexualität noch keineswegs salonfähig war – von Transsexualität ganz zu schweigen.

Wie wäre es wohl gewesen, wenn er/sie schon damals das Internet gehabt hätte? Vielleicht wäre es leichter gewesen, Gleichgesinnte zu finden und vor allem die eigene Neigung viel unbeschwerter im Raum der Anonymität auszuleben – ohne das Risiko von der Gesellschaft ausgelacht oder sogar diskriminiert zu werden.

Heute ist alles anders – das Internet macht's möglich. Die verschiedenen sozialen Netzwerke haben sich durchaus auch zu Anlaufstellen für Gruppierungen und Interessenvertretungen entwickelt, die im realen Leben einen schwierigen Stand haben, gehört und akzeptiert zu werden. So gab es z. B. auf MySpace bereits im Dezember 2006 über 33 000 Diskussionsgruppen zum Thema »Gay, Lesbian & Bi«.

Und auch durch Prominente, die online wie offline ihre Geschichte der ganzen Welt erzählen, scheint nach und nach Bewegung in die Diskussion zu kommen. Wie im Fall des ehemaligen Olympiasiegers und Stiefvaters der berühmten Kardashians, Bruce Jenner. Ob auf dem Cover der Vanity Fair oder auf zahlreichen Videoclips und Fotos, die online Millionen von Menschen zu Hause erreichen: Transsexuell zu sein scheint zumindest auf dem roten Teppich in Hollywood und Cannes sowie im Netz kein Makel mehr zu sein.

Das Internet als Medium für die Suche nach sich selbst ist somit sehr nützlich.

Gerade für Identitätsexperimente ist der Cyberspace ein nahezu idealer Ort. So zeigen aktuelle Studien der amerikanischen Psychologen Patti Valkenburg, Alexander Schouten und Jochen Peter, dass 50 % der 9- bis 19-Jährigen im Internet regelmäßig Identitätsexperimente ausprobieren. Die Hauptmotive sind Selbst-Exploration (wie reagieren andere auf uns), das Überwinden sozialer Ängste (z. B. Schüchternheit) und Beziehungen zu anderen aufzubauen. Wichtige Einflussfaktoren, die die Experimentierfreudigkeit fördern, sind Alter, Geschlecht und Introvertiertheit.[336]

Gerade sehr junge User, Mädchen und extrovertierte Jugendliche machen sich online deutlich älter, als sie tatsächlich sind. Jungs insgesamt, aber auch besonders introvertierte, verpassen sich häufiger ein Macho-Image. Mädchen und Extrovertierte stellen sich wiederum hübscher und attraktiver dar. Da das Spiel mit dem Aussehen gerade für pubertierende Mädchen in ihrer Selbstfindung von großer Bedeutung ist, spielt dies folgerichtig auch online eine besondere Rolle.[337]

Auch eigene Studien zeigen, dass ein Viertel der deutschen Jugendlichen online ausprobiert, wie sie bei anderen ankommen. Jeder Fünfte hat Spaß daran, sich anders darzustellen, als er in seinem Real Life ist, und meint, dass er sich über dieses Experimentieren sogar selbst besser kennenlernt.[338]

DURCH GENDERSWAPPING MEHR ÜBER DAS ANDERE GESCHLECHT ERFAHREN Sind Sie ein regelmäßiger Online-Rollenspieler? Dann kennen Sie auch die sogenannten Massively Multiplayer Online Role-Playing Games, oder MMORPGs, die weltweit populärsten Online-Games seit Bestehen des Internets. Wer hier agieren will, muss sich einen virtuellen Akteur erschaffen, einen sogenannten Avatar. Avatare sind künstliche Geschöpfe, denen wir eine eigene Identität geben über das Aussehen, das Geschlecht oder das Alter. Doch wie wir unser »virtuelles Ich« kreieren, kommt nicht von ungefähr. Die reale Persönlichkeit beeinflusst die Darstellung der künstlichen Identitäten. So haben Männer wie Frauen bei der Wahl ihres

Avatars häufig ein ideales Frauen- und Männerbild im Kopf, das sie dann auf ihren Avatar übertragen. Dabei wählen vor allem introvertierte Personen und neurotische Frauen sehr attraktive Avatare. Menschen mit einem eher schwachen Selbstbewusstsein geben ihrem Avatar häufiger einen hellen Teint. Die Angst vor möglicher Diskriminierung dunkler Hautfarbe spielt eine deutliche Rolle. Gleichzeitig räumen manche Studien allerdings auch mit bestimmten Vorurteilen auf. So sind Männer nicht unbedingt stärker bestrebt als Frauen, im Netz »größer zu sein« als im echten Leben.[339]

Dabei haben auch die Art des Spiels und die persönliche Lebenszufriedenheit einen deutlichen Einfluss auf Gestaltung der Avatare. So wählen die Teilnehmer in sehr kompetitiven Games viele sehr unterschiedliche Avatare. Und eher zufriedene Personen kreieren Avatare, die ihnen selbst sehr ähnlich sind, während Unzufriedene häufiger Avatare auswählen, die sich stark von ihrem realen Selbst unterscheiden. Deutlich wird auch, dass die Identifikation mit den Avataren steigt, je mehr Freude und Spaß wir haben.[340]

Und die Spieler bleiben nicht unbedingt ihrem echten Geschlecht treu, sondern wechseln dieses im Spiel durchaus. Männer werden zu weiblichen und Frauen zu männlichen Spielern, sprich Avataren. Studien zufolge üben mehr als die Hälfte der Online-Gamer ein solches Genderswapping aus[341]. Zum ersten Mal ist dieses Phänomen in den sogenannten Multi-User Dungeons (MUD) aufgetaucht. M.D. Griffith und Kollegen konnten dann Jahre später in den MMORPGs zeigen (in Everquest)[342], dass die Mehrheit der weiblichen und männlichen Spieler zumindest einen Avatar kreiert, der ein anderes Geschlecht aufweist als sie selbst. Dabei sind wir Frauen insgesamt die stärkeren Genderswapper. Sind wir doch die besseren Schauspieler, auch online?

Was steckt nun hinter diesem Genderswapping genau?

Das Verheimlichen der wahren Identität scheint zumindest bei einer Gruppe eine besondere Rolle zu spielen. Homosexuelle Player genderswappen ausgeprägter als Heteros.[343] Ein Grund ist, man möchte verhindern, dass die anderen Mitspieler Rückschlüsse auf die wahre homosexuelle Identität ziehen können und somit Häme, Hänseleien und Anfeindungen aus dem Weg gehen. Frauen haben in Online Games, der eigentlichen Männer-Domäne, ein deutlich besseres Image als Homosexuelle. Außerdem kann man als »Frau« auch ungenierter mit Männern flirten. Der Geschlechtswechsel dient somit der Maskerade und dem Schutz der echten Identität.

Dabei beeinflusst die virtuelle Identität nun Frau oder Mann zu sein und die Erwartungen an das entsprechende Rollenverhalten ganz deutlich auch das konkrete Online-Handeln. So zeigen genderswappende Männer deutlich mehr prosoziales Verhalten gegenüber Frauen im Spiel als echt männliche Avatare. Und Frauen, die ihr Geschlecht online gewechselt haben, agieren sogar deutlich härter und weisen stärker männliche Verhaltensweisen auf als der durchschnittliche echte männliche Gamer.[344] Wir wissen, dass der Anspruch, alles besonders gut und authentisch zu machen, besonders für Frauen gilt. Dies zeigt sich auch online. Allerdings kann das dazu führen, dass sich Frauen zu stark in eine Rolle hineinversetzen und ihre Ausübung übertreiben. Auch im Bereich des Managements können wir solche Verhaltensmechanismen beobachten – Frauen in Führungspositionen handeln vielfach männlicher als Männer.

Fragt man nun bei Männern nach den Motiven für den Geschlechtertausch im virtuellen Raum, betonen die Genderswapper z. B., sie würden gerne die sozialen Vorzüge, die Frauen in der Gesellschaft genießen, auch einmal erfahren. So glauben sie, dass weibliche Avatare im Allgemeinen besser, freundlicher und rücksichtsvoller behandelt werden als männliche. Weibliche Online-Identitäten erhalten in einem männlich dominierten Umfeld wie dem Gaming also deutlich mehr positive soziale Attribute. Und das, obwohl doch Männer gerne unter sich bleiben, gerade im Spiel.

Interessant ist doch, dass der Geschlechtswechsel, den wir online vollziehen, die rollenimpliziten Verhaltensweisen teilweise stärker in Erscheinung treten lässt. Gefakte Männer und Frauen versuchen stärker der angenommenen Rolle zu entsprechen als die »echten«. Unser Bild vom anderen Geschlecht wird online also eher übertrieben umgesetzt und ausgelebt.

Gleichzeitig werden online exakt die Rollenbilder von Frauen und Männern wirksam, die auch im Real Life gelten. So werden Frauen typisch weibliche Fähigkeiten zugeschrieben: Wir verhalten uns prosozialer, sind netter, sozial kommunikativer und empathischer. Männern hingegen werden eher harte Verhaltensaspekte unterstellt, z.B. verstärkter Jagdtrieb, Suche nach Wettbewerb oder Darstellung von Männlichkeit. Natürlich spielt Genderswapping auch bei Jugendlichen eine Rolle. Ca. 30% wechseln im Netz gezielt ihr Geschlecht und geben auch beim Chatten oder Twittern einen andersgeschlechtlichen Nick (Pseudonym) an. Dies geschieht teilweise zum Schutz vor Anmache, dummen Kommentaren usw., aber auch, um das andere Geschlecht gezielt auszuspionieren. Man möchte wissen: Worüber reden Mädchen gerne und worüber Jungen, welche Flirttaktik kommt bei Mädchen besonders gut an, und vieles mehr.[345]

Die Frage ist, ob und wie sich die virtuellen Identitätswechsel auf unsere reale Persönlichkeit auswirken. Findet als Konsequenz eine regelrechte Metamorphose statt, ähnlich wie in Kafkas berühmter Novelle ›Die Verwandlung‹? Für das Netz würde dann gelten: Mit dem Alltags-Ich in die Online-Welt und als Online-Identität wieder ins reale Leben zurück.

Neue Studien können jedenfalls eine deutliche Verbindung zwischen unserer virtuellen Identität und unserem echten Verhalten bzw. unserer Wahrnehmung feststellen. Wir schlüpfen sozusagen gedanklich und emotional in die Rolle (virtuelle Identität), die wir online annehmen. Und diese Rollenübernahme beeinflusst wiederum die Art, wie wir unser Umfeld wahrnehmen. Das Interessante: Allein unsere körperliche Wahrnehmung als andere Person (als Avatar beispielsweise) führt dazu, dass wir uns auch kognitiv an diese Situation anpassen und aus dieser Perspektive unsere reale Welt beurteilen. Wir sehen also alles aus der Perspektive unserer neuen Identität. Dabei übernehmen wir auch passende Einstellungen. Experimente können z.B. zeigen, dass Personen, die im virtuellen Raum einen kindlichen Avatar wählten, reale Objekte, deren Größe sie einschätzen sollen, deutlicher überschätzen als Versuchsteilnehmer, die als erwachsene Avatare agieren. Das visuelle

Erscheinungsbild der von uns gewählten Avatare beeinflusst somit klar unsere Selbstwahrnehmung und verändert dadurch temporär unsere Wahrnehmungsperspektive – aus dem Blickwinkel der neuen virtuellen Identität.[346] Die Wahl eines Avatars, ob im Spiel oder in anderen Portalen, beeinflusst also unsere gesamte Selbstwahrnehmung sowie die Wahrnehmung unseres Umfeldes. Unsere Erlebnisse und Erfahrungen als virtuelle Identitäten lassen uns als reale Person nicht unberührt.

Eigentlich haben wir über dieses Austesten im Netz sogar zwei große Chancen.

Zum einen können wir darüber näher an uns selbst herankommen[347] und uns selbst besser kennenlernen, dies bestätigt auch Shelley Turkle vom MIT. Die digitale Identität kann somit hilfreich sein, sich selbst zu entdecken: Alleine schon beim Ausfüllen eines Facebook-Profils werden wir als Nutzer ja ständig mit der Frage konfrontiert: Wer bin ich und wer will ich sein?, bestätigt auch Humer.[348] Gerade in der Pubertät ist die Identitätssuche von besonderer Bedeutung. Dabei ist es häufig schwer, den Erwartungen unserer sozialen Rolle zu entsprechen. So stehen wir nicht selten in einem Konflikt zwischen dem, was sich in unserem Innersten findet, unseren Trieben und Bedürfnissen, wer wir also vielleicht wirklich sind, und den Erwartungen an uns, die von außen kommen. Das Internet kann uns somit helfen, mit diesen Identitätskonflikten besser umzugehen. Auch weil wir auf Menschen treffen, denen es genauso geht wie uns, die uns verstehen und mit denen wir uns austauschen können. Gleichzeitig hilft es natürlich ungemein, wenn man sieht, dass sich weltweit Menschen zu ihren Persönlichkeitskonflikten bekennen, ob beruflich oder sexuell. Das WorldWideWeb macht es also deutlich einfacher, über menschliche, psychologische oder gesellschaftliche Problematiken und Themen, die unsere eigene Identitätsfindung tangieren, zu diskutieren oder sich zu informieren. Auch erkennen wir dadurch, dass bestimmte Schicksale keine Einzelfälle sind und durchaus prominente Vorbilder davon betroffen sein können. Das Netz kann Mut machen. Und das ist gut so.

Gleichzeitig können wir aber auch mehr über die anderen erfahren und lernen, sie besser zu verstehen. Eine Hoffnung ist somit, dass sich die Erfahrungen, die wir online mit unseren Identitätsexperimenten machen, auch auf das reale zwischenmenschliche Miteinander auswirken. Wenn sich z. B. Männer ihrem harten männlichen Rollenbild online besser entziehen und sich leichter von einer weiblichen Seite zeigen können, dann fällt es ihnen womöglich auch leichter, sich mit anderen auszutauschen und zu kommunizieren. Und wer sich selbst einmal in die weibliche Rolle hineinversetzt hat, lernt sie insgesamt besser zu verstehen. Das gilt eben nicht nur virtuell, sondern kann sich auch auf das reale Geschlechterverständnis auswirken. Gleiches gilt für die andere Seite des Geschlechts, andere Kulturen oder Religionen und kann sexuelle Aspekte betreffen, berufliche Situationen, Freundschafts- oder Liebesangelegenheiten, politische oder gesellschaftliche Veränderungen auch in anderen Ländern, aktuelle Krisenlagen wie Kriegs- oder Flüchtlingsproblematik und vieles mehr.

Je besser wir über die Motive des Verhaltens, gerade unseres Gegenübers, Bescheid wissen, umso einfacher können wir miteinander umgehen. Dies bietet eben auch viele Vorteile für das Miteinander und die soziale Kommunikation im Real Life. So erhofft man sich zukünftig gerade von Online-Lern-Umgebungen gewisse Erfolge. Dies meint aber nicht nur virtuelle Universitäten, sondern konkrete Lebenssituationen, die online nachgebildet werden und in denen wir aktiv agieren, eben wie in einem Rollenspiel. Was wir also im Netz lernen, kann auch in unsere reale Umgebung übertragen werden (allerdings gilt dies auch für negative Lerninhalte, s. Gewalt, Terror oder Kriminalität).

Gleichzeitig wird aber unsere soziale Identität auch immer wieder infrage gestellt. Alleine die Möglichkeit, zur gleichen Zeit in verschiedenen sozialen Gruppen agieren zu können oder zu ihnen Kontakt zu haben, ist für unser Ich nicht immer einfach. Zudem sind wir über Facebook mit echten Freunden, weitläufigen Bekannten, Geschäftspartnern, Kollegen oder unserem Vorgesetzten verbunden, zumindest kann man sehen, wer wann wo aktiv ist. Dies ist nicht immer angenehm und kann wiederum zur Ursache für Verhaltens- und Rollenkonflikte werden. Wir müssen also versuchen, uns nicht zu sehr in unsere Selbstpräsentation zu verstricken und in Wunschvorstellungen zu verlieren. Unsere Fantasie darf uns nicht bestimmen, das betont auch Shelley Turkle.[349]

Die Selbstdarstellung im Cyberspace hat auch ihre Schattenseiten. Dies wird auch deutlich, wenn wir uns anschauen, was wir eigentlich am häufigsten von uns veröffentlichen. Be happy! Unglücklich sein hat im Netz keinen Platz! Das virtuelle Leben ist leuchtend, strahlend und schön. Online posten wir die hübschesten Fotos und berichten immer nur die besten Neuigkeiten. Man will ein positives Feedback, ob auf Facebook oder Instagram. Man will gesehen und wahrgenommen werden, viele Follower und Likes einsammeln oder viele Freundschaftsanfragen erhalten. Gerade junge Facebook-User machen sich große Sorgen darüber, wie viele Freunde oder Likes sie haben. Diese gelten nämlich als Statussymbol, und je weniger man hat, desto unbeliebter erscheint man in den Augen der anderen. Unser Online-Ich will beliebt sein und eben nicht zu den unpopulären Außenseitern gehören. So erzählt eine Instagrammerin, dass sie natürlich nicht alles postet, sondern vor allem den Ausschnitt ihres Lebens, in dem es ihr gutgeht.

Die negative Seite unseres Menschseins wird online meist ausgeblendet – nach dem Motto, immer höher, immer besser, immer fröhlicher, keine Schwäche zeigen – Be happy ist Pflicht. Allein auf Instagram finden wir fast 300 Millionen #happy Fotos. Für die Aspekte Depression, Probleme, Traurigsein, Angst, Einsamkeit hingegen finden wir nur ca. 10 Millionen Selfies.[350]

Der Grundsatz im Netz scheint zu lauten: »Be happy – zeig her, wie glücklich du bist!«

Doch ist das gesund? Oder kann uns das nicht auch schaden?

WIE WIR UNS SELBST PSYCHISCH ÜBERFORDERN Miriam Meckel, ehemalige Direktorin des Instituts für Medien- und Kommunikationsmanagement der Uni Graz, sieht bei der »Internet-Identität« einen starken Zwang zur Selbstoptimierung. »Nicht ›Wer bin ich?‹, sondern ›Wer oder wie muss ich sein?‹, damit mich die anderen mögen«, scheint der Hauptaspekt zu sein. Dies führe dann eben dazu, dass die User im Netz ihr Profil immer wieder den jeweiligen Anforderungen anpassen.[351] Eine der daraus resultierenden Folgen ist, dass online auch eine gewisse Diversifikation fehlt. Wenn alle strahlend, schön und happy sind, kommt es einem auch so vor, als wenn man immer auf die gleiche Art von Menschen trifft – andere werden aus dem Blickfeld gedrängt.

Dass dies nicht nur gut für uns ist, scheint klar. Denn wer immer nur danach schaut, wie muss ich sein, was erwarten andere von mir, befindet sich quasi in einem nie endenden Modus der Identitätsanpassung. Der Druck, immer wieder innovative, neue Bilder und Ichs erschaffen zu müssen, kann auf die Dauer anstrengend sein und dazu führen, dass wir uns verlieren und gar nicht mehr wissen, wer wir eigentlich sind: der Super Body, der tolle Liebhaber mit viel Charme und Witz, der immer gut drauf ist und in Flirtlaune, gleichzeitig seinen Job akribisch und perfekt erledigt und sich noch aufopfernd um seine Freunde kümmert.

Dabei können wir auch emotional auf eine schiefe Bahn geraten. So kann uns das ständige Vergleichen mit den anderen »schönen und happy« People auf Facebook und Co deprimieren. Sind wir real eben gar nicht glücklich, müssen wir es aber online versuchen zu sein. Die User mutieren also vom Träger einer nicht existenten Glückseligkeit zum professionellen Lügner – einfach weil man der Online-Welt vorspielen muss, wie schön und bunt und herrlich doch alles ist. Dass dabei Selbstzweifel aufkommen können, ist klar: Warum ist jeder glücklich hier, nur ich nicht? Das Netz spielt uns also auch eine Illusion vor, die real gar nicht existiert und deren Teil wir gleichzeitig selbst werden. Denn: Wer ist schon immer glücklich?

Somit kann das ganze unaufhörliche Posting-Karussell, wie es der Literaturwissenschaftler und Journalist Tomasz Kurianowicz beschreibt, dazu führen, dass soziale Kompetenzen zerbröckeln. »Wir vergleichen bei Facebook unser kleines Leben zwanghaft mit dem großen der anderen und verwechseln digitale Scheinwelten mit der Realität. (…) Anstatt sich vernetzt zu fühlen, verlieren wir uns in einem Strom aus Scheinwelten.«[352]

Deshalb sieht die Psychologin Sarah J. Gervais von der University of Nebraska[353] die Sache mit den Happy Selfies ziemlich kritisch. Es sei wohl nur ein Wunschglaube, dass uns durch Instagram und Co Bilder von echten Menschen erreichen. Stattdessen werden wir ständig mit Kunstprodukten und gefaktem Glücklich-Sein konfrontiert, was nur unsere Unzufriedenheit befördert. Je mehr wir also glauben, alle um uns herum seien perfekt, und je mehr wir uns anstrengen, ebenso zu werden, umso frustrierter und depressiver kann uns dies machen. Wir sollten also immer im Blick behalten, dass das, was wir online vor uns haben, nicht immer wirklich und real ist.

Nicht selten bewegen wir uns im Netz also auf einem schmalen Grat zwischen gelungenem Self-Branding und professionellem Lügengebilde. Und dies kann in extremem Maße Wahrnehmung und Einstellungsbildung der anderen, aber auch unsere eigene auf eine falsche Fährte führen. Auch der Soziologe Stephan Humer sieht hier Probleme. »Es gibt Menschen, die mit damit sehr gut umgehen können und aus ihrer Identität – salopp gesagt – das Letzte rausholen. Alle anderen fühlen sich häufig unter Druck gesetzt«, sagt er.[354]

Cecilie Andraessen und ihre Kollegen der University of Bergen (UiB) in Norwegen[355] sprechen in diesem Zusammenhang auch von einer gefährlichen Facebook Addiction gerade bei Mädchen.[356] Aus der cyberpsychologischen Perspektive brisant ist hier, wie sich ein zu tiefes Abdriften, ein slipping in die virtuelle Realität auf uns auswirkt. Durch das Abtauchen in die schöne neue Internetwelt können wir den Sinn für unser reales Leben, unser reales Selbst und echte Prioritäten verlieren.

Wenn wir immer intensiver versuchen, online jemand zu sein, der wir tatsächlich gar nicht sind, klammern wir Teile von unserer Identität, die im realen Umfeld sichtbar sind, bewusst aus. Wir wollen uns einfach nicht damit befassen, z. B. mit Problemen im Beruf oder Kollegen, mit einer abgelehnten Beförderung oder einer Kündigung, einer Liebesbeziehung, die nach zehn Jahren auseinandergeht, und vielem mehr. Wir verdrängen Probleme, die wir eigentlich lösen und denen wir uns stellen müssten. Das Internet kann dann zunichtemachen, was die Psychologie in den letzten 100 Jahren zu erreichen versuchte: nämlich dass wir uns als Mensch besser verstehen lernen, um dadurch unsere Probleme in den Griff zu bekommen, so auch Ali Jazayeri, Psychologe an der Chicago School of Professional Psychology's L. A.[357]

Gerade für die jüngeren User, die eine Welt ohne Smartphone und Facebook eben nicht kennen, besteht die Gefahr, die Online-Welt als echtes Leben wahrzunehmen. Jeder ist beliebt, jeder kann ein Star sein, man muss nur genug von sich verbreiten. Das Risiko, sich dabei zu sehr hinter einer Maske zu verstecken, die wir aber dauerhaft gar nicht aufrechterhalten können, kann uns dabei emotional aufs Grausamste verfolgen. Nicht nur, dass es für uns anstrengend ist, dieses Selbst immer wieder zu stabilisieren, auch wenn jemand bemerkt, dass wir das ja gar nicht sind, kann uns Böses blühen: Ablehnung, Beschimpfungen bis hin zu Hate-Kampagnen oder Cybermobbing.

Auch verlieren viele ihre Schamgrenze, lügen oder entblößen sich extrem, psychisch (man diskutiert sein Liebesleben mit Freundinnen auf WhatsApp), aber auch körperlich (in Form von sexy Fotos). Sobald man für sein Verhalten keine positive Resonanz mehr bekommt, sobald man als bitchy, als Schlampe oder was auch immer bezeichnet wird, steigt das Schamgefühl plötzlich wieder: Denn Opfer sein, das möchte niemand – nicht offline und erst recht nicht im Netz.

Das übermäßige positive Self-Marketing über die sozialen Medien kann uns also durchaus auf einen falschen emotionalen und kognitiven Weg führen und uns den Blick für die Realität verschließen. Dabei können Lügen, ob klein oder groß, und Als-ob-Wahrheiten, die wir verbreiten, unser Handeln und unsere Identität manipulieren und uns schaden. Und der Moment der Rückkehr in die reale Lebenswirklichkeit kann dann schmerzhaft sein.

WENN WIR UNSERE ONLINE-IDENTITÄT NICHT MEHR LOS-WERDEN Was geschieht in dem Moment, wenn wir bestimmte Online-Identitäten nicht mehr benötigen, wenn wir einfach den aktuellen Beruf aufgeben oder in Rente gehen? Profile und Identitäten löschen – geht das so einfach? Und was passiert, wenn ein anderer unsere Identität stiehlt?

Der junge österreichische Jurastudent Maximilian Schrems

wollte vor ein paar Jahren sein Facebook-Profil löschen. Bei einem Test stellte er fest, dass sein Profil tatsächlich gar nicht gelöscht wurde. Auf Anfrage bekam er seine gesammelten Daten, die während seiner Facebook-Zeit entstanden sind in Form einer CD von Facebook Kalifornien: insgesamt 1222 Seiten.[358] Er klagte nun vor dem Europäischen Gerichtshof (EuGH) in Luxemburg und dem Wiener Landgericht.[359] Zusätzlich haben sich weitere 50 000 Menschen im Internet registriert, um sich gegebenenfalls später der Klage anschließen zu können. Das Recht auf Löschung hat der Europäische Gerichtshof im Jahr 2014 bestätigt. Doch gilt dies nicht für die Löschung der Beiträge oder Inhalte, sondern nur für die Verbindung, die Suchmaschinen wie Google z. B. mit den entsprechenden Einträgen und unserem Namen herstellt (denken wir an den Fall Bettina Wulff).[360] Bestimmte Beiträge können also dann nicht mehr gefunden werden, im Netz schweben sie aber trotzdem noch. Inzwischen hat Schrems einen spektakulären Etappensieg errungen, denn es gibt ein richterliches Rechtsgutachten für den EuGH, das tatsächlich feststellt, dass die Daten der EU-Bürger auf Servern in den USA nicht sicher sind.

Zum nächsten digitalen Identitäts-Problem: Eine junge Frau wurde Opfer eines Identitätsklaus. Jemand eröffnete in ihrem Namen ein Fake-Profil.»Identity Theft« heißt der kriminologische Fachbegriff. Dieser oder diese Fremde hat danach das echte Profil als Fake gemeldet, woraufhin die echte Userin rausgeworfen und ihr echtes Profil gelöscht wurde. Das falsche Profil blieb erhalten, aber der echten Userin verweigerte man es, unter ihrem Namen ein neues Profil anzulegen. Erst nachdem sie persönlich nach Hamburg reiste, wurde ihr Fall bearbeitet – heute ist sie wieder drin.

Und auch ein weiterer Gedanke sollte uns zukünftig mehr beschäftigen: Was ist mit unseren Daten, wenn wir selbst nicht mehr da sind, um diese zu verwalten? Sprich, im Falle unseres Todes?

Man könnte meinen, das ist doch nicht problematisch. Falls ich sterbe, erhalten die Personen, die auch mein normales, reales Erbe verwalten, automatisch Zugang. Doch ist das nicht so einfach, denn in Deutschland ist die Rechtslage noch nicht

eindeutig.[361] Die Anbieter verfahren meist nach eigenem Gut-
dünken, feste Regeln gibt es nicht. Dies sollte sich unbedingt
ändern.

Auch sollten wir hierbei einen weiteren cyberpsychologischen Aspekt nicht aus dem Blick verlieren: Wollen wir überhaupt, dass Freunde, Eltern, Ehepartner oder Kinder alles darüber wissen, was wir online so gemacht haben? Was ist, wenn
wir regelmäßig auf Pornoseiten gesurft sind, wenn wir Facebook unter einem Pseudonym zum Flirten benutzt oder viel
Geld ausgegeben oder verzockt haben, ob in Shoppingporta-
len oder bei Online-Spielen? Es ist also nicht in jedem Fall die
beste Lösung, unseren Liebsten einfach die Passwörter für alle
Online-Zugänge und Portale zu hinterlassen. Man muss tatsächlich darüber nachdenken, welches Image von uns bleibt,
wenn wir gestorben sind. Die digitalen Identitäten verschwinden nicht.

GEDANKEN ZUR NATIONALEN IDENTITÄT   Wenn wir uns
im Netz präsentieren, dann wird selbstverständlich immer
auch ein ganz bestimmter Teil unserer gesellschaftlichen Identität sichtbar – unsere Nationalität. Schon durch Sprache, Aus-
drucksweise oder auch Ansichten wird ein kultureller, nationaler Background sichtbar. Gleichzeitig rücken wir über das Netz
aber auch mit anderen Nationalitäten näher zusammen. Die
Grenzen verschwinden, jeder kann mit jedem Kontakt aufnehmen. Wir können virtuell überall dabei sein und darüber andere Kulturen und deren drängende Problemfelder kennenlernen
oder einfach mit Menschen aus fremden Ländern diskutieren
– ohne selbst vor Ort sein zu müssen.

Wir verorten uns heute somit in mehreren Kulturbereichen:
Zum einen beeinflusst uns der kulturelle Wertekanon der Welt,
in die wir hineingeboren wurden und in der wir aktuell leben.
Zum anderen switchen wir im Cyberspace zwischen Menschen
völlig verschiedener Kulturen und Lebensräume hin und her.
Neben unseren Offline-Kulturen prägen uns heute also auch
immer stärker diejenigen, mit denen wir online in Kontakt
kommen.

Was geschieht mit uns, wenn wir Zugang zu diesen vielen

unterschiedlichen Kulturkreisen haben? Verändert sich dadurch auch das Empfinden für die nationale Zugehörigkeit und verschwindet damit die nationale Identität? Werden wir also eher zu Europäern und lassen das typisch Deutsche oder Französische hinter uns?

An der Universität Wien trafen sich im Jahr 2011 internationale Experten, die genau darüber diskutierten, inwiefern sich nationale Identitäten durch die steigende Globalisierung verändern und welche Rolle insbesondere das Internet dabei spielt (»Identität – Diversität – Integration«). Bernadette Kneidinger vom Institut für Publizistik- und Kommunikationswissenschaft der Universität Wien zeigte auf: Gerade die nationale Selbstdarstellung, als Deutscher, als Marokkaner, als Aussie oder Kiwi findet in sozialen Netzwerken besonders akzentuiert und demonstrativ statt. Viele tragen online also ganz besonders ihre nationale Herkunft zur Schau. Somit führen Internet und Co bei den meisten eben nicht zu einem nationalen Identitätsverlust. Wir gewinnen sogar eher noch eine globale oder europäische Identität hinzu und werden damit zu »nationalen Weltbürgern«. Das Netz bietet also durchaus eine Chance, die Idee Europas, unsere europäischen Wurzeln sowie unsere europäische Identität stärken zu können.

Hinzu kommt, dass möglicherweise auch Grenzen im Kopf verschwinden z. B. Vorurteile oder Ängste vor fremden Kulturen. Denn das Netz kann nicht nur Landesgrenzen überwinden, sondern auch kognitive Engstirnigkeit. Und dies ist eine großartige Chance für das globale Miteinander. Darüber könnten wir alle mehr Verständnis für andere gewinnen. Ein Forschungsprojekt des Wiener Soziologen Jürgen Grimm zeigt einen erstaunlichen Zusammenhang zwischen Patriotismus und Kosmopolitismus: Je enger die Menschen sich mit den Mitgliedern ihrer eigenen Gruppe, also ihrer eigenen Nationalität verbinden, sprich patriotisch fühlen, umso offener sind sie auch für andere und Fremde – online und offline. Das Netz kann uns also zusammenführen, einander näherbringen und helfen, Probleme und Krisen besser zu verstehen.

Allerdings: Der Online-Kontakt mit kultureller Vielfalt, gerade wenn er in starkem Maße Konfliktpotenzial birgt, kann durchaus Ängste und Vorurteile schüren und sogar zu einer Stärkung von Nationalismus und Fremdenfeindlichkeit führen. Dies zeigen die diffusen Gefühle gegenüber der wachsenden Flüchtlingsproblematik, die mit einer verstärkten Suche nach Stabilität, Sicherheit, Verlässlichkeit und Vertrautheit verbunden sind.

Das Internet kann also Chancen schaffen für ein besseres Miteinander und ein globales Identitätsgefühl (»Wir sind Charlie«). Aber es kann genauso die Risiken für Brüche und Konflikte in der Gesellschaft verstärken, die durch Mobilität, Migration und Abgrenzung entstehen.

Eines zeigt die Identitäts-Betrachtung: Soziale Medien können bei zahlreichen Aspekten unserer »Identität« sehr nützlich sein. Die Entkopplung von körperlicher Handlung und mentaler Beteiligung ist somit eine Chance. Allerdings ist der Rollen- und Identitätswechsel per se eine Bedingung des Cyberspace. Wir sind online geradezu gezwungen Identitäten zu erschaffen, ob Profile in sozialen Netzwerken, bei Online-Shops, Bewertungsportalen oder Avataren in Games. Täten wir das nicht, würden wir als Neutrum durch den Cyberspace flitzen. Niemand könnte uns finden oder kontaktieren, und wir könnten bis auf die Online-Suche auch keine Tätigkeiten ausführen. Eine Identität zu besitzen ist die Voraussetzung, dass Handeln und Kommunikation überhaupt stattfinden können. Das gilt auch für den Cyberspace.

Angesichts der cyberpsychologischen Netzfallen, in die wir darüber geraten können, müssen wir uns dessen stärker bewusst werden. Wir benötigen eine Strategie des Limits, des Unplugged-Seins, ein gesundes Wechselspiel zwischen Connecten und Disconnecten, um das Online- und das Offline-Leben in Einklang bringen zu können. Der Hollywood-Regisseur Alejandro Gonzalez Inarritu bringt es präzise auf den Punkt: Jeder definiert sich heute über Instagram oder Facebook. Das ist doch Stoff für Tragödien und Komödien zugleich. Nur wir selbst können dafür sorgen, dass wir nicht plötzlich zu Hauptdarstellern einer Online-Tragödie werden.

Tracke mich, dann bin ich
Wie Online-Eitelkeit, Selbst-Obsession und Ich-Kultur uns manipulieren können

Konsumorientiert, karrierefixiert, unpolitisch – so scheint sich die heutige Jugend in erster Linie darzustellen. Ein »Studierenden-Survey« ergab, dass Studentinnen und Studenten vor allem an der eigenen Zukunft und der eigenen Karriere interessiert sind. Die Shell-Jugendstudie beschäftigt sich seit Jahrzehnten mit dem Entwicklungstrend. Die jüngste aus dem Jahre 2010 bestätigt ebenfalls: Die »Generation Ich« sei mehr am eigenen Privatleben, persönlichen Glück sowie am beruflichen Erfolg interessiert als am Gemeinwohl des eigenen Landes, fremder Völker oder politischen Fragen.[362]

Selbst-Obsession und Ich-Kultur sind Schlagworte, die uns immer wieder begegnen. Das Ich-Interesse ist seit dem Beginn des Internet- und Social-Media-Zeitalters deutlich angestiegen. Natürlich haben wir uns schon immer mit uns selbst, unseren Wünschen, Zielen, unserer Lebensplanung und vielem mehr befasst, doch dass die eigene Person 24 Stunden im Zentrum unseres Denkens stand, hat es zuvor in diesem Ausmaß noch nicht gegeben.

Wir leben heute in einer Zeit des »Quantified Self«, des messbaren, sich ständig beobachtenden und sich berechnenden Selbst. Tracking ist der Trend der Stunde – und das weltweit.

Fast alles, was wir im Alltag tun, scheint der Aufzeichnung wert und ist vor allem auch tatsächlich quantifizierbar, ob Fitnessbänder oder Smartwatches, Pulsmesser und Schrittzähler, die gleichzeitig den Kalorienverbrauch angeben, die Kontrolle des Blutzuckerspiegels und die Herzfrequenz, oder Food-Coaching-Apps, die uns anzeigen, was habe ich heute schon, was darf ich noch, Home-EKG-Apps oder die Messung des Zeitverbrauchs in der Mittagspause, beim Bearbeiten von Mails, in Meetings und beim Spielen mit den Kindern. Der medial vermittelte Hintergrund dieser Self-Tracking-Bewegung: Es soll uns besser gehen, wir sollen gesünder und auch leistungsfähiger werden und darüber unser gesamtes Wohlbefinden steigern – auf allen Gebieten.

Ein Beispiel ist http://www.beddit.com/. Die Idee hinter Beddit ist, dass gerade der Schlaf einen besonderen Einfluss auf unsere körperliche Fitness und damit automatisch auf unsere physische und geistige Leistungsfähigkeit hat. Wer schlecht schläft, ist unkonzentrierter, weniger aufnahmefähig und erledigt seine Aufgaben deutlich schlechter. Durch Beddit wird alles anders, so der CEO Lasse Leppäkorpi. Das System zeichnet die Unterbrechungen und Aufwachphasen auf, Puls und Herz-Rhythmus. Außerdem enthält es besondere Features wie z. B. Smart-Wake-Up, das uns genau dann weckt, wenn wir uns in einer leichten Schlafphase befinden. So soll eine morgendliche Müdigkeit verhindert werden.

Doch das innovativste Tracking-Utensil des Jahres 2015 war ohne Zweifel die Apple Watch. Noch vor Erscheinen lagen innerhalb eines Tages alleine in den USA schon eine Million Bestellungen vor. Wenn man den werbewirksamen Ankündigungen auf den Apple-Webseiten glaubt, so kann man heute eigentlich ohne sie gar nicht mehr leben. So macht die Apple Watch unsere gesamte Kommunikation noch komfortabler. Alles können wir von und über uns mitteilen, sogar unseren eigenen Herzschlag. Wir spüren auch an unserem Handgelenk sofort, wenn uns jemand kontaktiert. Selbst die Fitness soll intelligenter werden, denn die Uhr lernt mit der Zeit, wie unser individueller Aktivitäts- und Fitnessalltag aussieht, wird somit zu einem ganz persönlichen Begleiter.

Die international einflussreichste Organisation zum Thema Self-Tracking und Selbstvermessung ist wohl Quantifiedself.com. Die dazu gehörende Company Quantified Self Labs sitzt (natürlich) in Kalifornien und wurde (wen wundert's) von den beiden ›Wired‹-Journalisten Gary Wolf und Kevin Kelly gegründet, die auch als Erfinder des Begriffs Self-Tracking gelten. Ziel ihrer Bewegung oder besser gesagt ihrer Business-Idee ist es, so sagen sie, den Menschen zu helfen, die Bedeutung ihrer persönlichen, individuellen Daten zu erkennen und zu verstehen. Über 25 000 Mitglieder in 35 Ländern zählt ihre Quantifiedself.com bereits – und sie wächst stetig. Auf der Webseite dieser trackenden Trendsetter findet man auch die neuesten Entwicklungen, Apps und Ideen für eine immer stärkere Optimierung sämtlicher Lebensbereiche, bis hin zum Sex. So gibt es tatsächlich Menschen, die via Beschleunigungssensor die Hüftbewegungen während des Sexual-Aktes messen und regelrecht betrübt sind, weil unser Körper noch nicht über einen USB-Anschluss verfügt: Man könnte doch so wunderbar auch diese Daten in Form von Tabellen und bunten Kurven auf Laptop oder Tablet übertragen.[363]

Jedes Jahr findet QS – the Quantified Self Conference – statt, die ebenfalls von Quantifiedself.com veranstaltet wird. Hier treffen sich die innovativsten Start-ups, Forscher, Journalisten und Pioniere der Selbstvermessung weltweit, um die Tracking-Welt von morgen zu planen. Dabei haben sie aber nicht nur Erwachsene als Zielgruppe im Blick, sondern auch Kinder.[364]

Auch in Deutschland existieren schon lokale Gruppierungen. Angeblich soll jeder zweite Deutsche bereit sein, für eine Gesundheits-App sogar Geld zu bezahlen, so das internationale Marktforschungs- und Beratungsinstitut YouGov. Der Hauptgrund sei eindeutig die Gesundheitskontrolle. Aber auch Neugierde, Interesse an Selbstbeobachtung und Steigerung der Motivation spielen eine Rolle.[365]

The Quantified Self – das quantifizierte Selbst, das »sich vermessende Ich«: Was steckt psychologisch dahinter? Und wann hat das alles angefangen? Oder war das nicht schon immer so?

»Wir leben im Zeitalter des Narzissmus«[366], das behauptete schon Christopher Lasch in den 80er-Jahren – lange bevor Internet und Smartphones in unseren Alltag Einzug gehalten haben. Der Gedanke des Selbstverliebtseins und des sich selbst in den Mittelpunkt rückenden Menschen stammt eigentlich aus der griechischen Mythologie. Narziss ist so begeistert über sein eigenes Spiegelbild im Wasser, dass er alles andere um sich vergisst und zentrale menschliche Züge verliert, emotionale Wärme, Sozialverhalten und Zuneigung, Interesse für andere.[367] In der Psychologie bekam der Begriff Narzissmus erst im 19. Jahrhundert eine gewisse Bedeutung durch die Psychoanalyse. Freud war einer der ersten Vertreter, der sich mit dem Phänomen des Narzissmus befasste. Schon damals wurde deutlich, dass es schwierig ist, eine einheitliche Definition zu finden. So bezog sich die Bezeichnung Narzissmus zunächst auf eine Form psychischer Anomalie, vor allem auf die Sexualität. Später wurde ein deutlicher Zusammenhang zwischen Narzissmus, Eitelkeit, Selbstbewunderung und eben auch Verliebtheit in die eigene Person und den eigenen Körper gesehen.[368] Heute wird mit narzisstischem Verhalten unsere Angst vor dem Verlust körperlicher Vitalität, Integrität, Selbstgenügsamkeit und Unabhängigkeit[369] sowie das Bedürfnis geliebt zu werden in Verbindung gebracht. Aber auch das unerfüllte Bedürfnis nach einer Grundsicherheit spielt eine Rolle. Und um diesen Mangel zu kompensieren, kann es zu einer übersteigerten Selbstdarstellung und Selbstliebe kommen.[370]

Die Beschäftigung mit dem Selbst, mit der eigenen Person ist also keine Erfindung des Internetzeitalters, sondern schon immer Teil von uns gewesen. Wenn wir so wollen, ist Narziss einer der ersten Vertreter einer verstärkten Ich-Obsession und Ich-Kultur. Was hätte Narziss wohl heutzutage gemacht? Vielleicht eine Vielzahl von idealisierten virtuellen Identitäten entwickelt, die seine eigene Perfektion noch bei Weitem übersteigen? Wäre er zum Selfie-Star geworden? Oder zum Multi-Self-Tracker?

Die Beschäftigung mit uns selbst und insbesondere unserem Körper als Motor und Antriebskraft für Leistung und Erfolg und die Verbindung mit Attraktivität und Jugendwahn ist also nicht neu, aber trotzdem ist heute alles anders. Das Internet macht's möglich.

Dabei hat der Mythos, der unsere Vorstellung vom Narzissmus als übersteigerte und damit eher unsympathische Selbstliebe prägt, mehrere Dimensionen und nicht nur negative. Gerade die Aspekte Selbsterhaltung, Sicherheit, Verlässlichkeit spielen ja auch bei dem Phänomen des Self-Tracking eine wichtige Rolle. Allerdings geht unser heutiger self-trackender Ich-Kult weit darüber hinaus, nur schön und attraktiv zu sein. Es geht vielmehr darum, in allen Bereichen optimal zu werden, auch kognitiv und emotional, also Leistungsfähigkeit und Erfolg auf allen Ebenen zu erreichen. Und die Planung einer bestmöglichen Tagesgestaltung soll uns dabei helfen.

Gerade die Verbindung von Fitness und Erfolg wird durch

die zahlreichen Health-Bewegungen gestärkt, die immer mehr online und auf unseren ständigen Begleitern, den Smartphones, Einzug halten. Das WorldWideWeb sorgt dafür, dass international fast täglich neue Fitness- und Gesundheits-Trends in rasender Geschwindigkeit ihre Fans erobern. So gibt es alleine Tausende Apps, die sich mit dem körperlichen Zustand oder Ess- und Bewegungsgewohnheiten befassen, so z. B. Hapifork: Gabeln, die hektisch blinken, wenn man zu schnell und zu viel isst. Die Daten landen wiederum in Tabellen und Grafiken auf unserem Smartphone oder sogar in der Cloud, damit wir sie auch immer griffbereit haben. Mittlerweile können sämtliche Tätigkeiten, die wir an einem Tag erledigen, aufgezeichnet und nach Verbesserungs- und Optimierungsmöglichkeiten ausgewertet werden. Der Soziologe Stefan Selke nennt dies deshalb auch Lifelogging.[371]

Studien des Pew Research Center in den USA zeigen, dass heute bereits mehr als jeder Fünfte computer- oder smartphonegesteuert am eigenen Selbst herumexperimentiert im Sinne von: Was kann ich an mir oder an meinem Umfeld verbessern? »Self-Tracking ist etwas für jeden. Die Nerd-Nische hat es längst verlassen«, sagt Florian Schumacher, Trendscout und Sprecher der Tracking-Bewegung in Deutschland.[372]

Der Kunsttheoretiker Jonathan Crary aus New York hat sich mit der Zerstückelung unseres Schlafes beschäftigt, die in den letzten Jahren stetig voranschreitet. Der Grund: Gewinn von Zeit, mit dem Ziel, immer mehr aus jedem Augenblick herauszuholen und Zeit so effizient wie möglich einzusetzen. Wir leben mittlerweile in einer Zeit, in der die Welt niemals schläft, betont auch Klaus Werle.[373] Und das Internet ist daran nicht unbeteiligt.

LIFE-LOGGER ODER SELF-TRACKER Die Selbstbeobachtung und auch der Vergleich des gesamten Verhaltens, der Emotionen und Interaktionen mit anderen, findet zum einen statt, damit wir uns selbst besser kennenlernen. Wir reflektieren unseren Alltag und nahezu unser gesamtes Leben. Ob Arbeitsdisziplin und Leistungsfähigkeit im Beruf oder im Bett, gute Eltern zu sein oder Kontrolle über unsere Lebensplanung und unsere

Zeit zu haben. Ziel ist es, Mangelerscheinungen und Defizite herauszufiltern und zu ändern.

Der Wille, ja geradezu der Zwang zu Veränderungen, die auf eine Lebens-, Liebes- oder Familien-Optimierung gerichtet sind, ist ein Bedürfnis, das durch die Vielfalt des Self-Tracking ganz neue Möglichkeiten bekommt und auch gefördert wird. Stefan Selke glaubt, dass wir deshalb diesem Life-Logging verfallen, weil wir auf der Suche nach einem besseren Leben seien.[374] Auch der Medizinethiker Giovanni Maio[375] bestätigt, dass wir unsere Lebensverhältnisse allein schon aus Vernunftgründen ständig verbessern wollen. Den heutigen Trend hält er aber für ein Zuviel an Selbstoptimierung und für eine Art Selbstverleugnung. Der Mensch werde ökonomisiert – und das sei nicht immer gesund für uns. Inwiefern wir auch die Liebe ökonomischen Prinzipien unterwerfen, werden wir noch diskutieren.

Aus der Sozialpsychologie kennen wir Grundbedürfnisse, die jeder in sich trägt. Dazu gehört eben auch das Bedürfnis, die Lebensumstände zu verbessern. Der Hang nach mehr scheint sogar eine Antriebsfeder, ohne die es Entwicklungen und Fortschritt gar nicht geben würde. Dies betonten schon Wirtschaftstheoretiker und Ethiker vor mehr als 300 Jahren. Nicht altruistische Aspekte stärken unser Streben nach Fortschritt und Erneuerung, sondern unsere innere Unzufriedenheit und damit egoistische Motive.[376]

Allerdings können auch noch ganz andere Bedürfnisse das heutige Self-Tracking-Engagement beeinflussen, z.B. die Suche nach Spaß, Ablenkung, Unterhaltung, aber auch nach Gemeinschaft und Zugehörigkeit oder Kommunikation mit anderen. Wir lernen dabei Gleichgesinnte kennen, auf die wir sonst nicht unbedingt treffen würden. Und wir werden über diese Communitys Teil einer Gruppe, der Self-Tracker-Gemeinde. Dies schafft ein Gemeinschafts- und Zugehörigkeitsgefühl.

Der Fun-Faktor erleichtert es, etwas über mich oder auch andere herauszufinden. Das Spiel des Vergleichs der eigenen Daten und des eigenen Verhaltens mit anderen fällt nicht nur leicht, es lässt zunächst auch die Ernsthaftigkeit oder Tragweite der Erkenntnisse in den Hintergrund treten. Deshalb ist es seit jeher ein wichtiger Teil der Kultur und geht weit über den physischen oder biologischen Aspekt hinaus. Homo ludens[377] – über das Spielen lernen wir, nehmen Beziehungen, Regeln und Werte wahr. Dieses Spiel unterhält uns, lenkt uns ab und macht gleichzeitig unsere Leistungsfähigkeit deutlich – ob geistig oder körperlich. Genau das macht auch das Self-Tracking für viele so interessant und spannend.

SELBSTVERMESSUNG ZUM ZWECK DER OPTIMIERUNG Vor allem ehrgeizige Personen sprechen deshalb leicht auf den Trend des Self-Tracking an. Hierüber werden auch sogenannte Attributionsfehler[378] gefördert bzw. bestätigt, die wir vor allem wegen der Erhaltung oder Stabilisierung unseres Selbstwertes vornehmen. Bei der Wahrnehmung eigener Leistungen unterliegen gerade Menschen, die extrem nach Erfolg streben, nicht selten einer gewissen Illusion. Vor allem, wenn sie die eigenen beruflichen oder sportlichen Erfolge oder einen guten Schlag bei Frauen (oder bei Männern) beurteilen, schreiben sie diese gerne den eigenen besonderen Eigenschaften und Fähigkeiten zu und weniger situativen Bedingungen. Kognitiv ist also der Gedanke fest verankert: Wenn ich etwas gut mache, dann liegt das nur an mir. Wir attribuieren somit auf unsere Person (internale Personenattribution). Auch wenn es sein könnte, dass man nicht deshalb befördert wurde, weil man besser ist als andere, sondern einfach, weil es gerade keinen anderen Bewerber für diesen Job gab. Demgegenüber schieben wir bei Misserfolgen und Niederlagen gerne die Schuld auf andere oder äußere Umstände ab. Wir entkoppeln Misserfolgserlebnisse von eigenen Mangelzuständen und Defiziten (self enhancement oder auch self serving bias), um unser Selbstbild zu erhalten und unser Selbstwertgefühl zu stärken.

Unter Managern trifft man diesen Optimierungstyp ganz besonders häufig. Selbstkontrolle, Effizienzsteigerung, das Erreichen oder Übertreffen von Benchmarken, der Fokus auf den Output, den bisher erreichten Erfolg und natürlich zukünftige Ziele sind für sie von großer Bedeutung. Da sie extrem erfolgsorientiert sind, stößt Self-Tracking gerade bei dieser Gruppe von Menschen auf ein starkes Interesse. Dem stimmt auch Jutta Rump zu, Leiterin des Ludwigshafener Instituts für Beschäftigung und Employability: Dieser Mechanismus funktioniert gerade bei Managern, weil sie ohnehin meist in einem Wettbewerbsmodus leben«.[379]

Doch macht den Reiz des Self-Tracking nicht nur aus, dass wir uns selbst beobachten können, wie wir uns verbessern, sondern auch, dass man dies auch anderen mitteilen kann. Hier sind wir wieder bei unseren Vergleichsprozessen. Wir wollen uns verorten, einordnen, beurteilen und darüber unser Selbstbild entwickeln. Dies kann Leistungsbereitschaft und Motivation positiv beeinflussen. Gerade das Teilen der eigenen Erfolge auf einer Online-Plattform mit vielen Mitgliedern fördert den Ehrgeiz. Von der Leistungsmotivation wissen wir, dass die Anwesenheit von Wettbewerbern oder Konkurrenten die eigene Leistung deutlich erhöhen kann. Dies trifft vor allem auf Situationen und Tätigkeiten zu, in denen wir besonders gut geübt oder routiniert sind.[380]

So wundert es also nicht, dass gerade Personen in Vorstandsetagen oder hohen politischen Ämtern an ihren Handgelenken Fitnessbänder tragen, wie der Ex-Deutsche-Bank-Chef Anshu Jain, Microsoft-Top-Manager Scott Guthrie oder Großbritanniens Premier David Cameron. Auch Spotify-Gründer Daniel Ek vermisst sich selbst, er nutzt die Wii-Fit-Waage oder den Fitbit-Schlafmonitor. »Mein Tag ist durchgetaktet«, erklärt Telekom-Manager Axel Wehmeier.[381] Er ist verantwortlich für den Bereich Gesundheit, der z. B. mit einer Consumer Health Cloud oder Serververbindungen für Ärzte, die ihre Patientendaten via Smartphone-App im Blick haben, ein neues Geschäftsfeld erobern will.

Self-Tracking wird immer mehr zu einem Geschäftsmodell. So kooperiert die Plattform Dacadoo mit der AOK. Für mittlerweile 100 000 User kombiniert sie alle Gesundheitsparameter in einer Zahl, damit jeder genau weiß, wie fit er ist, und die Versicherung die gesundheitlichen Risiken für die Prämienzahlung kennt – wie praktisch. Sogar ganz neue Prämienmodelle bieten Versicherer wie die Generali ihren Kunden an. Sie erhalten bei Herausgabe ihrer Fitnessdaten Gutscheine oder Rabatte, sozusagen als Belohnung, weil sie eben einen besonders bewusst gesundheitsorientierten Lebensstil führen. Auch die AXA und die Allianz arbeiten daran. Und Avia, der sechstgrößte Versicherer weltweit, gesteht Autobesitzern einen Rabatt von 20 % zu, wenn sie per App ihren Fahrstil beobachten lassen.[382] Der finanzielle Aspekt, ob als Sparansatz seitens des Konsumenten oder, um aus Sicht der Unternehmen Gesundheitsrisiken besser finanziell einordnen und bewerten zu können, spielt also eine immer größere Rolle.

Und Geld ist dabei nicht nur auf der Business-Ebene von Belang, sondern konkret auch beim Self-Tracking selbst. So steigt unsere Motivation mehr zu leisten und Herausforderungen anzunehmen an, wenn ein materieller Verlust droht. Und genau mit diesem psychologischen Trick arbeitet die App Pacti. Wir legen ein Ziel fest, das wir in einem bestimmten Zeitraum erreichen wollen, egal in welchem Bereich, ob im Beruf, Privatleben oder beim Sport. Gleichzeitig bestimmen wir einen damit verbundenen Wetteinsatz. Wenn wir scheitern, ist der Geldbetrag futsch, wenn wir unser Ziel erreichen, erhalten wir unser Geld zurück. Wir legen selbst unsere finanzielle Schmerzgrenze fest und bestimmen darüber auch unseren persönlichen, individuellen Motivationsgrad – in Höhe des drohenden Verlustes. Auch dies scheint wiederum eine interessante App für bestimmte Berufsgruppen zu sein. Zu zocken und sich dabei noch zu optimieren – besser geht's nicht.

Allerdings spielt beim Thema Self-Logging und Self-Tracking auch der kulturelle Hintergrund eine nicht unbdeutende Rolle. So wird bei der Verbreitung neuer Tracking-Trends und Anwendungen der Einfluss der Herkunft sichtbar. Länder, die z. B. für Eigenschaften wie Strebsamkeit, Perfektion oder Erfolgsorientierung bekannt sind wie die USA, Südkorea, Japan oder Deutschland, scheinen ein besonders guter Markt zu sein. So starteten die Erfinder der Abnehm-App Noom ihre ersten Dependancen außerhalb der USA auch genau in den oben genannten Ländern.[383]

Dabei zeigt sich, dass Self-Tracker nicht nur die eigene Optimierung im Blick haben. Aus psychologischer Sicht steckt noch etwas anderes hinter dieser Selbst- bzw. Lebensvermessung.

VIELFALT MACHT ANGST In den letzten Jahren hat sich die Vielfalt der Handlungsoptionen durch die Entwicklung des Internets extrem verändert. Die Möglichkeiten, so suggeriert uns das Netz, vervielfältigen sich. Neue Berufsfelder sind entstanden, anderes Arbeiten und Studieren, ja Verlieben ist möglich. Doch genau das kann uns Angst machen und eine wachsende Verunsicherung hervorrufen. Denn mit der Vielfalt steigt auch das Risiko, entweder die falsche oder gar keine Entscheidung treffen zu können. Sich zu entscheiden für eine Option, für oder gegen einen Beruf, eine Ausbildung, eine Universität, ein Unternehmen, ein Produkt, eine Person usw. bedarf zunehmend komplexer Abwägungsprozesse. Und das kann uns kognitiv überfordern. Es besteht die Gefahr, dass wir nur noch damit beschäftigt sind, Informationen zu sammeln und uns verzetteln.[384]

Oft wird uns aber auch die Entscheidung abgenommen, denn die Konkurrenz steigt über das Netz erheblich. So haben wir zum Teil gar keine Chance, uns z. B. auf einen Job zu bewerben. Einfach weil es so viele gleich gute oder noch qualifiziertere Bewerber gibt, die über das Internet von einem Jobangebot Kenntnis bekommen. Gleiches gilt auch für Unternehmen, sie können sich im Netz über jeden informieren, um eben die Besten zu bekommen.

Stefan Selke spricht deshalb auch von einer verängstigten Gesellschaft. Die Technik soll uns nun helfen, diese Ängste zu mildern und uns Zuversicht und Optimismus zu geben.[385] Allerdings laufen wir dabei Gefahr, einer Sicherheitsillusion zu unterliegen. Wenn wir nämlich anfangen zu glauben, die Daten können sich nicht irren. Dass wir uns aber damit der Technologie in die Hand geben und oft den gesunden Menschenverstand ausschalten, sehen wir nicht. Nicht selten gelangt man dann in einen regelrechten Tracking-Wahn. Man kann z. B. anfangen zu glauben, dass man nur, weil man die Laufleistung vom Vortag nicht erreicht hat, dabei sei, die gesamte Leistungsfähigkeit zu verlieren. Wenn man in eine zu starke Abhängigkeit zu den persönlichen Life-Trackern gerät, drängt sich der Gedanke zu versagen förmlich auf. Dieses Gefühl, nur Mittelmaß zu sein oder den Ansprüchen der Gesellschaft nicht zu genügen, ist gerade in der jungen Generation Web 4.0 weitverbreitet. So betont der Psychologe Stephan Grünewald, wie überrascht er war, dass gerade Webber und Blogger – eben die digital natives – sich aus Angst vor einem persönlichen, materiellen und gesellschaftlichen Absturz ständig am Rande einer emotionalen Panik entlangbewegen.[386] Ihr Lebensgefühl ist somit mitnichten geprägt von der schönen, brave new happy and dazzling Internetwelt. Was ABBA bereits in den 70ern sangen, »The winner takes it all! The looser is standig small«, scheint heutzutage immer mehr der aktuellen Gefühlslage der Jugend zu entsprechen. Die Psychologin Sylvia Hart Frejd beschreibt es folgendermaßen: Das Gefühl, im Leben etwas zu verpassen, ist bei Facebook-Nutzern weit verbreitet und wird als Facebook-Fassade bezeichnet. Man bekommt den Eindruck, alle anderen würden ein beneidenswertes Leben führen, nur ich nicht.[387] Und dies kann uns schaden, wir fühlen uns minderwertig. Die Welt von Social Media, Self Tracking und Co führt gerade aus Sicht der Jugend in ein gesellschaftliches Zweiklassensystem. Auf der einen Seite die Gewinner und auf der anderen die Hartzer und Verlierer. Wer es nicht schafft, auf den Zug der Optimierungswelle aufzuspringen und das Beste aus sich rauszuholen, der steht vor dem Risiko des Scheiterns.

Dass wir uns mit anderen vergleichen, wissen wir. Dass dies die eigene Leistungsfähigkeit fördern kann, ist ebenfalls klar. Mit wem wir uns nun aber vergleichen, ob nach oben oder nach unten, mit den Besseren oder den Schlechteren, ist im Normalfall auch abhängig von unserer emotionalen und psychischen Situation. Alleine aus dem gesunden Selbsterhaltungstrieb heraus wählen wir also unsere Vergleichsobjekte entsprechend unserer situativen Bedingungen gezielt aus. Dies dient, wie wir bereits gesehen haben, dem Selbstwert, wir vergleichen uns ja auch, um unser Selbstbild zu stabilisieren.

Der Spruch »Keeping up with the Jones« veranschaulicht dies sehr gut. Er hat sich als universalpsychologische Erklärung durchgesetzt. Wir blicken auf unsere Nachbarn und schauen, was haben sie, was wir eben nicht haben, und dies kann uns anspornen, ebenfalls mehr zu erreichen. Wir vergleichen uns also meist mit ähnlichen Personen. Der Vergleich mit ganz unterschiedlichen Menschen hingegen findet eher selten statt. Kaum ein Hartz-IV- Empfänger vergleicht sich mit einem Multimillionär, aber mit dem Mann, der in der Nachbarwohnung lebt, schon. Doch im Netz gilt das nicht mehr. Wir vergleichen uns zwar auf der einen Seite mit unseren 300 plus Freunden, aber gleichzeitig schauen wir auch auf prominente Vorbilder und Stars, weil man sich ihnen über Facebook und Co einfach so nah fühlt. Damit dreht sich die Vergleichsspirale doppelt so schnell. Wir fragen uns ständig: Sind alle besser als ich? Haben sie mehr Freundschaftsanfragen, mehr Postings, mehr Likes, tollere Urlaubsfotos oder eben höhere Scores in der Fitness Community.

Aus der Forschung zur Leistungsmotivation wissen wir, dass sich ein optimaler Belastungs- oder Stresspegel positiv auf unseren Output und unsere Leistung auswirkt (s. auch Atkinson & Birch, 1978). Ein Zuviel kann sich schnell ins Gegenteil umkehren. Vergleichen wir uns also immer nur mit den viel Besseren, was uns ja über Facebook und Co nahegelegt wird, erscheint da doch alles schön, erfolgreich und bright, kann das Selbstwertgefühl empfindlich leiden. Die Folge: Wir fühlen uns deutlich schlechter und minderwertiger. Wir stecken schnell in einer cyberpsychologischen Falle fest. Es tut also nicht immer gut, sich mit anderen zu messen. Insbesondere der wachsende Wunsch nach Vergleichbarkeit mit anderen, die besser sind als wir, also der Blick nach oben, kann die Angst schüren, nicht mithalten zu können und von anderen abgehängt zu werden, privat wie auch beruflich.

Durch eine übermäßige Beteiligung am Self-Tracking und Life-Logging können wir also eine kognitive und emotionale Abwärtsspirale in Gang setzen. Wir geraten in einen Teufelskreis der Selbstverbesserung, weil die Ansprüche sich immer weiter nach oben schrauben. So mache Facebook die Menschen auch unglücklich, sagen die Psychologen Christina Sagioglou und Tobias Greitemeyer von der Universität Innsbruck. Ihre Studien zeigen genau wie die amerikanischer Kollegen[388], dass Menschen, je länger sie bereits bei Facebook angemeldet sind und je mehr Zeit sie pro Woche in dem sozialen Netzwerk verbringen, sich deutlich schlechter fühlen und auch in Gefahr sind depressiv zu werden. Gerade durch den stetigen Vergleich mit anderen Usern kann man anfangen zu glauben: Das Leben ist unfair, und die anderen sind alle glücklicher als ich.« Forscher der Universität Darmstadt und der Humboldt-Universität Berlin haben sogar herausgefunden, dass mehr als ein Drittel der Facebook-User sich während und nach der Nutzung schlecht fühlen. Vor allem entstehen Neidgefühle auf positive Postings oder Fotos ihrer Facebook-Freunde. Und um sich wieder besser zu fühlen, versuchen sie wiederum die anderen mit ihrer Selbstdarstellung zu übertrumpfen. Eine regelrechte Neidspirale entsteht.[389] Dies zeigt sich auch an der Laune der Facebook-User, wenn sie längere Zeit Urlaubsbilder oder andere positive Inhalte betrachten. Je länger sie dies tun, desto schlechter sind sie anschließend gelaunt.[390] Dabei gehen viele Nutzer ja eigentlich deswegen immer wieder zu Facebook und Co, weil sie erwarten, zufriedener zu werden. Doch das Gegenteil ist der Fall, wenn wir immer nur mit den happy people konfrontiert werden.

Wenn die Normalos, Menschen wie du und ich, im Internetdschungel zu häufig nur mit angeblichen Superhelden und Superoptimierern in Kontakt kommen, können daraus extreme Frust- und Neidgefühle erwachsen. Wer sich immer nur nach oben orientiert, der kommt aus seinem Tal der Selbstzweifel und der Minderwertigkeit gar nicht mehr heraus. Das gilt offline wie online.

Aber »ein bisschen« Narzissmus und Ich-Kultur schaden nicht, denn sie erhalten den gesunden Mechanismus der Selbsterhaltung, dies betonte schon Freud.[391] Self-Tracking kann dazu beitragen, dass wir eine höhere Übereinstimmung zwischen gefühltem Selbstbild und unserem Wunschbild oder unseren Zielen erreichen, wenn sie realistisch sind. Einfach weil wir uns einerseits unserer Grenzen bewusst werden, andererseits aber unsere Fähigkeiten besser kennenlernen. Und auch die Gefühlslage lässt sich bei Vergleichen mit dem Erfolg oder den Leistungen anderer positiv beeinflussen. Die amerikanische Psychologin Silvia Knobloch-Westerwick bestätigt, dass Menschen, die sich selbst in einer schlechten Stimmung befinden, z. B. aufgrund eines Misserfolgs wie einer Jobabsage, eher solche Profile in sozialen Netzwerken anschauen, denen es emotional schlechter geht als ihnen. Wenn wir also einen Ego-Boost für unser Quantified-Selbst benötigen, sorgen wir sogar selbst dafür, dass eher Vergleiche nach unten, mit den vermeintlich »Schlechteren«, stattfinden.

Ein gewisser Anteil Selbstliebe tut gut, auch online. Ein Zuviel kann uns schaden. Das kann besonders für stark narzisstisch veranlagte Personen gelten, die generell eher unter einem Minderwertigkeitskomplex und starken Stimmungsschwankungen leiden. Richard Gramzow von der George Mason University in Washington fand in seinen Studien heraus, dass sie auf Kritik besonders wütend, aber auch mit Scham reagierten.[392] Häufig wird ihnen in diesem Augenblick bewusst, dass sie ihrem nach außen »vorgespielten« Bild nicht entsprechen, sie fühlen sich ertappt und schämen sich dafür. Zu viel von sich selbst zu fordern und zu stark einem Ideal hinterherzulaufen, kann also auch zwischenmenschliche Beziehungen und Interaktionen belasten – offline und online.

Bei einem Übermaß an Self-Tracking befinden wir uns ständig auf einem schmalen Grat zwischen gesunder Selbstverbesserung und manischer Selbst-Obsession. Wir sollten uns also davor hüten, zu sehr der Scheinwelt der immer besser werdenden Chefs, Arbeitnehmer, Eltern oder Liebhaber zu verfallen und uns bewusst machen, dass wir alle keine Supermänner oder Superfrauen sind. Das ist auch gut so.

DIE ILLUSION: BEHERRSCHUNG DES EIGENEN SCHICK-SALS Haben wir unser Schicksal selbst in der Hand? Was können wir beeinflussen und wie können wir wichtige Weichen stellen? Das sind große Anliegen für uns, die Menschen der Gegenwart. Und genau diese Gegenwart scheint diesem Anliegen irgendwie entgegenzuwirken.

Patchwork-Identität, Patchwork-Familie, unser heutiges Leben scheint ein Flickenteppich. Das Ergebnis: die Risikogesellschaft. Die sich aus der klassischen Industriegesellschaft herauslösende Moderne bietet zwar die Chancen der Individualisierung, der Freiheit jedes Einzelnen und der multiplen Optionen, gerade auch für die Identitätsbildung. Gleichzei-

tig erschafft sie aber auch große Unsicherheiten und Unwäg-
barkeiten, eben durch diesen Wandel, und die steigende Zahl
an Wahlmöglichkeiten. Das Korsett der traditionellen Gesellschaft, von dem wir uns befreien, führt uns in eine Gefahren-
zone, eben weil wir nichts mehr haben, an dem wir uns orientieren können. Diese Grenzenlosigkeit, die freie Wahl kann
schmerzhaft oder sogar für manche unmöglich erscheinen.
Dies meinte auch der inzwischen verstorbene bekannteste
deutsche Soziologe Ulrich Beck.[393]
Und ohne Zweifel ist das Internet ein Teil dieser Entwicklung. Das Internetzeitalter hat dazu beigetragen, dass wir nicht
nur physisch mobiler sind oder sein müssen, sondern eben
auch mobiler im Kopf und in unseren Vorstellungen geworden
sind. Auch in einem für uns negativen Sinn. Schneller Wandel
und Wechsel findet statt, ob in der Beziehung oder im Job, ob
selbst initiiert oder durch die Umstände ausgelöst. Eine voraus-
sehbare Lebenslinie gibt es jedenfalls immer seltener. Konstanz
war gestern, Flexibilität ist heute. Ohne Frage, so beschreibt es
auch Beck, scheint die Gegenwart aus den Fugen zu geraten.
Dies führt dazu, dass wir versuchen, auf anderen Wegen die Be-
stimmung über unser Leben und unser Schicksal wieder zu erlangen. Ob über spirituelle und religiöse Ansätze, in Klöstern,
Ayurveda-Retreats oder Yoga-Kursen. Und der Tracking-Trend
scheint hier eine vermeintlich geeignete Maßnahme zu sein.
Sobald wir nämlich tracken, gewinnen »wir die Autonomie
über unseren Körper zurück«, so Christian Grasse, Autor des
Buchs ›Mein digitales Ich‹. Doch nicht nur das, darüber finden
wir auch unsere allgemeine Stabilität wieder, unser durchorga-
nisierter Körper und unser technisch-strukturiertes Leben geben uns neuen Halt. Wir laufen nicht mehr Gefahr, völlig die
Orientierung zu verlieren. Wenn es schon keine andere Sicherheit im Leben mehr gibt, dann wenigstens unsere eigenen Daten und die Gewissheit, morgen sind zumindest diese noch da
(wenn sie keiner klaut und faket).
Allerdings dürfen wir uns nicht allzu sehr darauf verlassen,
dass unsere Daten alles gutmachen. Denn auch Daten können
lügen und in die Irre führen (auch bewusst induziert). Es kann
also durchaus unbequem werden, wenn wir online so ganz auf

die menschlichen Fähigkeiten und unseren Verstand verzichten würden.

Wie weit sollten wir also gehen?

Die Ausdehnung oder Ausweitung des Wissens über uns selbst kann durchaus positive Effekte haben. Aber auch die negativen Folgen, die uns vielleicht im Moment noch gar nicht bewusst sind, sollten wir uns stärker vergegenwärtigen, damit wir uns nicht virtuell verirren und in Wunschvorstellungen verstricken, die wir tatsächlich gar nicht verwirklichen können. Ob wir nun unglücklich werden, weil wir uns zu hohe Ziele stecken oder falsche Vorbilder zurate ziehen und dadurch an Überforderung leiden, emotional, kognitiv und auch physisch, liegt ja letzten Endes nur an uns selbst.

So warnt auch der Glücksforscher Wilhelm Schmid davor, dass das Streben nach Glück durch die Optimierung zur Pflicht wird: »Ich kenne niemanden, der immer glücklich ist. Aber ich kenne viele, die genau dieser Druck unglücklich macht.«[394] Diesen Hinweis sollten wir bei unseren Online-Spaziergängen durchaus öfter beherzigen.

Netzleben zwischen Fantasie und Wirklichkeit
Warum soziale Netzwerke uns den Blick vernebeln können

Am Mittagstisch, im Restaurant oder an der Bar, das Smartphone ist eigentlich immer dabei. Und damit meine ich nicht, irgendwo in Jacken oder Handtaschen, sondern meist neben dem Teller liegend, oder sogar mitten auf dem Tisch. Damit wir es bloß nicht verpassen, wenn es blinkt, piepst oder zwitschert.

Auch in Meetings ist es heute fast normal, dass alle regelmäßig auf ihre Smartphones schauen. Doch eines ist klar: In diesem Augenblick ist man nicht mehr voll bei der Sache. Die Folge: Sitzungen dauern häufig länger und sind ineffektiver, man muss ja ständig immer wieder etwas wiederholen.

Man könnte nun sagen, von Kollegen und Geschäftspartnern kann man ja vielleicht nichts anderes erwarten (!). Aber wie ist das mit den eigenen Freunden? Hören die uns und wir ihnen überhaupt noch richtig zu?

Wie fühlen Sie sich, wenn Ihr Gegenüber während des Gesprächs, ob über Familienprobleme, Streitigkeiten oder Liebeskummer, immer wieder aufs Smartphone blickt? Kommt da nicht das unangenehme Gefühl auf, der oder die ist ja gar nicht wirklich an mir interessiert?

Eines ist klar: Die Entwicklung der Apps, die Echtzeitkommunikation auf unseren Smartphones möglich machen, führt zu einem Dauer-Aufmerksamkeits-Syndrom. Alleine dadurch, dass die aktuellen Bewegungen auf unserem Profil zu jeder Sekunde des Tages angezeigt werden oder sich jede Kontaktanfrage sofort bemerkbar macht – ob auf Facebook, WhatsApp oder Tinder. Es wird von uns ein extremer Grad an Aufmerksamkeit gefordert, vor allem, was die Schnelligkeit unserer Reaktionen betrifft, nämlich das Antworten auf erhaltene Nachrichten. Der uns bereits bekannte Netztheoretiker Gert Lovink nennt dies auch das Echtheitssyndrom.[395]

Dadurch baut sich ein regelrechter Handlungsdruck auf. Wir fühlen uns gezwungen zu antworten, um die anderen nicht warten zu lassen. Dies gilt insbesondere, wenn man den real life timer, den Zeitstempel z. B. bei WhatsApp – nicht ausschaltet. In diesem Fall können unsere WhatsApp-Partner nämlich genau sehen, dass man Nachrichten schon vor Stunden gelesen hat und trotzdem die Frechheit besaß, noch nicht zu antworten. Den meisten kommt gar nicht in den Sinn, dass man vielleicht seine Gründe dafür hat, nicht stante pede den Touchscreen zu bedienen.

Dieser Erwartungsdruck, in einen sofortigen Aktions-Modus zu verfallen, kann nun dazu führen, dass wir das, was in den Nachrichten steht, überhaupt nicht mehr richtig lesen. Dadurch können wichtige Informationen verloren gehen. Die Folge: Wir antworten viel zu schnell, ohne die Belange der anderen richtig zu beachten, und so entstehen nicht selten kommunikative Missverständnisse.

Eine Folge dieser On-Kultur, immer reagieren zu müssen: Man setzt sich mit den Inhalten und Bedeutungen der gesendeten Botschaften immer weniger auseinander, diese können sogar zweitrangig werden. »Wenn alle senden, hört eben niemand mehr zu« – weil man auch gar keine Zeit mehr dazu hat! Nicht wenige Jugendliche geben mittlerweile sogar zu, dass ihnen WhatsApp eigentlich gehörig auf die Nerven geht. Die Tiefe der Kommunikation bleibt auf der Strecke – und dies kann unseren Stresspegel erhöhen.

Doch nicht jeder lässt sich von diesem Kontakt-Terror vereinnahmen. Das gilt auch für Jugendliche. So zeigen Beobachtungen des Instituts für Jugendkulturforschung in Wien, dass mittlerweile so manche der »digital natives« Facebook lieber vom PC oder Notebook aus nutzen, weil man auf diese Weise selbst über Zeit und Ort des Einloggens bestimmen kann.

Allerdings kann die Verlegung unserer Kommunikation auf virtuelle Kanäle wie WhatsApp durchaus einen praktischen Nebeneffekt haben: Konflikte mit Kollegen, dem Partner oder der Familie, können auf diese Weise sehr gut abgemildert werden. Lautes Schreien und Türen knallen ist passé. Dies kann ja auch als Vorteil gewertet werden.

Und möchten wir ein Rendezvous oder Treffen absagen, fällt dies schriftlich durchaus leichter als in einem Gespräch. Außerdem könnte der andere ja auch versuchen, uns umzustimmen.

Das gezielte Ausblenden von Sprache, Mimik und Gestik über die Nutzung von Facebook und WhatsApp erleichtert unser Mitteilungsbedürfnis. Online vermeiden wir also komplizierte und unangenehme Diskussionen.

So manche Konflikte können sich aber gerade durch das rein textbasierte Austauschen auch verstärken und die Gefühle der betroffenen Personen verletzen. Wer z. B. seinem Partner über Social Media den Laufpass gibt, zeigt dem anderen: Du warst es nicht wert persönlich mit dir zu reden. Das kann wehtun. Wir sollten also immer genau überlegen, ob eine Kündigung oder die Beendigung einer Beziehung per WhatsApp eine gute Idee ist.

Insgesamt stellen wir fest, dass heute nicht nur Jugendliche das direkte Gespräch z. B. über das Telefonieren scheuen, sondern auch Erwachsene. Zeitmangel oder Überlastung werden häufig als Erklärungen und Vorwand genannt. Manche fühlen sich durch den Akt des Telefonierens auch regelrecht ausgesaugt, denn andere würden bei einem Telefonat einfach viel mehr von einem erwarten, als von einer Mail oder einer WhatsApp-Nachricht.

Wenn es nun so ist, dass wir immer häufiger nicht mehr miteinander, sondern immer öfter nebeneinander her whatsappen: Welche Auswirkungen hat dies alles auf unser Gemeinschaftsgefühl und auf den Begriff von Freundschaft? Wir werden oberflächlicher. Und unsere Beziehungen auch.

Die Gefühle gegenüber der neuen Art, miteinander zu kommunizieren, sind durchaus zwiespältig. Viele sehen klare Vorteile, man kann sich schnell und unkompliziert über die wichtigsten Dinge austauschen, Verabredungen treffen und einen Zeitpunkt vereinbaren, ohne noch eine halbe Stunde zu quatschen, da man sich ja eh bald sieht. Eine Zeitersparnis ist es auf jeden Fall. Gleichzeitig aber haben viele den Eindruck, nicht die gleiche Aufmerksamkeit zu bekommen wie früher, als man z. B. eben noch miteinander telefonierte. So ist mittlerweile die Hemmschwelle, jemanden anzurufen, deutlich gestiegen. Man möchte niemanden stören oder anderen ihre kostbare Zeit wegnehmen, von der wir ja alle viel zu wenig haben. Es ist schon seltsam – das Gefühl, dass Freunde stören könnten, hat es früher jedenfalls so nicht gegeben. Wenn man etwas auf dem Herzen hatte, rief man vom Festnetz einfach an oder man kam mal eben vorbei. Und wenn es nicht passte, war das auch o.k. Man sollte viel öfter mal wieder anklingeln – real und nicht virtuell. Denn eines ist klar: Wir brauchen Freunde und Gemeinschaft.

Wer von uns hat noch nie den Satz gesagt oder gedacht: »Ich brauche dich nicht?« Im Zeitalter der Individualisierung spielen das eigene Ich und die Selbstverwirklichung eine große Rolle, manches Mal ohne Rücksicht auf andere. Doch bei genauerem Nachdenken wird klar: Ganz alleine unser Leben zu leben, ist gar nicht so einfach – sogar unmöglich. Die Welt der Arbeitsteilung hat dazu geführt, dass wir von unseren Mitmenschen abhängig sind. Doch das Angewiesen-Sein auf andere kommt natürlich nicht erst nur durch das moderne Wirtschaftsleben. Das war immer schon so.

Denn wir haben ein grundsätzliches Bedürfnis nach Anschluss und nach Zugehörigkeit. Zum einen aus rein praktischen Gründen. Schon in den Zeiten der Jäger und Sammler hatte das Zusammensein in einer Gruppe immer auch eine Schutzfunktion: Man konnte sich gegen Angriffe von außen einfach besser verteidigen als alleine. Außerdem spielen emotionale Motive eine wichtige Rolle. Wir brauchen das soziale Miteinander, um uns aufgehoben und geborgen zu fühlen. Wer ohne Sozialkontakte lebt, kann in zweierlei Hinsicht vereinsamen. Eine emotionale Einsamkeit kann sich in Verzweiflung, Depression, aber auch Langeweile äußern und Selbstabwertungsprozesse in Gang setzen, also unser Selbstwertgefühl schädigen. Auf der sozialen Ebene fehlt Unterstützung oder Beistand in schwierigen Situationen. Das kann wieder die negativen emotionalen Effekte[396] verstärken.

Forschungen der Brigham Young University in Utah zeigen, wie das Gefühl der Einsamkeit uns krank machen kann.[397] Einsamkeit wirkt sich gesundheitlich sogar genauso aus wie Alkoholmissbrauch, wie 15 gerauchte Zigaretten pro Tag und ist angeblich doppelt so gesundheitsschädlich wie Fettsucht. Wenn wir Freunde haben, geht es uns gesundheitlich besser, das Immunsystem wird gestärkt, wir leiden weniger an Depressionen. Dies bestätigt auch der Neurowissenschaftler der TU Braunschweig Martin Korte in seinem Buch ›Jung im Kopf. Erstaunliche Einsichten der Gehirnforschung in das Älterwerden‹. Ohne Freunde leben wir automatisch ungesünder. Kanadische Forscher konnten nachweisen, dass unser gesamtes subjektives Wohlbefinden durch gute Freunde positiv beeinflusst wird[398]. Jeder kann sicherlich bestätigen, Glück oder auch Leid mit anderen teilen zu können, ist viel schöner bzw. besser zu ertragen, als es alleine genießen oder erleiden zu müssen. Dabei können gute Freundschaften sogar prekäre oder zerstörte Familienverhältnisse ersetzen.[399] Gemeinschaft wirkt sich also auch auf unsere Gesundheit positiv aus. Jeder von uns ist somit also per se ein soziales Lebewesen – ein Mensch der Gemeinschaft.

Doch wie ist das im Netz? Mit Freundschaft verbinden wir unendlich viel, z. B. amüsante und erfreuliche gemeinsame Erlebnisse, aber auch Problem- und Krisenbewältigung oder Prozesse der Selbstfindung. Freundschaft ist somit immer eine zweiseitige (dyadische) Beziehung.[400] Und Freundschaft zeichnet sich durch bestimmte Merkmale aus, z. B. durch ein besonderes Maß an Intimität und Vertrautheit, intensiv miteinander verbrachte Zeit und positive Emotionen, die in uns wachgerufen werden, wenn wir an unsere Freunde denken. Mit unseren Freunden teilen wir auch unser Gefühlsleben, und sie agieren als Helfer in der Not, denen wir uns anvertrauen können.

Doch eines ist auch klar: Freundschaften entstehen meist aus Zufällen heraus. Dabei ist vor allem die Nähe entscheidend. Wer neben mir in einer Vorlesung sitzt oder die Schulbank drückt, wird mit höherer Wahrscheinlichkeit auch zu meinem zukünftigen engeren Kreis gehören oder auch zu einem echten Freund werden. Aber natürlich muss es auch ein paar Anziehungspunkte geben, ob Attraktivität, gleiche Herkunft, Kleidung, Hobbys oder Sympathie. Trotzdem kann psychologisch gesehen allein die physische Nähe den Sympathiewert anderer Personen erhöhen. Wer neben uns sitzt, tritt in unsere persönliche Intimsphäre ein, und dieses körperliche »auf die Pelle rücken« eines zunächst völlig Fremden müssen wir kognitiv begründen. Somit beurteilen wir diese Person per se als sympathischer. Außerdem haben viele sozialpsychologische Experimente gezeigt, dass wir Dinge oder Menschen bevorzugen, zu denen wir aufgrund bestimmter Merkmale eine Beziehung herstellen können. Ob dies ähnliche Vorlieben, derselbe Wohnort sind oder nur dasselbe Geburtsjahr. Diese Analogien werten wir als Verbindungen, als Faktor Nähe, der dafür sorgt, dass wir offener sind und eine tiefere Beziehung von vorneherein wahrscheinlicher macht.

Durch das Internet wird die räumliche Nähe nun per se ad absurdum geführt. Online sind wir uns alle irgendwie nah. Der virtuelle Raum lässt somit eine unwirkliche Nähe entstehen, die wir zwar fühlen, die aber tatsächlich ja gar nicht vorhanden ist. Wenn wir nun mit Leuten chatten oder skypen, die in anderen Städten oder sogar Ländern leben, dann fühlen wir uns nah, sind es körperlich aber nicht. Dies kann eine Illusion von Nähe entstehen lassen und dabei auch das Gefühl von Freundschaft erzeugen. Gerade für Jugendliche scheint dies besonders zu gelten. Eigene Studien zeigen, dass sich fast jeder fünfte deutsche Jugendliche in sozialen Netzwerken wie Facebook wohler fühlt als in seiner echten Schulklasse. Online-Freunde erzeugen also sehr wohl ein Gemeinschaftsgefühl – auch wenn man nicht persönlich zusammen ist. Inwieweit dieses allerdings echte Cliquen und Gruppenerlebnisse ersetzen kann, ist fraglich.

Normalerweise fällt Freundschaft ja nicht vom Himmel, sondern entwickelt sich in einem Prozess.[401] Vom ersten Kennenlernen, stetigen Kontakten und Treffen bis zum Teilen von Intimitäten ist es ein längerer Weg. Zumindest war dies früher so. Heutzutage aber werden wir online recht schnell privat und öffnen uns Menschen gegenüber, die wir weder gut noch lange kennen.

Der Weg zur Freundschaft verändert sich, es geht heute schneller als früher. Vieles deutet auch darauf hin, dass wir mit dem Begriff Freundschaft heute lockerer umgehen. Wir bezeichnen das, was eigentlich nur Bekanntschaften sind, vielfach als Freunde – einfach weil die Online-Sprache uns dies suggeriert. Alle Kontakte sind hier Buddies oder friends – dies übernehmen wir dann in unseren Alltagsgebrauch.

Das zeigt sich auch, wenn wir die Anzahl unserer Online-

Freunde anschauen. Wie viele Online-Freunde haben Sie? Zu wenige sollten es nicht sein, aber zu viele auch nicht. So haben Studien gezeigt, dass die optimale Freundesanzahl im Netz zwischen 100 und 300 Personen oder Buddys liegt.[402] Die Attraktivität einer Facebook-Person ist genau dann am höchsten. Hat sie weniger als 100 Freunde, kommen Zweifel an der generellen Beliebtheit oder am Status auf. Liegt sie mit ihren Freunden hingegen deutlich darüber, also bei 500 bis 1000 und mehr, entsteht das Gefühl: Bei so vielen Kontakten kann sie sich um mich ja gar nicht richtig kümmern, ich bin nur einer von vielen. Natürlich liegen Superstars wie Rihanna weit darüber, aber Likes oder Follower sind auch nicht unbedingt als Freunde zu bezeichnen, sondern eher als Fans, die bekunden jemanden zu bewundern.

Interessant ist, dass deutsche Jugendliche genau in diesem Mittelfeld liegen, sie haben im Durchschnitt 250 Freunde.[403] Mit dem optimalen Aktivierungsniveau haben wir uns ja schon einmal beschäftigt. Psychologisch gesehen, führen wir im Kopf also eine Grenze ein, was ist zu wenig und was ist zu viel, um uns gutzutun. Jugendliche scheinen dies automatisch zu machen. Sie haben somit ein gutes Netzgefühl.

DOCH WIE VIELE FREUNDE KÖNNEN WIR TATSÄCHLICH VERKRAFTEN? Passen 250 friends überhaupt in unser reales mentales und emotionales Portal im Kopf? Der Anthropologe Robin Dunbar von der Universität Oxford hat schon vor Längerem herausgefunden, dass unsere Freundschaftskapazität durchaus eine Grenze hat. Er hat über die Größe von sozialen Gruppen, in denen wir agieren und uns wohl fühlen, geforscht.[404] Eine Gruppengröße von 150 scheint dabei ideal (auch Dunbar-Zahl 150). Und damit liegt er auch evolutionsbiologisch ganz richtig. Die Gruppen der Jäger und Sammler haben die Größe von 150 Mitgliedern nicht überschritten.

Doch heißt dies nicht, dass alle 150 Gruppenmitglieder die gleiche Bedeutung für uns haben. Ganz im Gegenteil. Die gesamte soziale Gruppe ist klar vom inner circle zu unterscheiden, den Personen, mit denen wir ein hohes Intimitätsverhältnis pflegen und die für uns besonders wichtig sind. Wir haben auch hier ein optimales Niveau oder Limit, eine Grenze, die wir, auch wenn wir es wollten, nicht überschreiten können. Einfach weil uns dazu die Fähigkeiten fehlen. Und diese Grenze liegt eben nicht bei 150 oder wie im Netz bei 250 Online-Freunden, wie sie Jugendliche heute im Durchschnitt angeben, sondern nur bei fünf ganz engen Vertrauten.

Wir scheinen also etwas zu verwechseln, wenn wir von Online-Freunden wie von echten Freunden sprechen.

Hinzu kommt, dass wir online gezielt immer mehr lose, lockere Verbindungen pflegen. Gleichzeitig wird die Anzahl dieser Online-Freundschaften auch immer mehr zu einem Statussymbol. Untersuchungen zur »Facebook-Depression« zeigen, dass Jugendliche vor allem die Angst umtreibt, online nicht genug Freunde oder Likes zu akkumulieren.[405]

Allerdings gibt es auch unter diesen Online-Freunden wieder echte Freunde. Dies tritt gerade dann zutage, wenn wir einen wichtigen Aspekt von Freundschaft betrachten: die gegenseitige Unterstützung bei Konflikten.[406] Verlässlichkeit ist das Stichwort. Und dies gilt durchaus auch für Online-Freundschaften. Fragt man Jugendliche, so sind nicht wenige überzeugt, dass ihre Online-Freunde ihnen sofort helfen würden, sogar mit Geld.[407] Auch gibt jeder 10. Jugendliche zu, dass er sich ohne seine Online-Freunde ziemlich allein fühlen würde. Online-Beziehungen haben also emotional und kognitiv eine starke Bedeutung und erzeugen vielfach ein Gefühl von Gemeinschaft und Zugehörigkeit. Ein Drittel der deutschen Jugendlichen nutzen Social Media sogar gezielt, um neue Freunde zu finden.[408]

Wir stellen fest, dass es heute beide Entwicklungen gibt – die Zunahme lockerer Beziehungen und die Pflege intensiver Freundschaften. Es gibt also kein Entweder-oder. Nur ist die Unterscheidung nicht immer so einfach.

Wir aber scheinen beides zu brauchen: lockere Netzwerke, um sich als Teil des Ganzen zu fühlen, als Gemeinschaft. Auch um berufliche Vorzüge nutzen zu können und Chancen auszuloten. Und feste intime Netz-Beziehungen und Freundschaften, um unsere sozialen und emotionalen Bedürfnisse zu befriedigen. Wir fühlen uns verstanden und geborgen.

Dabei wächst die Gefahr, dass wir unsere analoge Beziehungsebene vernachlässigen, das Zusammensein mit Freunden oder nahestehenden Menschen im richtigen Leben. So kann man immer häufiger junge Mütter und Väter auf dem Spielplatz beobachten, die stärker mit ihrem Smartphone beschäftigt sind als mit den Kindern im Sandkasten. Wie Untersuchungen der Psychologin Melody Bacon zeigen, können wir durchaus zusammen sein und trotzdem nicht miteinander reden. Wer sich häufig mit jüngeren Leuten unterhält, stellt fest, dass es vielen immer mehr schwerfällt, einem beim Gespräch in die Augen zu sehen. Sie blicken lieber auf ihren Touchscreen. Wenn wir also alle immer öfter kaum noch miteinander reden, obwohl wir zusammen sind, sondern nur noch texten, auch um Diskussionen aus dem Weg zu gehen oder aus Angst, zu viel von sich und seiner Gefühlslage preiszugeben, dann kann der Sinn eines solchen Zusammenseins grundsätzlich infrage gestellt werden.

Es muss aber nicht zwingend so kommen. In anderen Kulturräumen werden zahlreiche positive Effekte der Internettechnologie auf zwischenmenschliche Beziehungen festgestellt. In Pakistan, einem konservativen muslimischen Land, sprechen Studenten ausdrücklich von starken Verbesserungen in der Beziehung zu der eigenen Familie.[409] Sie fühlen sich den einzelnen Familienmitgliedern näher und verspüren mehr Verantwortung ihnen gegenüber. Dabei gibt es keinen Gendereffekt: Männer wie Frauen sehen das genauso.

Es gibt also keine einfache Antwort auf die Frage, wie sich das Internet auf unsere Beziehungsgeflechte auswirkt. Das Resultat kann nützlich, aber auch schädlich sein.

Zusammen sein und doch allein
Weshalb soziale Netzwerke auch die Illusion von Gemeinschaft vermitteln können

Social-Media-Kanäle sind bestens dafür geeignet, einem das Gefühl zu vermitteln, dass man am gesellschaftlichen Leben teilnimmt. Man verschickt Nachrichten, loggt sich bei Facebook ein, schaut sich die neuen Fotos der Bekannten auf Instagram an und weiß, was sie heute so erlebt haben. Alleine dadurch fühlen wir uns als Teil von ihnen. Allerdings reduziert ein kontinuierliches Kontakten nicht automatisch das Gefühl des Alleinseins. Und nur weil ich mit jemandem chatten oder Twittern kann, heißt das nicht, dass sich derjenige wirklich um mich kümmert. Dass man Teil einer großen Gruppe ist, kann auch dazu führen, dass man immer wieder neu um Aufmerksamkeit buhlen muss, in einer ewigen Spirale auf der Suche nach Zuwendung und Aufmerksamkeit. Dafür steht auch ein interessantes Phänomen, das sich in letzter Zeit zeigt. Obwohl alle so stark miteinander vernetzt sind, fühlen sich immer mehr Jugendliche einsam – und das trotz ihrer durchschnittlich 250 Online-Buddys. Der Psychologe Ethan Kross von der University of Michigan hat festgestellt, dass sich das subjektive Wohlbefinden junger Facebook-User insgesamt eher reduziert, als dass es sich verbessert.[410] Und auch der Jugendforscher Bernhard Heinzlmaier betont die Problematik für zwischenmenschliche Beziehungen, denn ein Netzwerk im Internet sei nicht mit einer Gemeinschaft in einer Clique zu verwechseln: »In der Gemeinschaft überwindet man das Nutzenprinzip. Man unterstützt andere, ohne selbst einen Vorteil zu haben. Ein Online-Netzwerk ist aber immer sehr nutzenorientiert.«[411]

Online-Freundschaften haben zunächst vor allem etwas mit uns selbst zu tun. Wir möchten uns besser fühlen. Doch was ist mit der anderen Seite, mit den Freunden? Sorgen wir uns überhaupt um sie, oder kümmern wir uns letztlich doch nur um uns selbst? Es gibt Studien, die auf eine bedenkliche Entwicklung hinweisen: Seit dem Jahr 2000 soll gerade bei jungen Menschen das Interesse an anderen deutlich abgenommen haben. So scheint es zum Beispiel für heutige College-Studenten

weniger bedeutsam zu sein, sich in andere Menschen hineinversetzen zu können bzw. Empathie zu entwickeln.[412]
Doch sind wir selbst für uns inzwischen die beste Gesellschaft?

Ich glaube nicht, dass wir auf dem Weg in eine empathielose
Gesellschaft sind. Dagegen sprechen die zahlreichen weltweiten sozialen Engagements, die auch über Social Media Unterstützung und Aufmerksamkeit bekommen. Und zum anderen
sollten wir bedenken, dass soziale Beziehungen, ob Freundschaft, Liebe oder kollegiale Verbindungen, fast immer einen
nutzenorientierten Aspekt aufweisen, auch in der analogen
Welt. Eine Art Investitionsauswertung ist weder unüblich noch
anormal. Wir sollten das nicht überdramatisieren.

Wenn wir nun nur textbezogen kommunizieren, kann uns
das trennen, gleichzeitig aber auch leichter zueinanderbrin-
gen. Es existiert ein Wirksamkeitslimit. Bleibt der Austausch
auf den virtuellen Raum begrenzt, kann sich durchaus eine
virtuelle Tiefe in einer Beziehung bilden. Wir empfinden uns
der Netz-Person nah und fühlen uns auch verstanden. Deshalb
versuchen wohl gerade Menschen, die ein Aufmerksamkeits-
Defizit oder auch einen Mangel an emotionaler Nähe und Verständnis empfinden, dies online auszugleichen. Dennoch fehlt
der physische reale Kontakt, der eine wirkliche Beziehung aus-
macht. Das Wirksamwerden aller Sinneseindrücke, die zu einer
echten Begegnung gehören, ist im Netz verwehrt. Das begrenzt
letztlich auch die Tiefe und Qualität von Freundschaft. Es sei
denn, man nutzt das Netz, um echte Beziehungen aufrecht-
zuerhalten und zu intensivieren oder als Startposition, aus der
sich im Lauf der Zeit tiefere Bindungen entwickeln können, die
sich dann auch ins Real Life übertragen.

Kennen Sie den Film ›Her‹? Wir befinden uns im Jahr 2025.
Die Computerwelt hat sich verändert, man braucht keinen
Touchscreen mehr – man macht alles nur mit der Stimme. Auf
der Suche nach dem Glück installiert der Hauptdarsteller (Joa-
quin Phoenix) ein Sprach-Operating-System, dem er eine weibliche Identität in Form eines attraktiven Avatars gibt (Scarlett
Johansson). Die Folge: Er verliebt sich in diese künstliche Person aus dem Netz. Der Film beschreibt vor allem ein Phäno-

men der Internetkultur: Die Abwesenheit menschlicher Makel, die Vollkommenheit kann uns süchtig machen. Und wir projizieren auf unsere technischen Hilfsmittel, Computer, Tablet oder eben künstliche virtuelle Figuren affektive menschliche Reaktionen. Dass wir dazu sehr leicht neigen, zeigten ja schon die Forschungen zu Eliza und das vor Jahrzehnten. Kaum scheint jemand, ob Person oder System, auf uns zu reagieren, fangen wir an uns kognitiv und auch emotional damit zu befassen.[413]

Gerade der Einsatz künstlicher Intelligenz oder der Robotik, die versucht menschliche Wesen nachzuformen, die auf unsere Bedürfnisse reagieren, obwohl sie gar kein echtes Empfinden noch ein Gewissen haben, kann uns verführen. Wir geben uns lieber mit künstlich geschaffenen Wesen ab als mit echten Menschen. Denn Roboter und Computerprogramme gehen scheinbar unkompliziert auf uns ein, und der große Vorteil dabei ist: Wir müssen uns nicht auch noch um deren Sorgen kümmern, wie es von unseren echten Freunden eben erwartet wird. Eine praktische Unverbindlichkeit entsteht. Das ist ein weiterer Grund dafür, warum soziale Netzwerke eine so große Verlockung darstellen: die oberflächliche Leichtigkeit und scheinbare Kontrollierbarkeit. Wir haben vermeintlich eine bessere Kontrolle über die Beziehungen, über deren Status und die damit verknüpften Erwartungen, eine Kontrolle, die wir bei echten persönlichen Begegnungen nicht ausüben können.

Aber es sind doch gerade die komplizierten Situationen, die Beziehungen ausmachen, an denen wir wachsen und auch lernen, mit Komplikationen umzugehen. Mensch-Sein im Real Life ist nicht einfach – und das kann uns die virtuelle Welt nicht abnehmen.

VIRTUELLE GRUPPENPHÄNOMENE Rituale kennen wir alle. Fast jeder hat ein morgendliches Ritual, einen festen Ablauf, der den Beginn des Tages bestimmt. Doch fallen Ihnen auf Anhieb auch Rituale ein, die Sie täglich mit anderen Menschen ausüben – nicht zu Hause im familiären Umfeld, sondern im Alltag oder Beruf? Mir fällt eigentlich gar keines ein. Insgesamt stellen wir fest, dass Rituale, die sich auf eine große Gruppe der Bevölkerung beziehen, im europäischen Raum stark zurückgehen. Denken wir nur an den sonntäglichen Kirchgang. In China gibt es immer noch tausende von Menschen, die morgens vor der Arbeit gemeinsam in den Parks der Millionenstädte Tai-Chi betreiben. Im Hinduismus, wie er in Indien praktiziert wird, gibt es ein Morgenritual namens »puja«. Dazu werden kleine Schälchen aus Blättern mit Früchten, Reis, Milch, Butter auf die Straße gestellt – und das jeden Morgen. Bei uns aber scheinen sich gesellschaftliche Alltagsrituale, die in der Gemeinschaft ausgeübt werden, zu verflüchtigen. Das ist schade, denn Rituale stärken unsere sozialen Systeme, den Gruppenverband, geben den Rhythmus vor und stehen für Verbindlichkeit. Rituale geben »Halt und Orientierung. Sie schaffen Ordnung in einer zufälligen Welt. Sie stabilisieren, auch wenn wir sonst das Gefühl haben, alles sei belanglos«, sagt Michael von Brück, Professor für Religionswissenschaften an der Universität München.[414] Auch der Hirnforscher Ernst Pöppel sieht Rituale als das »Leben erleichternde Automatismen« an. Rituale werden angewendet, ohne dass wir groß darüber nachdenken, sie sind sozusagen in unserem Denkapparat fest verankert. Wir brauchen Rituale, um uns vollständig zu fühlen. Sie werden Teil von uns selbst und prägen auch unser Gehirn. Früher waren Rituale von Nutzen, um den ganz normalen Alltag zu strukturieren, und das gilt nicht nur für die Steinzeit. Dem alltäglichen Chaos wurde darüber eine gewisse Regelmäßigkeit und Vorhersehbarkeit gegeben.

Doch was passiert damit heute, in unserer hochtechnisierten, virtualisierten und fragmentierten Welt? Gemeinschaftliche Rituale im Real Life verlieren zunehmend an Gewicht. Die verbindenden Elemente in der individualisierten Gesellschaft verschwinden, »wir« sind zu vielen geworden, Einheiten werden entzweit und wieder neu zusammengesetzt, das Prinzip des Patchwork destabilisiert uns und reduziert Verlässlichkeit. Rituale können diesem Prozess entgegenwirken. »Menschen kommen ohne Rituale nicht aus«, davon ist auch die Ethnologin Birgitt Röttger-Rössler von der FU Berlin überzeugt.[415]

Und was machen wir, wenn wir im realen Alltag immer weniger Rituale finden? Wir suchen sie online – im Netz. Rituale verlagern sich zunehmend in den virtuellen Raum. Zu einem Ritual kann z. B. das regelmäßige Treffen über Skype zu einem ganz bestimmten Zeitpunkt werden. Oder das abendliche Anschauen der Fotos auf der Passwort-geschützten Webseite unserer Freunde.

Es gibt aber auch Online-Mechanismen, die ein ritualisiertes Gemeinschaftserleben sichtbar machen. Denken wir an das Phänomen des Flashmobs. Wildfremde Menschen verabreden sich virtuell, kommen zusammen und setzen dann ihr Vorhaben real in die Tat um. So wie bei dem berühmten Flashmob in der New Yorker Central Station, bei dem sich Hunderte zu einer Dance Performance verabredeten und dessen YouTube-Video insgesamt 35 Millionen Mal weltweit abgerufen wurde. Ein Quotenhit. Oder ein Treffen von Tausenden von Jugendlichen in Köln vor ein paar Jahren am Pillow-Fight-Day zu einer Kissenschlacht vor dem Kölner Dom. Über Sinn oder Unsinn solcher Aktionen kann man sicherlich geteilter Meinung sein. Eines erzeugen sie aber auf jeden Fall: das Gefühl von gemeinschaftlichem Erleben, denn alle machen in diesem Moment ein und dasselbe.

Manche Forscher bezweifeln allerdings die Bedeutung des Internets für die Entstehung von Ritualen. Birgitt Röttger-Rössler glaubt: »Über das Internet beispielsweise werden wir uns nie so spiegeln können und so empathiefähig sein.« Das Internet sei maximal ein Abglanz oder – als Aufruf zum Flashmob – bestenfalls der Zündfunke der Gemeinsamkeit.[416]

Auf den ersten Blick fehlt solchen Ritualen à la Flashmob sicherlich die dauerhafte Verbindlichkeit. Es ist ja nur ein Zusammentreffen für einen kurzen Augenblick, der niemals wiederkehrt. Allerdings kann es genauso geschehen, dass solche Verabredungen zu Tanz-Flashmobs sich wiederholen, zu einem festen Bestandteil unseres Verhaltens werden und sich damit dann doch zu einem gesellschaftlichen Ritual entwickeln. Aspekte wie Nähe, Gemeinschaftsgefühl und Zugehörigkeit können meiner Meinung nach durchaus auf diesem Weg erzeugt werden. Zudem bleiben die meisten dieser Ereignisse für alle Zeiten über YouTube und Co erhalten. Das kann einen kognitiven Erinnerungseffekt auslösen und zumindest der jüngeren

Generation den Weg zurück in das ritualisierte Gemeinschafts-erleben ebnen.

Ein Revival der Rituale sehen wir auch auf der Unternehmensebene, sagt Professor Thomas Widlok von der Universität Nijmegen. Durch Mergers und Aquisitions oder Outsourcing-Prozesse verändert sich nicht nur der Arbeitsplatz jedes Einzelnen, sondern auch die Unternehmenskultur. Dies schafft Unruhe und Unsicherheiten. Ob nun Gemeinschafts- oder Erfolgsrituale, das Internet kann auch hier eine bedeutende Rolle spielen. Regelmäßige Videobotschaften oder Twitter-Nachrichten des CEO oder auch der Abteilungsleiter können motivieren oder den Mitarbeitern das Gefühl geben, man kümmere sich um ihre Bedürfnisse. In Indonesien wird z. B. jeder Arbeitstag mit einem gemeinschaftlichen Gesang begonnen. Ob wir nun singende Konzernzentralen oder Werkshallen brauchen, darüber kann man geteilter Meinung sein. Aber ein YouTube-Video, auf dem glückliche Mitarbeiter regelmäßig über ihre Arbeit berichten oder der CEO der Belegschaft für den erreichten Erfolg seinen Dank ausspricht, kann Wirkung zeigen und verbindend wirken.

Was sich also letztendlich zu ritualisiertem Verhalten entwickelt, hängt von uns ab. Ob online oder offline. Wichtig ist nur, dass wir Rituale haben und sie pflegen.

Lovenomics
Was geschieht, wenn die Internetökonomie die Emotionen dominiert?

Die Welt der Partnersuche hat sich in den letzten Jahren deutlich verändert. Bist du noch Single oder tinderst du schon? Diese Frage hört man immer öfter, denn es gibt einen ganz neuen Hype auf dem Partnermarkt: Tinder heißt das Zauberwort. Wer alleine in der Kneipe um die Ecke sitzt, im Zug unterwegs ist oder am Flughafen in der Abflughalle wartet, der kann jetzt ganz einfach über sein Smartphone in die Singlebörse Tinder eintauchen.

Auch in meinem Bekanntenkreis war dies plötzlich ein ganz großes Thema. Gemäß dem Motto: Meine Dates habe ich immer in meiner Hosentasche. Das Besondere an Tinder ist, man erhält zunächst keinen direkten Kontakt zu anderen Singles, sondern sieht nur eingestellte Fotos. Ein Chatgespräch kommt erst dann zustande, wenn sich beide gefallen. Tinder ist seit vier Jahren auf dem Markt und wird von Millionen von Singles genutzt – von Mumbay bis Manhattan. Im Jahr 2015 sollen bereits zwei Millionen Deutsche dabei sein.[417]

Unzählige Single-Börsen werben mittlerweile im Netz um einsame Frauen- und Männerherzen. Bereits im Jahr 2010 hatten laut einer Studie der Bitkom nicht weniger als neun Millionen Deutsche einen festen Partner über das Internet kennengelernt. Ob Edarling, Parship, Elite Partner, die gezielt Akademiker und Singles mit Niveau im Blick haben, oder be2. Allein bei be2 sollen sich über 38 Millionen Mitglieder tummeln, im Durchschnitt betrachtet wäre das jeder zweite Deutsche.

Was treibt so viele Menschen auf die Liebessuche im Netz?

Die Motive und Bedürfnisse dahinter sind überhaupt nicht neu. Der Wunsch, jemanden zu finden, mit dem man gemeinsam Lebenszeit verbringen und die Zukunft planen kann, der Einsamkeit zu entfliehen oder die Sehnsucht nach emotionaler Nähe, Verständnis und Liebe – all das sind Grundbedürfnisse, die zutiefst in uns allen verwurzelt sind.

Die Liebe ist auch eines der literarisch und künstlerisch am häufigsten thematisierten Gefühle, und das zieht sich durch sämtliche Kulturen und Jahrtausende der Menschheitsgeschichte. Allerdings hat es der Begriff Liebe in sich. Denn wer kann schon genau sagen, was er bedeutet und beinhaltet? Wann lieben wir wirklich? Und welche Arten von Liebe gibt es? Klar ist, dass in der Liebe eben nichts klar ist. Eine eindeutige Definition gibt es nicht. Wir kennen alle ganz unterschiedliche Arten von Liebe, ob wir an die eigene Selbstliebe denken, die Liebe zur Arbeit, den Eltern, den Kindern, die Geschwisterliebe und natürlich die Liebe zwischen zwei Menschen in einer Partnerschaft.

Und eines wissen wir natürlich auch − die Liebe hat immer etwas mit unseren Gefühlen zu tun. Wir verbinden mit diesem Begriff also eine Emotion. Wie wir diese allerdings verorten, das hängt natürlich von unseren Kognitionen, den Erfahrungen, die wir gemacht haben, oder auch von der Liebessituation ab, in der wir uns gerade befinden. Und die muss nicht immer nur positiv sein. Finden wir keine Gegenliebe, werden wir verschmäht oder sogar verlassen, dann kann Liebe verdammt wehtun.

Dabei ist die Empfindung Liebe häufig diffus, der Gefühlszustand unspezifisch. Man fühlt sich gut, weil man verliebt ist, man schwebt auf Wolken − hat aber gleichzeitig auch Angst, dass es viel zu schnell vorbeigeht, dass man dem Partner nicht genug ist, und vieles mehr. Und natürlich gibt es auch ganz verschiedene Liebesstile. Wer kennt sie nicht, die besitzergreifende Liebe, die krankhaft, ja manisch ist und dem Objekt der Begierde gar nicht guttut. Dann die romantische Liebe, wenn man alles durch die rosarote Brille sieht, oder die pragmatische Liebe, die auch von rationalen Elementen und Gründen beeinflusst wird. Dabei ist gerade die romantische Liebe mehrdimensional und besteht aus Intimität, Leidenschaft und Commitment.[418]

Und mit dem Begriff Liebe verbinden wir immer auch eine Beziehung. Diese fällt je nach Bewertung, Emotionalität (Art und Intensität der Gefühle), Stabilität, Kontinuität, Zufriedenheit, Intimität oder dem Grad des Vertrauens ganz unterschiedlich aus. Überhaupt machen wir im Laufe unseres Lebens ja diverse Erfahrungen mit unseren Liebesbeziehungen. Nicht alle sind von dauerhafter Natur, sie entstehen zum Teil aus mehr oder weniger praktischen Gründen (damit man eben nicht als Single unter den ganzen bekannten Pärchen herumlaufen muss) oder kommen rein durch körperliche Anziehungskraft und Leidenschaft zustande. Die wahre Liebe aber, die verlangt mehr – Gefühl und Engagement, Initiative, Hingabe.

Hieran sind zwei psychologische Aspekte wichtig: Zum einen muss eine Liebesbeziehung nicht immer auf romantischen Vorstellungen beruhen, sondern kann auch aus rationalen Gründen eingegangen werden. Zum anderen zeigen sich genderspezifische Unterschiede: Frauen sehen die Liebe anders als Männer – oft auch romantischer.

Wenn wir das Dating-Verhalten von früher mit dem heutigen Online-Dating vergleichen, ist eines klar: Im realen Leben war es deutlich schwieriger, den ersten Schritt zu tun. Flirten will gelernt sein. So mancher hat Hemmungen. Hinzu kommt, dass es von vielen Zufällen abhängt, ob man im Café oder in der Kneipe um die Ecke auf den idealen Partner trifft. Im Netz können wir unsere Schüchternheit überwinden, denn Mimik, Gestik und Sprache, über die auch Nervosität und Unsicherheit sichtbar werden, fallen online weg. Und wir haben online ganz andere Möglichkeiten, auf Menschen zu treffen, die als Partner infrage kommen. Partnervermittlungen gab es ja schon vor den Internetzeiten. Aber ihre Methoden sind nicht mit der heutigen Online-Dating-Welt vergleichbar. Es wundert also nicht, dass immer mehr Menschen ihr Freundschafts- und Partnerglück im Cyberspace suchen.

Das dachte sich auch Chris Coyne, einer der Gründer der größten Dating-Plattform in den USA, OkCupid. Er und seine Kollegen wollten nicht einfach nur Geld verdienen, so sagen sie (!), sie wollten etwas für die Menschen tun, sie glücklich machen. Und was gibt es da Besseres, als ihnen die Liebe auf einer Online-Plattform direkt nach Hause zu liefern?[419] Um den Usern nun eine bestmögliche Auswahl zu bieten, war Personalisierung der Daten das Stichwort. Ein Algorithmus soll für ein perfektes matching sorgen. Das System von Googlenomics[420] beeinflusst also auch unser Liebesleben. Über ausgiebige Angaben zur eigenen Person, den eigenen Vorlieben, Lebenszielen und Erwartungen an eine Partnerschaft, die jeder User zu Beginn über sich mitteilt, werden die Antworten von Hunderttausenden von Liebessuchenden miteinander verglichen, und dabei wird herausgefiltert, wer am besten zueinander passt.

Allerdings machen auch Computer Fehler. Und manche Dating-Portale treiben ein psychologisches Spiel mit uns und missbrauchen uns als virtuelle Versuchskaninchen.[421] Gematcht wird eben nicht immer das, was aufgrund der Angaben tatsächlich zueinanderpasst. OkCupid hat den Mitgliedern in Experimenten vorgetäuscht, dass sie besser zueinander passten als eigentlich errechnet. So wurde Usern, die tatsächlich aufgrund der angegebenen Informationen einen Übereinstimmungswert von nur 30 Prozent hatten, fälschlicherweise ein Wert von 90 Prozent angezeigt. Die Folge: Die Nutzer tauschten deutlich mehr Nachrichten aus, als wenn sie nur eine geringe Übereinstimmung annahmen. Virtuelle Datentricks können durchaus dafür sorgen, dass wir cyberpsychologischen Fallen ins Netz gehen.

Wir können also auch in Sachen Sympathie oder Flirtgefühl von der Datenmaschine manipuliert und auf falsche Fährten geführt werden. Wie immer im Netz, aber besonders in diesem Falle, darf man nicht allzu gutgläubig sein und muss im Auge behalten, dass nicht alles wahr ist, was wir online finden.

Die Suche nach Liebe, sozialen Kontakten, Zweisamkeit und Beziehungen scheint im Netz immer mehr zu einer Art Liebesformel zu verkommen und kann seltsame Formen annehmen, die nicht immer gut für uns sind. Wir suchen im Netz nach Idealen, nach einem Wunschpartner: schön, erfolgreich, humorvoll, kinder- und tierlieb, reisefreudig und vieles mehr, die fürsorglich-mütterliche Vamp-Frau und der romantische, empathische, männliche Investmentbankertyp. Die Ansprüche sind hoch.

Lovenomics ist das Stichwort: Liebe scheint immer mehr zum Ergebnis einer Rechnung zu werden. Der 1980 in Polen geborene Autor Milosz Matuschek erzählt von dem Dilemma der Liebe im 21. Jahrhundert. Ich glaube, dass wir verlernt haben, zu lieben, und stattdessen unsere Entscheidung für den Partner einer Art ökonomischem Kalkül unterwerfen, das wir dann nachträglich mit romantischen Codes und Symbolen ausschmücken.[422] Die Liebe wird zur messbaren Ressource, die wir zu optimieren versuchen wie alles andere auch.

Im Web 4.0 scheinen wir bereits in das Bild, die Wunschvorstellung des idealen Partners, verliebt zu sein, bevor wir diesen überhaupt treffen. Das Ergebnis ist die lovenomische Verknüpfung von Emotion, Sehnsucht und rationalem Entscheidungsverhalten: der Online-Mensch als Summe seiner Selling Points. Werden wir nur auf das virtuell Darstellbare reduziert, z. B. auf Fotos oder das, was wir im Netz schriftlich von uns geben, besteht die Gefahr, dass derjenige gewinnt, der sich am besten darstellen – eben verkaufen – kann. Die Reduktion von Liebe und Partnerwahl auf rationale und ökonomische Gesichtspunkte ist aber nicht neu. Den Gedanken, den Partner als Trophäe zu sehen, ob durch Geld oder Attraktivität, als schmückendes Beiwerk, das zum eigenen Status passt, kennen wir zur Genüge. Die ökonomische Betrachtung einer Beziehung ist wie die Rationalisierung der Entscheidung in der Partnerwahl kein Ergebnis der Internetwelt, sondern ist immer Teil der Geschichte um die Liebe gewesen.

Weshalb sind die meisten von uns mit der ersten Liebe oder auch so mancher zweiten und dritten nicht mehr zusammen? Vielleicht fühlte man sich nicht genug beachtet, oder der Partner hatte zu wenig Zeit, war zu egoistisch und mehr an seinen Bedürfnissen interessiert als an unseren. Wir beurteilen unsere Liebe immer auch danach, was bringt sie mir? Welchen Input gebe ich hinein, und was leistet der andere? Und je ungleichgewichtiger die Bilanz aussieht, umso unzufriedener werden wir und umso eher besteht die Gefahr, dass wir die Beziehung auflösen. Das rationale, ökonomische Element spielt auch in der Liebe eine Rolle, mal mehr und mal weniger. Vor allem in Liebesbeziehungen, in denen wir ein dauerhaftes oder zumindest etwas längerfristiges Potenzial sehen. Wir beurteilen also, wie sich unser bisheriges Investment zukünftig auswirken kann und sich ein weiteres Commitment, also ein Dabeibleiben, lohnt.[423] Auch dabei spielt der Wunsch, die eigene Situation zu optimieren oder zu maximieren, eine Rolle.[424] Solche Gedanken existieren in den meisten Köpfen. Die Vorstellung von reiner Liebe als einzigem Motiv bei einer Entscheidung für oder gegen einen Menschen ist sehr romantisch, hält aber einer nüchternen Betrachtung oft nicht stand.

Genau dieser ökonomisch-rationale Aspekt der Liebe wird beim Online-Dating nun aktiviert. Über das System Googlenomics können sich in relativ kurzer Zeit Übereinstimmungen zeigen oder eben nicht. Und dies verkürzt die Zeit, die wir für eine Entscheidung brauchen. Allerdings können Ökonomisierung und Rationalisierung die Suche nach der echten Liebe auch ad absurdum führen. Dabei stellt sich nämlich die Frage, welche Aspekte überhaupt wichtig dafür sind, dass wir uns für eine »angebotene« Person interessieren.

Tatsächlich wird die erste Wahl häufig aufgrund von Äußerlichkeiten getroffen, die über eingestellte Fotos wahrgenommen werden. Erst auf den zweiten Blick spielen Beruf, Einkommen, Status, Hobbys oder tiefer gehende Qualitäten eine Rolle. Männer achten dabei auf ganz andere Dinge als Frauen. Sie reagieren stark auf visuelle Reize. Ein Frauenkörper in sexy Pose, halb nackt oder gezielt in Szene gesetzte Vorzüge wie Busen, Po, Beine und Haare wirken immer anziehend. Hingegen ist ein nackter Männerkörper für eine Frau noch lange nicht erregend, es kommt vor allem auf die Gestik und den Blick an.[425]

Die Reduktion auf das Erscheinungsbild, dessen Wahrheitsgehalt ja gar nicht überprüfbar ist, kann nun dazu führen, dass man anfängt zu schwindeln. Denn verschönern, faken wir unser Image nicht, laufen wir Gefahr, nicht wahrgenommen zu werden. »Es ist immer das Gleiche«, klagt ein Mann. Die erfolgsverwöhnte und zielstrebige Bürokauffrau entpuppt sich als momentan arbeitslos, die Anwältin befindet sich seit zwei Jahren in der Umorientierungsphase. Dabei flunkern wir auch geschlechtsspezifisch. Wo Männer vor allem ihre Körpergröße deutlich nach oben schrauben, machen sich Frauen eher kleiner, denn kleinere Frauen erhalten deutlich mehr Anfragen als 1,89 Meter große Amazonen. Frauen schwindeln dafür eher bei ihrem Gewicht. Und Männer machen sich gerne reicher, als sie wirklich sind. Gehalt und Vermögen macht Männer eben auch online attraktiver.[426]

Wenn wir nun befürchten müssen, dass Millionen von Menschen herumtindern, die im Netz zu einer ganz anderen Person werden, hat dies natürlich auch Auswirkungen auf unser Online-Verhalten als Kontaktpartner: In der Sozialpsychologie kennen wir dies unter antizipiertem Verhalten. Wir werden unser eigenes Verhalten an dem ausrichten, was wir von unserem Gegenüber erwarten. Mit anderen Worten: Wer von anderen glaubt, sie lügen, der wird selbst auch nicht zu viele Wahrheiten von sich preisgeben.

Ist die logische Folge, dass wir uns immer mehr in einem Meer der Partnerschafts- und Liebeslügen verstricken? Manche meinen, ja! Die Gefahr dabei: Diese Verwicklung in kleine oder große Lügen kann zu einem Teufelskreis werden.

Gleichzeitig können die gewaltigen Ansprüche an unsere potenziellen Partner im Netz dazu führen, dass wir in hohem Maße enttäuscht werden. Gerade weil die entsprechende Person tatsächlich gar nicht so ist, wie sie sich online darstellt. Wir selbst geben uns zwar bewusst diesem möglichen Täuschungsmanöver hin, sind dann aber maßlos enttäuscht, dass wir enttäuscht werden. Bleibt der Kontakt zum Dating-Partner nur virtuell, kann man die Lüge aufrechterhalten – lebenslang sozusagen. Droht sich dann aber der Kontakt in das Real Life zu übertragen, ein echtes Treffen mit richtigem Augen- und Körperkontakt, dann können wir entlarvt werden – und die bittere Wahrheit wird nicht immer gut aufgenommen. Dabei können auch die Folgen für Menschen, die nicht einem perfekten Bild entsprechen bzw. ehrlich sind, fatal sein. Sie laufen Gefahr, von vorneherein aussortiert zu werden. Ihnen wird somit die Chance auf die Online-Liebe verwehrt.

Noch ein weiteres psychologisches Phänomen zeigt sich: Durch die große Zahl potenzieller Partner im Netz, das quasi unbegrenzte virtuelle Angebot an Frauen und Männern, wird der Entscheidungsprozess immer wieder hinausgezögert. Wer will sich schon auf eine mittelmäßige Partnerschaft dauerhaft einlassen, wo sich in den Weiten des Netzes doch eine bessere finden lassen wird? Dadurch wird die Gefahr eine Enttäuschung zu erleben, welche ja eigentlich durch das lovenomische Agieren verhindert werden soll, regelrecht systemimmanent.

Die virtuelle Anbahnung von Liebesbeziehungen verändert

also auch echte, reale Partnerschaften. Der Aufstieg von Online-Dating wird zu einem generellen Rückgang an Verbindlichkeit führen, so der amerikanischen Autor Dan Slater.[427] Arnold Retzer, Paartherapeut aus Heidelberg, spricht sogar von einer Abwrackprämie für Paarbeziehungen. Es wird nicht mehr toleriert, dass man sich über längere Zeit frustriert fühlt. In einer Krise sucht man heute schneller nach einem passenderen Partner als früher. Allerdings sei das weniger eine Folge des Internets als ein generelles Zeitgeistphänomen.[428]

In diese Richtung weist auch der Trend, dass immer mehr Menschen ihre Beziehungen online, per SMS, E-Mail oder WhatsApp-Nachricht beenden. Laut Bitkom werden 39 % der Partnerschaften auf elektronischem Weg abgebrochen. Astrid Carolus von der Universität Würzburg meint:»Es ist ein kulturelles Agreement, das durch neue Medien aufgerüttelt wird.« Die virtuelle Unverbindlichkeit wirkt sich also auch auf unser Offline-Verhalten aus. Der früher doch oft schmerzhafte oder unangenehme Weg des Schlussmachens wird cyberpsychologisch umgangen. Dann muss man auch nicht der baldigen Ex ins weinende Gesicht sehen. Diesen kognitiven Trick setzen wir ein, um dem Vorgang Gewicht zu nehmen. Unser Gewissen ist deutlich erleichtert. Unser entkörperlichtes Handeln spielt hier also wieder eine wichtige Rolle.

Doch welches Fazit sollen wir nun ziehen? Steht das Ende von dauerhafter Partnerschaft, Ehe und Monogamie bevor?

Ob nun die Chancen dieses neuen Liebeswerbens oder der Verlust unserer Fähigkeit zu lieben überwiegen, das lässt sich schwer vorhersagen. Sicherlich ist es persönlichkeitsabhängig. Es liegt aber auch daran, wie kritisch wir mit uns selbst und dem Medium Internet umgehen. Dass beim Online-Dating auch innere Bedürfnisse wie Sehnsucht nach Anerkennung, Komplimenten und Bewunderung eine wichtige Rolle spielen, macht es zu einem wichtigen Ort der Selbstreflexion. Unseren Marktwert lesen wir anhand der Likes und Interessentenanfragen ab. Aber das heißt nicht, dass wir zwingend zu emotionslosen Cybernauten werden. Früher war das Testgebiet die Disco oder die Kneipe um die Ecke – heute ist es das Internet. Tinder ist oberflächlich, das stimmt, aber wenn man sich daran gewöhnt, ist es ein gutes Hilfsmittel, so ein zufriedener Kunde. Insofern ist auch Online-Dating das, was wir selbst daraus machen.

Tindern ist gewiss eine Chance für schüchterne, introvertierte, einsame und kontaktscheue Menschen. Und nicht nur auf dem Land, denn auch im Großstadtdschungel tut man sich heute schwerer mit der Liebe. Nicht, dass man dort keine Auswahl hätte. Im Gegenteil, meist ist sie viel zu groß, und die Menschen verlaufen sich in den unzähligen Bars, Kneipen und Restaurants. Die Trefferquote im Netz scheint höher zu sein. Und auch für Menschen, die beruflich viel unterwegs sind, die durch Krankheit oder Alter ihre häusliche Umgebung nur selten verlassen oder die in unglücklichen Beziehungen leben, ist Online-Dating eine Möglichkeit, sich neu zu orientieren und Kontakt zu finden. Das muss nicht immer zur großen Liebe führen. Bewahren wir uns also den realistischen Blick: Wie wahrscheinlich war es, dass man früher bei einem Discobesuch den Mann oder die Frau fürs Leben kennenlernte? Wie wahrscheinlich ist es dann heute, dass man durch ein paar Klicks die Liebe seines Lebens findet?

Auch müssen wir uns bei dem ganzen Spiel um die Online-Liebe überlegen, was es für unser emotionales Empfinden bedeutet, wenn wir rein virtuell mit anderen Kontakt aufnehmen. Wird die Liebe auf eine rein rationale Entscheidungsbasis reduziert, wo bleiben dann diese schönen Gefühle, die Schmetterlinge im Bauch? Kann es das überhaupt noch geben, wenn wir die Rahmendaten vom Traummann oder unserer Traumfrau in ein Online-Suchportal eingeben, das dann die best matches »errechnet«? Auch Milosz Matuschek fragt sich: »Haben wir durch das Internet verlernt zu lieben?«.

Es ist nicht unwahrscheinlich, dass bei manchen die Fähigkeit zu echtem Empfinden schrumpft. Die Folge: ein Empathie-Schwund, den wir überall im Netz wahrnehmen, weil wir geistig zwar anwesend, aber körperlich abwesend sind. Auch zeigen Studien aus Kanada, dass Social-Media-Portale wie Facebook und Twitter zu Eifersucht anstacheln und dadurch immer mehr Partnerschaften belasten und zerstören können.[429] So soll eine intensive Nutzung des Kurznachrichtendienstes Twitter verstärkt zu Stress in der Partnerschaft führen.[430] Auch die Möglichkeit der Überwachung des Partners bei Facebook und Co spielt eine nicht unbedeutende Rolle. Das Vertrauen schwindet per se. Untersuchungen der Universität Amsterdam zeigen, dass 73 % schon einmal das Profil des Partners überprüft haben, wenn ihnen dessen Aktivitäten suspekt vorgekommen sind.[431] Die Folge: Das Konfliktpotenzial erhöht sich und damit auch das Risiko von Trennung oder Scheidung.

Online-Liebe kann auch Stress auslösen. Über die ständige Erreichbarkeit baut sich psychischer Druck auf. Man muss quasi ständig reagieren, um den aktuellen Liebes- oder Verliebtheitsstatus zu bestätigen. »Man fühlt sich dazu genötigt, öfter Liebesbekundungen abzugeben«, sagt Thomas Knieper von der Universität Passau. Hierzu passt auch, dass immer mehr auch jüngere Männer keine Lust auf Sex haben, so der Sexualtherapeut Ulrich Clement. Die wachsende Überforderung durch die ständige sexuelle Online-Überpräsenz in sozialen Netzwerken scheint keinen unerheblichen Einfluss zu haben.

Der Soziologe Andreas Schmitz meint hingegen: Das Online-Dating hat keinen eigenständigen impact auf unsere Vorstellungen von der Liebe. Die Bedeutung der Liebe ändert sich ohnehin. Und dieser Wandel sei mitsamt dem digitalen Flirten Ausdruck einer Modernisierung unserer Gesellschaft. Die Psychologin Melody Bacon betont ebenfalls[432], das Netz sei einfach eine neue Art, den Partner zu betrügen, es ist leichter geworden, aber gemacht haben wir das ja immer. Hans-Peter Blossfeld von der Universität Bamberg warnt davor, die Chancen, aber auch die Auswirkungen des Internets zu überzeichnen. Das Internet ist kein Selbstbedienungsladen, in dem nur die eigene Entscheidung zählt, sagt er. Wer seine Ansprüche nicht anpasst, bleibt eben allein.

Aber auch, dass mit der Online-Liebe Geld zu verdienen ist, hat sich mittlerweile herumgesprochen. So werden Chat-Animateure oder Profi-Chatter von Dating-Portalen engagiert, um Kontakte zu knüpfen und (vornehmlich) Männer zu längeren Gesprächen und dauerhaft kostenpflichtigem Dabeisein zu verführen. Aber auch Fake-Lover, die aus dem Ausland agieren, haben ihre Marktchancen erkannt. Sie bauen bei liebeshungrigen, emotional vernachlässigten und enttäuschten Frauen Vertrauen auf, um dann zu einem späteren Zeitpunkt mit einer traurigen, herzzerreißenden Story Geld von ihnen zu erschleichen – das die Opfer natürlich niemals wiedersehen.

Mancher Beigeschmack ist bitter: Online-Dating ist mit Risiken und Nebenwirkungen verbunden. Nicht zuletzt kann die immer mehr zugespitzte Personalisierung der Matching-Daten, die wir online erhalten, dazu führen, dass wir einen Tunnelblick bekommen. Jeder kennt den alten Spruch: Gegensätze ziehen sich an. Und jeder kennt Paare, deren Glück genau darauf gebaut ist. Mit Googlenomics würde es gar nicht so weit kommen. Denn die Technologie blendet alle Gegensätze aus, weil sie nicht zum Angebot passen.

LIEBE IST HEUTE ANDERS   Das Internet veränderte den Aggregatzustand der Liebe, da es die körperliche Nicht-Anwesenheit der Beteiligten ermöglicht. Ulrich Beck befasste sich mit der Frage, wie viel Distanz eine Liebe ertragen kann.[433] Es gibt Grenzen, nämlich dann, wenn Gefühle verwässern, die Unverbindlichkeit zu groß wird, dann ist Beziehung keine Beziehung und Liebe keine Liebe mehr – zumindest nicht im romantischen Sinne. Leben wir aber in einer Fernbeziehung, können Internet und Smartphone die Liebe auch am Leben erhalten. Apps und Live-Streaming-Dienste können kompensieren, was uns im Alltag einer solchen Beziehung fehlt. Wir können Defizite beheben oder verdecken, die uns früher in Fernbeziehungen das Liebesleben schwer machten. Fehlender Face-to-face-Kontakt, kein gemeinsamer Alltag, all das können wir zum Teil kompensieren. Auch das Gefühl des Getrennt-Seins kann sich verringern, weil wir uns in jeder Sekunde des Tages Texte oder Selfies schicken können.

Andererseits werden die Banalitäten oder Probleme in der Online-Zeit meist ausgespart. Vieles, was heikel sein könnte, wird in der Internetkommunikation ausgeklammert, um nicht damit die Zeit zu vergeuden, sondern sich auf das Schöne zu konzentrieren. Allerdings kann sich dadurch das Bild des anderen verklären und zu einem Ideal stilisieren. Müsste man tagtäglich das Offline-Einerlei miteinander bestreiten, sähe das

Online-Liebesglück wahrscheinlich nicht so rosig aus. Auch können Krisen und Missverständnisse schneller entstehen, Themen können nicht ausdiskutiert werden. Was im realen Zusammenleben oftmals alleine durch die körperliche Anwesenheit, eine kleine Geste oder eine andere körperliche Aktion behoben werden kann, bleibt im virtuellen, entkörperlichten Raum einfach stehen.

Vor allem aber geht man online der Verbindlichkeit der gemeinsam gelebten Partnerschaft aus dem Weg. Man muss nicht so viel von sich investieren, keine Rücksichten nehmen, kann eigene Prioritäten setzen und ist doch nicht allein. Vieles ist unkomplizierter, vieles, was im gelebten Alltag als kompliziert empfunden wird, wird gar nicht erst virulent. Ohne Zuneigung und Verständnis kann aber auch eine Online-Beziehung nicht auf Dauer bestehen. Doch das ist in den Offline-Beziehungen ja auch nicht anders.

Letztendlich kommen wir nicht darum herum, auch hier unseren gesunden Menschen- bzw. Liebesverstand einzusetzen, damit unsere Vorstellung von Liebe nicht in der Virtualität versinkt. Wir dürfen nicht vergessen, auf uns selbst zu hören. Ob wir online in Liebesfallen geraten oder unser Glück finden – hängt immer noch von uns selbst ab!

4 Wege aus der Netzfalle
Wie wir zu kompetenten Cybernauten werden

Wir sind nun fast am Ende dieses Buches angelangt. Selbstverständlich kann es nicht den Anspruch erheben, sämtliche netzpsychologischen Aspekte unseres heutigen Menschseins vollständig erfasst zu haben. Aber es soll die Leser anregen, in die eigene digitale Zukunft zu schauen und den Blick für sich selbst und das eigene Online-Verhalten zu schärfen. Denn das Internet – unser Cyberlife – ist ein neues Koordinatensystem für unser Handeln geworden. Es hat sich neben unseren realen, physischen Alltag geschoben und nimmt immer mehr Raum in unserem Leben und unserem Denken ein. Wenn wir unser Online-Dasein unter die Lupe nehmen, sehen wir, wie es Persönlichkeit und Identitätsbildung beeinflusst, virtuelle Vorbilder erzeugt, uns sozialisiert und Werte vermittelt, unser soziales Leben prägt wie Familie, Freunde und auch die Liebe. Virtuelle Freundschaften können zur Konkurrenz für reale Peers werden, neue Chancen für Wissen und Bildung entstehen, unsere schöne neue Arbeitswelt verändert sich, gleichzeitig entsteht mehr Raum für neue Kriegsführung, Waffen oder neue Tatorte.

Unser Leben ist mittlerweile total vernetzt. Wir bewegen uns tagtäglich im Spannungsfeld zwischen Online-Identität und Alltags-Ich, zwischen Darknet, virtuellem Voyeurismus, Smarthome und digitaler Ich-Kultur. Dabei verschwimmen die Grenzen zwischen Cyberspace und Real Life immer mehr. Das Netz dockt ja auch geradezu perfekt an unseren ureigenen menschlichen Bedürfnissen an: Ob Selbstdarstellung, die Suche nach unserem wahren Ich, der Wunsch nach menschlicher Nähe, Freundschaft, Liebe und Bewunderung, nach Glück und einem schönen Leben – das Internet scheint mittlerweile überall seine virtuelle Hand im Spiel zu haben.

Alle Facetten menschlicher Erfahrungen und Verhaltensweisen aus dem Real Life finden wir online also nicht nur wieder, sie werden auch gelenkt und verstärkt, Hemmschwellen können sinken und Berührungsängste gemildert werden – im Guten wie im Bösen. Unser Leben im Netz geht somit nicht spurlos an uns vorüber, sondern zeigt durchaus Auswirkungen auf Persönlichkeit, auf Emotionen und Verhalten, Einstellungen oder Werthaltungen.

Dabei kann uns die Virtualität auch zahlreiche psychologische Fallen stellen. Die Folgen: Zeitverlust, Versagensängste, Überforderung, Identitätsflucht, Facebook-Sucht, Ego-Zentrismus oder Aggressivität, die zur virtuellen Norm werden. Denken wir noch einmal an Phänomene wie das Haten, Shitstorms oder Internettrolle. So hat doch kürzlich ein Vater und Lehrer in einer Veranstaltung gesagt, dies müsste man eben einfach hinnehmen, so sei das Leben eben, wenn wir in ein paar Jahren alle eine MP im Kofferraum herumfahren müssen (sozusagen zum Selbstschutz), ist das eben so, mit dem Internet sei es dasselbe. In solch einer Welt möchte ich allerdings nicht leben, und ich denke auch, dass wir die Macht und die Kraft haben, solche Entwicklungen aufzuhalten.

Damit der digitale Mensch in uns nicht ständig zwischen Allmachts- und Ohnmachtsgefühlen hin und her gerissen wird, müssen wir die Geheimnisse unseres Online-Lebens lüften und versuchen zu verstehen. Erkenne dich selbst – und vor allem auch diejenigen, die für uns die innovative Online-Welt erfinden, ob Google-Gigant Larry Page, Snapchat-Gründer Evan Spiegel, Facebooks Mark Zuckerberg oder Ubers Travis Kalanick.

Überleben im Internetdschungel
Wie neue Denkmuster und Bewältigungsstrategien uns helfen können, Ohnmachtsgefühle zu vermeiden

Werfen wir noch einmal einen Blick auf die Titanen des Silicon Valley. Auf diejenigen, die digitale Trends wie Googlenomics, die Sharing Economy oder die neue »öffentliche« Privatheit erfunden haben: Mark Zuckerberg (Facebook), Kevin Systrom (Instagram), Evan Spiegel (Snapchat) oder Peter Thiel (Paypal), um nur ein paar zu nennen. Was wissen wir wirklich über sie? Posten sie tatsächlich ihren ganz normalen Lebens- und Liebes-Alltag? Oder ist das, was wir über sie auf Facebook oder Instagram erfahren, nicht eher das, was wir erfahren sollen, eine gelungene Werbekampagne also?

Je tiefer wir versuchen in deren Privatsphäre einzutauchen, umso mehr stellen wir fest: Die »echte« Privatheit bleibt bei ihnen privat – nur bei uns leider nicht. Was sie von anderen fordern, halten sie selbst nicht ein – über die Gründe kann jeder selbst spekulieren. Sogar renommierte Zeitungen wie das deutsche ›Handelsblatt‹ bekommen kein Interview – zumindest nicht mit dem Erfinder der mittlerweile einflussreichsten Marke der Welt, Mark Zuckerberg. Wussten Sie, dass es bei Facebook eine Gag-Order gibt? Mit niemandem von der Presse darf gesprochen werden, bei Missachtung wird man gefeuert. Das heißt aber natürlich nicht, dass Presseanfragen unfreundlich beantwortet werden. Ganz im Gegenteil. Vor allem wird man immer wieder an einen neuen Gesprächspartner verwiesen, bis irgendwann irgendjemand dann vorgefertigte Informationen zuschickt, immer freundlich natürlich und mit einem persönlichen Gruß von Mark Zuckerberg. Genau diese Erfahrungen musste auch die IT-Journalistin Britta Weddeling machen, die im Silicon Valley lebt und eigentlich über sehr gute Kontakte zu IT-Giganten wie den Airbnb-Gründern oder eben auch Kirk Patrick verfügt. Über ein halbes Jahr lang versuchte sie ihr Glück – doch an das Phantom Mark Zuckerberg war kein Herankommen.

Facebook sollte einmal das transparenteste Unternehmen der Welt werden. Eines der umsatzstärksten und profitabelsten ist es geworden, dafür aber auch eines der am besten geschützten und am meisten abgeschotteten. Jeder, der die Facebook-Zentrale betritt, muss eine NDA – ein non disclosure aggreement –, eine Vereinbarung zum Stillschweigen unterschreiben. Selbst Bauarbeiter und Architekten seines neuen Hauses mussten sich dazu verpflichten.

Und all das fordert ein Mann, der die vollkommene Öffnung alles Privaten fordert und fördert? Kirk Patrick, der Autor des Sellers ›The Facebook Effect‹, ist extrem enttäuscht von seinem Freund Mark Zuckerberg: »Er hat sich sehr verändert – nicht zu seinem Besseren«, äußerte er jüngst in einem Interview mit dem Handelsblatt Magazin.[434] Die Großen des Silicon Valley bleiben also lieber unter sich. Genau aus diesem Grund hat das Ehepaar Xodi und Michael Birch, die ihre Online-Plattform Bebo im Jahr 2008 für 800 Millionen Dollar an AOL verkauft haben, den elitären Club The Battery in San Francisco gegründet. Hier haben nur die Reichsten und Erfolgreichsten der IT-Branche Zutritt. Wie schützenswert Privatheit somit doch ist, sollten wir uns anhand der Erfinder unserer neuen Öffentlichkeit ab und zu wieder vor Augen führen.

Dabei dürfen wir nicht vergessen, dass wir für die Öffnung der Privatsphäre auch die Zustimmung derjenigen benötigen, die mit von der Partie sind. Ob Ehepartner, Lover oder Freunde. Auch Neugeborene haben ein Recht auf Privatheit. Wie würden Sie sich fühlen, wenn 25 Jahre später von Ihnen noch Pinkelfotos im Netz zu finden wären oder Videos, auf denen man Ihnen gerade die Windeln wechselt? Wir sollten also wieder lernen, die persönliche, individuelle Schamgrenze jedes Einzelnen zu respektieren, ob digital oder real.

Wichtig ist vor allem, dass wir uns die Kritikfähigkeit erhalten und uns nicht durch ein zu funkelndes, glitzerndes Bild der schönen Internetwelt verblenden lassen. Bei allem, was online auf unseren Wahrnehmungsapparat trifft, sollten wir durchaus öfter zweimal hinschauen, um alles richtig beurteilen zu können und im Internetdschungel nicht unterzugehen. Eigentlich müssen wir uns bildlich gesprochen fast mit zwei Gehirnen auseinandersetzen (auch wenn wir tatsächlich nur eines haben), einem, das sich online bewegt, und einem, das im realen Hier und Jetzt bleibt. Wir dürfen also nicht vergessen, dass wir uns ständig auf mehreren Wahrnehmungsebenen oder Bewusstseinsschienen bewegen und unser Gehirn auf jedes Plateau mitnehmen müssen. Wenn das zu anstrengend ist, dann müssen wir eben »leaner« werden. Im Managementbereich ist dieser Trend ja nicht neu – wir sollten ihn eben auch für unser alltägliches Wahrnehmungspensum umsetzen.

Dazu gehört auch, dass wir uns verstärkt mit der Verwendung unserer Spuren im Netz und unseren virtuellen Datenabdrücken auseinandersetzen.

Der Journalist Hannes Grassegger beschreibt in seinem Buch ›Das Kapital bin ich!‹ das neue, digital-kapitalistische System, das unsere Daten quasi zum neuen Erdöl macht. Er wagte sogar einen Selbstversuch und war erstaunt, wie einfach es in den USA ist, die Kontaktdaten von drei bis neun Millionen weiblichen Internet-Usern zu bekommen. Als angeblicher Herausgeber eines religiösen neuen Kochbuchs, das er auf den amerikanischen Markt bringen wollte, erhielt er über eine entsprechende Agentur eine Datenflut von Mobilfunk, Facebook-Konten, E-Mail, persönlichen Präferenzen, und das noch nach den Glaubensgemeinschaften Christentum, Judentum und Islam getrennt. Die Kosten – drei amerikanische Cent pro Einheit. Die Daten sind deshalb so preiswert, weil wir selbst keinen Einfluss mehr auf ihre Veröffentlichung haben – wir geben diese ja freiwillig und kostenlos an Google, Facebook (dazu gehören ja auch Instagram oder WhatsApp) und Co ab.

Wir sollten also aufpassen, dass wir nicht zu digitalen Sklaven werden. Wir liefern die Daten – aber verdienen tun die anderen. So z. B. über die neue Apple Watch, die unsere Fitness- und Körperdaten an Versicherungen, Ärzte, Lebensmittelkonzerne oder Pharmafirmen direkt weiterleiten könnte.

Doch wie viele Euros oder Dollars ist jeder Einzelne von uns nun wert?

Bei der Übernahme von WhatsApp hat Facebook pro Userdatensatz ca. 40 Dollar bezahlt. Ich finde, wir sollten lernen, uns zukünftig doch teurer zu verkaufen. Sich rarzumachen würde den Preis erheblich erhöhen. Unser Marktwert würde sicherlich auch nach oben schnellen, wenn wir einfach keine öffentlichen Plattformen mehr füttern, oder wenn es Regelungen gäbe, die genau diese Verwendung regeln würden. Dabei sollten wir Systeme entwickeln, bei denen wir selbst entscheiden können, wem wir welche Information geben wollen und wem nicht. Und vor allem, wem wir etwas verkaufen, damit auch wir davon profitieren können – nicht nur Google und Co.

Möglicherweise haben wir sogar noch den Schaden, wenn unser Verhalten analysiert wird und Versicherungen, Gemeinden oder Sozialämter genauestens darüber informiert werden.

Und was ist, wenn wir über die versendeten Emoticons eine Verbindung zu den Orten herstellen, von denen diese Nachrichten gesendet werden? Wenn wir Gefühlszustände also mit räumlichen Gebieten verknüpfen, eine Art Landkarte der Gefühle erstellen. Dann könnte man doch leicht auf die Idee kommen, dort, wo aggressive emotionale Tendenzen vorherrschen, wäre Waffenhandel sicherlich ein gutes Geschäft. Und dort, wo man eher nett zueinander ist, macht man eben eher einen Blumenladen auf.

Soziales Versagen im Netz muss nicht sein
Wie wir lernen, zwischen Illusion und Wirklichkeit zu unterscheiden

Wenn wir unseren Metablick auf die Vielfalt des Netzes richten, so sehen wir klar, dass Entgrenzung, Connectedness oder globaler Markt viele Vorteile haben, solange niemand geschädigt wird.

Allerdings müssen wir die negativen Aspekte klar im Blick haben. Und lernen, zwischen Illusion und Wirklichkeit zu unterscheiden. Das betrifft insbesondere die Risiken, die durch das Anwachsen digitaler Märkte, das Ausbremsen nationaler Märkte und die wachsende soziale Kluft entstehen. Denken wir nur an das Taxigewerbe. Privatleute, die ihre Fahrdienste als Selbstständige anbieten und ohne Fahrerlaubnis oder Personenbeförderungsschein arbeiten können, korrumpieren das ursprüngliche Marktgeschehen.

Wir müssen uns nun fragen: Ist das in Ordnung? Müssen wir den Wandel so hinnehmen, weil es eben so ist?

Wer hinter die Kulissen von Uber und Co schaut, erkennt, dass sie durchaus deutsche gesetzliche Regelungen und Errungenschaften des sozialen Arbeitsmarktes außer Kraft setzen. Und es gibt z. B. ein innovatives deutsches System namens Mytaxi, das gemeinsam mit dem Taxigewerbe arbeitet und nicht gegen dieses.

Wir sollten durchaus nach rechts und links schauen und nach Lösungen suchen, die es vielleicht schon gibt, auch wenn sie noch nicht so weltbekannt sind (wie eben Uber). Und wir müssen darüber nachdenken, inwiefern alte traditionelle Branchen erhalten bleiben können und wenn ja, unter welchen Umständen. »Wir müssen verstehen, dass sich alles verändert, von unserer Vorstellung von Arbeit über unsere Beziehungen bis hin zum Wesen des Kapitalismus. Dieses Ereignis darf aber nicht ablaufen, ohne dass wir versuchen, die Kontrolle zurückzugewinnen«, betont auch Andrew Keen.

Man muss die Entwicklung nicht überdramatisieren, aber es kann einen schon sehr nachdenklich stimmen, dass gerade Menschen, die eine Spitzenstellung im Feld innovativer Fortschritte eingenommen haben, immer öfter anfangen, auch Zweifel zu hegen. Tim Berners-Lee sieht die Idee des Internets zerbröckeln[435], und Jaron Lanier, der den ersten Avatar entwickelt, 3-D-Graphiken fürs Kino sowie 1983 mit Moondust das erste Videospiel vorgestellt hat, meint klar: Wir müssten zurückkriechen. Doch soziologisch sieht es leider nicht so gut aus. Es wird eine Generation geben, die einstmals die verlorene Generation genannt werden wird.[436]

Ob unsere Zukunft so düster aussieht, liegt an uns selbst. Wir sollten uns deshalb unbedingt fragen:

Was machen wir mit der Macht, die wir durch die technologischen Innovationen erlangen?

Welche digitale und welche analoge Welt ist für uns geeignet?

Der Biochemiker Martin Jinek hat eine Technologie namens CRISPR-Cas9 entwickelt, durch die wir unsere DNA, die genetische Erbinformation, fast so leicht umschreiben können wie ein Word-Dokument.[437] Im ersten Augenblick klingt dieses System toll und bietet scheinbar unendliche Vorteile für unsere Gesundheit. So könnten Krankheiten, für die bestimmte Gen-Veränderungen verantwortlich sind, nun geheilt werden. Aber genetische Veränderungen werden auch weitervererbt, also an neue Generationen weitergegeben. Man verändert also nicht nur die DNA eines Individuums von heute, sondern auch die Zukunft der Nachkommen. Hinzu kommt, dass die Funktionen vieler Gene sich gegenseitig beeinflussen. Wer nun an einer Stelle manipuliert, kann im ersten Moment sinnvolle Resultate erzielen, gleichzeitig aber dramatische Konsequenzen auslösen, die wir aber heute noch gar nicht kennen können. So z. B. andere Krankheiten hervorrufen.

Die Wissenschaft hat sich mit dieser Technologie dem Punkt angenähert, an dem sie aktiv in unsere Evolution eingreifen kann. Wir müssen uns nun überlegen, ob wir das wirklich wollen. Was ist, wenn wir irgendwann Merkmale wie Lebensdauer oder Intelligenz beeinflussen können? Wer es sich leisten kann, tut es, wird intelligent, erfolgreich, reich und uralt. Und wer es nicht kann, bleibt auf der Strecke. Der Kinofilm Gattaca hat genau dieses Szenario bereits in den 90er-Jahren beschrieben. Er trieb diese menschgetriebene Auslese sogar noch auf die Spitze, indem er staatliche Organisationen und mächtige Konzerne ihre Arbeitsplätze nur an solche Personen vergeben ließ, die eben auch eine entsprechende DNA aufweisen konnten. Zumindest gedanklich sind wir hier auf dem Weg in eine genbestimmte Klassengesellschaft – zu einer neuen Eugenik. Die Gefahr einer technologisch gesteuerten Auslese sollte uns wachrütteln. Bei aller Innovation dürfen wir die ethischen Aspekte nicht vergessen. Hier kommt auch wieder unser Self-Tracking ins Spiel. Je mehr ich über mich und meinen Körper weiß, umso mehr wissen häufig eben leider auch andere davon, wenn ich nicht aufpasse. So können wir ja heute schon eine Genanalyse für ca. 99 Dollar bei Firmen wie dem US-amerikanischen Dienstleister 23andMe in Auftrag geben. Bereits eine Million Menschen haben hier ihre Gene analysieren lassen. Eine Speichelprobe reicht, diese wird per Post an das Labor verschickt, ausgewertet und per Mail landet dann das Ergebnis unser Genom, direkt auf unserem Smartphone. Viele solcher Services liefern völlig falsche Ergebnisse.[438] So bekam ein junger Berliner eine Mail mit dem Hinweis, er besäße zwei Mutationen, die zu einer oft tödlich endenden Muskelkrankheit führen – was sich zum Glück als falsch erwies.

Solche Hiobsbotschaften können uns in eine schwere Krise führen. Denken wir auch an das Phänomen der Cyberchondrie. Staatliche Behörden sehen die Analysen der Firma 23andMe auch deshalb kritisch, selbst wenn das Magazin ›Time‹ sie einmal die Erfindung des Jahres nannte. So wurden im Jahr 2013 die Analysen durch die U.S. Food and Drug Administration (FDA) in den USA verboten. Nun läuft die Analysemaschine wieder an – die FDA will das Verbot lockern, aus einem Grund: weil ihr jeder Gentest vorgelegt werden muss. Datenschutz ist völlig ausgehebelt. Der Staat erhält durch die Hintertür den totalen Zugriff auf das Genmaterial seiner Bevölkerung – ein gruseliger Gedanke, Gattaca[439] lässt grüßen.

Hinzu kommt: Bei 23andMe, die im Jahr 2013, sieben Jahre nach ihrer Gründung, schon zu einer der größten Gen-Datenbanken weltweit zählen, besteht eine große Nähe zu Google. Das kommt nicht von ungefähr, ist doch die Firmenchefin

Anne Wojcicki, die Ex-Ehefrau des Google-Mitbegründers Sergej Brin. So ist nicht auszuschließen, dass Google selbst Zugriff auf die Ergebnisse haben könnte, auch weil Google an der Firma über Risikokapital beteiligt ist und Annes Schwester den Videokanal YouTube leitet.[440]

Bei unserer Suche nach Selbstverbesserung oder Selbstfindung sollten wir immer daran denken, dass so manche Online-Dienste uns zum einen sehr gläsern machen und zweitens auch nicht immer das sind, was sie vorgeben zu sein. Online ist so manches nur Schein. Das betrifft eben nicht nur uns User, sondern in starkem Maße auch Provider und Anbieter. Wir müssen uns also genau überlegen, welche negativen Nebeneffekte innovative Technologien haben könnten und welchen Preis wir für so manche Vorteile bezahlen müssen.

DIGITAL-DIVIDE STATT GLOBALER WISSENSTEILHABE So kann das, was die Pioniere wie Tim Berners-Lee als Idealisten und Träumer für eine bessere, gerechtere Welt erfanden – sich sehr schnell in das Gegenteil verwandeln. Statt Gleichheit entsteht eine digitale Kluft. Das Auseinanderdriften der Technologie-Staaten auf der einen und der Entwicklungsländer auf der anderen Seite kann somit immer schneller voranschreiten. Statt Annäherung entstehen immer größere soziale Ungleichheiten. Von einer globalen Wissenspartizipation kann noch nicht die Rede sein.

Dies gilt auch in unserem eigenen Land. Nicole Zillien[441] von der Universität Trier zeigt in ihrer Forschung zum Aspekt der digitalen Spaltung, dass eben nicht alleine der Access, der Zugang zum Medium Internet, dem Einzelnen Nutzen stiftet und Vorteile bringt. Sondern vor allem das Gewusst-wie: Die konkrete Nutzung, die Art des Umgangs mit dem Netz, entscheidet in hohem Maße darüber, ob ich besser in die Arbeitswelt integriert werde oder eher herausfalle, ob ich mir Wissen aneigne oder eben daran vorbeilaufe, weil ich nicht weiß, wonach ich suchen soll, und nur Pornos, lustige Fotos, Spiele oder Filmstars und Internet-Sternchen google. Das Netz als größter globaler Wissensspeicher, als Enzyklopädie der Welt, ist nur dann von Nutzen, wenn man bereits über genügend Vorwissen und einen gewissen Bildungsgrad verfügt. Sonst bleibt der individuelle Wissenszuwachs eine Illusion.

DIE MACHT DES NETZES IST NICHT GRENZENLOS Für sehr viele Menschen ist die Nutzung des Internets extrem eingeschränkt. In China beispielsweise können mehr als eine Milliarde Menschen weder Facebook noch Google nutzen – auch sind viele Webseiten gesperrt. Und das in einer der wichtigsten Wirtschaftsnationen der Welt.

Organisierter Protest, Widerstand oder gesellschaftliches Aufbegehren über Facebook oder Twitter und Co ist also nicht überall möglich. Denn wenn man diese Dienste nicht nutzen kann, nützen sie auch nichts. Da bleibt wieder einmal nur der Mensch, der real auf die Straße gehen und sich gegen das Regime wehren muss, und eben nicht die Computer. Z. B. ist der Arabische Frühling im Iran durch Twitter tatsächlich gar nicht beeinflusst worden, einfach, weil es zu wenige Nutzer gab und Twitter viel zu unbekannt war, so der Wissenschaftler Kuros Yalpani.[442] In radikalen Regimen der Unterdrückung, die versuchen, auch sämtliche massenmedialen Einflüsse zu kontrollieren, ist die Mund-zu-Mund-Propaganda immer noch die einzige Möglichkeit, Protest zu organisieren.[443] Hier relativiert sich die Wirksamkeit des Netzes.

Vor allem sollten wir mehr unseren eigenen Verstand gebrauchen, selbst denken und nicht alles einfach hinnehmen oder akzeptieren, ohne dies zu kritisch zu hinterfragen. Wir brauchen eine neue Zeit der Aufklärung. Sapere aude, also! Habe Mut, dich deines eigenen Verstandes zu bedienen. Faulheit, so sagte ja schon Kant, sei der Grund, weshalb wir Menschen so gerne unmündig sind. Sich bestimmen und führen zu lassen, entlastet uns emotional und kognitiv und enthebt uns gleichzeitig jeglicher Verantwortung. Gegen diese Faulheit müssen wir angehen – gerade auch online.

Voyeurismus und Selbstkritik
Warum wir eine neue Medienethik brauchen

Im Straßenverkehr haben wir Ampelschaltungen und Stopp-schilder, an die wir uns halten (normalerweise jedenfalls). Doch was ist nun, wenn keine Stoppschilder existieren? Wenn alles frei zugänglich ist – wie eben im Netz? Halten wir uns da überhaupt noch an Regeln? Oder besser gefragt, wie können wir es schaffen, dass Regeln wieder eingehalten werden? On-line haben wir die freie Wahl – leider wählen wir nicht immer unbedingt das, was gut für uns ist. Deshalb brauchen wir Leit-linien, die verhindern, dass wir uns zu schnell aufs Glatteis be-geben, oft sogar, ohne es zu wissen.

Wir sollten für unser Leben im Netz informelle Regelun-gen und Verhaltensmaße finden, die uns selbst begrenzen. Wir brauchen menschliche Stoppschilder gegen die Grenzenlosig-keit. Damit sind vor allem die eigene Netz-Verantwortung, di-gitale Moral und eine neue Medienethik gemeint. Was nationa-le Politik und Gesetze nicht leisten können, müssen wir selbst übernehmen.

Ob nun Technik-Ethos, Medienethik, digitale Moral, die For-derung nach neuen Grundsätzen unseres Netzverhaltens wer-den lauter. Und nicht nur von den älteren Generationen, son-dern auch von jüngeren Usern. Moral und Ethik sind seit jeher Pfeiler unseres gesellschaftlichen Wertekanons. Sie bestimmen, welches Verhalten wir erlauben und akzeptieren und welches nicht. Der Grieche Aristoteles (384–322 v. Chr.) war der Be-gründer der Ethik als philosophischer Disziplin und beschrieb damit die Wissenschaft vom moralischen Bewusstsein und Verhalten der Menschen.

WELCHE AUFGABE HABEN MORAL UND ETHIK IN UNSERER DIGITALEN WELT? Im alltäglichen Zusammenleben sind für das Funktionieren einer Gemeinschaft Respekt gegenüber Mit-menschen und Verantwortung für das eigene Verhalten zwin-gend notwendig. Moralisch-ethisches Verhalten ist eine zentra-le Grundlage für das menschliche Zusammenleben in sozialen Gruppen bzw. einer Gesellschaft. Das Internet als neuer Handlungsraum muss selbstverständlich in die ethische Betrachtungsweise miteinbezogen werden und der Begriff der Medienethik mehr an Bedeutung gewinnen.

Einige zaghafte Versuche gibt es durchaus. So hat sich bereits 1997 das »Netzwerk Medienethik«[444] gegründet, dessen Ziel es ist, Grundgedanken menschlicher Ethik in den Medienbereich zu integrieren. Es verbindet Theorie und Praxis, Wissenschaftler, Medienexperten, Journalisten, Politiker, Verlage oder Internet-Aktivisten miteinander, um einen Austausch anzuregen. Und an der Hochschule der Medien[445] in Stuttgart wird schon seit dem Jahrtausendwechsel der »Tag der Medienethik« veranstaltet.[446] Im Jahr 2014 diskutierten hier unter anderem der Medienethiker und erste Inhaber des neuen Lehrstuhls »Medienethik« an der Hochschule für Philosophie in München, Alexander Filipovic, der Berliner Datenjournalist Marco Maas und der Hamburger Journalistik-Professor Stephan Weichert, welche Auswirkungen die Digitalisierung auf den Journalismus haben wird. Fragestellungen waren z.b., inwiefern Google in unsere Meinungsbildung eingreift oder wie die zukünftige Informationswelt aussehen wird.

Doch was sollen wir nun unter digitaler Ethik verstehen? Es gehe auf jeden Fall um ein gutes, gelingendes Leben mit den digitalen Medien, so Oliver Zöllner, Leiter des Instituts für Digitale Ethik an der Hochschule der Medien (HdM).[447]

Im eigentlichen Sinn beschreibt der Begriff Medienethik die Disziplin, die den Zusammenhang zwischen unserem Online-Verhalten und den digitalen Entwicklungen untersucht. So z.b., inwiefern wir nicht mehr ethisch agieren und woran dies liegen könnte. Medienethik versucht aber auch gezielt Vorschläge für die Umsetzung eines ethischen Verhaltens in der medialen Umgebung zu erarbeiten. Sie hinterfragt somit auch die Bedeutung der Medien für die Gemeinschaft und Gesellschaft aus der moralischen Perspektive heraus. Vor allem der Aspekt der Verantwortung spielt hier natürlich eine besondere Rolle, es ist ja der Grundsatz der Ethik überhaupt. Somit wird die Medienethik auch als Steuerungselement oder Instrument angesehen, das nicht nur bei uns Usern selbst ansetzt, sondern auch bei Medienunternehmen und Providern, und hierüber eine kritische Medienöffentlichkeit herstellen kann. Denken wir nur an ein positives Beispiel wie den Bürgerjournalismus, der auf ethische und moralische Missstände aufmerksam machen kann. Aber auch daran, dass Internet-Provider wie Facebook oder YouTube brutale menschenverachtende Gewaltvideos von IS und Co eben nicht herausfiltern, sondern sie als Elemente der Meinungsfreiheit veröffentlichen. Natürlich ist Zensur grundsätzlich zu verurteilen. Das meint auch Peter Vorderer vom Institut für Medien- und Kommunikationswissenschaft der Universität Mannheim. Aber in einigen Fällen, etwa bei Kinderpornografie und Gewaltverherrlichung durch Radikale, die YouTube für ihre Botschaften nutzen, würde sie Sinn machen.[448]

Warum wir uns nun an moralische Grundsätze halten oder nicht, hat vielfältige Gründe. Es hat jedenfalls auch etwas mit unserem Gehirn zu tun. Damit befasst sich die Neurowissenschaft der Ethik, auch Neuroethik genannt. Die Hirnforschung sucht im Gehirn nach bestimmten Aktivierungsmustern bei moralischen Entscheidungen, sagt Monika Sommer von der Universität Regensburg.[449] So scheint es zwar keine exklusiv auf ethische Beschlüsse spezialisierten Hirnregionen zu geben. Aber es überschneidet sich das neuronale Netzwerk für moralische Entscheidungen mit dem Netzwerk für die sogenannte »Theory of Mind«, das für die Fähigkeit, Annahmen über das innere Erleben, die Gefühle, Gedanken oder Absichten anderer Menschen zu entwickeln, zuständig ist – somit auch für Empathie. Die Psychologin Carla Harenski und ihre Kollegen vom Mind Research Network[450] in Albuquerque bestätigen diese Erkenntnis: Die Fähigkeit, die Perspektive und auch die Bedürfnisse anderer nachzuvollziehen, beeinflusst unser moralisches Handeln gegenüber anderen positiv. Je ausgeprägter sie ist, desto wahrscheinlicher verhält man sich gegenüber den Mitmenschen also sozial und moralisch.

Und die Erkenntnis: Empathie und moralisches Handeln können wir nicht eins zu eins auf das Internet übertragen. So führt die Trennung von körperlichem und geistigem Handeln verstärkt dazu, dass Zuständigkeiten und Verantwortungsbereiche verschwimmen. Empathieverlust durch De-Individuation und Entkörperlichung können die Folge sein. Eine Netz-Verantwortung existiert per se damit auch nicht. Sie wird leicht beim Gang in die Online-Welt abgestreift. Im Cyberspace treten Moral und Ethik also durchaus in den Hintergrund. Dies liegt natürlich auch an der Größe des Systems, in dem wir uns hier befinden. Freier Zugang, Kontrollverlust und der hier herrschende Normen- und Wertepluralismus erschweren die Anwendung und Durchsetzung moralischer und ethischer Normen enorm. Dies beweisen sogar die Erfolgreichsten des Silicon Valley. Gerade in Bezug auf Frauen zeigen sie erstaunlich wenig ethisches und moralisches Empfinden. Evan Spiegel (Snapchat-Gründer und jüngster IT-Milliardär) musste sich für SMS an seine Kommilitonen in Stanford verantworten, in denen er berichtete, wie er beim Sex betrunken auf eine Frau urinierte, einer der Tinder-Gründer hat wohl aus Rache eine ehemalige Mitarbeiterin online als Nutte beschimpft, und der Software-Riese Microsoft hat Frauen angehalten auf eine Gehaltserhöhung zu verzichten bzw. eine solche niemals anzusprechen – man sollte doch darauf vertrauen, dass das Unternehmen schon weiß, wie viel eine weibliche Mitarbeiterin wert sei. Nach einem Shitstorm entschuldigte sich Microsoft-Chef Satya Nadella.

Eine neue Netz-Ethik scheint wohl angebracht. Selbst Hillary Clinton bezeichnet die Atmosphäre im Silicon Valley wie im wilden Westen. Mittlerweile werden sogar auf großen renommierten Technologie-Konferenzen extra ethische Verhaltenskodizes angesprochen.[451] Ethik ist schützenswert und im Umgang mit anderen wichtig. Leider folgen viele von uns diesen Spielregeln im Web nicht immer.

Allerdings beeinflussen auch die Hormone unsere Moral – online wie offline. Oxytocin beispielsweise stärkt prosoziales Verhalten, indem es Empathie, Vertrauen und Bindung fördert. Auch das als Glückshormon bekannte Serotonin scheint eine wichtige Rolle zu spielen. Menschen mit höherem Serotonin-Spiegel lehnen eher ein für ihre Mitmenschen schädliches Verhalten ab. Zu diesem Ergebnis kamen 2010 Forscher um die Psychologin Molly Crockett von der University of Cambridge.[452]

Wäre es im Hinblick auf die Frage, wie ethische Grundsätze online implementiert werden könnten, also ein innovativer Gedanke, bei der Internetnutzung verstärkt Glückshormone zu fördern? Mit positiven Reaktionen auf Postings oder dem Ausblenden von negativen Reaktionen, wie es Tinder versucht hat? Könnte Lob uns psychologisch positiv manipulieren und unser virtuelles Glücksgefühl begünstigen? Aber es kann in dieser Frage nicht nur um Hormone gehen. In erster Linie müssen wir alle für uns selbst moralisches Verhalten umsetzen. Im Kern geht es um Selbstregulation. Wie beim Kant'schen Kategorischen Imperativ: Verhalte dich online so, dass dieses zu einem allgemeinen Gesetz werden könnte, an dem sich andere ebenfalls ausrichten.

Menschliche Stoppschilder gegen die Enthemmung
Was nationale Politik und Gesetze nicht leisten können, müssen wir selbst übernehmen

Alina Bogasch vom Bauhaus Filminstitut der Universität Weimar hat den Aspekt der eigenen Netz-Verantwortung und selbstgesteuerten Moral aufgegriffen[453]: die freiwillige Bindung an moralische Normen und Werte im Netz. Das Sanktionsinstrument sind sozusagen wir selbst – weil unser Gewissen in dem Moment des Fehlverhaltens automatisch anspringt. Doch wie funktioniert Selbstregulation nun?

Denken wir an die Steuerung unserer Emotionen. Fähig dazu sind insbesondere diejenigen Personen, die zu einer erhöhten Selbstaufmerksamkeit neigen. Allein die Betrachtung im Spiegel kann unsere Selbstaufmerksamkeit erhöhen, wobei fast automatisch unsere verinnerlichten Einstellungen und moralisch-ethischen Werte unser Verhalten steuern. Online ist es schwieriger, denn wir müssen nun selbst unsere Selbstaufmerksamkeit fördern.

Dazu kommt, wir müssen wissen, welche Mechanismen unsere Selbstregulation stärken. Lernen ist das Stichwort – und dazu müssen wir bei den Jüngsten anfangen. In vielen Bereichen von Bildung und Pädagogik spielen die Aspekte der erlernten Selbstregulation eine wichtige Rolle. Auch wenn es darum geht, Aggressionen unter Kontrolle zu bekommen, Konfliktsteuerung zu erlernen oder generell in der Gewaltprävention bei Kindern und Jugendlichen. Selbstregulation ist aber auch bei der Sexualität von großer Bedeutung. Umso mehr, da sie heutzutage immer stärker auch über das Internet vermittelt wird. Das, was wir früher auf schwierigen Umwegen erst suchen mussten, findet die heutige Jugend kinderleicht im Netz – ob Flirtkurse, der erste Kuss, aber eben auch Hardcorepornografie, Sado-Maso- oder Sodomie-Videos. Dabei können auch Spam-Mails das Interesse an Pornoportalen wecken und direkt zu ihnen führen. Sogar in Online-Games öffnen sich auf dem Bildschirm Pop-ups, die sexuelle pornografische Inhalte anbieten, ob Gaysex, Lesbian, Interracial, Sex mit Älteren oder Schwangeren. Manche werben geradezu mit der Qual und der

Tortur sexueller Gewaltopfer: »Die Hölle dieser Teenager ist deine Freude«, verspricht eine Seite ohne Alterskontrolle. Und eine schwedische Studie zeigt, dass fast jeder fünfte 18-Jährige, der fast täglich Sexfilme anschaut, schon einmal Pornos mit Kindern gesehen hat.[454]

Da vor allem Jungen an sexuellen Clips interessiert sind, sind sie auch besonders gefährdet, mit falschen sexuellen Vorbildern in Kontakt zu kommen. Die Hälfte von ihnen sucht im Netz gezielt nach Themen wie Striptease, Petting, Beischlaf. Viele masturbieren dabei vor dem Bildschirm. Je älter sie werden, umso häufiger schauen sie allerdings richtige Pornos an. Das alles wäre ja nicht dramatisch, wenn gerade hier eine Regulationsinstanz wirksam würde, die aufklärt und klarmacht, was ist fake und wie sieht echte Sexualität aus. Denn je realistischer die brutalen, gewalthaltigen Sexszenen erscheinen, umso eher übernehmen Jugendliche dies als Normalität. Lovemaps oder sexuelle Skripte entstehen im Kopf, regelrechte Verhaltensdrehbücher für sexuelle Interaktionen. Auch kann man sich an die sexuelle Stimulation gewöhnen, es kommt zu einer Habituierung. Das einmal als normal empfundene Niveau reicht nicht mehr aus, man braucht mehr, um zur sexuellen Erfüllung zu kommen, und sucht immer härtere Szenen. Darüber kann auch suchtähnliches Verhalten entstehen.

Zudem besteht bei einem häufigen Konsum von Hardcore-Pornografie die Gefahr, dass dies zum Motor für einen Machtmissbrauch auf der sexuellen Ebene wird. Das Bild von Frauen als Objekten der Erniedrigung, wie sie auch häufig in Computerspielen dargestellt werden, kann diese Eindrücke verstärken. Der Konsum von Gewaltpornografie erhöht also die Akzeptanz sexueller Aggression, so auch die Sozialpsychologin Barbara Krahé.[455] Trotzdem führt dies nicht unbedingt zu sexueller Gewalt gegenüber Frauen, hierzu müssen noch andere Risikofaktoren vorliegen (z. B. Traumatisierungen aus der Kindheit, Neigung zu allgemeiner oder sexueller Gewalt, starker Alkoholkonsum u. ä.).[456]

Aber auch hier müssen wir das Internet als Wertevermittler ernst nehmen. Denn wer nicht gelernt hat, was normale Sexualität ist und keine Regeln kennt, der wird auch keine einhalten.

Johannes Gernert hat sich in seinem Buch ›Generation Porno‹ detailliert mit diesem Phänomen befasst. Er sieht vor allem die Sorge, dass gerade junge Leute, die sich auch über Online-Pornografie aufklären, Sexualität nicht mehr mit Liebe verbinden. Auch ist von sexueller Verrohung oder Verwahrlosung die Rede.[457] Dass dies nicht so kommen muss und nicht in allen Fällen so kommt, ist auch klar. Aber wenn mittlerweile sogar immer mehr Jugendliche Benimm- und Verhaltenscoaching für einen guten Umgang miteinander fordern und sich auch in puncto Sex und Co vielfach alleingelassen fühlen, glaube ich, dass es höchste Zeit ist, genau hier anzusetzen. Schließlich sind es ja die Generationen nach uns, die sich mit den heute angestoßenen Entwicklungen des Netzes in der Welt von morgen auseinandersetzen müssen.

Technologie und Medien müssen also auch wieder mehr unter Einsatz unseres moralischen Gewissens betrachtet werden. Das Diskussionsforum Reddit (www.reddit.com) aus den USA versucht mit neuen Regeln unethisches Verhalten wie Internethetze, Schmähungen, beleidigende und bedrohliche Kommunikation einzudämmen. Denn auf Reddit wird nicht nur frauenfeindliches oder rassistisches Gedankengut gerne gepostet, diese Plattform war auch eine der bekanntesten Seiten für gestohlene Nacktfotos amerikanischer Prominenter. Nun sollen Unterforen mit moralisch und ethisch bedenklichen Diskussionen künftig vom Rest der Seite abgeschirmt werden, User müssen sich künftig extra einloggen, um diese einsehen zu können. Entgleisende Diskussionen sollen so in geordnete Bahnen gelenkt werden, ohne allerdings die freie Meinungsäußerung zu beschränken, so der Chef Steve Huffman.[458] Allerdings heißt aus dem öffentlichen Blick zu verdrängen nicht aus dem Weg räumen, denn die Inhalte sind ja weiter einsehbar. Sie sind eben nur beschränkt zugänglich. Man könnte ja durchaus fragen, warum verstecken und nicht gleich löschen? Hinzu kommt, dass das reine Verstecken solcher Inhalte diese erst recht richtig interessant machen kann.

Ich glaube, wir brauchen ein modernisiertes digitales Technik-Ethos. Es muss Regeln geben, an die wir uns halten und die auch eingefordert werden. Das meint auch die IT-Unternehmerin Yvonne Hofstätter, gleichzeitig Kritikerin ihres eigenen Berufsstandes, in ihrem Buch ›Sie wissen alles‹. Doch ist damit nicht nur der Ruf nach dem Staat gemeint, der Appell richtet sich eben auch an unsere eigene Adresse. Dabei kann das Internet sogar zum Hauptakteur und wichtigsten Komplizen werden: Wollen wir neuen Ansätzen digitaler Ethik eine starke öffentliche Plattform bieten und auch einen virtuellen sozialen Druck aufbauen, ist der Cyberspace doch das ideale Medium – eben nicht nur für die Verbreitung von digitalem Schmutz.

Letztendlich müssen wir aber alle selbst entscheiden, welche Internet-Welt wir eigentlich wollen.

Vom Netz-bestimmten Menschen zum Mensch-bestimmten Netz
Wie soll unsere digitale Zukunft aussehen?

Schon Aristoteles hatte ja die Idee, Sklaven durch Automaten zu ersetzen. Raymond Kurzweil ist der Meinung, dass computerisierte Wesen sogar moralischer und humaner handeln können als wir Menschen. Einfach deshalb, weil wir sie so programmieren können. Wir können also unsere eigenen menschlichen Makel und Gefühle, die uns z. B. in einen emotionalen Zwiespalt bringen können, ausschalten.

Doch stimmt das? Sind Künstliche Intelligenz und Robotik wirklich die Retter unserer Welt?

Sicherlich bergen menschenähnliche Roboter Vorteile. Japanische Forschungslaboratorien arbeiten auf Hochtouren im Wettbewerb um den künstlichen Menschen, der aber vielfach auch uns echte Menschen überflüssig machen und in so manchen Berufsbranchen ersetzen kann. Eines müssen wir immer im Hinterkopf behalten: Computertechnologie wird von uns »echten« Menschen gemacht. Somit ist die Garantie, dass die künstlichen Menschen stets moralisch und ethisch korrekt handeln und funktionieren, wohl eher eine Wunschvorstellung. Wären wir Menschen tatsächlich alle ethische und moralische Wesen, gäbe es keine Kriege, keinen Betrug, keine Morde und keine Kriminalität – sämtliche menschlichen Abgründe, die auch im Netz auftauchen, würde es gar nicht geben. Computer und Roboter können also auch nach unmoralischen und unethischen Prinzipien programmiert werden. Denken wir doch nur an Drohnen im Kriegseinsatz. Computer können nicht differenzieren, sie können keine Gewissensentscheidungen treffen. Sie tun genau das, worauf wir sie programmiert haben. Die Mensch-Maschine-Beziehung kann ohne ein reales Moral- und Ethikverständnis nicht existieren. Gerade deshalb müssen wir unser ethisches Verständnis im gesellschaftlichen Kontext wieder benutzen und bei unserer Arbeit mit Computertechnologie öfter einmal einschalten.

Klar ist auch: Das Cyberlife ist ein großes Geschäft. Das Netz ist ein Markt, der die Globalisierung auf unserem heutigen Niveau erst ermöglicht, neue Geschäftsfelder hervorbringt, die auf Ideen beruhen und nicht auf materiellen Produkten bzw. Herstellungsschienen. Virtuelle Inhalte sind mehr wert als reale Finanzwerte, neue Finanzierungsformen wie Crowdfunding haben erst durch das Internet in unsere Welt gefunden. Alte Märkte müssen sich neu aufstellen und bekommen virtuelle Konkurrenzen, denken wir an Amazon, Alibaba (das chinesische Amazon), Zalando, YouTube, Airbnb oder den Bereich der Personalisierung als neues Geschäfts- und Marketingmodell (ob Health-Care oder Liebesglück).

Aber das Netz ist auch schnelllebig, Trends entstehen in immer kürzeren Zeiträumen. Viele Apps, Blogs oder YouTube-Kanäle, Internet-Superstars und Start-Ups der digitalen Welt von heute wird es in einiger Zeit nicht mehr geben, dafür aber neue. Vor allem große Player schlucken regelmäßig kleine Ideenschmieden. Denken wir nur an die regelmäßigen Einkaufstouren von Google. Allein im Jahr 2013 wurden 18 Unternehmen übernommen, darunter auch Boston Dynamics, einer der innovativsten Roboter-Hersteller der Welt.[459] 2014 wurde der Rauchmelder- und Thermostathersteller Nest Labs für 3,2 Milliarden Dollar erworben, und daraufhin kaufte die neue Google-Tochter Nest Labs die Firma Dropcam, die vernetzte Kameras und Sensoren herstellt. Alles, was neu und interessant erscheint, was mit künstlicher Intelligenz, Robotik, Smart Home oder Industrie 4.0 ökonomisch gesehen in Verbindung gebracht werden könnte, wird von den Großen in ihre Unternehmen integriert. Die Macht konzentriert sich damit immer mehr auf nur wenige Konzerne. Die Gefahr einer Monopolisierung besteht. Wir sollten also darauf achten, dass wir nicht auf dem Weg zu einer kleinen Elite sind, die neben sich lediglich ein Lumpenproletariat duldet, das die Computer wartet, befürchtet auch Andrew Keen.[460] Es darf nicht so weit kommen, dass es bei der Frage, wo möchte und wo kann ich arbeiten, irgendwann einmal heißt: Du hast die Wahl: Facebook, Google oder Rocket Internet – sonst bleibst du arbeitslos. Auch wenn dies ein wenig überspitzt klingen mag – wir sollten öfter überprüfen, was die Hintergründe der verschiedenen Unternehmen, Dienstleister und Provider sind –, um herauszufinden, zu wem sie gehören und wer genau zusammengehört. Wir dürfen uns nicht hinters Licht führen lassen.

Je mehr wir uns selbst mit unserem Online-Verhalten beschäftigen, umso mehr werden wir auch erkennen, dass die Freiheit des Netzes gar nicht so grenzenlos ist, wie es uns auf den ersten Blick erscheinen mag. Zum einen, weil einige wenige den Markt beherrschen, und zum anderen, weil das Netz sich selbst systemimmanent beschränkt – über die Algorithmen der Suchsysteme.

Die Diversifizierung, wie sie die Internetpioniere propagierten, kommt bei den meisten von uns gar nicht mehr wirklich an. Wir leben eben in unserer eigenen Filter-Bubble. Zufall fällt weg, wenn wir automatisch immer das präsentiert bekommen, was die Maschine als für uns passend auswählt. Wenn wir nicht aufpassen, begrenzen wir uns eher, als dass wir unsere Möglichkeiten erweitern, einfach, weil wir uns durch die Vorauswahl der Technik leiten lassen. Auch sollten wir im Blick haben: Wer zu gläsern wird, kann in naher Zukunft schnell aus dem Raster fallen. Denken wir nur an das Interesse von Versicherungen, möglichst alles über Gesundheit, Lebensführung, Hobbys oder sogar Fahrverhalten zu erfahren. Man kann Risiken natürlich deutlich besser und auch einfacher einschätzen, wenn die Daten von uns direkt geliefert werden. Die Prämien, die wir dann zu zahlen haben, aber eben auch. Es könnte sogar so weit gehen, dass man wegen seines risikoreichen oder gesundheitsschädlichen Verhaltens gar nicht mehr versichert wird. Wo soll das hinführen? Wer gehört dann noch in die gute Gesellschaft und wer wird zum Außenseiter? Und wollen wir irgendwann alle einen Chip in uns tragen, der wie heute schon bei Zucht- und Masttieren mit einer kleinen Kanüle unter die Haut gesetzt wird, und rund um die Uhr sämtliche Informationen über unseren körperlichen Zustand, unseren Aufenthaltsort, und unsere Aktivitäten (ob Arbeit, Blaumachen, Schule schwänzen, Sex, mit wem auch immer und vieles mehr) updatet und an die entsprechenden Server weiterleitet? Andrew Keen befürchtet, »… dass wir in eine Welt hinein schlafwandeln, die die meisten von uns weder verstehen noch verstehen können«. Auch Jaron Lanier, der sich vom Internetvisionär zum Kritiker von Selbstausbeutungspraktiken in Netz und anonymen Massendiktaturen gewandelt hat, meint: Wir zappeln in den Fallstricken der Gratiskultur. Die Macht im Netz ist klar verteilt. Die Nutzer dulden ihre Entrechtung.[461] Aber das muss ja nicht so sein.

Dafür sind aber selbstverständlich neue rechtliche Rahmenbedingungen notwendig, denn die Welt des Internets hat auch die des Rechts verändert. Allerdings ist dies hier noch nicht ausreichend angekommen. Die E-Mail haben wir schließlich seit 30 Jahren und nicht erst seit gestern. Ein Problem hierbei: Das Internet hat keine Grenzen. Gesetze sind nur im eigenen Land gültig. So will Google z. B. die Entscheidung des europäischen Gerichtshofes, dass jede Privatperson ein Recht auf Vergessen hat, nur in den EU-Ländern einhalten – in den USA nicht. Hier sind Inhalte weiter abrufbar – unter www.google.com. Im Netz leben wir also ohne Limit – ein Stoppschild für unsere Daten gibt es nicht.

Deshalb gilt es unsere Handlungsorientierung zu schärfen, um cyberpsychologisch destruktive Effekte zu erkennen. Diese sollten wir aber auch ansprechen dürfen – ohne gleich als Internet-Pessimist zu gelten. Denn eines ist klar, wir sind nicht erst auf dem Weg in eine virtuelle Gesellschaft, wir sind schon mittendrin.

WIR BRAUCHEN HEUTE MEHR ORIENTIERUNG Damit wir uns nicht in allzu vielen Netzfallen verfangen und in einer Wahrnehmungsdiffusion zwischen Real Life und Cyberspace untergehen, brauchen wir die richtige Balance zwischen Allmachts- und Ohnmachtsgefühlen. Der Karlsruher Philosoph Peter Sloterdijk meint, das Hauptproblem sei, dass wir uns in einer asymmetrischen Entwicklung in die Moderne befinden. Der Geld- und Finanzmarkt wird bestimmt von Haltlosigkeit und Gier. Start-ups erhalten Milliarden-Investitionen, machen aber jahrelang keine Gewinne. Wir können online echten Verpflichtungen aus dem Weg gehen, Soziales wird diffuser, und vieles mehr. Mental müssen wir uns immer mehr auf diese Asymmetrien einstellen. Dadurch weiß man aber nie wirklich, in welche Richtung man sich bewegt. Dafür, diese Entwicklungen zu verstehen, ist unser Gehirn einfach nicht geschaffen, so Sloterdijk.

Doch wo und wie finden wir nun unsere Orientierung wieder? Wer sind die neuen Pfeiler der Gesellschaft? In den letzten Jahren haben sich zwei Entwicklungen gezeigt: Immer weniger Menschen gehen wählen, und immer mehr wenden der Kirche den Rücken zu. Die Statistiken zeigen, dass immer weniger Bürger ihren demokratischen Einfluss nutzen. Allerdings benutzen sie immer häufiger das Netz, um sich zu versammeln und ihre Gesinnung kundzutun. Wissenschaftler der Universität Landau haben die Anhängerschaft von Pegida untersucht und fanden heraus, dass es sich hier zunehmend um Bürger aus gebildeteren Schichten handelt. Sie wollen gar keine großen Kontakte zur Politik, weil sie ihr sowieso nicht mehr trauen. Wird Vertrauensverlust also ein mögliches Motiv für die Hinwendung zu Radikalisierung? Dies scheint mir eine bedenkliche Tendenz zu sein. Ähnliches zeigt sich, wenn wir uns die wachsende Zahl der Kirchenaustritte – trotz Papst Franziskus – anschauen. Vertrauensverlust und Bindungsunlust gegenüber traditionellen Institutionen nehmen deutlich zu.

Für viele Entwickler und Profiteure scheint der heilige Gral von heute das Netz selbst zu sein. Auch Jaron Lanier kommt die totalitäre kybernetische Kultur manchmal wie eine neue Religion vor. Es ist, als sei dies auch eine neue Suche nach dem Leben im Jenseits. So wünscht sich doch Raymond Kurzweil, dass irgendwann einmal die globale Computerwolke den Inhalt unserer Gehirne aufsaugen soll, damit wir für immer in der virtuellen Realität überleben können. Das Internet als Ersatz für Religion ist für mich jedenfalls nicht vorstellbar. Wir müssen also der Orientierungslosigkeit entgegentreten. Um zu verstehen, was im Netz geschieht, sollten wir auch über die Historie des Internets Bescheid wissen. So ist der Gedanke, ein unabhängiges Rechnernetzwerk zu erschaffen, nicht entstanden, um neue Business-Ideen zu entwickeln oder die große Liebe zu finden, sondern in den 50er-Jahren dem Kalten Krieg zu begegnen. Regierungsstellen und wichtige Institutionen sollten im Falle eines Atomschlages weiterhin miteinander kommunizieren können.[462] Die Lösung schien ein Netzwerk ohne zentrale

Steuerung zu sein. Von einer Abteilung des US-Verteidigungs-ministeriums, der ARPA (Advanced Research Project Agency), wurde es entwickelt. 1969 gingen die ersten vier Netzknoten in Universitäten und Forschungseinrichtungen an den Start. Dieses sogenannte ARPANET bot Forschung und Wissenschaft die Möglichkeit, über große Entfernung die angeschlossenen Knotenrechner zu nutzen (Remote-Computing). Zunächst durften nur Militärs und Forscher diese Anlagen benutzen. Bald wurde diese Beschränkung jedoch aufgehoben, und schnell stieg vor allem das Interesse der User am Austausch untereinander – die E-Mail war geboren. Und die Basis für das System unseres heutigen Internets war gelegt.

Wenn wir also daran denken, inwiefern Militärs, Geheimdienste oder Cyberkrieger das Netz heute für ihre Zwecke nutzen, ist es nicht schwer, einen gedanklichen Bogen zu dessen Anfängen zu schlagen. Das Internet als Waffe und als Ort für Kriege ist somit eigentlich die Konsequenz seines Ursprungs.[463] Wir werden zunehmend abhängiger von digitalen Systemen, sei es in der Geschäftswelt, in militärischen Organisationen oder im medizinischen Sektor. Dies erhöht das Gefahrenrisiko, sagt Peter Warren Singer, amerikanischer Politikwissenschaftler und Experte auf dem Gebiet der modernen Kriegsführung – Cyberwar. In seinem Roman ›Ghost Fleet: A Novel of the Next World War‹ schildert er, wie ein Cyberwar zwischen China, USA und Russland alle digitalisierten Bereiche betreffen kann, ob Industrie, Energieversorgung und vieles mehr. Neue Kriege leben heute von analogen und digitalen Waffen, von echten Kriegern, aber auch von Computerhackern, von Erwachsenen und Teenagern. Eine neue Kriegsführung, bei der man fremdgesteuerte Flugzeuge, Autos oder Schiffe für Attentate und Piraterie einsetzen oder über Manipulationen von Herzschrittmachern Konkurrenten aus dem Weg räumen kann, ist nicht undenkbar.

Karl Koscher von der University of Seattle hat schon 2012 gezeigt, dass man Bordcomputer von Autos ohne Weiteres kapern kann. Angriffsfläche sind vor allem Verbindungen über Bluetooth und infizierte Computerspiele auf den Smartphones.[464] Überhaupt sind viele Apps, die wir tagtäglich herunterladen und von denen wir keine Ahnung haben, was sie sonst noch mit der Software unserer I-Phones verändern oder welche Daten sie einfach an andere Server weiterleiten, eine Gefahrenquelle. Und auch GPS-Systeme sind anfällig für Hacker, zumindest die zivilgenutzten, die auf unseren Smartphones laufen. Militärische seien hingegen gut geschützt, so Navigationsspezialist Todd Humphreys der Universität in Austin. Er hat es fertiggebracht, eine Luxusyacht im Mittelmeer vom Kurs abzubringen und die gesamte Crew darüber zu verwirren.[465] Ob es nun um das Stehlen von Konstruktionsplänen oder Patenten geht oder um die gezielte Störung von Produktionsprozessen, ganzer Anlagen und Unternehmen: Möglich ist heute alles, dies bestätigt auch Christof Paar von der Ruhr-Universität Bochum. Je vernetzter wir sind, umso angreifbarer werden wir, denn umso mehr potenzielle Einfallstore existieren. Im Sommer 2015 ruft Chrysler in den USA über eine Million Autos in die Werkstätten zurück, um Schlupflöcher für Hacker im Bordsystem zu schließen. Auch sollen die USA gezielt wichtige Schnittstellen von Versorgung, Energie, Industrie und Regierungsinstitutionen anderer Länder auskundschaften, um gezielt virtuelle Störungen hervorrufen zu können. Allerdings sieht auch Peter Warren Singer die Möglichkeit für ein Eingreifen und Verhindern von Eskalationen. »Schon immer besaßen neue Technologien auch neue Risiko-Potenziale«.[466] Dasselbe gelte auch für das Internet. Doch Singer relativiert: Technologischer Fortschritt geht in beide Richtungen und kann von allen Parteien genutzt werden. So viele neue Gefahren auch bestehen mögen, gleichzeitig können ebenso viele neue Sicherheitsmaßnahmen getroffen werden.[467]

Hierzu müssen aber Voraussetzungen getroffen werden und vor allem weltweit gültige Übereinkünfte, nicht nur regionale. Eine konstruktive Internetkritik wäre dabei durchaus heilsam. Schärfen wir also unseren digitalen Blick und unseren virtuellen Verstand. Es kann doch nicht darum gehen, wie weit wir gehen können, sondern wie weit wir dürfen und sollten.

Es geht hier nicht um ein Plädoyer gegen das Internet oder alle seine Errungenschaften, ganz im Gegenteil. Wir müssen in der Lage sein, das Internet zu kritisieren, ohne gegen das Internet zu sein.[468] Genau das fordern auch jene Internet-Pioniere, die gleichzeitig als kritische Denker agieren, wie Andrew Keen oder Jaron Lanier.

Wo wären die sozialen Errungenschaften des Arbeitsmarktes ohne die Menschen, die lange vor unserem Internetzeitalter dafür gekämpft haben? Die aber eben nicht generell gegen den Markt oder ein Voranschreiten der Industrialisierung waren, sondern nur dafür, dass sich die Situation der Menschen, die in dieser Wirtschaftsform leben, verbessert.

Achten wir also darauf, dass sich unsere Lebensbedingungen durch die hochtechnisierte Online-Welt nicht verschlechtern. Nutzen wir den Cyberspace selbstbewusster und bewusster. Versuchen wir analoge und digitale Welt wieder mehr zueinanderzubringen. Einblenden, nicht ausblenden heißt die Devise. Damit Online-Society und Real Life nicht in Konkurrenz zueinander stehen, sondern sich ergänzen. Dabei müssen wir lernen, in kürzeren Zeitabständen zu denken, denn neue Entwicklungsschritte treten immer schneller auf. Daran muss sich unser Gehirn kognitiv und emotional gewöhnen, ohne gleich in Panik zu geraten – denn schließlich geht es allen so.

Das Netz kann für uns alle eine persönliche, individuelle und gesellschaftspolitische Chance sein. Wir müssen es als solches wahrnehmen und für uns selbst und unsere Gesellschaft nutzen. Dabei sollte sich das Internet auch mehr nach unserem physisch-realen Leben richten, und nicht nur künstliche Welten produzieren, die allzu oft in unsere Realität eingreifen. Und muss unbedingt unser Unterarm den Touchscreen von Tablet und Laptop ersetzen, wie es der französische Hersteller Cicret bereits testet?[469]

Auch wenn das Netz unser Leben in vielen Bereichen erleichtert und bereichert, kann es uns auch etwas ganz Essenzielles stehlen, wenn wir uns zu sehr auf das virtuelle Geschehen konzentrieren: Es kann uns unzufrieden machen und eine emotionale Entfremdung entstehen lassen. Das sind versteckte Kosten hinter der digitalen Invasion – unseres Arbeits- und Privatlebens, mit denen wir uns auseinandersetzen müssen.

LERNEN WIR WIEDER, MENSCH ZU SEIN! Wie eine junge Schülerjournalistin im ›Kölner Stadt-Anzeiger‹ dem Sinn nach so schön bemerkte: Wir sollten uns wieder einmal auf uns selbst und unser menschliches Gegenüber besinnen – und nicht nur unseren Kopf in die Facebook-Wirklichkeit stecken, sonst würden wir die Fähigkeit verlieren, echte Gemeinsamkeit und wahres Zusammensein zu empfinden. Fokussieren wir uns doch wieder einmal auf unser eigentliches Menschsein.

Keine Frage, wir können auch im Internet gute Menschen bleiben, oder sogar bessere werden, weil wir mehr von der Welt verstehen und begreifen lernen, weil uns andere Kulturen und Probleme näher gebracht werden, weil soziale Ängste vor fremden Menschen abgebaut und der Mut erhalten werden kann, Missstände aufzudecken und Erneuerungsprozesse einzuleiten. Das Internet kann auch ein positiver Raum des Lernens und Helfens sein. Auch können wir über das Netz qualifizierte Hilfe bekommen. Politik, Staat und Kirche könnten die Menschen wieder besser erreichen, wenn sie sich verstärkt im Netz bewegen. Doch reicht das reine Dabeisein nicht aus. Es benötigt hier eben auch ein Konzept und klare Strategien.

Entwickeln wir einen digitalen Fernblick, um Initiativen zu ergreifen und mehr Netz-Verantwortung zu übernehmen. Versetzen wir uns gedanklich vom »virtuellen« Hier und Jetzt in das »mögliche« Morgen. Und betrachten wir unser eigenes »Netzleben« aus der Vogelperspektive, um für uns selbst und andere individuelle Chancen und Risiken des Cyberlife besser abwägen zu können und die Kritikfähigkeit unseres eigenen Handelns anzuregen. Dazu gehört, dass wir lernen, Nein zu sagen und uns selbst Grenzen setzen. Mensch-Maschine-Computer muss kein Gegensatz sein. Aber es muss klar sein, wer die Richtung bestimmt – und dies sollten doch wir sein.

Suchen wir doch einen virtuellen Kant des digitalen Zeitalters. Und vernetzen wir stärker die Klugheit der Vergangenheit mit unserer technologischen Zukunft. Dazu kann das Internet eine große Hilfe sein. Möge dieses Buch einen kleinen Schritt dazu beitragen.

ANHANG

Anmerkungen

1 http://de.statista.com/statistik/daten/studie/214753/umfrage/handy-nutzer-mit-flatrate-zum-telefonieren-oder-zur-internetnutzung/

2 The Mobile Movement Study, Apr 2011

3 S. auch Ophir, Nass, & Wagner, 2009; Pool, Koolstra, & van der Voort, 2003; Vega, McCracken, Nass, & Labs, 2008; Wallis, 2010; Zhang, Jeong, & Fishbein, 2010

4 Kuhl 1983

5 S. auch Raymond Bernard Cattrell zu fluider Intelligenz

6 arbeitsblaetter.stangl-taller.at/KOGNITIVEENTWICKLUNG/Narzissmus.shtml

7 http://www.stern.de/tv/sterntv/Youtube-gamer-dner-und-ungespielt-mit-dem-longboard-laengs-durch-deutschland-2145068.html

8 Helferich, H. Time and Mind, 1996, Bern

9 Wood et al. 2007

10 Luthman, S., Bliesener, T. und Staude-Müller, F. (2009). The Effect of Computer Gaming on Subsequent Time perception. Cyberpsychology: Journal of Psychosocial Research on Cyberspace, 3(1)

11 http://insight.thechicagoschool.edu/2013/faculty/qa-internet-addiction/

12 Cyberlife-Studie 2013, Bündnis gegen Cybermobbing e. V. und ARAG

13 http://insight.thechicagoschool.edu/2013/faculty/qa-internet-addiction/

14 3Sat Sendung Neon vom 28. 11. 2012

15 Cyberlife-Studie 2013, Bündnis gegen Cybermobbing e. V.

16 Kuhl J. (1983). Motivation, Konflikt und Handlungskontrolle. Berlin

17 S. zu sozialen Identität auch Tajfel, H. (1981). Human groups and social categories: Studies in social Psychology. Cambridge

18 s. auch Theorie des sozialen Lernens, Lernen am Erfolg nach Bandura 1969, 1971

19 Neugierde gilt als primärer Verstärker, also quasi als physiologischer Antrieb bzw. Motiv unseres Handelns

20 http://www.handelsblatt.com/unternehmen/beruf-und-buero/buero-special/attraktivitaetsforschung-die-ist-so-schoen-die-kann-doch-nur-bloed-sein/7819454.html

21 S. auch Dion, Berscheid und Walster, (1972); Hatfield & Sprecher, (1986), S. 91

22 S. auch Kelley (1967, 1971)

23 S. Cooley 1902

24 S. auch Duval und Wicklund (1972); Hoyer, J. (2000). *Dysfunktionale Selbstaufmerksamkeit. Klinisch-psychologische und gesundheitspsychologische Untersuchungen.* Heidelberg: Asanger

25 S. auch »Hackerparagraf« § 202c StGB

26 Im Frühjahr 2014 wurden rund 9800 IT-Verantwortliche in über 154 Ländern und quer durch alle Branchen befragt, darunter rund 3300 europäische und 434 Unternehmen aus Deutschland. Es ist die größte Umfrage ihrer Art. http://www.pwc.de/de/pressemitteilungen/2014/weltweite-pwc-umfrage-zur-it-sicherheit.jhtml 13. 10. 2014

27 Downloads/cybercrimeBundeslagebild2013.pdf

28 Hamburger Institut SWI Finance und Onlinesicherheit, Handelsblatt 24. Juli 2014

29 http://www.bka.de/nn_205994/DE/ThemenABisZ/Deliktsbereiche/InternetKriminalitaet/Lagebilder/lagebilder__node.html?__nnn=true

30 http://www.bizzwire.de/ratgeber/sicherheit-und-freiheit-ausbalancieren-1932055.html 13. 01. 2014

31 http://www.wiwo.de/technologie/digitale-welt/cyber-krieg-die-groessten-hacker-angriffe-aller-zeiten/7814454.html

32 S. auch IT Sicherheits-Dienstleister Palo Alto Networks, Handelsblatt 23. Juli 2014

33 http://www.pressetext.com/news/20140731003

34 http://www.computerbild.de/artikel/cb-Special-Sicherheits-Center-Darknet-8548659.html

35 Dr. Eleazar Eusebio (Professor in the department of school psychology at TCSPP's Chicago Campus)

36 S. Katzer (2015). Aufwachsen in medialisierten Lebenswelten In: Kindgerecht. Die Kinderschutz-Zentren. Köln

37 Addad, M. (1988). Moral Judgment and Moral Behavior. Studies in Education, 49/50, 67–104 (Hebrew). Addad, M. (2002). Moral Profile – Age, Gender and Occupation. Talpiot, 12, 429–452 (Hebrew)

38 Bouhnik, D. und Mor Deshen (2013). Adolescents' Perception of Illegal Music Downloads from the Internet: An Empirical Investigation of Israeli High School Students' Moral Atittude and Behaviour

39 Rump, Simon (2011) What kind of thief are you? Linking perceptions, personality traits and music taste to illegal downloading – how preferences, traits and notions affect online crime. Bachelor thesis: Cognition and Media; University of Twente

40 Katzer et al. 2009, Katzer 2013

41 http://www.handelsblatt.com/sport/wm2014/gauchogate-der-wohlumstrittenste-shitstorm-des-jahres/10207986.html 10.07.2014

42 http://www.taz.de/tazlab-Panel-zu-Sexismus-im-Netz/!114890/digitale schlägertrupps, W. Schwab 21.04.2013

43 SENDUNG: Digital.leben, Dienstag, 5. Februar 2013, 16:55 Uhr, Ö1

44 http://www.bild.de/news/inland/grimme-online-award/grimme-online-award-30944566.bild.html

45 http://www.focus.de/panorama/welt/wut-in-ruesselsheim-shitstorm-nach-hunde-toetung-polizei-wehrt-sich_id_4162885.html

46 http://www.faz.net/aktuell/sport/mehr-sport/ariane-friedrich-opfer-im-shitstorm-11733117.html

47 http://www.welt.de/vermischtes/article124163377/Wer-ist-die-Frau-die-Markus-Lanz-stuerzen-will.html

48 S. auch Juvonen und Gross 2008, Katzer 2013; Kowalski et al. 2008; Monks und Coyne 2011; Hinduja und Patchin 2012, 2013; Patchin und Hinduja 2012; Riebel et al. 2009; Shariff 2009, Smith 2011; Ybarra et al. 2012, Xiao und Wong 2013

49 Förster, Julia (2013). Cybermobbing am Arbeitsplatz. Präventive und intervenierende Maßnahmen für Führungskräfte. Diplomica

50 Studie: Cybermobbing bei Erwachsenen (2014). Bündnis gegen Cybermobbing e.V. und ARAG SE.

51 Farley, Sam (2013): Cyberbullying in the workplace. Working paper. University of Sheffield

52 Studie: Cybermobbing bei Erwachsenen (2014). Bündnis gegen Cyber-mobbing e.V. und ARAG SE

53 Brunner, R. (2012). Prävention und frühe Intervention bei selbstver-letzenden und suizidalen Handlungen bei Jugendlichen im sozialen Kontext Schule. Ergebnisse einer schulbasierten Interventionsstudie. Vortrag anlässlich des Jubiläums des Landesverbandes Bayerischer Schulpsychologen e.V. am 23.06.2012 in Freising.

54 Katzer und Fetchenhauer 2007; Studie Cyberlife zwischen Faszination und Gefahr-Cybermobbing bei Kindern und Jugendlichen (2013). Bündnis gegen Cybermobbing e.V. und ARAG SE

55 Katzer et al. 2009a,b

56 Brehm, J.W. (1966, 1972)

57 Brehm, J.W. (1966, 1972)

58 Studie: Cybermobbing bei Erwachsenen (2014). Bündnis gegen Cyber-mobbing e.V. und ARAG SE

59 Studie: Cyberlife-Zwischen Faszination und Gefahr: Cybermobbing bei Kindern und Jugendlichen (2013). Bündnis gegen Cybermobbing e.V. und ARAG SE

60 Scherpe, Mary (2014). An jedem einzelnen Tag: Mein Leben mit einem Stalker, Lübbe.

61 http://www.zeit.de/studium/uni-leben/2015–03/yik-yak-mobbing-usa/seite-2

62 http://www.nytimes.com/2015/03/09/technology/popular-yik-yak-app-confers-anonymity-and-delivers-abuse.html?_r=0

63 Zu nennen sind auch das Milgram Experiment (Stanley Milgram 1963) und das Stanford-Prison-Experiment (Phillip Zimbardo 1971)

64 S. auch Postmes, T. & Spears, R. (1998). Deindividuation and antinor-mative behavior: A meta-analysis. Psychological Buttetin, 123, 238–259.

65 »A deindividuated person is prevented by situational factors pre-sent in a group from becoming self-aware. Deindividuated persons are blocked from awarenessof themselves as separate individuals and from monitoring their own behavior.« (Diener, 1980)

66 S. auch Social Identity model of Deindividuation Effects (SIDE), Rei-

cher (1987). 1) group immersion, (2) anonymity and (3) reduced identifiability (self-awareness and self-regulation).

67 Dodd, D. (2002). Robbers in the classroom: a deindividuation exercise. Handbook for teaching introductory psychology, 3, 251–253.

68 Greenberg

69 Hinduja, S. (2008). Deindividuation and Internet Software Piracy. Cyberpsychology & Behavior, 11(4), 391–398. doi:101089/cpb.2007.0048

70 Douglas und McCarthy 2001

71 S. auch Kughira 2001

72 http://www.wdr5.de/sendungen/neugiergenuegt/feature/shitstorm122.html

73 S. hierzu auch Festinger, Pepitone und Newcomb, 1952; Diener 1980; Zimbardo 1969)

74 S. auch Festinger et al. 1952

75 Zimbardo P.G. (1969). The human choice: Individuation, reason and order versus de-inindividuation, impulse and chaos. In: Arnold, W.J- & Levine, D.(eds). Nebraska Symposium on motivation, Bd 17, Lincoln.

76 Social Identity model of Deindividuation (SIDE) Kugihara, 2001; Reicher, Spears & Postems 1995

77 http://www.glamour.de/stars/star-news/nova-meierhenrich-gegen-hating-im-netz-hoeren-sie-mal

78 Insko, C.A. et al. (1983).

79 Katzer et al. 2009a,b; Smith et al. 2008, 2009

80 http://health.usnews.com/health-news/family-health/brain-and-behavior/articles/2010/05/28/todays-college-students-more-likely-to-lack-empathy

81 Katzer, C. und Fetchenhauer, D. (2007)

82 Studie: Cyberlife – zwischen Faszination und Gefahr- Cybermobbing bei Kindern und Jugendlichen. Bündnis gegen Cybermobbing e.V. und ARAG SE.

83 S. auch Bandura, A. (1994).

84 Katzer et al. 2009a.

85 http://www-app.uni-regensburg.de/Fakultaeten/PPS/Psychologie/ Lukesch/front/lehre/internetangebote/paedpsy/neugier/neugier_ 44325.htm

86 Harlow und Berlyne

87 Harlow und Berlyne

88 S. auch http://monde-diplomatique.de/pm/1998/08/14/a0220.text.na-me,ask5Vqn1J.n,6

89 S. auch http://www.zeit.de/2011/30/Medientheoretiker-McLuhan

90 Eckhard Hammel: Die Universalisierung des Voyeurismus. Zur Explika-tion der Medien, in: H.-H.-Medien. Medienwissenschaftliche Beiträge der Heinrich-Heine-Universität Düsseldorf, Heft 2/3, Dezember 1992

91 http://eyetracking.ch/aktivierung-visueller-reize/

92 http://www.3sat.de/page/?source=/scobel/169982/index.html

93 http://www.merkur-online.de/multimedia/deutsche-Youtube-stars-top-ten-der-erfolgreichsten-YouTuber-4145889.html, 09.01.2015.

94 http://bundes.blog.de/2012/03/29/syrien-gefakte-gestellte-videos-schauspieler-terroristen-homs-13336560/

95 Nicholas Carr (2010). Wer bin ich, wenn ich online bin … Und was macht mein Gehirn so lange? Blessing, Berlin.

96 http://edge.org/ dessen Gründer sind John Brockman, Stewart Brand, Kevin Kelly und George Dyson. Edge is a living document on the Web that displays »the third culture« in action. The »content« of Edge is the group of people who connect in this way.

97 http://niemanreports.org/articles/a-big-question-how-is-the-internet-changing-the-way-you-think/

98 Weizenbaum, J. (1978). Computer Power and Human Reason: From Judgment to Calculation, W.H. Freeman, San Francisco.

99 TV Beitrag br vom 14.04.2015: Von Computern und anderen Men-schen. http://www.br.de/fernsehen/bayerisches-fernsehen/sendungen/ dokumentarfilm/von-computern-und-anderen-menschen-dokumen-tarfilm-102.html

100 Turkle, S. (2012). Verloren unter Freunden. Riemann.

101 LeDoux, J. (2002). Synaptic Self: How our Brains become who we are. Penguin.

102 Carr, Nicholas (2011). The Shallows: What the Internet does to our Brains.

103 In Schwartz und Begley, The Mind and the Brain.

104 Carr, Nicholas (2011). The Shallows: What the Internet does to our Brains./ Kandel, E. (2006). In the search of Memory: The Emergence of a new Science of mind. New York.

105 Carr, N. (2010).Wer bin ich, wenn ich online bin.

106 Klingberg, T.(2009). The Overflowing Brain: Information Overload and the Limits of Working Memory. Oxford University Press.

107 Crowell, S.E. (2004). The Neurobiology of Declarative Memory. In: Schuman, J.H. et al. The Neurobiology of learning: Perspectives from second language Aquisition. Erlbaum.

108 Google Effects on Memory: Cognitive Consequences of Having Information at Our Fingertips Betsy Sparrow, Jenny Liu, Daniel M. Wegner, Science 5 August 2011: Vol. 333 no. 6043 pp. 776–778

109 http://www.alltagsforschung.de/google-effekt-wie-das-internet-unser-gehirn-beeintraechtigt/Google-Effekt Wie das Internet unser Gehirn beeinträchtigt

110 Pam Mueller und Daniel Oppenheimer (2014). The Pen Is Mightier Than the Keyboard: Advantages of Longhand Over Laptop Note Taking. Psychological Science

111 http://www.alltagsforschung.de/google-effekt-wie-das-internet-unser-gehirn-beeintraechtigt/ Google-Effekt Wie das Internet unser Gehirn beeinträchtigt

112 http://www.faz.net/aktuell/feuilleton/debatten/digitales-denken/wie-das-internet-unser-denken-veraendert-im-einbaum-durchs-internet-1907830.html?printPagedArticle=true#pageIndex_2

113 http://www.ciber-research.eu/download/20141105-Malaysia_Nicholas_keynote.pdf

114 http://www.stuttgarter-zeitung.de/inhalt.neue-medien-wie-das-internet-unser-denken-veraendert.db374fff-f971–43f0-a52f-6705-c6b0be99.html

115 http://www.focus.de/digital/internet/dld-2011/debate/tid-20759/internet-wie-das-netz-unser-denken-verflacht_aid_582058.html

116 http://www.focus.de/digital/internet/dld-2011/debate/tid-20759/
digitalisierte-gesellschaft-wie-das-netz-unser-denken-verflacht_
aid_582056.html

117 Pawlow. I. P. (1953). Sämtliche Werke. Berlin.

118 http://www.denkreich.com/2013/10/22/sinkende-produktivitaet-im-
beruf-zerhacktes-gehirn-durch-e-mail-internet-sms-und-telefon-un-
veroeffentlichtes-buch-kapitel/

119 Nicholas, D., Huntington, P., Tenopir, C., Jamali, H., Dobrowolski, T.
(2008). Viewing and reading behaviour in a virtual environment: the
fullFtext download Aslib Proceedings 60 (3),186F198.

120 http://www.handelsblatt.com/technik/forschung-innovation/hirnfor-
schung-wie-computer-das-hirn-veraendern-seite-3/3307252–3.html

121 http://www.focus.de/digital/internet/dld-2011/debate/tid-20759/inter-
net-wie-das-netz-unser-denken-verflacht_aid_582058.html

122 http://www.handelsblatt.com/technik/forschung-innovation/hirnfor-
schung-wie-computer-das-hirn-veraendern-seite-3/3307252–3.html

123 http://public.psych.iastate.edu/rwest/RWest/Research.html

124 http://www.handelsblatt.com/technik/forschung-innovation/hirnfor-
schung-wie-computer-das-hirn-veraendern-seite-3/3307252–3.html

125 http://www.wiwo.de/politik/deutschland/philosoph-konrad-paul-
liessmann-wer-keine-ahnung-von-geschichte-hat-dem-hilft-auch-wi-
kipedia-nicht-weiter/10830084.html

126 http://www.focus.de/digital/internet/dld-2011/debate/tid-20759/
digitalisierte-gesellschaft-wie-das-netz-unser-denken-verflacht_
aid_582056.html

127 Searching for Explanations: How the Internet Inflates Estimates of Internal Knowledge Matthew Fisher, Mariel K. Goddu, and Frank C. Keil,
Journal of Experimental Psychology, 2015. http://campuspress.yale.
edu/matthewfisher/files/2015/03/pdf-16ueczx.pdf

128 http://www.sueddeutsche.de/digital/denken-in-zeiten-des-internets-
wie-das-netz-uns-formt-1.62680–2

129 http://www.planet-wissen.de/natur_technik/computer_und_roboter/
social_media/vernetztes_gehirn.jsp

130 http://www.viva.tv/news/53539-lasst-die-korken-knallen-bibisbeau-typalace-ist-die-erfolgreichste-YouTuberin-deutschlands

131 http://www.masha-sedgwick.com/ und http://www.masha-sedgwick.com/de/ und http://www.stilinberlin.de/

132 Source: The Mobile Movement Study, Google/Ipsos OTX MediaCT, Apr 2011

133 http://www.gerald-huether.de/populaer/veroeffentlichungen-von-ge-rald-huether/texte/sich-bewegen-gerald-huether/index.php

134 Kellert und Wilson (1993) fand Gebauer (2005)

135 Gerald Hüther, Prof. Dr., Die Erfahrung von Natur aus der Sicht moderner Hirnforschung. https://www.bfn.de/fileadmin/MDB/documents/service/skript230.pdf

136 Ulrich Gebhard, Prof. Dr., Die Bedeutung von Naturerfahrungen in der Kindheit aus Sicht der Psychologie https://www.bfn.de/fileadmin/MDB/documents/service/skript230.pdf

137 https://vimeo.com/64293418

138 http://www.spiegel.de/gesundheit/psychologie/psyche-wie-parks-und-gruenflaechen-stadtmenschen-gluecklich-machen-a-895351.html

139 S. Fachmagazin »Environmental Science and Technology«

140 http://www.stern.de/gesundheit/wirkung-der-natur-untersucht-so-schnell-macht-gruen-gluecklich-1563254.html

141 http://www.pro-medienmagazin.de/gesellschaft/detailansicht/aktuell/macht-facebook-gluecklich-oder-einsam-88042/

142 http://psych.ubc.ca/persons/kalina-christoff/

143 http://www.kurzweilai.net/ray-kurzweil-biography

144 Vermittler von Büroplätzen z.B. für Start-ups in USA, und erste Niederlassung in EU Hollan https://www.wework.com/

145 http://www.faz.net/aktuell/feuilleton/debatten/digitales-denken/informationsueberflutung-was-uns-wirklich-krank-macht-1595689.html

146 Meinungsforschungsinstitut YouGov

147 http://www.zeit.de/karriere/2014–09/anti-stress-verordnung-umfrage-befuerworter; http://online.liebertpub.com/doi/pdf/101089/cyber.2015.0055

148 http://www.egs.edu/faculty/geert-lovink/biography/

149 Lee, W. (1977). Psychologische Entscheidungstheorie. Eine Einführung.

150 S. Savage (1954)

151 Kulhl 1983

152 S. Theorie der Handlungskontrolle nach Kuhl 1983

153 https://www.bitkom.org/files/documents/Vertrauen_und_Sicherheit_ im_Netz.pdf

154 Bündnis gegen Cybermobbing (2013)

155 Der Webdienst Couchsurfing wurde 2004 gegründet und hat mehr als 5,5 Mio. Mitglieder

156 Thorsten Anthes, Annette Fischer, Inga Freund, Lars Grau, Ben Gronert, Christina Seitz, Phillip Winter

157 Tan 2010: 369f

158 http://mkw.uni-mannheim.de/prof_dr_matthias_kohring/prof_dr_ matthias_kohring/index.html

159 jameda Patientenstudie 2014

160 http://rsc.uni-mannheim.de/Forschergruppen/Vertrauen%20in%20 anonyme%20BewerterInnen/Vertrauen%20in%20und%20durch%20 Interaktion%20in%20medizinischen%20Hilfeforen%20(Maike%20 Kl%C3%BCber)/

161 Jeff Goins ist Autor von The In-Between, Wrecked, und zwei erfolgreichen E-Books: You Are a Writer (So Start Acting Like One) and The Writer's Manifesto. Er ist ein professioneller Blogger und podcastet und hosted einen bekannten Online-Kurs, TribeWriters.

162 Bornstein, R. F. (1989). Exposure and affect: Overview and meta-analysis of research, 1968–1987. *Psychological Bulletin,* 106, 265–289. Felser, G. (1997). *Werbe- und Konsumentenpsychologie: Eine Einführung.* Heidelberg: Spektrum. Felser, G., Kaupp, P. & Pepels, W. (1999). *Käuferverhalten.* Köln: Fortis Verlag. Jacoby, L. L., Woloshyn, V. & Kelley, C. M. (1989). Becoming famous without being recognized: Unconscious influences of memory produced by dividing attention. *Journal of Experimental Psychology*: General, 118, 115–125.

163 http://www.berliner-zeitung.de/meinung/kolumne-zu-vertrauen-im-netz-es-lebe-die-digitale-achtsamkeit,10808020,30031910.html

164 http://www.patienten-universitaet.de/content/prof-dr-marie-luise-dierks

165 http://www.forschung-fuer-unsere-gesundheit.de/mitmachen/fragen-zur-gesundheitsforschung/wissenschaftlerinnen-und-experten-nehmen-stellung/expertenstandpunkt-macht-das-internet-gesund-oder-krank.html

166 http://www.aponet.de/aktuelles/kurioses/20150508-cyberchondrie-dr-google-selbstdiagnose.html

167 http://www.welt.de/gesundheit/article127875906/Wie-die-Psyche-eine-Therapie-verhindern-kann.html

168 http://www.welt.de/gesundheit/article127875906/Wie-die-Psyche-eine-Therapie-verhindern-kann.html

169 S. auch Schachter, Kognitive Theorie der Gefühle (1964).

170 ELLE Januar 2015

171 Zu Cyberchondrie

172 http://www.stern.de/wissen/mensch/cyberchondrie-die-todesangst-klickt-mit-1650331.html

173 http://www.leuphana.de/news/meldungen/ansicht/datum/2013/03/08/sharing-economy-deutschland-teilt.html

174 Michael Tomasello, Malinda Carpenter, Josep Call, Tanya Behne, and Henrike Moll (2005). Understanding and sharing intentions: The origins of cultural cognition. Behavioral And Brain Sciences (2005) 28, 675–735

175 Mauss, M. (1925): Die Gabe. Form und Funktion des Austauschs in archaischen Gesellschaften. Frankfurt/Main (Suhrkamp) 1984. Essai sur le don (dt.»Die Gabe«)

176 Smith, A. (1776): Der Wohlstand der Nationen. Eine Untersuchung seiner Natur und seiner Ursachen. München (C.H. Beck) 1974.

177 Thomas Hinz und Simone Wagner (2010). Die Diffusion einer sozialen Bewegung – lokale Austauschnetzwerke in Deutschland. Zeitschrift für Soziologie, Jg. 39, Heft 1, Februar 2010, S. 6080

178 Hubert 2004; Schneider 1995

179 Thomas Hinz und Simone Wagner (2010). Die Diffusion einer sozialen Bewegung – lokale Austauschnetzwerke in Deutschland. Zeitschrift für Soziologie, Jg. 39, Heft 1, Februar 2010, S. 6080

180 http://www.sueddeutsche.de/panorama/studie-zur-lebensmittelindust
   rie-die-haelfte-aller-nahrungsmittel-landet-im-muell-11569461

181 Keen, A. (2015). The Internet is not the answer. London.

182 http://www.stern.de/wirtschaft/news/wertvollste-marken-apple-ver-
   liert-an-wert-und-muss-google-ziehen-lassen-2112171.html

183 http://www.manager-magazin.de/unternehmen/banken/apple-google-
   alibaba-die-zehn-wertvollsten-unternehmen-der-welt-a-1004060.html

184 http://www.pr-agentur-blog.de/ansteckend-studie-zur-psychologie-
   des-weiterleitens-3115.html

185 Keen, A. (2012). The cult of the amateur. How todays´ internet is killing our culture.

186 2011 gegründet, über diese App kann man selbst gemachte Fotos an
   andere verschicken. Vorteil: Nach 10 Sekunden löschen sich die Fotos von selbst, allerdings gibt es bereits eine App, die dies verhindert.

187 Keen, A. (2015). The Internet is not the answer. London.

188 http://www.pr-agentur-blog.de/ansteckend-studie-zur-psychologie-
   des-weiterleitens-3115.html

189 http://www.zdf.de/zdfzoom/zdfzoom-teile-und-leide-38354896.html

190 Neon#7 2015

191 Keen, A. (2015). The Internet is not the answer. London.

192 http://www.zdf.de/zdfzoom/zdfzoom-teile-und-leide-38354896.html

193 http://www.zdf.de/zdfzoom/zdfzoom-teile-und-leide-38354896.html

194 http://www.zdf.de/ZDFmediathek/beitrag/video/2404218/Share-Eco-
   nomy-%25E2%2580%2593-Wer-verdient-daran%253F#/beitrag/
   video/2404218/Share-Economy-%E2%80%93-Wer-verdient-da-
   ran%253F

195 http://www.zdf.de/ZDFmediathek/beitrag/video/2404218/Share-Eco-
   nomy-%25E2%2580%2593-Wer-verdient-daran%253F#/beitrag/
   video/2404218/Share-Economy-%E2%80%93-Wer-verdient-da-
   ran%253F

196 Handelsblatt Wochenende 26./27./28. Juni 2015

197 http://www.fr-online.de/digital/sharing-economy--privatheit-gibt-es-
   nur-noch-fuer-reiche-,1472406,29482580,view,asFirstTeaser.html

198 Arbeitet auch als Gastwissenschaftler unter anderem an der kalifor-

nischen Stanford-Universität und an der Georgetown University in Washington, D.C.

199 Keen, A. (2015). The Internet is not the answer. London.

200 http://www.leuphana.de/news/meldungen/ansicht/datum/2013/03/08/sharing-economy-deutschland-teilt.html

201 http://www.leuphana.de/news/meldungen/ansicht/datum/2013/03/08/sharing-economy-deutschland-teilt.html

202 S. Herrnstein, R.J. (1990). Rational Choice Theory. Necessary but not sufficient. Am. Psych., 45, 356–367

203 http://www.sueddeutsche.de/wirtschaft/share-economy-soweit-die-utopie-12421540

204 http://www.fr-online.de/wirtschaft/sharing-economy--silicon-valley---hat-ein---arschlochproblem-,1472780,29482244.html

205 http://www.zdf.de/zdfzoom/zdfzoom-teile-und-leide-38354896.html

206 http://www.spiegel.de/netzwelt/netzpolitik/andrew-keen-interview-ueber-das-digitale-debakel-a-1013436.html

207 Adam Waytz, James Dungan, Liane Young (2013). The whistleblower's dilemma and the fairness–loyalty tradeoff. Journal of Experimental Social Psychology, 49,1027–1033.

208 Sendung WESTART 26.05.2015, Gefangen im Netz.

209 www.supernerds.tv

210 Allerdings kennen wir auch eine Sonderform prosozialen Verhaltens Intrinsischen Altruismus, unser Hilfeverhalten ist in diesem Fall verinnerlicht, es geschieht ohne äußere Anreize, quasi automatisch (s. auch Batson 1978).

211 S. auch Kahnemann und Tversky, 1972.

212 Siehe Yale-Studien in den 50er-Jahren durch Hovland und Kollegen (1957). Communication and persuasion. New Haven/CN

213 Fischer & Wiswede (2002). Grundlagen der Sozialpsychologie. Oldenbourg Verlag.

214 Studie Cyberlife (2013).

215 Die Welt 24.08.2013: NSA zahlte Google offenbar Millionen für Daten.

216 http://www.sueddeutsche.de/politik/wikileaks-gruender-assange-ein-verfahren-mit-risiko-12093936

217 http://www.spiegel.de/international/germany/wikileaks-spokesman-quits-the-only-option-left-for-me-is-an-orderly-departure-a-719619.html

218 S. auch Luchins 1957 und Aschs. Experiment 1946.

219 *Inside WikiLeaks: My Time with Julian Assange and the World's Most Dangerous Website*

220 http://www.huffingtonpost.com/news/daniel-domscheit-berg/

221 S. hierzu auch Andersen 1968; Miller & Campbell 1959; Bierhoff & Bierhoff-Allermann 1977

222 www.netzpolitik.org

223 Hannes Grassegger (2014). Das Kapital bin ich. Schluss mit der digitalen Leibeigenschaft – Intelligent leben 8. Kein&Aber, Zürich.

224 § 131 Gewaltdarstellung StGB

225 http://de.statista.com/statistik/daten/studie/70189/umfrage/nutzer-von-facebook-in-deutschland-seit-2009/

226 https://buggisch.wordpress.com/2015/01/07/social-media-und-soziale-netzwerke-nutzerzahlen-in-deutschland-2015/

227 Das Urteil des Mailänder Bezirksgerichts in Strafsachen vom 24.02.2010 gegen Google-Manager aus der Sicht des österreichischen Strafrechts. Diplomarbeit der Rechtswissenschaften an der Paris-Lodron Universität Salzburg, eingereicht von Katrin Niederacher, Betreuer Univ.-Prof. Dr. Otto Lagodny, Salzburg, Juni 2011.

228 http://www.bbc.com/news/technology-30793702

229 Hochschule der Medien, Stuttgart

230 http://www.heise.de/newsticker/meldung/Studie-Gewaltvideos-verbreiten-sich-auf-Handys-von-Jugendlichen-179999.html

231 http://www.tagesspiegel.de/berlin/schule/diskussion-um-gewalt-video-medienwissenschaftler-manche-taten-werden-extra-insze-niert/9359734.html

232 S. auch »Happy Slapping Videos«, in denen Menschen ohne Grund geschlagen werden. »Snuff and Gore Videos«, Aufnahmen von Morden und Vergewaltigungen.

233 JIM-Studie 2014, Medienpädagogischer Forschungsverbund Südwest.

234 Forschungsprojekt: Jugend Medien Gewalt. Gewalt durch und in

neuen Medien Projektbericht. Institut für Publizistik- und Kommunikationswissenschaft Fakultät für Sozialwissenschaften, Universität Wien. Univ. Prof. Dr. Thomas A. Bauer (Projektleitung), Mag. Axel Maireder (Wissenschaftliche Mitarbeit), Mag. Manuel Nagl (Wissenschaftliche Mitarbeit). 2010.

235 http://www.zeit.de/online/2008/05/gewaltdebatte-kolumne-dueckers/seite-2

236 http://www.spiegel.de/spiegel/print/d-84519407.html

237 http://www.heise.de/tp/artikel/41/41168/2.html

238 http://www.pi-news.net/2015/02/islam-verbrennt-jordanier-bei-lebendigem-leib/

239 http://www.abendzeitung-muenchen.de/inhalt.isis-terror-terror-video-kind-toetet-geisel-mit-kopfschuss.fe3c744c-b3af-4d49–82d7-a0f3774a8d8c.html

240 http://www.tagesanzeiger.ch/ausland/naher-osten-und-afrika/Zahl-der-ISKaempfer-deutlich-hoeher/story/14117868

241 https://www.mpicc.de/de/forschung/publikationen/krim/k_159.html

242 S. auch Moscovici, S. (1979). Sozialer Wandel durch Minoritäten. München

243 Noelle-Neumann, Elisabeth (6. Aufl. 2001). Die Schweigespirale: Öffentliche Meinung – unsere soziale Haut. München.

244 https://de-de.facebook.com/stern/photos/pb.78766664651.-2207520000.1433060976./10153065569844652/?type=1

245 http://www.zeit.de/politik/ausland/2015–05/ukraine-krieg-giwi-michail-tolstych

246 https://www.youtube.com/watch?v=dqQwnqjA-6w

247 Neon 6 2015

248 Neon 6 2015

249 http://www.rtl.de/cms/news/rtl-aktuell/polizeigewalt-in-deutschland-video-ueberfuehrt-brutalo-polizisten-48e9a-51ca-23–2308705.html

250 http://www.faz.net/aktuell/politik/inland/polizist-in-hannover-soll-fluechtlinge-misshandelt-haben-13597972-p2.html

251 http://www.daserste.de/information/politik-weltgeschehen/weltspie-gel/sendung/ndr/2014/syrien-252.html

252 Neon 6 2015

253 Izard, C. E. (1999). Die Emotionen des Menschen. Eine Einführung in die Grundlagen der Emotionspsychologie. Beltz.

254 Hartmann (1936).

255 S. auch Secord und Backmann (1983).

256 Theorie der Erregungsübertragung (Zillmann 1983).

257 Zillmann, Dolf (1985) Affect, mood, and emotion as determinants of se-lective exposure. In: Selective exposure to communication. Ed. By Dolf Zillmann & J. Bryant. Hillsdale, N.J.: Erlbaum. Zillmann, Dolf (1988) Mood management: Using television to full advantage. In: Communi-cation, social cognition, and affect. Ed. by L. Donohew, J. Bryant & Dolf Zillmann. Hillsdale, N.J.: Erlbaum, pp. 147–171. Zillmann, Dolf (1991) Empathy: Affect from bearing witness to the emotions of others. In: Responding to the screen: reception and reaction processes. Ed. by J. Bryant & Dolf Zillmann. Hillsdale, N.J.: Erlbaum, pp. 135–169. Zillmann, Dolf / Cantor, J. (1977) Affective responses to the emotions of a protago-nist. In: Journal of Experimental Social Psychology 13, pp. 155–165.

258 http://www.forum-haustiere.de/plauderecke/welpen-werden-einfach-entsorgt_57342.html

259 Quelle: http://arbeitsblaetter.stangl-taller.at/EMOTION/A-Medien.shtml

260 http://www.menshealth.de/health/stress-gehirn-psyche/gewaltvideos-stumpfen-ab.170812.htm

261 Schultze-Krumbholtz, A. und Scheithauer, H. (2012). KFN

262 S. z.B. Strasburger/Wilson 2003.

263 (z.B. Carnegey et al. 2007; Funk/Buchman/ Jenks/Bechtoldt 2003; Funk/Baldacci/Pasold/Baumgardner 2004).

264 Kleiter (1997) entwickelte »Modell der moderiert-intervenierten und sozial-kognitiv gesteuerten Aggression« (MISKA). Kleiter, E. F. (1997). Film und Aggression – Aggressionspsychologie. Theorie und empiri-sche Ergebnisse mit einem Beitrag zur Allgemeinen Aggressionspsy-chologie. Weinheim.

265 S. auch Jo/Berkowitz (1994).

266 Smith, S.L. & Donnerstein, R. (1998). Harmful effects of repeated exposure to media violence: Learning of aggression, emotional desensitization, and fear. In R.G. Geen & E. Donnerstein (Eds.), Human aggression. Theories, research, and implications for social policy (S. 164–202). San Diego, CA: Academic Press.

267 Quelle: http://arbeitsblaetter.stangl-taller.at/EMOTION/A-Medien. shtml

268 http://www.welt.de/wissenschaft/article10393730/TV-Gewalt-loest-die-Aggressions-Bremse-im-Hirn.html

269 http://www.nzz.ch/aktuell/startseite/wie-das-gehirn-bildschirmgewalt-verarbeitet-1738667

270 http://www.nzz.ch/aktuell/startseite/wie-das-gehirn-bildschirmgewalt-verarbeitet-1738667

271 Quelle: http://arbeitsblaetter.stangl-taller.at/EMOTION/A-Medien. shtml

272 http://www.apotheken-umschau.de/Psyche/Posttraumatische-Belastungsstoerung-Ursachen-137195_2.html

273 http://www.bbc.com/news/blogs-trending-32852043

274 http://www.bbc.com/news/blogs-trending-32852043

275 http://www.bbc.com/news/technology-30793702

276 vgl. Mead 1988

277 S. auch Erikson, E.H. (1959). Identität im Lebenszyklus. Suhrkamp, Frankfurt a.M.

278 S. auch Tajfel, H. (1982). Gruppenkonflikt und Vorurteil. Entstehung und Funktion sozialer Stereotypen. Bern: Huber.

279 Keen, A. (2014). The Internet is not the answer. Atlantic Books.

280 http://www.deutschlandfunk.de/psychologie-die-suche-nach-der-eigenen-identitaet.1148.de.html?dram:article_id=315800

281 Postman, Neil, Wir amüsieren uns zu Tode. Urteilsbildung im Zeitalter der Unterhaltungsindustrie, Fischer, Frankfurt a.M., 1988.

282 Fend, H. (1991). Identitätsentwicklung in der Adoleszenz. Entwicklungspsychologie der Adoleszenz in der Moderne, Band II. Bern: Huber. Fend, H. (1992). Identitätsentwicklung in der Adoleszenz. Lebens-

entwürfe, Selbstfindung und Weltaneignung in beruflichen, familiären und politisch-weltanschaulichen Bereichen. Bern: Huber. Fend, H. (1994). Die Entdeckung des Selbst und die Verarbeitung der Pubertät. Bern: Hans Hube.

283 IZI, 2015, Magersucht und Vorbilder.

284 Instyle Juni 2015.

285 Handelsblatt 23./28. Dezember 2014 Nr. 247.

286 Aronson, Wilson, & Akert, 2010; Myers, 2008.

287 Choosing Buddy Icons that look like me or represent my personality: Using Buddy Icons for social presence Kristine L. Nowak   Communication Department, University of Connecticut, 850 Bolton Road, Storrs, CT 06269–1085, USA.

288 Katzer, C. (2007). Internet-Chatrooms als neue Tatorte für Bullying und sexuelle Viktimisierung von Kindern und Jugendlichen. Dissertation. Universität zu Köln.

289 http://users.rider.edu/~suler/photopsy/avatars.htm

290 http://users.rider.edu/~suler/photopsy/avatars.htm

291 Choosing Buddy Icons that look like me or represent my personality: Using Buddy Icons for social presence Kristine L. Nowak   Communication Department, University of Connecticut, 850 Bolton Road, Storrs, CT 06269–1085, USA.

292 Keen, A. (2014). The Internet is not the answer. Atlantic Books.

293 Handelsblatt 26./ 27./ 28. Juni 2015.

294 Neon 6 2015.

295 Keen, A. (2008). The Cult of the Amateur.

296 Keen, A. (2014).

297 http://www.faz.net/aktuell/gesellschaft/menschen/selfies-ich-knipse-also-bin-ich-12496121.html?printPagedArticle=true#pageIndex_2

298 http://psp.sagepub.com/content/34/10/1303.abstract

299 Karl-Heinz Renner, Astrid Schütz und Franz Machilek (Hg.): Internet und Persönlichkeit. Differentiell-psychologische und diagnostische Aspekte der Internetnutzung. Göttingen: Hogrefe Verlag 2005. 400 Seiten.

300 http://www.hans-bredow-institut.de/de/forschung/forschungs-monitoring-%E2%80%9Eaufwachsen-mit-digitalen-medien%E2%80%9C

301 Die Welt, 28.02.2015

302 http://www.faz.net/aktuell/gesellschaft/menschen/selfies-ich-knipse-also-bin-ich-12496121.html?printPagedArticle=true#pageIndex_2

303 http://www.cadiversityconference.com/2015/socal/bio-andrea-leta-mendi.php

304 http://www.newscientist.com/article/dn17189-a-facebook-profile-can-reveal-the-real-you.html#.VYgHKfntmko

305 https://de.lifestyle.yahoo.com/blogs/leben/facebook-profile-das-vir-tuelle-verhalten-als-abbild-der-112041284.html

306 S. auch Karl-Heinz Renner, Astrid Schütz und Franz Machilek (2005). Internet und Persönlichkeit: Stand der Forschung und Perspektiven. reportpsychologie ‹30› 11/12|2005

307 Katrina Fong and Raymond A. Mar (2015). What Does My Avatar Say About Me? Inferring Personality From Avatars. Personality and Social Psychology Bulletin 2015, Vol. 41(2) 237–249

308 http://www.newscientist.com/article/dn17189-a-facebook-profile-can-reveal-the-real-you.html#.VYgHKfntmko

309 Psychologin Julia Kozlik, Universität Trier.

310 Experimental Evidence of Massive-Scale Emotional Contagion through Social Networks, published online June 2 in PNAS (Procee-dings of the National Academy of Science)

311 http://www.news.cornell.edu/stories/2014/06/news-feed-emotional-contagion-sweeps-facebook

312 Chalfen 2009, 2010; Calvert 2009; PewResearchCenter 2009; Katz-man 2010; Ferguson 2010; The National Campaign to Prevent Teen an Unplanned Pregnancy and Cosmogirl.com 2009

313 Reichert 2012.

314 Reichert 2012.

315 Neon 6 2015.

316 https://www.netnanny.com/blog/adult-smartphone-users-are-sexting-too-yes-really

317 The National Campaign to Prevent Teen an Unplanned Pregnancy and Cosmogirl.com 2009.

318 Generation YouPorn, mythe ou realité?, enquete Ifop 2013

319 S. auch Döring 2012.

320 The National Campaign to Prevent Teen and Unplanned Pregnancy & Cosmogirl.com 2009; Knowledge Networks 2009

321 The National Campaign to Prevent Teen and Unplanned Pregnancy & Cosmogirl.com 2009

322 S. auch Grimm und Rhein 2007; Katzer 2014

323 Cox Communication 2009; The National Campaign to Prevent Teen and Unplanned Pregnancy & Cosmogirl.com 2009; Knowledge Networks 2009

324 www.srf.ch/news/schweiz/sexting-faelle-halten-richter-auf-trab

325 http://www.fr-online.de/panorama/sexting-interpol-verhaftet-bande-von-sex-erpressern,1472782,27006506.html

326 iacpsocialmedia.org, jeffbullas.com

327 Cyberlife-Zwischen Faszination und Gefahr – Cybermobbing unter Kinder und Jugendlichen, (2013). Bündnis gegen Cybermobbing e. V. und ARAG SE

328 Cyberlife – Zwischen Faszination und Gefahr – Cybermobbing unter Kinder und Jugendlichen, (2013). Bündnis gegen Cybermobbing e. V. und ARAG SE

329 Cyberlife – Zwischen Faszination und Gefahr – Cybermobbing unter Kinder und Jugendlichen, (2013). Bündnis gegen Cybermobbing e. V. und ARAG SE

330 http://www.academia.edu/3384765/Adolescents_identity_experiments_on_the_Internet

331 http://www.academia.edu/3384765/Adolescents_identity_experiments_on_the_Internet

332 Katz and Rice, 2002; Rheingold, 1993; Smith and Kollock, 1999;Turkle, 1995; Wallace, 1999

333 Cyberlife – Zwischen Faszination und Gefahr – Cybermobbing unter Kinder und Jugendlichen, (2013). Bündnis gegen Cybermobbing e. V. und ARAG SE

334 Bündnis gegen Cybermobbing 2013

335 Ruogu Kang. (2014). Incognito Online: Why and How People Hide their Digital Traces Ph.D. Thesis proposal. Jan 8th, 2014

336 Adolescents' identity experiments on the internet. Patti M. Valkenburg, Alexander P. Schouten, Jochen Peter, New Media Society 2005. http://www.academia.edu/3384765/Adolescents_identity_experiments_on_the_Internet

337 http://www.academia.edu/3384765/Adolescents_identity_experiments_on_the_Internet

338 Bündnis

339 Robert Andrew Dunna and Rosanna E. Guadagnob, My avatar and me – Gender and personality predictors of avatar-self discrepancy. Computers in Human Behavior. Volume 28, Issue 1, January 2012, Pages 97–106

340 Sabine Trepte, Leonard Reinecke (2010). Avatar Creation and Video Game Enjoyment. Effects of Life-Satisfaction, Game Competitiveness, and Identification with the Avatar. Journal of Media Psychology,Theories, Methods, and Applications, Volume 22, Issue 4.

341 Studienteilnehmer zwischen 18 und 69 Jahren (M = 28.5 Jahre)

342 M.D. Griffiths, M.N. Davies, and D. Chappell. Demographic factors and playing variables in online computer gaming. CyberPsychology & Behavior,7(4):479–487, 2004.

343 S. Huh and D. Williams. Dude Looks like a Lady: Gender Swapping in an Online Game. Springer London, 2010.

344 http://mmnet.iis.sinica.edu.tw/pub/lou13_gender_swapping.pdf

345 Katzer, C. (2011). Tatort Internet. Workshop anlässlich des

346 Banakoua DB, Grotena RC, Slater M. Illusory Ownership Of A Virtual *Child* Body Causes Overestimation Of Object Sizes And Implicit Attitude. PNAS. 2013.

347 Turkle, S. (1998).

348 http://www.wissen.de/identitaet-im-internet

349 A Virtual Life, April 2013 31, How Social Media is changing our Perceptions of Ourselves, Others, and the World. By Sherry Thomas.

350 Neon 6 2015

351 http://www.deutschlandfunk.de/psychologie-die-suche-nach-der-eigenen-identitaet.1148.de.html?dram:article_id=315800

352 http://www.nzz.ch/feuilleton/die-bilder-und-die-leere-1.18169218

353 http://www.psychologytoday.com/blog/power-and-prejudice/201301/does-instagram-promote-positive-body-image

354 http://www.deutschlandfunk.de/psychologie-die-suche-nach-der-eigenen-identitaet.1148.de.html?*dram:article_id=315800*

355 Bergen Facebook Addiction Scale in the journal Psychological Reports

356 http://insight.thechicagoschool.edu/2013/headline/a-virtual-life/#-ixzz3H2v4Oy7R

357 http://insight.thechicagoschool.edu/2013/headline/a-virtual-life/#-ixzz3H2v4Oy7R

358 http://www.spiegel.de/netzwelt/web/facebook-kritiker-mein-gesicht-ist-nicht-deren-geschaeftsgeheimnis-a-789124.html

359 http://www.sueddeutsche.de/digital/datenschutz-klage-gegen-facebook-max-schrems-gefaellt-das-nicht-12427073

360 http://www.heise.de/newsticker/meldung/Recht-auf-Vergessen-im-Internet-Google-setzt-EuGH-Urteil-mit-Loesch-Formular-um-2211210.html

361 http://www.dhv-speyer.de/martini/Martini%20-%20Der%20Digitale%20Nachlass%20Typkskript%20endg.pdf

362 http://www.zeit.de/2014/48/kinder-erziehung-egoismus-entwicklungspsychologie

363 http://www.spiegel.de/karriere/berufsleben/self-tracking-im-job-die-besten-self-tracking-apps-fuer-manager-a-964940.html

364 http://qs15.quantifiedself.com/

365 Sommer 2015, DUB Unternehmer Magazin.

366 Lasch, C., The Culture of Narcissism. New York, 1978 (dtsch. 1980).

367 Wieseler, F., Narkissos. Eine kunstmythologische Abhandlung nebst einem Anhang über die Narcissen und ihre Beziehung im Leben, Mythos und Cultus der Griechen. Göttingen 1856. S. 9.

368 http://www.columbia.edu/cu/lweb/eresources/archives/rbml/Rank/index.html

369 L. Schlegel, Grundriß der Tiefenpsychologie. Bd. 3, München 1979, S. 112–166.

370 Schlegel, Leonhard (1976). The concept of narcissism: An overview. Praxis der Psychotherapie, Vol 21(6), Dec 1976, 245–248.

371 Selke, S. (2014). Lifelogging. Wie die digitale Vermessung unsere Gesellschaft verändert. Econ.

372 http://qsdeutschland.de/tag/florian-schumacher/

373 Werle, K., Die Perfektionierer (2010). Campus, Frankfurt a. M.

374 Selke, S. (2014). Lifelogging. Wie die digitale Vermessung unsere Gesellschaft verändert. Econ, Berlin.

375 Friedrichs, J. (2015). Projekt Ich. In: enorm. Wirtschaft. Gemeinsam. Denken. 02, Mai/Juni 2015

376 http://www.researchgate.net/publictopics.PublicPostFileLoader. html?id=54a0fc99d2fd6470078b461c&key=1ccc67c6-d0f1–4988 -b26a-f215b4648e8d

377 http://art.yale.edu/file_columns/0000/1474/homo_ludens_johan_huizinga_routledge_1949_.pdf

378 Meyer, W. U. (1973). Leistungsmotiv und Ursachenerklärung von Erfolg und Misserfolg.

379 http://www.spiegel.de/karriere/berufsleben/self-tracking-im-job-die-besten-self-tracking-apps-fuer-manager-a-964940.html

380 Zajonc, R. B. (1965). Social facilitation. Science, 149, 269–274.

381 http://www.spiegel.de/karriere/berufsleben/self-tracking-im-job-die-besten-self-tracking-apps-fuer-manager-a-964940.html

382 Friedrichs, J. (2015). Projekt Ich. In: enorm. Wirtschaft. Gemeinsam. Denken. 02, Mai/Juni 2015.

383 http://www.spiegel.de/karriere/berufsleben/self-tracking-im-job-die-besten-self-tracking-apps-fuer-manager-a-964940.html

384 S. auch Kuhl, J. und Beckmann, J. (1984). Volition and personality: Action versus state orientation.

385 http://www.stefan-selke.de/nc/forschung/feld/forschungsfelder/digitale-gedaechtnisse.html

386 Grünewald, S. ( ). Die erschöpfte Gesellschaft.

387 http://www.pro-medienmagazin.de/gesellschaft/detailansicht/aktuell/ macht-facebook-gluecklich-oder-einsam-88042/

388 Hui-Tzu Grace Chou and Nicholas Edge. Cyberpsychology, Behavior, and Social Networking. February 2012, 15(2): 117–121. doi:101089/ cyber.2011.0324.

389 http://www.pro-medienmagazin.de/gesellschaft/detailansicht/aktuell/macht-facebook-gluecklich-oder-einsam-88042/

390 Sagioglou, C., & Greitemeyer, T. (2014). Facebook's emotional consequences: Why Facebook causes a decrease in mood and why people still use it. Computers In Human Behavior, 35, 359–363. doi:101016/j.chb.2014.03.003.

391 Freud, S., Zur Einführung des Narzißmus. Gesammelte Werke S. 137–170.

392 http://www.welt.de/gesundheit/psychologie/article11283111/Vor-Narzissten-kann-man-sich-kaum-schuetzen.html

393 Beck, U., Risikogesellschaft. Auf dem Weg in eine andere Moderne, Suhrkamp, Frankfurt am Main 1986, S. 12.

394 http://www.spiegel.de/karriere/berufsleben/self-tracking-im-job-die-besten-self-tracking-apps-fuer-manager-a-964940.html

395 Lovink, Geert: Das halbwegs Soziale. Eine Kritik der Vernetzungskultur, Bielefeld, 2012.

396 Shaver & Rubinstein (1980).

397 Holt-Lunstad J., Smith T.B., Layton J.B. (2010). Social Relationships and Mortality Risk: A Meta-analytic Review. PLoS Med 7(7): e1000316. doi:101371/journal.pmed.1000316

398 How Friendship Network Characteristics Influence Subjective Human Well-Being. Social Indicators Research, 2011.

399 www.spiegel.de/gesundheit/psychologie/a-954153.html

400 Horst Heidbrink (2007). Freundschaftsbeziehungen. [Journal für Psychologie, Jg. 15 (2007), Ausgabe 1]

401 Argyle und Henderson (1990, 91)

402 Tong et al. (2008)

403 JIM Studie 2014

404 Barrett, D., Dunbar, R.I. (2013). Processing power limits social group size: computational evidence for the cognitive costs of sociality. Proc Biol Sci. 2013 Jun 26;280(1765):20131151. doi: 101098/rspb.2013.1151. Print 2013 Aug 22

405 http://pediatrics.aappublications.org/content/127/4/800.full

406 http://www.focus.de/wissen/mensch/psychologie/tid-26955/wirklich-

beste-freunde-schuetzen-die-vielen-gemeinsamen-erlebnisse-vor-neid-im-gegenteil_aid_801658.html

407 Bündnis gegen Cybermobbing 2013

408 S. auch Bündnis gegen Cybermobbing 2013

409 Ali, S. Z. (2011). Impact of the Internet on Relationships: Perception of male and female Students of Pakistan. International Journal of Humanities and Social Science, Vol.1, No. 21

410 http://www.berliner-zeitung.de/kultur/vernetzt-und-allein-die-einsamkeit-auf-facebook,10809150,25516276.html

411 http://www.berliner-zeitung.de/kultur/vernetzt-und-allein-die-einsamkeit-auf-facebook,10809150,25516276.html

412 Turkle, S. (2011). Alone together. Basic books

413 Turkle, S. (2011). Alone together. Basic books

414 http://www.welt.de/gesundheit/psychologie/article13428523/Die-unheimliche-Macht-der-Rituale.html

415 http://www.welt.de/gesundheit/psychologie/article7718958/Warum-wir-ohne-Rituale-nicht-auskommen.html

416 http://www.welt.de/gesundheit/psychologie/article13428523/Die-unheimliche-Macht-der-Rituale.html

417 http://www.spiegel.de/netzwelt/web/tinder-dating-app-hat-zwei-millionen-nutzer-in-deutschland-a-1015930.html

418 Sternberg, R.J. (1986). A triangular theory of Love. Psychological Review, 93, 119–135.

419 Pariser, E. (2011). The Filter Bubble. What the Internet is Hiding from You.

420 Levy, S.(2011). In the Plex: How Google thinks, works and shapes our lives.

421 http://www.spiegel.de/netzwelt/web/okcupid-online-partnerboerse-raeumt-experimente-mit-nutzern-ein-a-983360.html

422 Matuschek, M. und Kilian, A. (2012): Mann mit Grill sucht Frau mit Kohle« (Piper Verlag)

423 S. Investment-Modell nach Rusbult (1980) und Lund (1985).

424 Grundgedanke der Equity-Theorie (Walster et al. 1973).

425 http://www.zeit.de/zeit-magazin/leben/2015–05/sexkolumne-maennerphantasien

426 http://www.zeit.de/digital/internet/2010–07/online-dating-luegen-mogeln

427 http://www.theatlantic.com/magazine/archive/2013/01/a-million-first-dates/309195/

428 http://www.faz.net/aktuell/gesellschaft/online-dating-perfekt-ist-perfekt-ist-perfekt-12156580-p4.html

429 http://socialmedia.kkandk.de/2011/01/15/facebook-%E2%80%93-beziehungskiller-schlechthin/

430 http://www.augsburger-allgemeine.de/digital/Twitter-zerstoert-Beziehungen-id30447262.html

431 http://www.welt.de/print/welt_kompakt/print_lifestyle/article115517669/Liebe-auf-modernen-Umwegen.html

432 http://insight-magazine.org/2013/headline/a-virtual-life/#-ixzz3H2v4Oy7R

433 Beck, U., Beck-Gernsheim, E. (2011). Fernliebe. Lebensformen im globalen Zeitalter, Suhrkamp, Berlin, S. 71.

434 Handelsblatt Magazin, No.3 2015

435 Keen, A. (2012). The cult of the amateur. How todays´ internet is killing our culture.

436 http://www.faz.net/aktuell/feuilleton/debatten/die-digital-debatte/internet-vordenker-jaron-lanier-im-gespraech-13679623-p4.html

437 http://www.mediadesk.uzh.ch/articles/2015/miescher-preis_en.html

438 http://www.laborwelt.de/aktuelles/nachrichten/2013–03/todkrank-durch-genanalyse-bug.html

439 Hollywood-Film aus den 90ern u.a. mit Uma Thurman

440 Wider der Bürokratie. Handelsblatt 14. Juli 2015, von Britta Weddeling

441 Vortrag im Rahmen der Veranstaltungsreihe Digitale Revolution= Digital Citizen, Colloquium Fundamentale WS 2014/2015 des KIT Karlsruhe, 12.02.2015: Ungleichheit der Internetnutzung

442 Sysomos, June 2009; http://blog.sysomos.com/wp-content/uploads/2009/06/picture-3–52.png; http://blog.sysomos.com/wp-content/uploads/2009/06/picture-2–83.png [23.07.2012].

443 http://www.zak.kit.edu/english/2190.php

444 www.netzwerk-medienethik.de.

445 An der übrigens das erste Institut für Digitale Ethik in Deutschland 2012 entstand.

446 Am 25. Juni 2014 fand an der Hochschule der Medien (HdM) in Stuttgart zum dreizehnten Mal der »Tag der Medienethik« statt. Er steht unter dem Motto »Digitalisierung der Gesellschaft«. Den Höhepunkt bildet die Verleihung des Medienethik-Awards META 2013/14.

447 http://www.stuttgarter-zeitung.de/inhalt.medienethik-es-darf-uns-nicht-egal-sein-was-wir-preisgeben.a704afd9-eab0–48b4-aaf5–37535a0d2c9b.html

448 http://www.morgenweb.de/nachrichten/welt-und-wissen/Youtube-in-zehn-jahren-zum-schaufenster-der-welt-12106269

449 http://www.uni-regensburg.de/medizin/psychiatrie-psychotherapie/forschung/kognitive-neurowissenschaften/index.html

450 https://www.dasgehirn.info/entdecken/moral-und-schuld/das-a-mora-lische-gehirn-5718

451 Ausgegrenzt, belästigt, degradiert. In: Handelsblatt 20./21./22/ März 2015, Nr. 56.

452 http://www.crockettlab.org/

453 http://www.uni-weimar.de/projekte/netzwerke/downloads/Ethik-ImNetz_AlinaBogasch.pdf

454 http://www.geo.de/GEO/heftreihen/geokompakt/sex-im-internet-lie-be-und-sex-in-zeiten-des-internets-62063.html?p=2

455 Krahé, B. (2011). Pornografiekonsum, sexuelle Skripts und sexuelle Aggression im Jugendalter. Zeitschrift für Entwicklungspsychologie und Pädagogische Psychologie, 43, 133–141.

456 Krahé, B., & Scheinberger-Olwig, R. (2002). Sexuelle Aggression. Hogrefe, Göttingen.

457 http://www.zeit.de/2010/26/L-S-Gernert

458 Schmutz unter den Teppich, Kölner Stadtanzeiger 18./19. Juli 2015

459 http://www.spiegel.de/wissenschaft/technik/google-kauft-hersteller-fuer-militaerroboter-boston-dynamics-a-939088.html

460 Keen, A. (2014). Das digitale Debakel. Warum das Internet gescheitert ist – und wie wir es retten können.

461 http://www.faz.net/aktuell/feuilleton/buecher/machtstrukturen-

der-digitalen-welt-wir-zappeln-in-den-fallstricken-der-gratiskultur-12804993.html

462 http://www.wissen.de/die-entstehung-des-internets

463 http://www.zdf.de/ZDFmediathek/beitrag/video/2218972/Hacker-Angriffe-auf-deutsche-Firmen

464 Im Visier der Hacker. Wie gefährlich wird das Netz? TV-Beitrag auf Tagesschau24 am 18.07.2015

465 Im Visier der Hacker. Wie gefährlich wird das Netz? TV-Beitrag auf Tagesschau24 am 18.07.2015

466 http://future.arte.tv/de/cyberwar

467 Singer, P. W. & Cole, A. (2015). Ghost Fleet

468 S. auch Andrew Keen http://www.spiegel.de/netzwelt/netzpolitik/andrew-keen-interview-ueber-das-digitale-debakel-a-1013436.html

469 http://cicret.com/wordpress/

Literatur

Angrilli A., Cherubini, P., Pavese, A. & Manfredini, S. (11 997). The Influence of Affective Factors on Time Perception. Perception & Psychophysics, 59(6), 972–982.

Alzahabi, R. & Mark W. Becker (accepted). The Association between Media Multitasking, Task-Switching, and Dual-Task Performance, Accepted Pending Minor Revisions in the Journal of Experimental Psychology: Human Perception and Performance.

Acquisti, A., & Gross, R. (2006, June). Awareness, information sharing, and privacy on the Facebook. Paper presented at the 6th »Privacy Enhancing Technologies,« workshop Cambridge, England.

Barak, A., & Gluck-Ofri, O. (2007). Degree and reciprocity of self-disclosure in online forums. CyberPsychology & Behavior, 10(3), 407–417.

Barnes, S. (2006). A privacy paradox: Social networking in the United States. First Monday, 11 (9). http://firstmonday.org/issues/issue11_9/barnes/index.html (June 6th, 2011). Barnes, S.B. (2006).

Bergen, L., Grimes, T., & Potter, D. (2005). How attention partitions itself during simultaneous message presentations. Human Communication Research, 31(3), 311–336.

Berlyne, D.E. (1974). Konflikt, Erregung, Neugier. Stuttgart.

Boyd, D., & Ellison, N.B. (2007). Social network sites: Definition, history, and scholarship. Journal of Computer-Mediated Communication, 13(1), 210–230.

Boyd, D., & Hargittai, E. (2010). Facebook privacy settings: Who cares? First Monday, 15(8). http://www.uic.edu/htbin/cgiwrap/bin/ojs/index.php/fm/article/view/3086/2589 (June 6th, 2011).

Carrier, L.M., Cheever, N.A., Rosen, L.D., Benitez, S., & Chang, J. (2009). Multitasking across generations: Multitasking choices and difficulty ratings in three generations of Americans. Computers in Human Behavior, 25, 483–489.

Castelli, L., Corazzini, LL and Geminiani, GC. (2008) … Spatial navigation in large scale virtual environments: Gender differences in survey tasks. Computers in Human Behavior 2008, 24: 1642–1667.

Christofides, E., Muise, A. & Desmarais, S. (2009). Information disclosure and control on Facebook: Are they two sides of the same coin or two different processes? CyberPsychology & Behavior, 12(3), 341–345. 2007.

Cho, S.H. (2007). Effects of motivations and gender on adolescents' self-disclosure in online chatting. CyberPsychology & Behavior, 10(3), 339–345.

Cho, V., & Hung, H. (2011). The effectiveness of Short Message Service for communication with concerns of privacy protection and conflict avoidance. Journal of Computer-Mediated Communication, 16(2), 250–270.

Cooley, C.H. (1902). Human Nature and social Order. New York.

Cyberlife-Studie 2013, Bündnis gegen Cybermobbing e.V. und ARAG SE.

Debatin, B., Lovejoy, J.P., Horn, A.-K. & Hughes, B.N. (2009). Facebook and online privacy: Attitudes, behaviors, and unintended consequences. Journal of Computer-Mediated Communication, 15(1), 83–108.

Derlega, V.J., Durham, B., Gockel, B. & Sholis, D. (1981). Sex differences in self-disclosure: Effects of topic content, friendship, and partner's sex. Sex Roles, 7(4), 433–447.

Dion, K; Berscheid, E; Walster, E (1972), »What is beautiful is good«, Journal of personality and social psychology 24 (3): 285–90.

Dindia, K., & Allen, M. (1992). Sex differences in self disclosure: A meta-analysis. Psychological Bulletin, 112(1), 106–124. Derlega et al., 1981.

Foehr, U.G. (2006). Media multitasking among American youth: Prevalence, predictors and pairings. Kaiser Family Foundation Report. Menlo Park, CA: Kaiser Family Foundation.

Fogel, J. & Nehmad, E. (2009). Internet social network communities: Risk taking, trust, and privacy concerns. Computers in Human Behavior, 25(1), 153–160.

Furnham, A. & Bradley, A. (1997). Music while you work: The differential distraction of background music on the cognitive test performance of introverts and extroverts. Applied Cognitive Psychology, 11, 445–455.

Grady, C., Springer, M., Hongwanishkul, D., McIntosh, A. & Winocur, G. (2006, February). Age-related Changes in Brain Activity across the Adult Lifespan. Journal of Cognitive Neuroscience, 18(2), 227–241.

Hamilton, J. (October 30, 2008). Internal chatter limits multitasking as people age. Morning Edition, NPR. Retrieved from: http://www.npr.org/templates/story/story.php?storyId=96213400.

Harper, V. B. & Harper, E. J. (2006). Understanding student self-disclosure typology through blogging. The Qualitative Report, 251–261.

Hatfield, E. & Sprecher, S. (1986). Mirror, mirror: The importance of looks in everyday life. Albany: State University of New York Press.

Helferich, H. (1996). Time and Mind. Bern.

Hembrooke, H. & Gay, G. (2003). The Lecture and the Laptop: Multitasking in wireless learning environments. Journal of Computing in Higher Education, 15(1), 46–65.

Herring, S. C., Scheidt, L. A., Wright, E. & Bonus, S. (2005). Weblogs as a bridging genre. Information Technology & People, 18(2), 142-171.

Iqbal, S. T., & Horvitz, E. (2007, April). Disruption and Recovery of Computing Tasks: Field Study, Analysis, and Directions, Proceedings of CHI 2007, San Jose, CA.

Jeong, S. J. & Fishbein, M. (2007). Predictors of multitaskingwith media: Media factors and audience factors. Media Psychology, 10, 364–384.

Jessi Hempel and Paula Lehman, 2005. »The MySpace generation«, BusinessWeek (12 December), at http://www.businessweek.com/, accessed 8 December 2005.

Jones, E. E. & Pittman, T S. (1982). Toward a general theory of strategic self-presentation. In J. Suls (Ed.), Psychological perspectives of the self (pp. 231–261). Hillsdale, NJ: Eribaum.

Jourard, S. M. (1959). Self-disclosure and other-cathexis. Journal of Abnormal and Social Psychology, 59 (3), 428–431.

Jourard, S. M. (1971): Self-disclosure: An experimental investigation of the transparent self. New York: Wiley.

Junco, R. & Cotten, S. R. (2010). Perceived academic effects of instant messaging use. Computers and Education, 56, 370–378.

Kelley, H. H. (1967). Attribution theory in social psychology. In D. Levine

(Ed.), Nebraska symposium on motivation. Lincoln: University of Nebraska Press.

Kelley, H. H. (1971). Attribution in social interaction. New York: General Learning Press.

Kittinger, R., Christopher J. Correia and Jessica G. Irons, (2012). Relationship Between Facebook Use and Problematic Internet Use Among College Students. Cyberpsychology, Behavior, and Social Networking Volume 15, Number 6, 2012.

Kuhl J. (1983). Motivation, Konflikt und Handlungskontrolle. Berlin.

Kweon, Sang-Hee, Hwang, Kyung-Ho and Jo, Do-Hyun (2011). Time and Space Perception on Media Platforms. Proceedings of the Media Ecology Association, Volume 12, 2011.

Levine, L. E., Waite, B. M. & Bowman, L. L. (2007). Electronic media use, reading, and academic distractibility in college youth. CyberPsychology & Behavior, 10(4), 560–566.

Loria, K. (2014), ›Only 2 % Of People Can Actually Multitask–This Test Will Tell You If You Are One Of Them‹, weblog post, Business Insider Australia, 9 May, accessed 18/9/2014, http://www.businessinsider.com.au/multitasker-test-tells-you-if-you-are-one-of-the-2–2014–5.

Luthman, S., Bliesener, T. und Staude-Müller, F. (2009). The Effect of Computer Gaming on Subsequent Time perception. Cyberpsychology: Journal of Psychosocial Research on Cyberspace, 3(1).

Mekovec, R. und Vrcek, N. (June 2011). Factors that Influence Internet Users ›Privacy Perception‹. Presentation on ITI 2011 33rd Int. Conference on Information Technology Interfaces, June 27–30, 2011, Cavtat, Croatia.

Metzger, M. J. (2006). Effects of site, vendor, and consumer characteristics on the web site trust and disclosure. Communication Research 2006; 33(3): 155–179.

Minear, M[1], Brasher F, McCurdy M, Lewis J, Younggren A.(2013). Working memory, fluid intelligence, and impulsiveness in heavy media multitaskers. Psychon Bull Rev. 2013 Dec; 20(6): 1274–81.

Milne, George R. and Culnan, Mary J. (2004). Journal of Interactive Marketing, Vol 18 Issue 3.

Morahan-Martin J. (2008) Internet abuse: emerging trends and lingering questions. In Barak A, ed. Psychological aspects of cyberspace: theory, research, applications. Cambridge, UK: Cambridge University Press, pp. 32–69.

Myrowitz, J. (1985). No Sense of Place. The Impact of Electronic Media on Social behavior. Oxford: Oxford University Press.

Naveh-Benjamin M, Craik, F.I.M., Guez J. & Kreuger, S. (2000). Effects of Divided Attention on Encoding and Retrieval Processes: Assessment of Attentional Costs and a Componential Analysis. Journal of Experimental Psychology: Learning, Memory and Cognition, 26(6): 1461–1482.

Ophir, E., Nass, C.I. & Wagner, A.D. (2009). Cognitive control in media multitaskers. Proceedings of the National Academy of Sciences, 106, 15 583–15 587. doi: 101073/pnas.0903620106.

Parker, R., & Parrott, R. (1995). Patterns of self-disclosure across social support networks: Elderly, middle-aged, and young adults. The International Journal of Aging & Human Development, 41, 281–297.

Petronio, S. (2002): Boundaries of privacy. Dialectics of disclosure. Albany, NY: SUNY Press.

Pool, M.M., Koolstra, C.M. & van der Voort, T.H.A. (2003). Background media and homework performance. Journal of Communication, 53, 74–87.

Posner, M.I., & Boies, S.J. (1971). Components of attention. Psychological Review, 78(5), 391–408.

Research on Internet Addictive Behaviours among European Adolescents, www.eunetadb.eu 2012.

Rideout, V., Foehr, U. & Roberts, D. (2010). Generation M2: Media in the Lives of 8- to 18-Year-Olds. Menlo Park, CA: Henry J. Kaiser Family Foundation.

Rubinstein, D. Meyer, and J. Evans. (2001). Executive control of cognitive processes in task switching. Exp. Psychol. Hum. Percept. Perform.

Roberts, D.F., Foehr, U.G. & Rideout, V.J. (2005). Generation M: Media in the Lives of 8–18 Year Olds. Menlo Park, CA: Kaiser Family Foundation. Available at: http://www.kff.org/entmedia/upload/Generation-M-Media-in-the-Lives-of-8–18-Year olds-Report.pdf.

Sana, F., Weston, T. & Wisehart, M. 2013, Laptops hinder classroom learning for both users and nearby peers, York University, accessed 19/9/2014, http://www.yorku.ca/ncepeda/laptopFAQ.html.

Scherer K. (1997). College life online: healthy and unhealthy internet use. Journal of College Student Development 1997; 38: 655–665.

Schlenker, B.R. (1980). Impression Management: the self-concept, social identity and interpersonal relations. Belmont.

Taddicken, M. (2014). The ›Privacy Paradox‹ in the Social Web: The Impact of Privacy Concerns, Individual Characteristics, and the Perceived Social Relevance on Different Forms of Self-Disclosure† Journal of Computer-Mediated Communication 19 (2014) 248–273.

Tajfel, H. (1981). Human groups and social categories: Studies in social Psychology. Cambridge.

Tedeschi, J.T. (1981). Impression Management Theory and Social Psychological Research: New York.

The Mobile Movement Study, Google/Ipsos OTX MediaCT, Apr 2011.

Tlauka M., Brolese, A., Pomeroy, D. and Hobbs, W. (2005). Gender differences in spatial knowledge acquired through simulated exploration of a virtual shopping culture. Journal of Environmental Psychology, 25:111–118.

Tufekci, Z. (2008). Can you see me now? Audience and disclosure regulation in online social network.

Vega, V. (2009). Seminar on the impacts of media multitasking on children's learning & development, Report from a research seminar, accessed 18/9/2014, http://multitasking.stanford.edu/MultitaskingBackgroundPaper.pdf.

Vega, V., McCracken, K., Nass, C. & Labs, L. (2008, May). Multitasking effects on visual working memory, working memory and executive control. Paper presented at the International Communication Association Annual Conference, Montreal, Canada.

Wallis, C. (2010). The impact of media multitasking on children's learning & development: Report from a research seminar. New York, NY: The Joan Ganz Cooney Center at Sesame Workshop.

Watson JC. (2005). Internet addiction diagnosis and assessment: Implications for counselors. Journal of Professional Counseling: Practice, Theory & Research 2005; 33:17–30.

Watson, J.M. & Strayer, D.L. (2010). Supertaskers: Profiles in extraordinary multitasking ability. Psychonomic Bulletin & Review, 17(4), 479–485.

Weiser, E. (2010). Gender differences in Internet use patterns and Internet application preferences: A two sample comparison. Cyberpsychology & Behavior, 4:167–178.

Witting, T. (2007). Wie Computerspiele uns beeinflussen. Transferprozesse im Erleben der User. München, kopaed.

Wood, R.T.A., Griffiths, M.D. und Parke, A. (2007). Time loss whilst playing video games: is there a relationship to addictive behaviourism? International Journal of Mental Health and Addiction, 5(2), 141–149.

Yao, M.Z., Rice, R.E. & Wallis, K. (2007). Predicting user concerns about online privacy. Journal of the American Society for Information Science and Technology, 58(5), 710–722.

Yao, M.Z. & Zhang, J. (2008). Predicting user concerns about online privacy in Hongkong. CyberPsychology & Behavior, 11(6), 779–781.

Youn, S., & Hall, K. (2008). Gender and online privacy among teens: Risk perception, privacy concerns, and protection behaviors. CyberPsychology & Behavior, 11(6), 763–765.

Young K. (1996). Internet addiction: the emergence of a new clinical disorder. CyberPsychology & Behavior 1996; 3:237–244.

Yuan, K., Qin, W., Wang G., Zeng F., Zhao l. et. Al (2011) Microstructure Abnormalities in Adolescents with Inzernet Addiction, PLoS ONE 6(6).

Zhang, W., Jeong, S.H., Fishbein, M. (2010). Situational factors competing for attention: The interaction effect of multitasking and sexually explicit content on TV recognition. Journal of Media Psychology, 22(1), 2–13.